UTB

UTB **3097**

Eine Arbeitsgemeinschaft der Verlage

Böhlau Verlag · Köln · Weimar · Wien
Verlag Barbara Budrich · Opladen · Farmington Hills
facultas.wuv · Wien
Wilhelm Fink · München
A. Francke Verlag · Tübingen und Basel
Haupt Verlag · Bern · Stuttgart · Wien
Julius Klinkhardt Verlagsbuchhandlung · Bad Heilbrunn
Lucius & Lucius Verlagsgesellschaft · Stuttgart
Mohr Siebeck · Tübingen
C. F. Müller Verlag · Heidelberg
Orell Füssli Verlag · Zürich
Verlag Recht und Wirtschaft · Frankfurt am Main
Ernst Reinhardt Verlag · München · Basel
Ferdinand Schöningh · Paderborn · München · Wien · Zürich
Eugen Ulmer Verlag · Stuttgart
UVK Verlagsgesellschaft · Konstanz
Vandenhoeck & Ruprecht · Göttingen
vdf Hochschulverlag AG an der ETH Zürich

Gabriele Clemens / Alexander Reinfeldt /
Gerhard Wille

Geschichte der europäischen Integration

Ein Lehrbuch

Ferdinand Schöningh

Die Autoren:

Prof. Dr. Gabriele Clemens, Professorin für neuere westeuropäische Geschichte am Historischen Seminar der Universität Hamburg; Inhaberin eines Jean Monnet Lehrstuhls für europäische Integrationsgeschichte und Europastudien; Veröffentlichungen u.a. zur europäischen Integrationsgeschichte, zu Großbritannien und Europa sowie zur britischen Kulturpolitik.

Alexander Reinfeldt, M.A., wissenschaftlicher Mitarbeiter und Lehrbeauftragter am Lehrstuhl für neuere westeuropäische Geschichte des Historischen Seminars der Universität Hamburg; Veröffentlichungen zur europäischen Integrationsgeschichte; Dissertation zum Thema Öffentlichkeitsarbeit für die europäische Integration.

Gerhard Wille, Studium der Geschichte, Anglistik und Politikwissenschaft (Staatsexamina); wissenschaftlicher Mitarbeiter und Lehrbeauftragter am Lehrstuhl für neuere westeuropäische Geschichte des Historischen Seminars der Universität Hamburg; Veröffentlichungen zur europäischen Integrationsgeschichte; Dissertation zum Thema britischer EWG-Beitritt und deutsch-britisch-französische Beziehungen.

Bibliografische Information der Deutschen Nationalbibliothek

Die Deutsche Nationalbibliothek verzeichnet diese Publikation in der Deutschen Nationalbibliografie; detaillierte bibliografische Daten sind im Internet über
http://dnb.d-nb.de abrufbar.

Gedruckt auf umweltfreundlichem, chlorfrei gebleichtem Papier

(Verlag Ferdinand Schöningh GmbH & Co. KG, Jühenplatz 1, D-33098 Paderborn)
ISBN 978-3-506-76571-0

Internet: www.schoeningh.de

Printed in Germany.
Herstellung: Ferdinand Schöningh, Paderborn
Einbandgestaltung: Atelier Reichert, Stuttgart

UTB-Bestellnummer: 978-3-8252-3097-5

Inhaltsverzeichnis

C DIMENSIONEN DES EUROPÄISCHEN INTEGRATIONSPROZESSES

Vorwort

Das vorliegende Lehrbuch richtet sich an Studierende und andere Interessierte, die eine gut lesbare, klar gegliederte Einführung in das Studium der europäischen Integrationsgeschichte suchen. Als wissenschaftliches Lehrbuch zielt es darauf, nach dem aktuellen geschichtswissenschaftlichen Forschungsstand gesicherte Informationen zu vermitteln. Gleichzeitig greift es auch offene Fragen und Kontroversen in der Forschung auf, um zu einer Auseinandersetzung mit dem Forschungsstand anzuregen und das Bewusstsein für den Prozesscharakter von Wissenschaft zu schärfen.

Der Aufbau des Buches orientiert sich an den Bedürfnissen nach einer Einführung in das Studium der Integrationsgeschichte sowie nach einem Überblick über Verlauf und Zusammenhänge des Integrationsprozesses: Teil A führt in das Studium der europäischen Integrationsgeschichte ein; er umreißt den Gegenstand sowie die Entwicklung der Disziplin und nennt einschlägige Hilfsmittel für ihr Studium. Die Darstellung in Teil B bietet einen chronologisch-thematisch gegliederten Überblick über die historische Entwicklung der europäischen Integration. Ihr Schwerpunkt liegt auf der (west-)europäischen Integration von 1945 bis in die 1970er Jahre, auf deren Erforschung die Geschichtswissenschaft sich bislang konzentriert hat; die Entwicklungen der Folgezeit werden in einem Ausblick skizziert. Im Teil C werden schließlich unterschiedliche Dimensionen des Integrationsprozesses vertiefend erörtert, um größere Zusammenhänge in der europäischen Integrationsgeschichte zu verdeutlichen und so das Verständnis für Charakteristika, Ursachen und Auswirkungen des Integrationsprozesses zu fördern.

Es gehört zum didaktischen Konzept dieses Buches, den Lesern einen verständlichen Einstieg in die Thematik zu bieten. Daher wurde besonderer Wert auf eine klare Struktur und Gestaltung der Darstellung gelegt. Kurze zusammenfassende Einführungen sind den einzelnen Kapiteln vorangestellt und bereiten auf deren Lektüre vor. Spezielle Info-Kästen erklären im Text verwendete Begriffe, die für die europäische Integrationsgeschichte zentral sind, und Schaubilder verdeutlichen schematisch den institutionellen Aufbau europäischer Organisationen. Im Interesse der Lesbarkeit des Textes werden Fundstellen nur bei direkten Zitaten, statistischen Angaben, Forschungspositionen und Forschungskontroversen angemerkt. Schließlich wird bewusst auf entmutigend umfangreiche Literaturlisten verzichtet;

stattdessen finden die Leser am Ende eines jeden Kapitels die Literatur, auf der die Darstellung beruht, sowie eine knappe Auswahl von Titeln, die Ansatzpunkte für eine weiterführende Beschäftigung mit der europäischen Integrationsgeschichte bieten.

Hamburg, im Mai 2008 *Gabriele Clemens, Alexander Reinfeldt, Gerhard Wille*

Abkürzungsverzeichnis

AStV	Ausschuss der Ständigen Vertreter der Mitgliedstaaten
BSP	Bruttosozialprodukt
CEEC	Committee of European Economic Cooperation
COREPER	Comité des représentants permanents
EAG	Europäische Atomgemeinschaft
EAGFL	Europäischer Ausrichtungs- und Garantiefonds für die Landwirtschaft
ECU	European Currency Unit
EEA	Einheitliche Europäische Akte
EFTA	European Free Trade Association
EG	Europäische Gemeinschaft(en)
EGKS	Europäische Gemeinschaft für Kohle und Stahl
EIB	Europäische Investitionsbank
EPG	Europäische Politische Gemeinschaft
EPU	Europäische Politische Union
EPZ	Europäische Politische Zusammenarbeit
ER	Europäischer Rat
ERP	European Recovery Program
ESF	Europäischer Sozialfonds
EU	Europäische Union
EuGH	Europäischer Gerichtshof (Gerichtshof der Europäischen Gemeinschaften)
EURATOM	Europäische Atomgemeinschaft
EVG	Europäische Verteidigungsgemeinschaft
EWG	Europäische Wirtschaftsgemeinschaft
EWR	Europäischer Wirtschaftsraum
EWS	Europäisches Währungssystem
EZB	Europäische Zentralbank
EZU	Europäische Zahlungsunion
FIAF	Finanzinstrument für die Ausrichtung der Fischerei
FRUS	Foreign Relations of the United States
GAP	Gemeinsame Agrarpolitik
GARIOA	Government Aid and Relief in Occupied Areas
GASP	Gemeinsame Außen- und Sicherheitspolitik
GATT	General Agreement on Tariffs and Trade
MFE	Movimento Federalista Europeo
NAFTA	North American Free Trade Agreement (Nordamerikanisches Freihandelsabkommen)

NATO	North Atlantic Treaty Organisation
OECD	Organisation for Economic Cooperation and Development
OEEC	Organisation for European Economic Cooperation
SACEUR	Supreme Allied Commander in Europe
SPD	Sozialdemokratische Partei Deutschlands
UEF	Union Europäischer Föderalisten (Union Européenne des Fédéralistes)
UEM	United Europe Movement
UNRRA	United Nations Relief and Rehabilitation Administration
USA	United States of America
WEU	Western European Union
WWU	Wirtschafts- und Währungsunion
ZJI	Zusammenarbeit in den Bereichen Justiz und Inneres

A Einführung in das Studium der europäischen Integrationsgeschichte

1 Europäische Integrationsgeschichte

1.1 Was ist europäische Integrationsgeschichte?

Die europäische Integrationsgeschichte untersucht den Prozess der europäischen Einigung. Sie umfasst mehr als die Entstehung und Entwicklung der EG/EU, auch wenn die historische Forschung bisher einen Schwerpunkt auf Themen aus diesem Bereich gelegt hat. Europäische Integrationsgeschichte in einem umfassenden Sinn hingegen befasst sich mit verschiedensten Vergemeinschaftungs-, Verflechtungs- und Austauschprozessen in Europa. Um konkret bestimmen zu können, was europäische Integrationsgeschichte ist und was ihr Gegenstand sein kann, muss zunächst einmal geklärt werden, was die Begriffe „europäisch" bzw. „Europa" überhaupt bezeichnen und was unter „Integration" zu verstehen ist.

Was ist Europa?

Der Begriff „Europa" entzieht sich einer eindeutigen Definition. In seinem mehrbändigen Werk zur Geschichte der griechischen Welt, den „Historien" (grch. „Historíai"), stellte der Begründer der griechischen Geschichtsschreibung Herodot (ca. 490/84-425 v. Chr.) fest: „Von Europa aber weiß offenbar niemand etwas Genaues."[1] Und auch heute geht es demjenigen, der wissen möchte, was Europa ist, kaum besser; der Historiker Wolfgang Schmale formuliert es so: „Das, was im Lauf der Jahrtausende mit dem Namen Europa belegt worden ist, ist nie dasselbe geblieben. Dieses ‚etwas' hat sich im Blick der Menschen immer wieder verändert, verschoben, vergrößert, verkleinert, geteilt."[2] Immerhin lässt sich demnach wohl feststellen, dass Europa stets vielfältige Ausprägungen hatte und noch immer hat und dass das Verständnis davon, was Europa ist oder sein soll, vom „Blick der Menschen", also von der jeweiligen Perspektive abhängt. Je nach Perspektive kann Europa etwa als „ein kleines Vorgebirge des asiatischen Festlands" oder als „der kostbarste Teil unserer Erde, die Krone unseres Planeten" betrachtet werden.[3] Europa entsprach schon immer eher einer Idee oder einer Vorstellung als einer fest umrissenen Gegebenheit, war also stets das, was zu bestimmten Zeiten unter „Europa" verstanden wurde. Eine Betrachtung des Begriffs „Europa" und seiner Geschichte zeigt, dass er je nach Verwendung einen geographischen, sozio-kulturellen, wirtschaftlichen oder politischen Raum benennt, dessen Charakteristika und dessen Grenzen jedoch nicht exakt zu bestimmen sind.

Europa als Begriff

Die Etymologie des Begriffs „Europa" ist nicht eindeutig geklärt. Einer Lesart zufolge leitet dieser sich ab aus dem semitischen „ereb", was soviel bedeutet wie „dunkel" oder auch „Sonnenuntergang" und sich auf das „Abendland" bezieht – im Gegensatz zum gleichfalls semitischen „assu", „Sonnenaufgang", von dem sich der Name „Asien" ableitet. Zu verstehen ist dieses Gegensatzpaar aus der Perspektive der Griechen in der Antike, wonach Europa dort liegt, wo die Sonne untergeht. Einer anderen Lesart zufolge leitet sich der Begriff „Europa" ab aus griechisch „Europe", der Figur des griechischen Mythos. Dem Mythos nach hielt sich Europa, die Tochter des Königs Agenor von Phönizien, einst mit ihren Begleiterinnen nahe den heimischen Gestaden auf. Ihnen näherte sich Zeus, der griechische Göttervater, in Gestalt eines prachtvollen Stieres. Fasziniert von seiner Schönheit und Sanftheit fasste Europa den Mut, sich auf seinen Rücken zu setzen. In diesem Moment sprang der Stier auf und trug sie auf das offene Meer davon. An einem fernen Ufer gingen sie an Land, wo Zeus sich ihr als Beherrscher der Insel Kreta offenbarte und sich mit ihr verband. Aphrodite, die griechische Göttin der Liebe, sprach zu der ob ihrer Lage unglücklichen, entführten Europa, der Weltteil, der sie aufgenommen habe, werde fortan nach ihr „Europa" heißen. Das Bild der Europa auf dem Stier begegnet noch immer in symbolischen Darstellungen Europas, auch in Bezug auf die EU.

Ebenso uneindeutig wie die Etymologie des Begriffs „Europa" ist seine Bedeutung. Die Frage, was der Name „Europa" nun eigentlich benennt, was Europa also ist bzw. sein soll, lässt sich nicht ohne Weiteres beantworten. Der Begriff „Europa" begann sich zwischen dem 14. und 16. Jahrhundert von einem bloßen Namen für eine Erdregion und von einem Begriff aus der griechischen Mythologie zu einem Begriff zu entwickeln, der für die Menschen, zumindest für Angehörige bestimmter gesellschaftlicher Kreise, die in diesem derart umrissenen Raum lebten, identitätsstiftend wirkte. Die Entwicklung einer solchen bewussten Vorstellung von „Europa" stand im Zusammenhang mit einer Bedrohung von außen, in dieser Zeit namentlich der Bedrohung durch die Osmanen. Darüber hinaus galt

„Europa“ seit dem 14./15. Jahrhundert – in Zeiten einer im Abnehmen begriffenen Autorität von Papst und Kaiser – als das neutralere Konzept für die Begründung eines Zusammengehörigkeitsgefühls zwischen den einzelnen vormals primär durch das Christentum geeinten Nationen, zumal sich das Christentum in verschiedene Konfessionen aufspalten sollte. In dieser Zeit wurden auch die ersten europäischen Einigungspläne verfasst.

Allgemein gebräuchlich wurde der Begriff „Europa“ dann jedoch erst seit dem 18. Jahrhundert. In dieser Zeit setzte sich ein allgemeines Bewusstsein von „Europa“ durch und löste ältere Denkmuster wie die katholische bzw. lateinische Christenheit – im Unterschied zur orthodoxen Christenheit – oder das lateinische Abendland – im Gegensatz zum Morgenland – ab. Verschiedene langfristig wirkende Faktoren waren hierfür ausschlaggebend: die europäische Expansion als „Entdeckung des Anderen“ ebenso wie die gemeinsamen Erfahrungen von Renaissance, Reformation und Aufklärung. Der Begriff „Europa“ fungierte – wie schon von der Antike bis ins Mittelalter – als variable Projektionsfläche verschiedener Sinnzuschreibungen; er nahm neue Bedeutungen auf, ohne die bisherigen zu verlieren.

Europa als geographischer Raum

Die geographischen Grenzen Europas sind nicht naturgegeben, sondern eine Frage der Konvention. Europa und Asien sind im Grunde beide dem eurasischen Kontinent zugehörig, und doch gilt Europa aufgrund seiner historischen Entwicklung als eigenständiger, von Asien zu unterscheidender Erdteil. In der griechischen Antike war Europa im Wesentlichen gleichbedeutend mit dem von Griechen durchdrungenen Gebiet westlich von (Klein-)Asien, das Europa der römischen Antike orientierte sich an der Ausbreitung des römischen Herrschaftsbereichs. Auch mit der Entwicklung der neuzeitlichen Kartographie seit dem 15. Jahrhundert konnten die Grenzen Europas nicht eindeutig bestimmt werden. Die skandinavischen Länder etwa wurden noch im 16. Jahrhundert auf manchen Europakarten (so bei Martin Waldseemüller, 1511; Sebastian Münster, 1536) ganz ausgespart. Im Westen noch scheinbar eindeutig begrenzt durch den Atlantik, sind die Grenzen Europas im Osten und Südosten schon weniger augenfällig. Ferdinand Seibt spricht in Bezug auf Europa von einem keilförmig nach Westen gerichteten Winkel, einem Dreieck mit unklarer östlicher Begrenzung: „Das europäische Dreieck öffnet seine Schenkel von Gibraltar, dem Eingang zum Mittelmeer, bis in den

Polarkreis nach nordöstlicher Richtung, und nach der östlichen bis in die weiten ‚eurasischen' Steppenregionen."[4] In der Antike und noch im Mittelalter markierten Hellespont (Dardanellen) und Don in den Vorstellungen der Menschen die Grenzen Europas im Osten. Im 18. Jahrhundert setzte sich dann in der Folge der von Zar Peter dem Großen betriebenen Reformen zur „Europäisierung" Russlands die Festlegung des Urals als geographischer Grenze Europas im Osten durch. Im 19. Jahrhundert war die Vorstellung eines Europas vom Atlantik bis zum Ural als allgemein gängig anerkannt, obgleich der Ural keineswegs eine natürliche Grenze darstellte, sondern lediglich die östliche Grenze des christlichen Einflussbereichs markierte. Nicht nur die Grenzen Europas im Osten waren und sind noch heute undeutlich, auch ist eine klare Grenzziehung im Südosten und im maritimen Bereich kaum möglich. So wurde beispielsweise bis ins 18. Jahrhundert der Balkan in einen europäischen und einen asiatischen Teil aufgeteilt: die Völker und Gebiete unter osmanischer Herrschaft wurden als europäische Türkei, die übrigen Teile als asiatische Türkei betrachtet. Während also die Zugehörigkeit Russlands und der Türkei zu Europa nicht abschließend geklärt wurde, galt England von jeher, zumindest geographisch, als ein Teil Europas.

Europa als sozio-kultureller Raum

Aufgrund der offenkundigen Unbestimmtheit der geographischen Grenzen Europas hing die Beantwortung der Frage nach der Zugehörigkeit von Territorien, Reichen und Staaten an der Peripherie (z.B. Türkei, Russland, auch Griechenland und Südosteuropa) zu Europa schon immer von politischen und auch militärischen Konstellationen und Erwägungen ab, war und ist also „eine Frage des Wollens"[5] und eine Frage der Interpretation. Hierbei kommt religiös-kulturellen und gesellschaftlichen Aspekten maßgebliche Bedeutung zu, wenngleich auch in religiöser oder kultureller Hinsicht die Grenzen Europas nicht eindeutig bestimmt werden können. Auch hier variieren die Grenzziehungen je nach Betrachtungsweise. Dabei reicht das Spektrum von Ansichten, die Europa auf das Gebiet der lateinischen Christenheit in Westeuropa und Ostmitteleuropa, in Unterscheidung zur christlichen Orthodoxie, beschränken, bis zu Ansichten, die Europa in einem umfassenden Sinne verstehen und Russland, die Türkei und den gesamten Kaukasus einbeziehen.

Kulturell aufgeladen wurde der Europa-Begriff in der griechischen Antike zu Zeiten der Kämpfe zwischen Griechen und Persern (Perserkriege, 500-479/78 v. Chr.), als er nicht mehr nur ein bloßer Name für einen geographischen Raum in Abgrenzung zu einem anderen, nicht-„europäischen" Raum war, sondern zur Unterscheidung und zur Bewusstmachung der Verschiedenheit eines persischen (asiatischen) und eines griechischen (europäischen) Kulturbereichs diente. Dabei ist jedoch zu beachten, dass der gegenseitige kulturelle Austausch im gesamten Mittelmeerraum zunächst grundsätzlich erhalten blieb. Seit den frühchristlichen Zeiten im Imperium Romanum erhielt „Europa" dann zusätzlich eine christliche Konnotation. Unter der breiten Bevölkerung blieb bis ins Mittelalter gleichwohl die Vorstellung von „Christenheit" als Erfahrungsgemeinschaft verbreiteter als die von „Europa", wenngleich beide Vorstellungen sich im Wesentlichen auf den gleichen Raum bezogen. Die spätere Vorstellung von Europa als einer Kulturgemeinschaft bezieht sich zunächst einmal vor allem auf diese gemeinsame christliche Tradition.

Der Übergang vom Mittelalter zur Neuzeit wird in der historischen Forschung zumeist als die Epoche angesehen, in der sich die bis heute gültigen Vorstellungen von Europa herausbildeten. Die im Spätmittelalter einsetzende Entwicklung eines auch räumlich erfahrbaren Zusammengehörigkeitsgefühls der Menschen in Europa wurde durch verschiedene Faktoren ermöglicht: durch zunehmende Kommunikation und kulturellen Austausch, nicht zuletzt infolge der Ausweitung des „europäischen" Siedlungs- und Herrschaftsbereichs von West nach Ost; durch die Begegnung bzw. wissenschaftlich-systematische Auseinandersetzung mit anderen Kulturräumen im Zuge der europäischen Expansion sowie durch die osmanische Eroberung Konstantinopels 1453. In der Folgezeit war es insbesondere diese sogenannte „Türkengefahr", die dazu führte, dass Europa in Abgrenzung zu etwas Anderem, Nicht-Europäischem als etwas Einheitliches begriffen wurde.

Besondere Ausprägung fand ein solches „Europabewusstsein" dann im ausgehenden 17. und beginnenden 18. Jahrhundert trotz einer gleichfalls in dieser Zeit feststellbaren zunehmenden Bedeutung nationaler Identifikationsrahmen. Die zunehmende Vernetzung in den Wissenschaften (Ähnliches lässt sich für die Kunst feststellen) und deren gemeinsame Beschäftigung mit dem „Nicht-Europäischen" beförderten die Wahrnehmung Europas als einer kulturellen Einheit in Abgrenzung zu anderen Erdregionen. Dieses ausgeprägte Bewusstsein einer Einheit Europas vor allem in kultureller Hinsicht hielt auch im 19. Jahrhundert an, entwickelte sich im Zeitalter des Nationalstaats und des Nationalismus bzw. Imperialismus sogar zu einem regelrechten „Europäismus".

Europa als Raum gemeinsamen Wirtschaftens

Auch in wirtschaftlicher Hinsicht bildeten sich Gemeinsamkeiten heraus. In Bezug auf die Ökonomie werden in der Forschung verschiedene hervorstechende strukturelle Merkmale Europas angeführt: ein der monastischen Tradition entspringendes Arbeitsethos; das der römisch-rechtlichen Tradition entstammende Recht auf unantastbares und erbliches Privateigentum und die derart begünstigte Entwicklung kapitalistischer Formen des Wirtschaftens. Die auf dieser Grundlage möglichen umfangreichen Handelsbeziehungen in Europa, der intensive Austausch von Waren und Dienstleistungen, haben ihrerseits zur faktischen (wirtschaftlichen) Integration Europas beigetragen. Der europäische Handel wurde wiederum begünstigt durch die zunehmende Siedlungsdichte; damit in Zusammenhang stehend verdichteten und verstetigten sich auch die Kommunikationsströme in Europa. Seit der Mitte des 19. Jahrhunderts – und bis zum Ersten Weltkrieg – bewirkte die zunehmende grenzüberschreitende ökonomische Verflechtung der am Wirtschaftsleben Beteiligten (Gewerkschaften ebenso wie Unternehmen) in Europa einen Integrationsschub. Der bereits vor dem Ersten Weltkrieg vorhandene hohe Verflechtungsgrad der Wirtschaft in Europa erreichte nach dem Zweiten Weltkrieg eine zuvor nicht feststellbare Intensität.

Europa als politischer Raum

In politischer Hinsicht werden als Charakteristika der „europäischen" zivilisatorischen Entwicklung häufig angeführt: das lateinische Papsttum und dessen Verhältnis zum Kaisertum, die feudalen Herrschaftsstrukturen sowie die Entstehung des Städtewesens. Auch die Herausbildung eines politischen europäischen Staatensystems im 17./18. Jahrhundert beförderte die Wahrnehmung Europas als einer Einheit. Sogar die Herausbildung von Nationalstaaten, welche eine solcherart gedachte Einheit Europas vor allem im 19. und 20. Jahrhundert zu konterkarieren scheinen, stellt wiederum selbst einen grundlegenden Aspekt der historischen Tradition Europas dar, ist somit selbst genuin „europäisch". „Europa" meint seit dem 20. Jahrhundert schließlich auch das „Europa der Institutionen", vor allem das Europa der EG/EU. Auf dieses „Europa der Institutionen" hat die europäische Integrationsgeschichtsschreibung bisher einen deutlichen Schwerpunkt gelegt. Dabei darf jedoch nicht aus dem Blick geraten, dass sich Europa keineswegs auf den Kreis der EG-/EU-

Mitgliedstaaten beschränken lässt. Wenn im Falle der Türkei oder Russlands die Zugehörigkeit dieser Länder zu Europa in Frage gestellt wird, so gehört beispielsweise die Schweiz unstreitig zu Europa – und ist doch kein Mitglied der EU.

Europa als Einheit in der Vielfalt

Den bisher genannten Sinnzuschreibungen oder auch Konzeptualisierungen Europas ist gemeinsam, dass sie immer nur einen Teil des Ganzen fassen können, eine bestimmte Perspektive widerspiegeln. Einen Versuch, alle oder zumindest mehrere dieser Perspektiven zu verbinden, stellen Ansätze dar, die Europa als eine „Einheit in der Vielfalt" verstehen. Europa wird als ein Hort der nationalen, regionalen oder anders strukturierten Vielfalt begriffen, dem gleichwohl bestimmte verbindende, es von anderen Teilen der Welt abhebende Strukturen bzw. Sinnzuschreibungen zugrunde liegen. Bei allen Unterschieden war man sich in Europa einander bewusst, begegnete einander, trieb Handel miteinander und tauschte neben Waren auch Informationen bzw. Ideen aus, die langfristig bewirkten, dass trotz aller Gegensätze Europa als eine Art Gemeinschaft der Lebensvorstellungen begriffen werden konnte. Im gescheiterten „Vertrag über eine Verfassung für Europa" aus dem Jahre 2004 hatte sich auch die EU das Konzept von der Einheit in der Vielfalt offiziell zu eigen gemacht. Laut Art. I-8 Abs. 3 lautete der Leitspruch der EU: „In Vielfalt geeint".

Die Vorstellung Europas als einer Einheit in der Vielfalt findet sich in Ansätzen bereits in der Frühen Neuzeit. So wurde schon in der ersten Hälfte des 18. Jahrhunderts hierin die herausragende Eigenschaft Europas gesehen. Dem *topos* von der Einheit in der Vielfalt wurde in der Forschung allerdings der Vorwurf des Eurozentrismus gemacht, weil er die Vielfalt auf anderen Kontinenten nicht angemessen berücksichtige. Auch habe sich die Einheit dieser viel beschworenen Vielfalt nur in Abgrenzung zu außereuropäischen Lebensweisen und Überzeugungen bzw. in der Herrschaftsausübung über diese anderen Kontinente beobachten lassen. Europa befinde sich heute jedoch nicht mehr in einer solchen weltbeherrschenden Position. Angesichts der evidenten Schwierigkeit, „das Europäische an Europa" festzumachen, hat etwa Achim Landwehr den alternativen Ansatz entwickelt, „dass Europa nicht durch bestimmte Inhalte, sondern durch die Form charakterisiert ist, in der über diese Inhalte diskutiert wird, nämlich durch einen niemals endenden Prozess der Diskursivierung."[6] Doch letztlich ist auch ein solcher Ansatz eurozentristisch und vermag keine abschließenden Antworten auf die Frage nach den Besonderheiten Europas zu geben.

„Europa“ – das haben die bisherigen Ausführungen gezeigt – entzieht sich weitgehend einer eindeutigen Definition seiner Grenzen und/oder spezifischen Charakteristika. Letztendlich entscheidet die jeweilige Perspektive darüber, was man zu einer bestimmten Zeit in Hinblick auf ein bestimmtes Interesse unter Europa verstehen möchte.

... und was ist Integration?

Der von dem lateinischen Wort „integratio“ („Wiederherstellung eines Ganzen, Erneuerung“; zu „integrare“ „wiederherstellen, ergänzen, erneuern“) abgeleitete Begriff „Integration“ bezeichnet im heutigen Sprachgebrauch im Wesentlichen dreierlei: 1. die Herstellung bzw. Wiederherstellung einer Einheit aus zuvor Aufgegliedertem; auch eine Vervollständigung; 2. die Einbeziehung, Eingliederung eines Teils in ein größeres Ganzes; 3. einen Zustand, in dem sich etwas befindet, nachdem es integriert worden ist. Die Besonderheit des Begriffes „Integration“ besteht darin, dass er sowohl einen Prozess (Herstellung einer Einheit) als auch einen Zustand (nach der Herstellung einer Einheit) bezeichnen kann. Das lässt ihn für den nach wie vor unabgeschlossenen, sich in immer weiteren Schritten vollziehenden Prozess der europäischen Einigung, wie er sich heute vor allem in der EU manifestiert, als besonders angemessen erscheinen. Der Begriff „Integration“ impliziert darüber hinaus neben dem Prozess und gegenwärtigen Stand der Einigung auch das Ziel dieses Einigungsprozesses: die Herstellung einer europäischen Einheit aus den zuvor getrennten Nationalstaaten. Das macht ihn zum Schlüsselbegriff für die Zeit nach dem Zweiten Weltkrieg.

Der lateinische Begriff „integratio“ bezeichnet vor allem die Wiederherstellung eines gedachten vergangenen Zustandes, einer nicht mehr vorhandenen früheren Einheit; er meint also nicht die Herstellung von etwas gänzlich Neuem. Dabei ist die Vorstellung von dieser Einheit positiv besetzt, was in mit „integrare“ verwandten Begriffen wie „integer“ („unversehrt, unverletzt“) und „integritas“ („Unversehrtheit, Gesundheit“) anschaulich wird, in denen die dem Wort zugrundeliegende Ganzheitsvorstellung in einem Zustand vor deren Beeinträchtigung aufscheint. Die Wiederherstellung einer solchen verlorenen Einheit galt im antiken Wortgebrauch als anzustrebendes

Ideal göttlichen Ursprungs. Im Zuge der Aufklärung erhielt der Begriff eine neue säkularisierte Bedeutung: Er wurde seit dem 17. Jahrhundert zunächst in naturwissenschaftlich-mathematischen Kontexten verwendet und später in engen Zusammenhang mit dem Fortschrittsglauben gebracht.

Im 19. und 20. Jahrhundert wurde der Begriff „Integration" dann vermehrt in einem historisch-politischen Kontext verwendet. Dabei etablierte sich die Unterscheidung zwischen zwei verschiedenen Begriffsebenen: Im innerstaatlichen Bereich meint Integration die auf den inneren Zusammenschluss (Kohäsion) politischer Einheiten gerichteten Kräfte. Im zwischen- bzw. überstaatlichen Bereich bezieht sich Integration auf Aspekte der internationalen Beziehungen und des Völkerrechts, der weltwirtschaftlichen Verflechtung und auf den Ausbau globaler Kommunikationsstrukturen.

In dieser auf den zwischen- bzw. überstaatlichen Bereich bezogenen politischen Bedeutung etablierte sich der Begriff „Integration" in der Umgangssprache jedoch erst allmählich seit den 1950er Jahren, auch wenn der Integrationsbegriff bereits vorher vereinzelt für das Vorhaben einer europäischen Einigung verwendet worden ist. Deutlich wird dies an den frühen Schriften und Aufrufen der europäischen Einigungsbewegung, in denen zunächst regelmäßig die Begriffe „Föderation" oder auch „Föderierung" Verwendung fanden, von „Integration" jedoch zunächst so gut wie gar nicht die Rede war. Dies resultierte auch aus dem Umstand, dass der Begriff „Integration" in dieser Zeit noch keineswegs einen Gegensatz zum System der Nationalstaaten hat erkennen lassen, wohingegen das Ziel einer Föderation häufig die Übertragung grundlegender nationalstaatlicher Kompetenzen an einen supranationalen, über den Nationalstaaten stehenden Verbund implizierte.

Auch nachdem der Begriff „Integration" seit ca. 1948/1950 unter dem Einfluss der US-amerikanischen Europapolitik und durch den Sprachgebrauch amerikanischer Regierungsbeamter in Europa stärker rezipiert wurde und er die bisher geläufigen Begriffe „Föderation" bzw. „Föderierung" nach und nach abzulösen und seine heutige Bedeutung anzunehmen begann, blieb seine Verwendung noch lange Zeit auf Fachkreise beschränkt. Vor allem aber blieb die Abgrenzung zu Begriffen wie „Kooperation", „Koordination", „Organisation" oder „Föderation" uneindeutig – und ist es heute noch. Das hatte in der politischen Diskussion auch den Vorteil, eine Festlegung auf ein bestimmtes Einigungsziel vermeiden zu können, was zur Etablierung des Begriffes beigetragen hat. Nach der Verkündung des Schuman-

Mai 1950 wurde der Begriff „Integration“ dann vornehm- Form der europäischen Einigung bezogen, welche die an ung der Europäischen Gemeinschaft für Kohle und Stahl eteiligten europäischen Staaten betrieben haben, wenngleich diese Verengung des Begriffes bei weitem nicht von allen Akteuren geteilt wurde: Integration meinte nun vor allem den Prozess, den Zustand oder das Ziel der Übertragung von Teilen nationaler Souveränität an übergeordnete, supranationale Institutionen. Festzuhalten bleibt trotz allem die relative Unbestimmtheit bzw. Mehrdeutigkeit des Begriffes „Integration“

Was ist europäische Integrationsgeschichte? Eine Arbeitsdefinition

Die Ausführungen haben gezeigt, dass die scheinbar klaren Begriffe „Europa“ und „Integration“ jeweils ganz unterschiedliche Bedeutungen haben können, die weit über eine wirtschaftliche und politische Einigung Westeuropas hinausgehen. Diese Offenheit der Begriffe muss sich daher auch in der Definition dessen niederschlagen, was europäische Integrationsgeschichte ist: *Europäische Integrationsgeschichte* ist die geschichtswissenschaftlich fragende und darstellende Auseinandersetzung mit dem Prozess der europäischen Einigung, d.h. die über europäische Staatengrenzen hinweg sich vollziehenden oder gedachten Prozesse der Vergemeinschaftung, Kooperation und Verflechtung. Die europäische Integrationsgeschichte betrachtet unterschiedliche kollektive und individuelle Akteure in diesen Prozessen, wie beispielsweise europäische Institutionen, nationale Regierungen, Verbände, Parteien, Gewerkschaften, Unternehmen und Bürger; sie betrachtet Aktionen und Austausch der Akteure in Organisationen und institutionalisierten Foren, wie beispielsweise innerhalb der EG/EU, der OEEC/OECD, dem Europarat oder der EFTA, genauso wie nichtinstitutionalisierte Austausch- und Verflechtungsprozesse im politischen, wirtschaftlichen, gesellschaftlichen und kulturellen Bereich.

Literatur

HERBST, Ludolf: Die zeitgenössische Integrationstheorie und die Anfänge der europäischen Einigung 1947-1950, in: *Vierteljahrshefte für Zeitgeschichte* 34 (1986), S. 161-205.

MITTERAUER, Michael: *Warum Europa? Mittelalterliche Grundlagen eines Sonderwegs*, 4. Aufl., München 2004.

SCHMALE, Wolfgang: *Geschichte Europas*, Wien 2001.
SCHNEIDER, Heinrich: *Leitbilder der Europapolitik 1. Der Weg zur Integration*, Bonn 1977.

1.2 Europäische Integrationsgeschichtsschreibung: Themen und Entwicklungen

Historiker wandten sich dem europäischen Integrationsprozess seit den 1960er Jahren verstärkt zu. Als Ergebnis ihrer Forschungen und ihrer Kooperation auf europäischer Ebene entstand eine im doppelten Wortsinn europäische Integrationsgeschichtsschreibung. Die Integrationsgeschichtsschreibung hat sich dabei bisher verschiedener Zugriffsweisen auf den europäischen Integrationsprozess bedient, die sich in Fragestellung, Quellen und Methode unterscheiden: 1. Erforschung der „Europa-Idee" und der verschiedenen europäischen Bewegungen; 2. diplomatiegeschichtlicher Fokus auf Regierungshandeln und nationale Interessen; 3. Erweiterung der bestehenden Ansätze um supranationale und multilaterale Perspektiven; 4. Einbeziehung von sozial- und kulturgeschichtlichen Perspektiven – auch in einem transnationalen Rahmen; 5. Einordnung der europäischen Integration in einen weiteren historischen und globalen Kontext.

Die Integration der Historiker

Eine intensivere geschichtswissenschaftliche Auseinandersetzung mit der europäischen Integration begann Ende der 1960er Jahre. Bevor sich Historiker mit der europäischen Integration befasst haben, wurde der Integrationsprozess nach 1945 vor allem in rechtswissenschaftlichen oder politikwissenschaftlich ausgerichteten Arbeiten untersucht. Diese Arbeiten haben den Integrationsprozess nicht nur analysierend begleitet, sondern waren zuweilen den handelnden Akteuren auch Orientierung für ihr politisches Handeln. Sie basierten zumeist auf der intensiven, teils aktiv partizipierenden Beobachtung der politischen und institutionellen Entwicklungen der neu gegründeten europäischen Institutionen. Insbesondere die supranationalen Europäischen Gemeinschaften waren dabei auch Gegenstand theoretischer Überlegungen, die nicht nur deren Entstehung nachvollziehen sollten, sondern den Anspruch erhoben, deren weitere Entwicklung in ihren Grundzügen zu prognostizieren.[7]

Auch die geschichtswissenschaftliche Forschung zur europäischen Integration sah sich von Anfang an der Gefahr ausgesetzt, politisch für die Legitimation und Förderung des Integrationsprozesses vereinnahmt zu werden. Mitunter erlagen Historiker tatsächlich der Versuchung, eine Art „europäischer Meistererzählung"[8] zu liefern – vergleichbar mit den gewollt identitätsstiftenden National-Historiographien im 19. Jahrhundert. Manch ein Historiker hat keinen Hehl aus seiner Überzeugung gemacht, die europäische Einigung vorantreiben zu wollen. Das gilt für Walter Lipgens, einen der Pioniere der Integrationsgeschichtsschreibung, ebenso wie für den französischen Mediävisten Jacques Le Goff. In den einleitenden Bemerkungen zu der Reihe „Europa bauen" erklärt Le Goff: „Wir setzen unseren ganzen Ehrgeiz darein, all denen, die am Aufbau und Ausbau Europas beteiligt sind, aber auch jenen in der Welt, die sich dafür interessieren, Bausteine zur Beantwortung der fundamentalen Frage ‚Wer sind wir? Woher kommen wir? Wohin gehen wir?' zu liefern."[9]

Als eine konkrete Ausprägung des Versuchs, den Europäischen Gemeinschaften mit Hilfe der Geschichtswissenschaft ein bestimmtes, identitätsstiftendes Geschichtsbild zuzuschreiben, ist das in den 1980er Jahren von der Europäischen Kommission unterstützte – wenn auch nicht initiierte – Projekt „An Adventure in Understanding" zu nennen, das explizit dazu beitragen sollte, nationalstaatlich geprägte Geschichte durch eine europäische Perspektive zu ersetzen; „europäisch" hieß in diesem Zusammenhang: die damaligen Mitgliedstaaten der EG, ergänzt um Skandinavien (ohne Finnland), die Schweiz und Österreich. Geplant waren eine 500 Seiten starke Darstellung der europäischen Geschichte, eine zehnteilige Fernsehserie und ein Schulbuch, das in allen (damaligen) Sprachen der EG veröffentlicht werden sollte. Insbesondere angesichts einer im Ergebnis als unzureichend wahrgenommenen Berücksichtigung der griechischen und byzantinischen Wurzeln Europas in der Darstellung von Jean-Baptiste Duroselle musste sich die Europäische Kommission nach Protesten seitens griechischer Mitglieder des Europäischen Parlaments sowie von Wissenschaftlern und kirchlichen Würdenträgern von dem Projekt distanzieren.[10]

Auch die Arbeit der 1982 von Integrationshistorikern aus den EG-Mitgliedstaaten gegründeten Verbindungsgruppe der Historiker bei der Kommission der Europäischen Gemeinschaften wird von der Europäischen Kommission unterstützt. Die Verbindungsgruppe versteht sich jedoch ausdrücklich als wissenschaftlich unabhängig. An ihrer Initiierung war Walter Lipgens maßgeblich beteiligt. Lipgens hatte sich schon zuvor mit der Gründung der Historischen Abteilung des Europäischen Hochschulinstituts (EHI) in Florenz, wo er selbst von 1976 bis 1979 den Lehrstuhl für Integrationsgeschichte innehatte, und mit dem Aufbau des dortigen Archivs der Europäischen Gemeinschaften um die Schaffung organisatorischer Rahmenbedingungen für die Erforschung der europäischen Integration verdient gemacht. Das Hauptanliegen der Verbindungsgruppe ist die Koordinierung der historischen Forschung zur europäischen Integration, die Erschließung neuer Quellenbestände und der Austausch zwischen den Historikern; Forschungsergebnisse sollen über die nationalen Grenzen hinweg bekannt gemacht und diskutiert werden. Zu diesem Zweck werden regelmäßig internationale Kolloquien durchgeführt, deren Beiträge in Tagungsbänden veröffentlicht werden. Die einzelnen Kolloquien bzw. Tagungsbände behandeln zumeist einen bestimmten Zeitraum der Integrationsgeschichte auf Grundlage von neu zugänglichem Archivmaterial. Mittlerweile liegen von der Historiker-Verbindungsgruppe für den Untersuchungszeitraum von 1940 bis 1975 mehrere quellenbasierte Bände vor.[11] Die in den letzten Jahren erkennbare Entwicklung, wonach neben die Bände zu einem bestimmten Zeitabschnitt zunehmend problemorientierte Bände treten, etwa zur Rolle kleinerer und neutraler Staaten, zu bislang eher wenig untersuchten Akteuren im Integrationsprozess oder zum Verhältnis Europas zu Afrika,[12] ist in gewisser Weise charakteristisch für die Entwicklung der Integrationsgeschichtsschreibung insgesamt. Diese Entwicklung lässt sich auch im ebenfalls von der Verbindungsgruppe herausgegebenen „Journal of European Integration History" nachvollziehen, das als ein weiteres Forum der Integrationsgeschichtsschreibung fungiert.

Europa-Idee und europäische Bewegungen

Insbesondere die frühe Geschichtsschreibung zur europäischen Integration befasste sich intensiv mit den geistigen Antriebskräften derjenigen politischen, wirtschaftlichen und gesellschaftlichen bzw. geistigen Eliten, welche die europäische Einigung in Wort und Tat vorangetrieben haben. Als ursächlich für das Engagement dieser „Gründungsväter" Europas wurde eine „Idee Europa" (Rolf Hellmut Foerster) angesehen, d.h. eine bestimmte Vorstellung davon, wie ein gemeinsames Europa aussehen sollte, in dem die kriegerischen Auseinandersetzungen zwischen den Nationalstaaten endgültig der Vergangenheit angehören würden. Insbesondere Einigungspläne aus der

Zeit während des Zweiten Weltkrieges und aus der unmittelbaren Nachkriegszeit fanden in dieser ideengeschichtlichen Phase der Integrationsgeschichtsschreibung Beachtung. Die Frage nach der politischen Wirkungsmächtigkeit dieser Integrationspläne wurde eher selten formuliert.

In Hinblick auf die Untersuchung der Europa-Idee und der europäischen Bewegungen besonders hervorzuheben sind die Arbeiten von Walter Lipgens. Lipgens hat sich vor allem mit den Europaplänen der Widerstandsgruppen während des Zweiten Weltkrieges,[13] mit der Europabewegung in den Anfangsjahren des Integrationsprozesses nach 1945[14] und mit Entwürfen für eine politische Einigung Europas beschäftigt.[15] Den Arbeiten von Lipgens liegt die Annahme zugrunde, dass die Erfahrungen des Zweiten Weltkrieges einen grundlegenden Bewusstseinswandel in Europa ausgelöst haben. Demzufolge hatten die souveränen Nationalstaaten als politisches Ordnungsprinzip in Europa ihre Berechtigung verloren und erschien die Überwindung des Systems der Nationalstaaten durch die europäische Einigung als einzige Lösung. Lipgens betont die Bedeutung der in den Widerstandsgruppen während des Zweiten Weltkrieges entworfenen europäischen Einigungspläne für die Politik der europäischen Einigung nach 1945. Einen direkten Zusammenhang zwischen der Idee Europa, wie sie unter anderem in den Widerstandsgruppen und Europabewegungen der 1940er Jahre gedacht wurde, und dem konkreten Einigungsprojekt, wie es nach 1945 von den westeuropäischen Regierungen betrieben wurde, hat Lipgens allerdings nicht nachgewiesen. Lipgens ist in der Folgezeit daher vorgeworfen worden, dass er die politische Wirkungsmächtigkeit solcher Europapläne und den Einfluss derjenigen, die sie verfasst haben, überschätzt habe.[16] Das Verdienst der Arbeiten von Lipgens um die Integrationsgeschichtsschreibung besteht, abgesehen von seiner generellen Pionierleistung, vor allem darin, der Forschung umfangreiche, teils entlegene Quellenbestände erschlossen zu haben: neben Dokumenten aus den Widerstandsgruppen vor allem solche zur europäischen Einigungsbewegung.[17] Gleichwohl ist die Erforschung der Europabewegungen der Kriegs- und Nachkriegszeit nach Lipgens eher eine Randerscheinung in der Integrationsgeschichtsschreibung geblieben. Erst in letzter Zeit befassen sich Historiker wieder verstärkt mit den ideellen Grundlagen der europäischen Einigung. Dabei ist eine zeitliche Ausweitung der Forschungen auf die Zwischenkriegszeit, mit einem Schwerpunkt auf den 1920er Jahren, und die Betonung der langfristigen Wirksamkeit dieser Grundlagen zu erkennen.[18]

Im deutschsprachigen Raum hat Rolf Hellmut Foerster als einer der ersten Autoren die ideelle Vorgeschichte des europäischen Einigungsgedankens im 20. Jahrhundert berücksichtigt, indem er Einigungspläne seit dem 14. Jahrhundert erschlossen hat.[19] Auch Heinz Gollwitzer hat sich schon kurz nach dem Zweiten Weltkrieg aus geistesgeschichtlicher Perspektive mit den Vorstellungen von Europa und den Ausprägungen eines europäischen Gemeinschaftsbewusstseins, vor allem im 18. und 19. Jahrhundert, befasst.[20] In diesem Zusammenhang, wenngleich wesentlich später erschienen, ist auch Derek Heater zu nennen, der sich wie Foerster mit europäischen Einigungsplänen seit dem ausgehenden Mittelalter auseinandersetzt.[21] Der ideengeschichtliche Schwerpunkt besonders in der frühen Phase der geschichtswissenschaftlichen Auseinandersetzung mit dem europäischen Integrationsprozess resultierte neben dem persönlichen Engagement einiger Autoren für die europäische Einigung nicht zuletzt aus dem durch die geltenden Archivfristen bedingten fehlenden Zugang zu staatlichen Archivbeständen. Die Bezugnahme auf Europakonzepte von Einzelpersonen oder Bewegungen ermöglichte eine Rekonstruktion geistiger Strömungen in einer Zeit, in der der europäische Einigungsgedanke im Regierungshandeln manifest wurde. Die Annahme, dass derartige Europakonzepte ursächlich für die Politik der Einigung in einem Teil Europas waren, lag nahe; ohne Zugang zu den relevanten Dokumenten in den Archiven war sie indes nicht zu belegen und wurde daher auch recht bald als irreführend kritisiert.

Regierungshandeln und nationale Interessen

Am Übergang einer ideengeschichtlichen Perspektive zu einer primär am Regierungshandeln interessierten geschichtswissenschaftlichen Forschung stehen Biographien bzw. biographisch angelegte Arbeiten über Protagonisten des Integrationsprozesses auf nationaler und europäischer Ebene, die teilweise bereits in den Anfangsjahren der Integrationsgeschichtsschreibung entstanden sind. Ihre Entstehung wurde mitunter angeregt durch die Veröffentlichung von Memoiren dieser Protagonisten.[22] Durch einen solchen individualbiographischen Zugriff auf die Integrationsgeschichte wurde auch das Fehlen regierungsamtlicher Quellen kompensiert. Im Ergebnis war die Integrationsgeschichtsschreibung dadurch allerdings lange Zeit tendenziell auf individuelle Akteure zentriert, eine problemorientierte Analyse von Strukturen und Verflechtungsprozessen auf über-individueller Ebene blieb teilweise aus.

Eine auf das Regierungshandeln und nationale Interessen fokussierte geschichtswissenschaftliche Auseinandersetzung mit dem europäischen Integrationsprozess begann, als die ersten Bestände in den jeweiligen nationalen Archiven zugänglich wurden. Das war angesichts einer in aller Regel 30jährigen Sperrfrist für die meisten einschlägigen Archivalien seit den 1980er Jahren sukzessive der Fall. Durch die Freigabe verschob sich der Fokus der Forschung von den ideellen Grundlagen des europäischen Einigungsgedankens auf die Europapolitiken einzelner Regierungen, vor allem der Regierungen der sechs Gründungsstaaten der Europäischen Gemeinschaften, Großbritanniens und der USA.[23] Vor Ablauf der jeweiligen Sperrfristen konnte man sich den Regierungspolitiken oder dem politischen Handeln auf europäischer Ebene nahezu ausschließlich über die Befragung von beteiligten Akteuren oder die Auswertung von deren Memoiren, privaten Aufzeichnungen und Dokumenten nähern. Als einer der ersten Historiker hatte Hanns Jürgen Küsters einen solchen Weg beschritten.[24] Die seit den 1980er Jahren einsetzende Konzentration auf die Auswertung neu zugänglicher Regierungsakten führte dazu, dass es vor allem diplomatiegeschichtliche Fragen über zwischenstaatliche Aushandlungsprozesse im Rahmen des europäischen Integrationsprozesses waren, mit denen sich die Forschung auseinandersetzte. Im Mittelpunkt standen das Handeln von Regierungen, die Interessenabwägungen innerhalb der Regierungsadministrationen und Verhandlungen zwischen den nationalen Regierungen etwa über die Gründung der Europäischen Gemeinschaften. Nicht mehr die Einsicht in die Notwendigkeit eines europäischen Zusammenschlusses aus ideellen Motiven galt als ursächlich für die Politik der westeuropäischen Einigung nach dem Zweiten Weltkrieg, sondern die Erkenntnis der Regierenden in den Nationalstaaten, dass die nationalen Interessen angesichts der weltpolitischen Lage und der Verhältnisse in den europäischen Staaten nur durch eine zumindest teilweise Abgabe von Souveränität an die europäische Ebene gewahrt werden könnten.

Von grundlegender Bedeutung in dieser Hinsicht war die Auseinandersetzung mit den wirtschaftlichen Aspekten des Integrationsprozesses, wie sie etwa Alan S. Milward oder auch John Gillingham unternommen haben. Die entsprechenden Arbeiten befassten sich vor allem mit der Frage, ob oder wie nationale ökonomische Interessen die Europapolitik der Gründungs- bzw. Mitgliedstaaten der Europäischen Gemeinschaften und Großbritanniens beeinflusst haben. Besonders Milward hat in ausdrücklicher Abgrenzung zu Walter Lipgens die wirtschaftlichen und wohlfahrtstaatlichen Interessen der an der Gründung der Europäischen Gemeinschaften beteiligten Staaten betont. Diese hätten gerade nicht eng begrenzte Bereiche ihrer Souveränität an die europäische Ebene abgegeben, um die nationalstaatliche Ordnung in Europa zu überwinden, sondern um die Problemlösungsfähigkeit und damit die Legitimation der Nationalstaaten zu erhalten. In dieser Perspektive war die europäische Integration das einzige Mittel, um die Existenzberechtigung der Nationalstaaten zu bewahren. Milward spricht daher anschaulich von „European rescue of the nation-state".[25]

Eine vermittelnde Position zwischen den ideengeschichtlichen Forschungen zur Europabewegung in der Tradition von Lipgens und den aus einer nationalstaatlichen Perspektive heraus argumentierenden und auf das Regierungshandeln ausgerichteten Ansätzen hat Wilfried Loth entwickelt. Vor allem in seiner noch immer grundlegenden „Geschichte der europäischen Integration 1939-1957" hat Loth auf breiter Quellengrundlage die Wechselwirkungen zwischen dem europäischen Einigungsgedanken und dem politischen Handeln der nationalen Regierungen dargestellt.[26] Auch in anderer Hinsicht hat die geschichtswissenschaftliche Forschung ihren Fokus erweitert: Nicht mehr nur das Handeln einzelner Regierungen und zwischenstaatliche Aushandlungsprozesse auf bilateraler bzw. europäischer Ebene werden untersucht, sondern es werden zunehmend Fragen nach dem Zustandekommen nationaler Europapolitiken gestellt. Untersucht wurde beispielsweise der Einfluss gesellschaftlicher Akteure auf die Interessenformulierung und das Handeln der nationalen Regierungen und der Gemeinschaftsinstitutionen.[27]

Supranationale und multilaterale Perspektiven

In Ergänzung der auf das Handeln einzelner nationaler Regierungen gerichteten Perspektive und in Folge der Öffnung der Gemeinschaftsarchive nahm eine als „supranational" zu bezeichnende Integrationshistoriographie ihren Anfang. Die Gemeinschaftsinstitutionen wurden zunehmend als eigenständige Akteure verstanden. Eine Pionierarbeit auf diesem Gebiet, wenngleich noch überwiegend deskriptiv gehalten, ist die Geschichte der Hohen Behörde der EGKS von Dirk Spierenburg, ehemals selbst Vize-Präsident der Hohen Behörde, und dem Historiker Raymond Poidevin.[28] Gewissermaßen in der Nachfolge dieser Arbeit steht die von verschiedenen Historikern aus dem Umfeld der Historiker-Verbindungsgruppe verfasste Geschichte der Europäischen Kommission, in der sowohl Organisation als auch Politik der Kommission in den einzelnen Tätigkeitsfeldern, teils unter Rückgriff auf die Befragung ehemaliger Protagonisten, aufgearbeitet werden.[29]

Durch die Ausweitung der integrationsgeschichtlichen Perspektive auf supranationale Akteure wurde nun auch der Einfluss dieser Institutionen auf die Formulierung und Implementierung nationaler Politiken stärker untersucht. In umgekehrtem Sinne wuchs das Bewusstsein für die Notwendigkeit einer zusammenhängenden Untersuchung des politischen Handelns supranationaler und staatlicher Akteure sowie ihrer Wechselbeziehungen.[30] Einige Arbeiten bemühen sich zudem um eine multilaterale und multiarchivische Perspektive. Nicht dem Handeln einzelner Regierungen oder supranationaler Akteure gilt das Erkenntnisinteresse, sondern der Anspruch geht dahin, das Handeln mehrerer Regierungen und anderer Akteure im Integrationsprozess auf der Grundlage von Recherchen in mehreren nationalstaatlichen bzw. europäischen Archiven zu untersuchen und aufeinander zu beziehen.[31] Eine solche Herangehensweise ist für die historische Analyse der Entwicklung des europäischen Mehrebenensystems besonders geeignet, ist jedoch in der Forschungspraxis wegen des immensen Arbeitsaufwandes und der erforderlichen Kenntnisse in mehreren Sprachen häufig nur eingeschränkt zu verwirklichen. So wären selbst für eine im europäischen Maßstab an sich noch überschaubare multiarchivisch angelegte Studie zur europäischen Integration in den sechs Gründungsstaaten der Europäischen Gemeinschaften zumindest ausreichende Sprachkenntnisse des Deutschen, Französischen, Italienischen und Niederländischen erforderlich. Die meisten Forschungsarbeiten in einer multilateralen Perspektive beschränken sich daher auf eine begrenzte Anzahl von nationalen und europäischen Akteuren.

Sozial- und kulturgeschichtliche Perspektiven

Wie bereits erwähnt war schon in der frühen Phase der Integrationsgeschichtsschreibung der Einfluss nicht-staatlicher, gesellschaftlicher Akteure auf die nationalen Europapolitiken vereinzelt in den Blick der geschichtswissenschaftlichen Forschung geraten. In den letzten Jahren jedoch werden diese gesellschaftlichen Akteure, aber auch grenzüberschreitende gesellschaftlich-strukturelle Verflechtungstendenzen zunehmend als eigenständige Faktoren im europäischen Integrationsprozess angesehen. Es werden verstärkt Fragen nach europäischen Gemeinsamkeiten, nach einem europäischen Bewusstsein bzw. einer europäischen Identität gestellt; auch wird mentalitätsgeschichtlich untersucht, inwiefern die Menschen in Europa in ähnlichen Erfahrungszusammenhängen lebten, wie ihre Lebenswelten grenzüberschreitend miteinander verflochten waren. Als Themen, mit denen sich Historiker in dieser Hinsicht befassen, wären neben den Fragen nach einer europäischen Identität beispielsweise zu nennen: Europäisierungstendenzen[32], Fragen nach einer europäischen Öffentlichkeit[33], nationale Europadiskurse[34], transnationale Akteure und Strukturen in Europa[35].

Diese Entwicklung der Integrationsgeschichtsschreibung, die durch vielfältige Bezüge zu Nachbardisziplinen der Geschichtswissenschaft, wie etwa den Sozialwissenschaften, auch zu einer Ausweitung der methodischen und theoretischen Grundlagen der Integrationsgeschichtsschreibung geführt hat, ist – neben allgemeinen Entwicklungstendenzen in der Geschichtswissenschaft – auch vor dem Hintergrund der Entwicklung der europäischen Integration zu sehen. Die Ausweitung von Zuständigkeiten der EG/EU auf einzelne Bereiche der Sozial- und Kulturpolitik, aber auch die zunehmende Bedeutung der Frage nach der demokratischen Legitimation der Gemeinschaftsinstitutionen haben das wissenschaftliche Interesse an sozial-, kultur- und mentalitätsgeschichtlichen Bedingungsfaktoren für die gegenwärtigen Verhältnisse und an der gesellschaftlichen Rückkoppelung des Integrationsprozesses wachsen lassen.

Ein herausragendes Forschungsprojekt in diesem Zusammenhang ist der bereits 1988 von dem französischen Historiker René Girault initiierte Forschungsverbund „Europäische Identitäten im 20. Jahrhundert". In diesem international zusammengesetzten Forschungsverbund befasst sich eine Vielzahl von Historikern in verschiedenen Arbeitsgruppen und Kolloquien mit Fragen der Entwicklung von Mentalitäten und Wahrnehmungen der Europäer.[36] Einen wesentlichen Beitrag zur Erforschung des Integrationsprozesses in sozial- und mentalitätsgeschichtlicher Hinsicht hat auch Hartmut Kaelble geleistet, auch in zeitlich hinter die Jahrzehnte vor 1945 zurückgreifenden Arbeiten. Kaelble untersucht europäische Besonderheiten und Gemeinsamkeiten wie Familienstrukturen, Arbeitsbedingungen, Konsum- und Lebenseinstellungen, die Auswirkungen von Migration sowie die Bedeutung von Medien, sozialen Bewegungen und weiteren Faktoren für die Herausbildung einer europäischen Öffentlichkeit.[37] Auch von anderen Historikern wurde die Auseinandersetzung mit der Bedeutung von Parteien und Verbänden, Interessengruppen, der Medien und der Öffentlichkeit/öffentlichen Meinung vorangetrieben, die bis vor kurzem über erste Ansätze nicht hinausgekommen war. Besondere Betonung fanden hierbei Phänomene wie die transnationalen Verflechtungen von Parteien, Gewerkschaften oder gesellschaftlich-kulturellen Eliten.[38]

Sozial- und kulturgeschichtliche Einflüsse haben sich auch auf die Erforschung der Rolle einzelner Personen im europäischen Integrationsprozess ausgewirkt. In der neueren Forschung stehen nicht so sehr die individuellen Biographien als solche im Vordergrund; vielmehr werden die Protagonisten des Integrationsprozesses in ihren weiteren institutionellen und personellen Verflechtungen betrachtet, auch gerät die „zweite Reihe" von Politikern und Verwaltungsangehörigen in den Fokus der Forschung. Auf diese Weise werden die sozialen und kulturellen Rahmenbedingungen und Faktoren herausgearbeitet, die das europapolitische Wirken einzelner Personen beeinflusst haben.[39] Im Mittelpunkt des Interesses der geschichtswissenschaftlichen Erforschung des europäischen Integrationsprozesses stehen nun vor allem die geschichtlichen Bedingungen, unter denen die Protagonisten des Integrationsprozesses agiert haben.

Europäische Integration im historischen und globalen Kontext

In jüngster Zeit geraten zunehmend die historischen Wurzeln dessen, was heute unter „europäischer Integration" verstanden wird, in den Blickpunkt der Forschung. Historiker wie Peter Krüger betonen, dass dem supranationalen europäischen Einigungsprozess nach 1945 Integrationstendenzen in der modernen Geschichte Europas vorausgegangen sind, die mindestens bis ins 18. Jahrhundert zurückreichen. Die Entstehung der Europäischen Gemeinschaften im 20. Jahrhundert ist demnach nicht angemessen zu verstehen, ohne die langfristig wirksamen Bedingungen und Folgen der industriegesellschaftlichen Entwicklung und Verflechtung in Europa in den Blick zu nehmen. Krüger spricht in diesem Zusammenhang auch von einer „Integration vor der Integration", ohne dass jedoch eine lineare Entwicklung im Sinne einer sich sukzessive vertiefenden Integration bis hin zur Europäischen Union der Gegenwart damit gemeint wäre.[40]

Neben dieser historischen Tiefendimension rückt zunehmend auch die globale Dimension in den Fokus der europäischen Integrationsgeschichtsschreibung, d.h. der europäische Integrationsprozess wird zunehmend in seinen globalen Abhängigkeiten und Bezügen untersucht. Hatte sich die Forschung diesbezüglich lange Zeit auf die

Bedeutung der USA im europäischen Integrationsprozess konzentriert (→ Kapitel C 5), so finden nunmehr insbesondere die Rolle Europas während des Kalten Krieges[41] und das Verhältnis Europas bzw. der EG/EU zu Afrika[42] verstärktes Interesse. Das zunehmende Bewusstsein für über Westeuropa hinausreichende Bezüge der europäischen Integration macht sich auch in einer verstärkten Auseinandersetzung mit den Entwicklungen im östlichen Europa bemerkbar, das lange Zeit weitgehend aus der Geschichtsschreibung zur europäischen Integration ausgeblendet war. Mittlerweile nimmt die Anzahl der Arbeiten zu, die nach dem Verhältnis der kommunistisch beherrschten Staaten zum integrierten Westeuropa und nach deren Sicht auf die EG/EU fragen.[43]

Die neueste Entwicklung der Integrationsgeschichtsschreibung ist deren eigene „Historisierung", d.h. mittlerweile ist die geschichtswissenschaftliche Erforschung des europäischen Einigungsprozesses selbst zum Gegenstand der Forschung geworden. Sinnfälliger Ausdruck dieser Entwicklung, die gleichsam – wie die Integrationsgeschichtsschreibung selbst in ihren Anfängen – einen personenorientierten Ansatz wählt, ist die mehrbändige Publikation zu den „Europa-Historikern".[44] Im Fokus der einzelnen Kapitel, die je einem „Europa-Historiographen" – nicht nur, aber auch Historiographen des europäischen Einigungsprozesses – gewidmet sind, stehen Fragen nach den Bedingungen und Zielsetzungen der behandelten Historiker bei der Erforschung des „Phänomens Europa".

Literatur

Dinan, Desmond: The Historiography of European Integration, in: Ders. (Hg.): *Origins and Evolution of the European Union*, Oxford 2006, S. 297-324.

Duchhardt, Heinz /Morawiec, Małgorzata/Schmale, Wolfgang/Schulze, Winfried (Hg.): *Europa-Historiker. Ein biographisches Handbuch*, 3 Bde., Göttingen 2006/2007.

Dülffer, Jost: *Europa im Ost-West-Konflikt 1945-1990*, München 2004.

Hudemann, Rainer/Kaelble, Hartmut/Schwabe, Klaus (Hg.): *Europa im Blick der Historiker. Europäische Integration im 20. Jahrhundert: Bewußtsein und Institutionen*, München 1995.

Kaiser, Wolfram: Vom Staat zur Gesellschaft? Zur Historiographie der europäischen Integration, in: *Geschichte in Wissenschaft und Unterricht (GWU)* 55/11 (2004), S. 663-679.

SCHWARZ, Hans-Peter: Die europäische Integration als Aufgabe der Zeitgeschichtsforschung. Forschungsstand und Perspektiven, in: *Vierteljahrshefte für Zeitgeschichte* 31 (1983), S. 555-572.

2 Hilfsmittel zum Studium der europäischen Integrationsgeschichte

Im Folgenden findet sich eine Liste von Bibliographien, Handbüchern und Nachschlagewerken, Überblicksdarstellungen, Zeitschriften, Quelleneditionen und Quellensammlungen sowie empfehlenswerten Internetressourcen zur europäischen Integrationsgeschichte, die einen Einstieg in eigene Recherchen zur Geschichte des europäischen Integrationsprozesses bieten können. Aus Gründen der Übersichtlichkeit beschränkt sich die Auswahl auf einschlägige Hilfsmittel, die sich speziell auf die europäische Integrationsgeschichte beziehen.

Für eigene Studien empfiehlt sich, auch in Bibliographien und bibliographischen Datenbanken, die weiter gefasst sind (z.B. *Bibliographie zur Zeitgeschichte*, *Historical Abstracts*, *Internationale Bibliographie der Zeitschriftenliteratur*), nach aktuellen speziellen Monographien und Zeitschriftenartikeln zu recherchieren. Für umfangreichere eigene Arbeiten kann auch eine Durchsicht der aktuellen Jahrgänge weiterer wissenschaftlicher Zeitschriften, insbesondere solcher zur Zeitgeschichte, zu den internationalen Beziehungen und deren Geschichte, sehr lohnenswert sein, da auch dort mitunter Artikel zur Integrationsgeschichte erscheinen und andere Werke zur Integrationsgeschichte rezensiert werden. Je nach Thema und gewählter Fragestellung zur europäischen Integrationsgeschichte lassen sich auch in allgemeineren Darstellungen und Quellensammlungen, z.B. in Darstellungen zur Epoche der Zeitgeschichte, zur Außenpolitik einzelner Staaten, in Biographien bedeutender individueller Akteure, in Werken zur Wirtschafts- und Sozialgeschichte, sowie in Aktenauditionen zur auswärtigen Politik oder in Parlamentsprotokollen der Nationalstaaten aufschlussreiche Erkenntnisse über den Verlauf der europäischen Integration gewinnen. Diese sollten daher nicht ausgeblendet, sondern in die Recherche einbezogen werden.

2.1 Bibliographien

Bossuat, Gérard: *Histoire des constructions européennes au XXe siècle. Bibliographie thématique commentée des travaux français*, Bern 1994.

KUJATH, Karl: *Bibliographie zur europäischen Integration. Mit Anmerkungen*, Bonn 1977.

ZELLENTIN, Gerda (Hg.): *Bibliographie zur europäischen Integration*, 3., rev. und erw. Aufl., Köln 1970.

2.2 Handbücher/Nachschlagewerke

DÜLFFER, Jost: *Europa im Ost-West-Konflikt 1945-1990*, München 2004 (Nachfolgeband von: HILLGRUBER, Andreas: *Europa in der Weltpolitik der Nachkriegszeit 1945-1963*, 4. Aufl., durchgesehen und wesentlich ergänzt von Jost Dülffer, München 1993).

EUROPA-PLOETZ. *Ereignisse und Entwicklungen seit 1945. Das ganze Europa – Zeitgeschichte, Staaten, Perspektiven*, Neuausgabe, Freiburg im Breisgau 1999.

GRUNER, Wolf D./WOYKE, Wichard: *Europa-Lexikon. Länder – Politik – Institutionen*, 2., erw. Aufl., München 2007.

KOHLER-KOCH, Beate/WOYKE, Wichard (Hg.): *Die Europäische Union*, München 1996 (Lexikon der Politik, Bd. 5).

OPPERMANN, Thomas: *Europarecht. Ein Studienbuch*, 3., vollständig neu bearb. Aufl., München 2005.

WAGENER, Hans-Jürgen/EGER, Thomas/FRITZ, Heiko: *Europäische Integration. Recht und Ökonomie, Geschichte und Politik*, München 2006.

WEIDENFELD, Werner (Hg.): *Die Staatenwelt Europas*, Gütersloh 2004; DERS. (Hg.): *Die Europäische Union. Politisches System und Politikbereiche*, Gütersloh 2004 (beide Bände zuvor als: DERS. (Hg.): *Europa-Handbuch*, Gütersloh 2002).

WEIDENFELD, Werner/WESSELS, Wolfgang (Hg.): *Jahrbuch der Europäischen Integration*, Bonn 1981ff.

WEIDENFELD, Werner/WESSELS, Wolfgang (Hg.): *Europa von A-Z. Taschenbuch der europäischen Integration*, 10. Aufl., Berlin 2007.

2.3 Überblicksdarstellungen

AMBROSIUS, Gerold: *Wirtschaftsraum Europa. Vom Ende der Nationalökonomien*, Frankfurt am Main 1996.

BITSCH, Marie-Thérèse: *Histoire de la construction européenne de 1945 à nos jours*, neue erw. und akt. Aufl., Brüssel 2006.

BLAIR, Alasdair: *The European Union since 1945*, Harlow 2005.

BOSSUAT, Gérard: *Les fondateurs de l'Europe*, Paris 1994.

BRUNN, Gerhard: *Die Europäische Einigung von 1945 bis heute*, Stuttgart 2002.

DINAN, Desmond: *Europe Recast. A History of European Union*, Basingstoke 2004.

DINAN, Desmond (Hg.): *Origins and Evolution of the European Union*, Oxford 2006.

ELVERT, Jürgen: *Die europäische Integration*, Darmstadt 2006.

GASTEYGER, Curt: *Europa zwischen Spaltung und Einigung. Darstellung und Dokumentation 1945-2005*, vollständig überarb. Neuaufl., Baden-Baden 2006.

GEHLER, Michael: *Europa. Ideen – Institutionen – Vereinigung*, München 2005.

GEHLER, Michael: *Europa*, Frankfurt am Main 2002.

GERBET, Pierre: *La construction de l'Europe*, 4. Aufl., Paris 2007.

GILBERT, Mark: *Surpassing Realism. The Politics of European Integration since 1945*, Lanham 2003.

GILLINGHAM, John: *European Integration 1950-2003. Superstate or New Market Economy?*, Cambridge 2003.

HEATER, Derek: *Europäische Einheit – Biographie einer Idee*, übersetzt und annotiert von Wolfgang Schmale und Brigitte Leucht, mit einer Graphik und neun geographischen Karten, Bochum 2005.

HERZ, Dietmar: *Die Europäische Union*, München 2002.

JACHTENFUCHS, Markus/KOHLER-KOCH, Beate (Hg.): *Europäische Integration*, 2. Aufl., Opladen 2003.

KNIPPING, Franz: *Rom, 25. März 1957. Die Einigung Europas*, München 2004.

KRÜGER, Peter: *Das unberechenbare Europa. Epochen des Integrationsprozesses vom späten 18. Jahrhundert bis zur Europäischen Union*, Stuttgart 2006.

LOTH, Wilfried: *Der Weg nach Europa. Geschichte der europäischen Integration 1939-1957*, 3., durchgesehene Aufl., Göttingen 1996.

MORAVCSIK, Andrew: *The Choice for Europe. Social Purpose and State Power from Messina to Maastricht*, Ithaca 1998.

PFETSCH, Frank R.: *Die Europäische Union. Geschichte, Institutionen, Prozesse*, 3., erw. und aktualisierte Aufl., München 2005.

STIRK, Peter M. R.: *A History of European Integration since 1914*, London 1996.

URWIN, Derek: *The Community of Europe. A History of European Integration since 1945*, 2. Aufl., London 2003.

ZIEGERHOFER-PRETTENTHALER, Anita: *Europäische Integrationsgeschichte unter besonderer Berücksichtigung der österreichischen Integration*, 2., überarb. und erg. Neuaufl., Innsbruck 2007.

2.4 Zeitschriften

Europa-Archiv. Zeitschrift für internationale Politik, Halbmonatsschrift der Deutschen Gesellschaft für Auswärtige Politik, Bonn, 1 (1946) – 49 (1994) [später u.d.T. „Internationale Politik"].

integration, Vierteljahreszeitschrift des Instituts für Europäische Politik in Zusammenarbeit mit dem Arbeitskreis Europäische Integration, Baden-Baden, 1 (1978) ff.

Internationale Politik (IP), Zeitschrift der Deutschen Gesellschaft für Auswärtige Politik, Frankfurt am Main, 50 (1995) ff. [früher u.d.T. „Europa-Archiv"]

Journal of European Integration History (Revue d'histoire de l'intégration européenne, Zeitschrift für Geschichte der europäischen Integration), hg. von der Historiker-Verbindungsgruppe bei der Kommission der Europäischen Gemeinschaften, Baden-Baden, 1 (1995) ff.

2.5 Quelleneditionen/Quellensammlungen

Europa. Dokumente zur Frage der Europäischen Einigung. Dokumente und Berichte des Forschungsinstituts der Deutschen Gesellschaft für Auswärtige Politik, hg. im Auftrag des Auswärtigen Amtes, Bonn, 3 Bde., München 1962.

GASTEYGER, Curt (Hg.): *Einigung und Spaltung Europas 1942-1965. Eine Darstellung und Dokumentation über die Zweiteilung Europas*, Frankfurt am Main 1966.

LIPGENS, Walter: *Europa-Föderationspläne der Widerstandsbewegungen 1940-1945. Eine Dokumentation*, München 1968.

LIPGENS, Walter (Hg.): *45 Jahre Ringen um die europäische Verfassung. Dokumente 1939-1984. Von den Schriften der Widerstandsbewegung bis zum Vertragsentwurf des Europäischen Parlaments*, Bonn 1986.

LIPGENS, Walter (Hg.): *Documents on the History of European Integration*, Vol. 1: *Continental Plans for European Union 1939-1945*; Vol. 2: *Plans for European Union in Great Britain and in Exile 1939-1945*; DERS./LOTH, Wilfried (Hg.), Vol. 3: *The Struggle for European Union by Political Parties and Pressure Groups in Western European Countries 1945-1950*; Vol. 4: *Transnational Organizations of Political Parties and Pressure Groups in the Struggle for European Union 1945-1950*, Berlin 1985-1991.

LOTH, Wilfried: *Entwürfe einer europäischen Verfassung. Eine historische Bilanz*, Bonn 2002.

SCHULZE, Hagen/PAUL, Ina Ulrike (Hg.): *Europäische Geschichte. Quellen und Materialien*, München 1994.

SCHWARZ, Jürgen (Hg.): *Der Aufbau Europas. Pläne und Dokumente 1945-1980*, Bonn 1980.

SCHWARZ, Jürgen/SELLER, Hanns-Frank (Hg.): *Die Integration Europas (EU, WEU, KSZE)*, 4., überarb. Aufl., München 1995.

SIEGLER, Heinrich von (Hg.): *Dokumentation der Europäischen Integration*, 2 Bde. (Bd. 1: *Mit besonderer Berücksichtigung des Verhältnisses EWG-EFTA. Von der Zürcher Rede Winston Churchills 1946 bis zur Bewerbung Großbritanniens um Mitgliedschaft bei der EWG 1961*; Bd. 2: *1961-1963. Unter Berücksichtigung der Bestrebungen für eine Atlantische Partnerschaft*), Bonn 1961/1964.

SIEGLER, Heinrich (Hg.): *Europäische politische Einigung 1949-1976. Dokumentation von Vorschlägen und Stellungnahmen*, 3 Bde. (Bd. 1: 1949-1968; Bd. 2: 1968-1973; Bd. 3: 1973-1976), Bonn 1968/1973/1977.

2.6 Internetressourcen

Bundeszentrale für politische Bildung – Europa-Dossier

Informationen und Materialien u.a. zu den Institutionen der EU, zu den Europäischen Verträgen und Kompetenzen der EU, zu Po-

litikfeldern und Aufgaben der EU, zum Thema „Deutschland in der EU“ sowie eLearning-Angebote zur EU.
URL: http://www.bpb.de/themen/HYVG22,,0,Die_Europ%E4ische_Union.html

Centre d'études et de recherches européennes (CERE) Robert Schuman
Informationen u.a. über die Historiker-Verbindungsgruppe bei der Kommission der Europäischen Gemeinschaften sowie online verfügbare Ausgaben (ab Jg. 7 (2001)) des „Journal of European Integration History“ und Katalog des Centre Robert Schuman mit Veröffentlichungen zur Geschichte der europäischen Integration.
URL: http://www.cere.etat.lu

Clio-online: Europäische Geschichte
Das Themenportal „Europäische Geschichte“ enthält Materialien – Texte, Statistiken, Bilder und Karten – und Darstellungen zur Geschichte Europas und seiner Bewohner seit dem 18. Jahrhundert.
URL: http://www.europa.clio-online.de

Clio-online: Geschichte transnational (Fachforum zur Geschichte des kulturellen Transfers und der transnationalen Verflechtungen in Europa und der Welt)
Das Fachforum „geschichte.transnational“ enthält Informationen und Materialien zur transnationalen Geschichte und Geschichtsschreibung: Besprechungen von Veröffentlichungen, Forschungsprojekte, Ankündigungen und Berichte von Konferenzen und Workshops, Inhaltsverzeichnisse und teilweise Volltextvarianten von einschlägigen Zeitschriften, die schwerpunktmäßig zur transnationalen Geschichte publizieren.
URL: http://geschichte-transnational.clio-online.net

Deutscher Bildungsserver – Europäische Union
Informationen und Links zu Online-Ressourcen über die EU.
URL: http://www.bildungsserver.de/db/fachlist.html?fach=4389

EU History Site (University of Leiden)
Informationen, Materialien und Links zur Geschichte der EU und zum europäischen Integrationsprozess: Archive, (audiovisuelle) Dokumente, Bilder, elektronische Ressourcen, teilweise thematisch gegliedert.
URL: http://www.eu-history.leidenuniv.nl

Europa-digital.de
Informationen zu den Themen Europa und Europapolitik.
URL: http://www.europa-digital.de

Europäisches Hochschulinstitut (Florenz)
Informationen über das EHI, vor allem aber Informationen und Materialien aus den Archiven der Europäischen Union (u.a. Interviews mit am Integrationsprozess Beteiligten), Arbeitspapiere (Working Papers) und Informationen zu aktuellen Forschungsprojekten.
URL: http://www.iue.it

Europäische Union
Das offizielle Internetportal der Europäischen Union (EU). Enthält umfassende Informationen zu Geschichte und Gegenwart, zu den Organen, Institutionen und Politikbereichen der EU. Darüber hinaus hat man Zugriff auf zahlreiche Dokumente.
URL: http://www.europa.eu

Europarat
Informationen zu Geschichte und Organisation des Europarates.
URL: http://www.coe.int/de

Europa-web.de
Europa-Informationen der Europa-Union, geordnet nach verschiedenen Sachbereichen; mit zahlreichen Links zu weiteren Informationen über Europa und die EU.
URL: http://www.europa-web.de

European Free Trade Association (EFTA)
Informationen zur EFTA.
URL: http://www.efta.int

European Navigator (Ena)
Die vom Centre Virtuel de la Connaissance sur l'Europe (CVCE) betriebene Website enthält wissenschaftliche Informationen und Multimedia-Materialien zur Geschichte der europäischen Integration und ihrer Institutionen seit 1945: unter anderem zu historischen Ereignissen, den europäischen Organisationen, Spezialdossiers zu bestimmten Themen, Interviews mit am europäischen Integrationsprozess Beteiligten.
URL: http://www.ena.lu

Euro|topics
Das spezielle Angebot der Bundeszentrale für politische Bildung enthält Dossiers mit ausgewählten Artikeln und eine tägliche internationale Presseschau in deutscher Sprache (auch in englischer und französischer Sprache verfügbar) zu europäischen Themen

sowie eine Datenbank mit Akteuren der politischen Bildung in Europa.
URL: http://www.eurotopics.net/de

H-Diplo
Fachforum und Diskussions-Netzwerk im Rahmen von H-Net (Humanities and Social Sciences Online) zur Diplomatiegeschichte und Internationalen Geschichte. Enthält Rezensionen von Zeitschriftenartikeln und Büchern, sog. „roundtable reviews“, Essays und andere Materialien.
URL: http://www.h-net.org/~diplo

HEIRS (History of European Integration Research Society)
Ähnlich wie RICHIE, und in Zusammenarbeit mit diesem Netzwerk, bietet auch HEIRS (History of European Integration Research Society) Nachwuchswissenschaftlern im Bereich der europäischen Integrationsgeschichte ein Forum der Zusammenarbeit und des gegenseitigen Austausches. Die Website enthält Informationen u.a. zu Themen, Projekten und Veranstaltungen.
URL: http://www.heirs-eu.org

Historicum.net: Internationale Geschichte
Informationsportal für Themen und Ansätze der Internationalen Geschichte. Enthält Forschungsbeiträge sowie Informationen über Veröffentlichungen, Projekte und Tagungen.
URL: http://www.historicum.net/themen/internationale-geschichte

Institut für Europäische Politik (Berlin)
Informationen (u.a. eine sehr gute, nicht zu umfangreiche kommentierte Linksammlung) zur EU und zur Europapolitik im Allgemeinen.
URL: http://www.iep-berlin.de

Organisation für Sicherheit und Zusammenarbeit in Europa (OSZE)
Informationen und Materialien zur OSZE.
URL: http://www.osce.org

Organisation für wirtschaftliche Zusammenarbeit und Entwicklung (OECD)
Informationen zur OECD und den Staaten Europas.
URL: http://www.oecd.org

RICHIE (Réseau International de Jeunes Chercheurs en Histoire de l'Intégration Européenne)
RICHIE ist ein Netzwerk junger Wissenschaftler aus verschiedenen europäischen Ländern im Bereich der europäischen Integra-

tionsgeschichte. Die Website enthält Informationen zu einschlägigen Tagungen und Kolloquien, thematischen Arbeitsgruppen, eine Mailingliste, eine Forschungsagenda der europäischen Geschichte sowie eine Linksammlung.
URL: http://www.europe-richie.org

University of Exeter Library and Information Service
Links zu Online-Ressourcen bezüglich der EU: u.a. zu Europäischen Dokumentationszentren, Bibliographien zur EU, Dokumenten, Informationen zur EU, Working Papers, Informationen für Studierende.
URL: http://www.library.ex.ac.uk/internet/eurostudies.html

Westeuropäische Union (WEU)
Informationen zur WEU.
URL: http://www.weu.int

Zentrum für Europäische Integrationsforschung (ZEI)
Informationen und Materialien (ZEI Discussion und Working Papers) zu Forschungsprojekten und Themen der Europapolitik.
URL: http://www.zei.de

B Historische Entwicklung der europäischen Integration

1 Europäische Föderationspläne

Die Idee einer Einigung Europas ist alt. Seit dem 14. Jahrhundert entwarfen Gelehrte, Schriftsteller, Philosophen, Juristen und Staatsmänner Pläne für einen Zusammenschluss der europäischen Staaten. Ebenso unterschiedlich wie die Motive, die solchen Entwürfen eines geeinten Europas zugrunde lagen, waren die Vorstellungen über die Struktur eines zu schaffenden europäischen Bundes. Abgeleitet von dem lateinischen Wort „foedus" werden diese Pläne als Föderationspläne bezeichnet.

Föderalismus, lat. foedus/Gen.: foederis = Bund, Bündnis, Vertrag. Der bis heute einer allgemein anerkannten und verbindlichen Definition entbehrende Begriff verkörpert sowohl ein staats- und völkerrechtliches als auch ein philosophisch-soziologisches Prinzip. Als gesellschaftliches Ordnungsprinzip meint F. den Aufbau menschlicher Gemeinschaften von unten nach oben, wobei nur diejenigen Funktionen an eine größere, übergeordnete Einheit abgegeben werden sollen, die die kleineren Einheiten nicht erfüllen können **(Subsidiaritätsprinzip)**. Im staats- und völkerrechtlichen Sinne bezeichnet F. den Zusammenschluss von Staaten zu einem höheren, gegliederten Ganzen, wobei diese übergeordnete Einheit verschiedene Formen annehmen kann, z.B. Staatenbund oder Bundesstaat.

1.1 Europapläne und europäische Einigungsinitiativen bis 1945

Bis zu Beginn des 20. Jahrhunderts blieben die Entwürfe für eine Einigung Europas theoretische Konstrukte Einzelner, die keine größere politische Bedeutung erlangten. Eine zielgerichtete europäische Einigungsbewegung formierte sich erst nach Ausbruch des Ersten Weltkrieges. In den Zwischenkriegsjahren bildeten sich in den europäischen Staaten verschiedene Gruppen, welche die wirtschaftliche und politische Einigung Europas forderten. Auch in den Schriften und Programmen der sich im Verlauf des Zweiten Weltkrieges formierenden Widerstandsgruppen sowie von Exilpolitikern wurde die Forderung nach einem europäischen Zusammenschluss erhoben. Die Siegermächte des Zweiten Weltkrieges verfolgten allerdings andere Pläne für die Gestaltung der Nachkriegsordnung.

Motive und Ziele europäischer Einigungsbestrebungen

Seit dem ausgehenden Mittelalter sind Pläne für eine Einigung Europas entworfen worden. In seinem Buch „Europa. Geschichte einer politischen Idee“ hat Rolf Hellmut Foerster insgesamt knapp 200 Einigungspläne für die Zeit zwischen 1306 und 1945 aufgeführt, darunter die berühmten Pläne des Pierre Dubois (1306), des böhmischen Königs Georg von Podiebrad (1464), des Herzogs von Sully (1632) sowie des Abbé de Saint-Pierre (1712).[45] Die zwischen dem 14. und 19. Jahrhundert entstandenen Einigungspläne waren meist das Werk Einzelner, und sie erlangten in ihrer Zeit politisch kaum irgendeine größere Bedeutung. Vielfach entsprangen solche Pläne dem Wunsch, dauerhaft Frieden zwischen den europäischen Fürsten oder Staaten zu schaffen, nicht zuletzt um gemeinsam einen äußeren Feind abzuwehren oder Hegemonialbestrebungen einzelner Staaten zu unterbinden. Teilweise handelte es sich auch, wie bei dem Plan des Pierre Dubois, um verdeckte Hegemoniepläne für den eigenen Staat. Gemeinsam war all diesen Plänen die Forderung nach Errichtung eines Schiedsgerichts zur Schlichtung von Streitigkeiten sowie nach Einsetzung weiterer Bundesorgane, um die gemeinsamen Anliegen, und hierzu zählte vor allem die Frage nach Krieg und Frieden, zu beraten und gemeinsame Entscheidungen darüber zu treffen. Mitunter, so in den Plänen des Herzogs von Sully und des Abbé de Saint-Pierre, war die Bildung eines gemeinsam zu unterhaltenden Heeres vorgesehen. Die Forderung nach Ergreifung gemeinsamer Maßnahmen zur Förderung des Handels und damit des allgemeinen Wohlstandes findet sich auch in vielen Texten, doch wurde hierin selten die vorrangige Aufgabe solcher Einigungsbestrebungen gesehen.

Eine zielgerichtete politische *Einigungsbewegung* in Europa formierte sich erst seit der Zeit des Ersten Weltkrieges. Es waren vor allem die vielen Millionen Toten und Verletzten dieses Krieges und das bislang unbekannte Maß an militärischer Gewalt und Zerstörung, die zunächst in kleinen Kreisen von Intellektuellen zur Suche nach Möglichkeiten einer dauerhaften Friedenssicherung führten. Bereits kurz nach Ausbruch des Ersten Weltkrieges hatten sich in verschiedenen europäischen Ländern Komitees gebildet, die, wie die britische „Union for Democratic Control“ oder die niederländische Vereinigung „De Europeesche Staatenbond“, die Errichtung eines Europäischen Bundes als Bedingung und Grundlage eines dauerhaften Friedens forderten und die diesen Krieg als „Europas Einigungskrieg“[46] verstanden. Weitere Faktoren für die Entstehung einer europäischen Einigungsbewegung waren: die zunehmende Verflechtung der europäischen Volkswirtschaften, die als notwendig erachtete Schaffung größerer Wirtschaftsräume in Konkurrenz zur expandierenden Wirtschaftsmacht USA sowie die Verdichtung der Verkehrswege und Kommunikationsnetze in Europa seit dem letzten Drittel des 19. Jahrhunderts. Auch besannen sich in der Zeit kriegerischer Auseinandersetzungen zwischen den europäischen Nationen einzelne Philosophen und Dichter auf die Gemeinsamkeit europäischer Werte und Anschauungen, d.h. auf das gemeinsame kulturelle Erbe Europas, und betonten in ihren Schriften die Einheit Europas.

Nach Beendigung des Krieges, die nicht die erhoffte Einigung Europas herbeigeführt hatte, bildeten sich verschiedene private Organisationen, wie die „Paneuropa-Union“ von Richard Nikolaus Graf von Coudenhove-Kalergi, welche zur Einigung Europas aufriefen. Der 1919 ins Leben gerufene Völkerbund konnte aufgrund seiner geographischen Ausdehnung sowie seiner faktischen Machtlosigkeit keinen Ersatz für einen europäischen Zusammenschluss darstellen, wenngleich sich an diese zur Lösung internationaler Konflikte geschaffene zwischenstaatliche Organisation viele Hoffnungen auf eine dauerhafte Friedenssicherung knüpften. Einige Gruppen der Europabewegung, wie beispielsweise die 1932 gegründete britische „New Commonwealth Society“, traten für eine Fortentwicklung des Völkerbundes durch Einführung einer verpflichtenden Schiedsgerichtsbarkeit und Einrichtung einer dem Völkerbund unterstehenden internationalen Truppe zur Durchsetzung seiner Beschlüsse ein; das geeinte Europa sollte Glied dieses reformierten Völkerbundes sein.

In der Zwischenkriegszeit kam es zudem auf Initiative von Wirtschaftsfachleuten und Politikern aus mehreren west- und osteuropäischen Ländern zur Gründung einzelner Organisationen, wie der „Mitteleuropäische[n] Wirtschaftstagung“ (1925) oder dem „Comité international d'union douanière européenne“ (1925), die sich die Überwindung der wirtschaftlichen Zersplitterung Europas und die Schaffung eines großen, von Zollschranken befreiten Wirtschaftsraumes auf die Fahnen schrieben.

Mit Ausbruch des Zweiten Weltkrieges mussten die meisten Gruppen der europäischen Einigungsbewegung ihre Tätigkeit einstellen; lediglich in der Schweiz und in Großbritannien konnten die dort in den 1930er Jahren entstandenen Organisationen „Europa-Union" (Schweiz) sowie „Federal Union" und „New Commonwealth Society" (Großbritannien) ihr Engagement für eine Einigung Europas fortsetzen. Gleichzeitig gewann der Gedanke eines europäischen Zusammenschlusses als Mittel zur dauerhaften Friedenssicherung und zur Selbstbehauptung Europas in der Nachkriegszeit zunehmend an Resonanz unter den aus ihren vom Deutschen Reich besetzten Ländern nach London geflohenen Exilpolitikern und in den sich zu Beginn der 1940er Jahre herausbildenden Widerstandsgruppen. Insbesondere in den Kreisen des westeuropäischen Widerstandes entstanden zahlreiche Entwürfe zur föderativen Neuordnung Europas, deren gemeinsames Merkmal die Forderung nach Abgabe nationalstaatlicher Souveränität an eine übergeordnete europäische Organisation war. Die im Widerstand entwickelten Pläne einer Neuordnung Europas beeinflussten über das Kriegsende hinaus die sich formierende europäische Einigungsbewegung der Nachkriegszeit sowie die Ideen und das Handeln einzelner Politiker der 1940er und 1950er Jahre.

Souveränität, frz. souveraineté (souverain = höchste) = höchste Gewalt. Der Begriff geht auf den französischen Staatstheoretiker Jean Bodin (1530-1596) zurück und bezeichnet die höchste, nicht abgeleitete, allumfassende, nach außen und innen unbeschränkte Hoheitsgewalt des Staates (Letztentscheidungsbefugnis).

Den zahlreichen, im Laufe der Jahrhunderte entworfenen Einigungsplänen lagen unterschiedliche Vorstellungen über die Struktur eines geeinten Europas zugrunde. Sie reichten von einem eher lockeren, nur auf die Schaffung weniger gemeinsamer Organe begrenzten Staatenbund bis hin zur Bildung eines europäischen Bundesstaates unter Souveränitätsabgabe der bisherigen Nationalstaaten. Beide Arten von Staatenverbindung wurden und werden mit dem Begriff „Föderation" bezeichnet; darüber hinaus finden sich in den verschiedenen Schriften und Programmen der europäischen Einigungsbewegung auch die Begriffe „Konföderation" und „Union" als Bezeichnung für eine staatenbündische Organisation.

In einem **Staatenbund** liegt die Souveränität bei den Einzelstaaten; die Gliedstaaten sind Völkerrechtssubjekte. Nur zur Wahrnehmung gewisser gemeinsamer Interessen (z.B. Sicherheit nach außen) werden gemeinsame Organe eingesetzt. Der Staatenbund besitzt eine völkerrechtliche Legitimationsbasis, er entsteht durch einen Vertrag von Regierungen (Beispiel: Deutscher Bund 1815-1866). In einem **Bundesstaat** ist die staatliche Souveränität zwischen Gesamtstaat und Gliedstaaten geteilt; allein der Gesamtstaat besitzt Völkerrechtssubjektivität. Der Bundesstaat besitzt eine staatsrechtliche Legitimationsbasis, er entsteht durch Verfassungsgebung (Beispiel: Bundesrepublik Deutschland). Im Bundesstaat fallen die auswärtigen Beziehungen, die Verfügungsgewalt über die militärische Organisation und die Entscheidung über Krieg und Frieden in die Kompetenz des Bundes, während in einem Staatenbund diese Rechte in der Regel den souveränen Einzelstaaten zustehen. Im heutigen Sprachgebrauch wird der Staatenbund meist als Konföderation bezeichnet, der Bundesstaat als Föderation.

Union, lat. unio = Einheit, Vereinigung, Bund. Der vielschichtige Begriff bezeichnet in der Staatsrechtslehre eine zwischenstaatliche Vereinigung; er wird zur Kennzeichnung verschiedenartiger Zusammenschlüsse verwendet (z.B. Zollunion; Montanunion; Westeuropäische Union). Im Kontext der europäischen Einigungsbewegung werden die Befürworter eines allmählichen, pragmatischen Zusammenwachsens Europas oder auch einer zwischenstaatlichen Kooperation meist als „Unionisten" bezeichnet, im Gegensatz zu denjenigen, die die sofortige Schaffung eines europäischen Bundesstaates anstreben und überwiegend als „Föderalisten" bezeichnet werden.

Coudenhove-Kalergis „Paneuropa" und Briands Europaplan

Von den zahlreichen in den 1920er Jahren entstandenen Organisationen, die sich die wirtschaftliche und/oder politische Einigung Europas auf die Fahnen schrieben, erlangte die „Paneuropa-Union" des Richard Nikolaus Graf von Coudenhove-Kalergi (1894-1972) den größten Bekanntheitsgrad. Im Jahr 1923 erschien das Buch des Grafen mit dem Titel „Pan-Europa", das bald zum Schlagwort und Oberbegriff für alle europäischen Einigungsbemühungen avancierte. Am Ende desselben Jahres gründete Coudenhove-Kalergi die Paneuropa-Union als eine überparteiliche Massenbewegung zur Einigung Europas, die zu einer eindrucksvollen Organisation mit nationalen Sektionen in allen kontinentaleuropäischen Hauptstädten wuchs. Im Jahr 1927 gab es in 13 europäischen Städten nationale Gruppen der Paneuropa-Union, und an dem 1926 in Wien stattfindenden ersten Paneuropa-Kongress nahmen über 2000 europäische Politiker, Wissenschaftler, Journalisten und Geschäftsleute teil. Namhafte Persönlichkeiten aus Politik und Wirtschaft zählten zu den Unterstützern und Förderern dieser Organisation, der französische Außenminister Aristide Briand übernahm 1927 das Ehrenpräsidium über die gesamte Paneuropa-Union.

Die Notwendigkeit, Europa zu einigen, leitete Coudenhove-Kalergi aus äußeren Gefahren ab. Wie er in seinem Paneuropäischen Manifest (1923) darlegte, drohe die Gefahr für Europa wirtschaftlich von der Konkurrenz durch die kapitalistische USA und politisch vom russischen Hegemoniestreben her. „Das zersplitterte Europa", so warnte Coudenhove-Kalergi, „geht somit einer *dreifachen Katastrophe* entgegen: dem *Vernichtungskrieg*; der *Unterwerfung durch Russland*; dem *wirtschaftlichen Ruin*."[47] Nur die Einigung könne Europa vor dieser Katastrophe bewahren. Nach den Vorstellungen Coudenhove-Kalergis sollten sich die europäischen Staaten von Polen bis Portugal schrittweise zusammenschließen, wobei das angestrebte Paneuropa aus Gründen der wirtschaftlichen Selbstbehauptung auch die Kolonien umfassen sollte. Großbritannien, das sich nach Coudenhove-Kalergis Auffassung von einer europäischen Großmacht zu einer „interkontinentalen Weltmacht" entwickelt hatte, sollte nicht Teil des geeinten Europas sein, ebensowenig die Türkei.

In vier Schritten sollte das geeinte Europa entstehen: Als erstes sollte eine paneuropäische Konferenz sich umstrittener Themen wie Abrüstung, Sicherheitsgarantien und Zollfragen widmen, dann sollte zweitens eine wechselseitige Garantie aller bestehenden Grenzen durch Abschluss eines Schieds- und Garantievertrages erreicht sowie ein paneuropäischer Sicherheitspakt gegen die Sowjetunion geschlossen werden; als dritter Schritt war die Bildung einer paneuropäischen Zollunion zur Schaffung eines einheitlichen Wirtschaftsgebietes vorgesehen, die viertens ihren krönenden Abschluss in der Bildung der „Vereinigten Staaten von Europa" nach dem Muster der Vereinigten Staaten von Amerika finden sollte. Diese Föderation europäischer Staaten würde über ein gemeinsames Parlament, bestehend aus einem Völker- und einem Staatenhaus, verfügen; die weitere politische Ausgestaltung der Föderation blieb offen. Unklar bleibt, ob Coudenhove-Kalergi für die „Vereinigten Staaten von Europa" die Form eines

Staatenbundes oder Bundesstaates anstrebte, beide Begriffe werden von ihm zur Bezeichnung des vereinigten Europas verwandt, ebenso die Begriffe „Bundes-Reich“, „Union“, „Konföderation“ und „Föderation“.

Zu einer Einigungsinitiative auf offizieller politischer Ebene kam es 1929, als der neue französische Ministerpräsident und Außenminister Aristide Briand auf der Vollversammlung des Völkerbundes in Genf am 5. September die Schaffung einer föderativen Verbindung der europäischen Staaten vorschlug. Sein Vorschlag war motiviert durch das Bestreben, einen möglichen Aufstieg Deutschlands zur dominierenden wirtschaftlichen und politischen Macht auf dem Kontinent zu verhindern und die durch den Versailler Vertrag festgelegten Grenzen Deutschlands im Osten und Westen festzuschreiben. Der von ihm im Mai 1930 präzisierte und den europäischen Völkerbundstaaten zugeleitete Plan für eine „europäische föderale Union“ sah eine schrittweise Zusammenfassung der europäischen Staaten auf politischem und wirtschaftlichem Gebiet im Rahmen des Völkerbundes, den Ausbau des Schieds- und Sicherheitssystems in Europa sowie die Ausdehnung der in Locarno begonnenen Politik der internationalen Garantien auf alle europäischen Völkerbundsmitglieder vor, zielte somit auch auf die Festschreibung der deutschen Ostgrenzen. Als gemeinsame Unionsorgane zur Erfüllung der Aufgaben des Bundes schlug Briand eine aus Vertretern der europäischen Regierungen bestehende „Europäische Konferenz“, einen ständigen politischen Ausschuss als Vollzugsorgan und ein Sekretariat, das die Weisungen der Konferenz bzw. des Ausschusses durchführen und die Tagesordnung der beiden Organe vorbereiten sollte, vor. Allerdings, so betonte Briand in Anbetracht des zu erwartenden Widerstandes der europäischen Regierungen gegen einen solchen Plan, sollte die Souveränität der beteiligten Mächte keinesfalls eingeschränkt werden. Doch selbst diese sehr vorsichtig formulierten, bescheidenen Einigungsschritte wurden von einem Teil der Staaten, darunter Deutschland, Italien und Großbritannien, als unvereinbar mit ihren jeweiligen nationalstaatlichen Interessen und Zielen zurückgewiesen. Das Deutsche Reich, das vor allem an der Revision des Versailler Vertrages interessiert war, bereitete nach den Worten des Außenministers Julius Curtius dem Briand-Plan „ein Begräbnis erster Klasse“[48]. Mit dem Scheitern dieses Plans war eine Möglichkeit vertan worden, Europa vor einem erneuten Krieg zu bewahren.

Europa-Union; New Commonwealth Society; Federal Union

Während in den faschistisch regierten und besetzten Ländern des Kontinents die Verbände für eine europäische Einigung verboten wurden, konnte in der Schweiz die 1934 aus dem Zusammenschluss einer Baseler Europagruppe mit der schweizerischen Sektion der „Paneuropa-Union“ entstandene „Europa-Union“ ihre Tätigkeit während des Zweiten Weltkrieges mit großer Energie fortsetzen. Im Winter 1939/40 erarbeitete sie „Leitsätze“ für eine Neuordnung Europas, die 1940 auf einer Delegiertenversammlung in Bern als Programm der Schweizer Europa-Union angenommen wurden. Die „Leitsätze“ forderten als Bedingung für eine Gesundung Europas und die Vermeidung neuer Kriege den Zusammenschluss europäischer Staaten auf bundesstaatlicher Grundlage.

In 18 Punkten beschrieb das Programm die Grundlagen eines zu errichtenden „Europäischen Bundes“. In die ausschließliche Kompetenz dieses Bundes sollten fallen: die Außenpolitik; das Recht, Krieg zu erklären und Frieden zu schließen; die Kontrolle über die Rüstungsindustrie; die Zollpolitik sowie die Schaffung einer einheitlichen Währung. Der Bund sollte zudem die Gleichstellung und die Freiheitsrechte aller Bürger sichern sowie die Einführung einer völkerverbindenden Einheitssprache und die Niederlassungsfreiheit im gesamten Bundesgebiet gewährleisten. Zur Wahrnehmung dieser bundesstaatlichen Aufgaben würden entsprechende legislative, exekutive und judikative Organe geschaffen werden (Bundesparlament, Bundesregierung, Bundesschiedsgericht). Dies bedeutete einen Souveränitätsverlust der bisherigen Nationalstaaten, da sie einen großen Teil ihrer Kompetenzen an den Bund abgeben sollten. Die Souveränität der Nationalstaaten sollte soweit eingeengt werden, „als es die europäische Sicherheit sowie die freie menschliche Entwicklung in wirtschaftlicher, sozialer und geistiger Hinsicht erfordert“[49]; die „Verfassung und politisch-rechtliche Struktur“[50] sowie die Regierungsform der einzelnen europäischen Länder sollten weiterhin Ländersache bleiben. Auf späteren Delegiertenversammlungen der Europa-Union in den Jahren 1943 und 1944 wurde angesichts aufkommender Pläne einer globalen Friedensorganisation erklärt, dass sich eine solche europäische Union in eine umfassende, auf föderativer Grundlage beruhende Weltorganisation eingliedern sollte.

In Großbritannien hatten sich im Verlaufe der 1930er Jahre zwei private Organisationen herausgebildet, die einen Zusammenschluss europäischer Staaten forderten: die „New Commonwealth Society“

(1932), die bis zum Ende der 1930er Jahre Zweiggruppen in allen englischsprachigen und westeuropäischen Ländern errichtet hatte (Präsident der britischen Gruppe 1940: Winston Churchill), und die im Herbst 1938 entstandene „Federal Union“. Diese beiden Organisationen vertraten unterschiedliche Einigungskonzepte. Die „New Commonwealth Society“ trat für die Errichtung eines Staatenbundes ein, welcher Teil eines reformierten und mit mehr Machtmitteln ausgestatteten Völkerbundes sein würde. Die Organe des Staatenbundes („Unions“-Organe), in deren ausschließliche Kompetenz die Außen- und Verteidigungspolitik fallen würden, sollten aus Vertretern der einzelnen Staaten bestehen, die nur einstimmig Beschlüsse fassen konnten, wodurch die nationalstaatliche Souveränität kaum beschränkt würde; den Mitgliedern der sogenannten „Vereinigten Staaten von Europa“, zu denen auch die britischen Dominions zählten, blieb zudem die Entscheidung über die Art ihrer politischen Verfassung selbst überlassen. Im Gegensatz dazu forderte die „Federal Union“ eine demokratische Völker-Föderation nach Schweizer Vorbild, die schrittweise verwirklicht und als Kern einer letztlich zu schaffenden „Weltföderation“ fungieren sollte. In ihren 1939 veröffentlichten Richtlinien trat die „Federal-Union“ für eine wesentliche Beschränkung der nationalstaatlichen Souveränität ein und skizzierte das Modell eines europäischen Bundesstaates, in dem die Zuständigkeit für Außen-, Verteidigungs- und Wirtschaftspolitik in die Kompetenz des übergeordneten Bundes fiel. Beide Organisationen machten ihre Gedanken durch eine Reihe von Büchern, Broschüren und Artikeln publik; insbesondere das im März 1940 in London gegründete „Federal Union Research Institute“, dem namhafte Wissenschaftler angehörten, entfaltete eine rege publizistische Tätigkeit und trug zur Verbreitung föderativer Gedanken in Großbritannien bei. Die „Federal Union“ erfreute sich zunächst eines großen Zulaufs: Im Juni 1940 besaß sie 225 Ortsverbände mit 12.000 Mitgliedern. Im Verlaufe des Zweiten Weltkrieges, der zu einem Zusammenbruch fast aller kontinentaleuropäischen Staaten führte, verblasste jedoch in Großbritannien, das als einziges europäisches Land dem Angriff des nationalsozialistischen Deutschlands standhielt, der europäische Einigungsgedanke. Aufgrund der Entwicklung während des Krieges verstärkte sich in diesem Land das Bewusstsein, in Zukunft bei der Gestaltung der Nachkriegsordnung eine andere Rolle als die zusammengebrochenen Staaten des Kontinents spielen zu können. Von einer Zusammenarbeit mit den USA versprach man sich mehr als von einer Bindung an die schwachen Staaten des Kontinents, was die

Neigung zu irgendeiner Form eines europäischen Zusammenschlusses deutlich verringerte.

Pläne aus dem Exil

In London trafen sich Exilpolitiker aus ost- und westeuropäischen Staaten, die nach der Besetzung ihrer Länder durch das nationalsozialistische Deutschland ihre Heimat verlassen mussten. Im Exil entwickelten sie Pläne für einen regionalen Zusammenschluss ihrer Staaten, die sie zum Teil als Ansätze zu einer künftigen Föderierung Europas betrachteten. Die polnische Exilregierung unter General Władysław Sikorski und die provisorische tschechoslowakische Regierung unter Präsident Edvard Beneš unterzeichneten am 11. November 1940 in London eine gemeinsame Erklärung, in der sie die Bildung einer engen politischen und wirtschaftlichen Assoziation ihrer Staaten als Basis einer neuen Ordnung in Zentraleuropa nach Ende des Krieges ankündigten. Beneš stand solchen Föderationsplänen, wie sie in London favorisiert und auch von den Widerstandsbewegungen in den mittel- und osteuropäischen Ländern unterstützt wurden, allerdings eher skeptisch gegenüber. In dem am 23. Januar 1942 abgeschlossenen förmlichen Abkommen zwischen der polnischen und tschechoslowakischen Exilregierung war daher auch lediglich von der Bildung einer „Polnisch-Tschechoslowakischen Konföderation", d.h. einem die Souveränität der Nationalstaaten anerkennenden Staatenbund, die Rede, obwohl Sikorski einen bundesstaatlichen Zusammenschluss bevorzugt hatte.

Einige Tage vor Abschluss des polnisch-tschechoslowakischen Abkommens hatten die Exilregierungen Griechenlands und Jugoslawiens ebenfalls ein Konföderationsabkommen abgeschlossen (15.1.1942), das die beiden Regierungen zu einer gemeinsamen Außen-, Wirtschafts- und Verteidigungspolitik verpflichtete.

Der Außenminister der belgischen Exilregierung, Paul-Henri Spaak, arbeitete auf einen Zusammenschluss seines Landes mit den Niederlanden, Luxemburg und Frankreich auf politischem, wirtschaftlichem und militärischem Gebiet hin. Die Pläne seines Landsmannes Paul van Zeeland, eine Zoll- und Währungsunion der westeuropäischen Staaten zu errichten, wurden mit dem Abkommen über die Gründung einer Zollunion (→ Kapitel B 3.3) zwischen Belgien, den Niederlanden und Luxemburg (Benelux) vom 5. September 1944 zum Teil umgesetzt. Der im Londoner Exil lebende ehemalige italienische Außenminister Carlo Graf Sforza schlug als ersten Schritt hin zu einer gesamteuropäischen Föderation die Bildung einer Belgien, Italien, Frankreich, Spanien, Portugal, Griechenland und Jugoslawien umfassenden „Mittelmeer-Föderation“ vor.

Pläne europäischer Widerstandsgruppen

In den von Deutschland während des Zweiten Weltkrieges besetzten Staaten Ost- und Westeuropas hatten sich Widerstandsgruppen gebildet, die zum Kampf gegen die Fremdherrschaft sowie die mit den Deutschen kollaborierenden eigenen Regierungen aufriefen. Wenngleich sich ihr Hauptaugenmerk auf den Befreiungskampf und die Wiederherstellung der Menschenrechte richtete, so beschäftigten sie sich in ihren im Untergrund verfassten Programmen, Aufrufen und Artikeln auch mit der künftigen Neuordnung Europas nach dem Kriege. Sie stimmten mehrheitlich darin überein, dass sich das System der souveränen Nationalstaaten in Europa überlebt habe und an seine Stelle ein Zusammenschluss der europäischen Staaten und Völker treten müsse. So hieß es beispielsweise in einem Artikel aus der französischen Untergrundzeitschrift „Le Franc-tireur“:

> „Die gewaltige Armee demokratischer und patriotischer Kämpfer, die sich aus dem gepeinigten Boden Europas gegen die Nazibarbarei erhebt, will keine Rückkehr zur ‚republikanischen‘ Diktatur des Kapitals und keine Rückkehr zur Balkanisierung Europas, wo jedes Volk hinter wirtschaftlichen und politischen Schranken abgesondert, wo der Sinn für die Freiheit des Menschen entweder verkümmert oder irregeleitet, wo der Patriotismus entweder durch eine enttäuschende Politik entmutigt oder durch die Aufputschung von Rassenvorurteilen verhetzt war.“[51]

Auf den Ruinen der faschistischen Herrschaft und der einzelstaatlichen Souveränitäten müsse, so hieß es weiter, „die demokratische Union der Völker Europas … als erste Etappe auf dem Wege zur Union aller Völker der Erde“ errichtet werden.[52]

Ebenso stellte das von italienischen Widerstandskämpfern 1941 auf der Gefangeneninsel Ventotene verfasste Manifest heraus: „Das Problem, das in erster Linie zu lösen und ohne dessen Bewältigung jeder andere Fortschritt nur Schein ist, ist die endgültige Beseitigung der Teilung Europas in souveräne Nationalstaaten.“[53] Lediglich eine Minderheit des konservativ geprägten Widerstandes sowie die kommunistischen Widerstandsgruppen lehnten eine föderative Neugestaltung Europas ab.

Dem in den Schriften und Programmen des Widerstandes zum Ausdruck kommenden Wunsch nach einem Zusammenschluss der europäischen Staaten und Völker lagen mehrere Motive zugrunde. Zunächst und vor allem war es der Wunsch nach langfristiger Friedenssicherung, der die Forderung nach einer Einigung Europas bestimmte. Der Ausbruch zweier Weltkriege hatte nach Auffassung der Widerstandskämpfer gezeigt, dass das System der Nationalstaaten nicht in der Lage war, den Frieden zu wahren. Auch der Völkerbund, so hieß es in mehreren Schriften des Widerstandes, sei daran gescheitert, dass er die Souveränität der Nationalstaaten nicht angetastet und keine den souveränen Nationalstaaten übergeordnete Macht besessen habe. Ein weiteres Motiv lag in dem Bestreben, einen großen, von Zollschranken befreiten europäischen Wirtschaftsraum zu schaffen, der konkurrenzfähig gegenüber den wirtschaftlich mächtigen USA sein würde. Gegen Ende des Krieges gewann das Ziel einer politischen Selbstbehauptung Europas gegenüber den beiden aufstrebenden Weltmächten USA und Sowjetunion als Motiv für einen europäischen Zusammenschluss zunehmend an Bedeutung. Nur wenn die europäischen Staaten sich zusammenschlössen, so war wiederholt in den Schriften des Widerstandes zu lesen, sei Europa künftig noch in der Lage, Einfluss auf die Weltpolitik zu nehmen und seine politische, wirtschaftliche und kulturelle Selbstständigkeit zu behaupten.

Und nicht zuletzt war es ihre Auffassung, dass der faschistische Unterdrückungsstaat ein Resultat der Verabsolutierung des nationalstaatlichen Souveränitätsprinzips sei, die den Entschluss der Widerstandsgruppen zur Bekämpfung des souveränen Nationalstaatsprinzips bestärkte. Im „Manifest von Ventotene“ schrieben die Verfasser:

> „Die Nation … ist eine göttliche Wesenheit geworden, ein Organismus, der nur an die eigene Existenz und an die eigene Entwicklung denken darf, ohne sich in irgendeiner Weise um den Schaden zu kümmern, den die andern dadurch erleiden könnten. Die absolute Souveränität der nationalen Staaten hat dazu geführt, daß ein jeder von ihnen die Vorherrschaft anstrebt, weil jeder sich durch die Macht der andern bedroht fühlt und als seinen ‚Lebensraum‘ immer größere Gebiete ansieht, die es ihm ermöglichen sollen, sich frei zu bewegen und sich die Existenzmittel zu sichern, ohne von irgend jemand abhängig zu sein. … Die totalitären Staaten sind diejenigen, die in konsequentester Weise die Zusammenfassung aller Kräfte verwirklicht haben.“[54]

Die in den besetzten europäischen Staaten sich herausbildenden Widerstandsgruppen waren meist politisch heterogen zusammengesetzt, agierten oftmals nur in begrenztem lokalem oder regionalem Rahmen und hatten zunächst wenig Kontakt untereinander. Unabhängig voneinander entwickelten sie ähnliche Vorstellungen bezüglich der künftigen Gestaltung Europas. In ihrer überwiegenden Mehrzahl entwarfen sie das Modell eines europäischen Bundesstaates, in dem die bisherigen Staaten ihre nationalstaatliche Souveränität verlieren und sie lediglich als Glieder einer übergeordneten Gemeinschaft agieren würden. In die Kompetenz des Bundes bzw. einer europäischen Bundesregierung sollten auf jeden Fall die Bereiche Außenpolitik, Wirtschaft und Verteidigung fallen, während sich das Aufgabenfeld der bisherigen Nationalstaaten vor allem auf die Regelung kultureller Angelegenheiten beschränken würde. In ihrem Programm vom August 1944 formulierte die französische Widerstandsgruppe „Mouvement de Libération Nationale“:

> „Die nationalen Staaten müssen sich zu einer Föderation zusammenschließen und dem gemeinsamen föderativen Staat folgende Rechte übertragen: das Recht, das Wirtschaftsleben Europas zu ordnen, das alleinige Recht, über Streitkräfte zu verfügen und gegen jeden Versuch der Wiedererrichtung faschistischer Regime einzuschreiten, das Recht, die auswärtigen Beziehungen zu regeln, das Recht, diejenigen Kolonialgebiete zu verwalten, die für die Unabhängigkeit noch nicht reif sind, die Schaffung einer europäischen zusätzlich zur nationalen Staatsbürgerschaft. Die Regierung des föderativen Staates ist nicht von den nationalen Staaten, sondern in demokratischen und direkten Wahlen von den Völkern zu wählen. … Die nationalen Regierungen sind der Regierung der Föderation in den Fragen nachgeordnet, die die föderierten Staaten in ihrer Gesamtheit angehen. Die nationalen Regierungen bleiben jedoch bestehen und arbeiten mit ihren eigenen, zum Recht der Föderation nicht im Widerspruch stehenden Gesetzen, sie sind autonom auf den Gebieten der Verwaltung, der Sprache und Kultur.“[55]

Mitunter sahen die Pläne der Widerstandsgruppen auch die Schaffung eines übergeordneten Weltorgans zur kollektiven Friedenssicherung vor, dem eine europäische Föderation ihre Streitkräfte unterstellen sollte, um auf diese Weise mögliche kriegerische Auseinandersetzungen zwischen verschiedenen regionalen Unionen in der Welt auszuschließen.

Die Mehrzahl der Widerstandsgruppen befasste sich auch mit der künftigen Rolle Deutschlands in Europa, und fast ausnahmslos wurde die Teilnahme Deutschlands an der zu schaffenden Föderation europäischer Völker bejaht. In der Eingliederung Deutschlands in eine europäische Föderation erblickte man sogar die einzige Lösung des Deutschlandproblems, wollte man nicht dauerhaft dieses mitten in Europa gelegene und wirtschaftlich potente Land niederdrücken und damit Rachegefühle und mögliche neue kriegerische Auseinandersetzungen heraufbeschwören.

Gegen Ende des Krieges gelang es den europäischen Widerstandsgruppen, verstärkt Kontakt untereinander aufzunehmen und sich auf ein gemeinsames Programm für die Nachkriegszeit zu verständigen. Auf Initiative der italienischen Widerstandskämpfer Altiero Spinelli und Ernesto Rossi trafen sich im Frühjahr 1944 in Genf 15 führende Widerstandskämpfer aus neun Ländern und erarbeiteten das „Projekt einer Deklaration der europäischen Widerstandsbewegungen", in dem das Modell eines europäischen Bundesstaates mit einer Alleinzuständigkeit der europäischen Bundesregierung für Außenpolitik, Wirtschaft und Verteidigung für die Zukunft entworfen wurde.

In den Kreisen des Widerstandes machte man sich kaum Gedanken darüber, wie die Umsetzung dieser Europapläne konkret erfolgen sollte. Es schien der Mehrheit der Widerstandskämpfer wohl kaum vorstellbar, dass nach diesem verheerenden Kriege, der Millionen von Todesopfern gefordert hatte, noch jemand am System der souveränen Nationalstaaten, das nach ihrer Ansicht zu diesem Krieg geführt hatte, festhalten konnte. Voller Zuversicht formulierte daher das Genfer Programm, dass die europäischen Staaten sich bereit erklären müssten, „das Dogma der absoluten Staatssouveränität abzustreifen, indem sie sich einer gemeinsamen Bundesorganisation eingliedern."[56] Vereinzelt ließ sich aber auch die Hoffnung vernehmen, dass die Siegermächte für die Bildung einer europäischen Föderation eintreten würden, denn, so hieß es in zwei Schriften aus dem niederländischen und dem französischen Widerstand, die USA wünschten eine Einigung Europas gemäß ihrem eigenen Modell, und die Sowjetunion sei ebenfalls an der Bildung einer friedlichen Föderation vor ihrer eigenen Haustür interessiert. Die Siegermächte hegten allerdings andere Pläne für die Zukunft Europas.

Die Siegermächte und die Neuordnung Europas

In den Vereinigten Staaten wurden bis in das Jahr 1943 hinein Möglichkeiten einer föderativen Einigung Europas nach dem Kriege diskutiert. Es waren verschiedene private und halboffizielle Organisationen, wie die „Commission to Study the Organization of Peace", das „Council of Foreign Relations" sowie das von Außenminister Cordell Hull am 8. Januar 1940 im Außenministerium (State Department) eingesetzte „Advisory Committee on Problems of Foreign Relations", die sich mit den aus Europa über den Atlantik gelangten sowie von exilierten Europäern in den USA verfassten Einigungsplänen befassten und Entwürfe für einen Zusammenschluss der europäischen Staaten im Rahmen einer umfassenden Weltfriedensorganisation erarbeiteten. Nicht zuletzt die Rücksichtnahme auf die ablehnende Haltung des Kriegsverbündeten Sowjetunion gegenüber einer europäischen Einigung führte dazu, dass solche Pläne ab 1943 nicht mehr weiter verfolgt wurden und Hull das „Advisory Committee on Problems of Foreign Relations“ im August 1943 auflöste.

Dem amerikanischen Präsidenten Franklin D. Roosevelt und seinem Außenminister Cordell Hull schwebten zudem andere Vorstellungen für die Gestaltung der Nachkriegsordnung vor: Roosevelt verfolgte das Konzept der „four policemen“, welches vorsah, dass nach dem Kriege die USA, Großbritannien, die Sowjetunion und China für die Sicherung des Friedens in der Welt verantwortlich sein und alle anderen Staaten abrüsten sollten. Hull favorisierte das Konzept der Bildung einer umfassenden Weltfriedensorganisation, der alle Staaten der Welt angehören und in der keine regionalen Unterorganisationen existieren sollten. Regionale Untergliederungen dieser Organisation, so fürchtete er, könnten Ausgangspunkt zahlreicher neuer Konflikte sein und zudem den ungehinderten Zugang der amerikanischen Wirtschaft zum Weltmarkt beeinträchtigen. In beiden Vorstellungen hatte der Gedanke eines europäischen Zusammenschlusses als eigenständiger regionaler Gliederung keinen Platz.

Während die Sowjetunion grundsätzlich jeden europäischen Zusammenschluss als Bedrohung ihrer eigenen Sicherheitsinteressen ablehnte und stattdessen die direkte Kontrolle über die Staaten Osteuropas sowie die Bildung zahlreicher kleiner, unabhängiger Nationalstaaten westlich des eigenen Herrschaftsraumes anstrebte, stießen europäische Einigungsgedanken in Großbritannien auf größere Resonanz. Bereits 1940 hatte Churchill, getragen von dem Wunsch, ein Waffenstillstandsabkommen Frankreichs mit dem Deutschen Reich zu verhindern, Frankreich die Bildung einer unauflöslichen britisch-französischen Union mit gemeinsamer Staatsbürgerschaft, gemeinsamem Parlament sowie gemeinsamen Organen für die Außen-, Verteidigungs-, Finanz- und Wirtschaftspolitik vorgeschlagen. Mehrfach äußerte der britische Premierminister während des Krieges den Gedanken der Bildung eines „Council of Europe“ (als Teil einer Weltfriedensorganisation), in dem sich die europäischen Völker zusammenschließen und ihre Streitigkeiten friedlich schlichten könnten. Sowohl die Inanspruchnahme durch die Kriegsführung als auch die schwache Position Großbritanniens innerhalb des alliierten Kriegsbündnisses führten dazu, dass diese Gedanken über das Stadium einer Absichtserklärung oder vagen Zukunftsvision nicht hinausgelangten.

Der Krieg endete, und in Europa wurde das System der souveränen Nationalstaaten wiederhergestellt.

Literatur

BOSCO, Andrea (Hg.): *The Federal Idea.* Vol. I: *The History of Federalism from Enlightenment to 1945*, London 1991.

FLEURY, Antoine (Hg.): *Le plan Briand d'union fédérale européenne*, Bern 1998.

HEATER, Derek: *Europäische Einheit – Biographie einer Idee.* Übersetzt und annotiert von Wolfgang Schmale und Brigitte Leucht, Bochum 2005 (Original: Derek Heater: *The Idea of European Unity*, Leicester 1992).

LIPGENS, Walter (Hg.): *Documents on the History of European Integration,* Vol. I: *Continental Plans for European Union, 1939-1945*, Berlin 1985; Vol. II: *Plans for European Union in Great Britain and in Exile, 1939-1945*, Berlin 1986.

LIPGENS, Walter: *Europa-Föderationspläne der Widerstandsbewegungen 1940-1945. Eine Dokumentation,* München 1968.

LOTH, Wilfried: Der *Weg nach Europa. Geschichte der europäischen Integration 1939-1957*, 3. durchgesehene Aufl., Göttingen 1996.

MALETTKE, Klaus (Hg.): *Imaginer l'Europe*, Paris 1998.

NIESS, Frank: *Die europäische Idee – aus dem Geist des Widerstands*, Frankfurt am Main 2001.

PEGG, Carl H.: *Evolution of the European Idea 1914-1932*, Chapel Hill 1983.

ZIEGERHOFER-PRETTENTHALER, Anita: *Botschafter Europas. Richard Nikolaus Coudenhove-Kalergi und die Paneuropa-Bewegung in den zwanziger und dreißiger Jahren*, Wien 2004.

1.2 Die Europabewegung der Nachkriegszeit

Gegen Ende des Zweiten Weltkrieges schlossen sich einzelne Widerstandsgruppen zu größeren Organisationen zusammen, aus denen sich die Europabewegung der Nachkriegszeit entwickelte. Auch neue private Einigungsinitiativen entstanden, die sich für die Verwirklichung eines geeinten Europas engagierten. Zwischen den einzelnen Europagruppen gab es unterschiedliche Auffassungen über den Weg zur europäischen Einigung.

Das Konzept der „Dritten Kraft" und die Gründung der UEF

Die Restauration des Systems souveräner Nationalstaaten in Europa nach dem Zweiten Weltkrieg führte zu Resignation und Enttäuschung bei denjenigen, die sich während des Krieges für die Einigung Europas eingesetzt hatten. Im Januar 1946 erklärte der ehemalige Widerstandskämpfer Altiero Spinelli, dass angesichts der Entscheidung der Weltmächte über die Zukunft Europas „eine politische Bewegung des europäischen Föderalismus, die konkrete Arbeit im föderalistischen Sinne leisten will, z. Zt. nicht existieren [könne]“[57], sie sei in Italien wie anderswo entweder in Auflösung begriffen oder könne erst gar nicht entstehen

Bereits gegen Ende des Krieges hatten sich einige Widerstandsgruppen zu größeren Verbänden zusammengeschlossen, um für eine europäische Föderation im Nachkriegseuropa einzutreten. So hatte sich in Italien 1943 die überparteiliche Bewegung „Movimento Federalista Europeo“ (MFE) gebildet, in Frankreich war Ende 1943 das „Mouvement de Libération Nationale“ (MLN) als Dachorganisation der nichtkommunistischen Résistance-Gruppen entstanden. Nachdem die Thesen des Mailänder Gründungskonvents der MFE Anfang 1944 in Lyon bekannt geworden waren, beschlossen führende Persönlichkeiten der französischen MLN, ein „Comité Français pour la Fédération Européenne“ (CFFE) zur Förderung des europäischen Einigungsgedankens zu gründen. Einige Wochen nach der Befreiung Frankreichs begann das CFFE mit Vorbereitungen zur Einberufung einer europäischen Föderalisten-Konferenz, die vom 22. bis 25. März 1945 in Paris unter Beteiligung von Föderalisten aus mehreren europäischen Ländern stattfand. Auch in den Niederlanden hatten sich Widerstandskämpfer noch vor Kriegsende zu einem Europa-Verband für die Nachkriegszeit konstituiert. Am 29. Januar 1945 wurde die Gruppe „Europeesche Actie“ mit Sitz in Den Haag gegründet, welche die Bildung der Vereinigten Staaten von Europa auf ihre Fahnen schrieb. In der Schweiz war weiterhin die „Europa-Union“ aktiv, die britische „Federal Union“ hatte nach einer Phase der Stagnation in den Jahren zuvor Ende 1944/Anfang 1945 ihre Verbandsarbeit wieder etwas beleben können.

Die in den Jahren 1945 und 1946 zunächst mit Resignation in den eigenen Reihen und rückläufigen Mitgliederzahlen kämpfenden Föderalistengruppen erlebten ab Mitte 1946 einen neuen Aufschwung: Die Mitgliederzahlen stiegen, die Europagruppen aktivierten ihre Tätigkeiten und stellten zunehmend Kontakt untereinander her, neue Europagruppen entstanden. Der Grund hierfür lag in der deutlich sichtbar werdenden Uneinigkeit der beiden Weltmächte USA und Sowjetunion in Bezug auf die Nachkriegsordnung, die dem europäischen Einigungsgedanken eine erneute Chance auf Realisierung zu bieten schien. Die Föderalistengruppen erhoben die Forderung, jetzt ein geeintes Europa als sogenannte „Dritte Kraft" zwischen den antagonistischen Weltmächten zu errichten.

Dritte-Kraft-Konzept = Streben nach einer Einigung *Gesamt*europas zwischen den antagonistischen Weltmächten USA und Sowjetunion. Ein neutrales Europa, das nicht Bestandteil eines dieser beiden Machtblöcke ist, soll zwischen den Weltmächten vermitteln und so den Weltfrieden bewahren; gesellschafts-/wirtschaftspolitisch soll Europa einen dritten Weg zwischen Kapitalismus und sozialistischer Planwirtschaft einschlagen. Das Dritte-Kraft-Konzept wird mit den Föderalistengruppen der UEF in Verbindung gebracht, ebenso mit Plänen und Einigungsinitiativen einzelner Politiker in der Nachkriegszeit.

Im September 1946 trafen sich Vertreter verschiedener Föderalistengruppen, darunter Mitglieder der Schweizer „Europa-Union", der italienischen MFE und der niederländischen „Europeesche Actie", zu einer Konferenz in Hertenstein am Vierwaldstätter See, um gemeinsam Schritte zur Verwirklichung des Dritte-Kraft-Konzeptes zu beraten. Auf dieser Konferenz, an der insgesamt 78 Personen aus 14 Ländern teilnahmen, wurde als Ergebnis der Beratungen ein recht allgemein gehaltenes 12-Punkte-Programm verabschiedet, das die Ziele der Föderalistengruppen für die Zukunft festschrieb. In der Folgezeit wurde das sogenannte „Hertensteiner Programm" von allen europäisch-föderalistischen Verbänden als Grundsatzprogramm anerkannt. Das Bekenntnis zum Prinzip der Neutralität des „Dritte-Kraft-Gedankens" kommt deutlich in Punkt 9 des Programms zum Ausdruck: „Die Europäische Union richtet sich gegen niemand und verzichtet auf jede Machtpolitik, lehnt es aber auch ab, Werkzeug irgendeiner fremden Macht zu sein."[58]

Das Hertensteiner Programm forderte die Errichtung einer auf föderativer Grundlage beruhenden europäischen Gemeinschaft („Europäische Union") als Bestandteil eines Weltbundes der Völker („Weltunion"). Die Europäische Union sollte allen „Völkern europäischer Wesensart", die ihre Grundsätze anerkennen, offenstehen. Zu diesen Grundsätzen zählte die Übertragung „eines Teils" der wirtschaftlichen, politischen und militärischen Souveränitätsrechte der Mitglieder an die von ihnen gebildete Föderation (Punkt 4). In dieser recht unbestimmten Formulierung bezüglich des Umfanges der Souveränitätsabgabe sowie in der Wahl der Begriffe zur Bezeichnung der zu schaffenden europäischen Einheit („Gemeinschaft", „Föderation", „Union") kommt der Kompromisscharakter des Programms deutlich zum Ausdruck, der es einer Vielzahl von Gruppen ermöglichte, dieses zur Grundlage ihrer Einigungsbestrebungen zu machen. Weitere zentrale Punkte des Programms waren: die Forderung nach einer „Erklärung der Europäischen Bürgerrechte", die Möglichkeit der Bildung von regionalen Unterverbänden und die Einfügung der Europäischen Union in die Organisation der Vereinten Nationen. Auf Grundlage des Programms schlossen sich die in Hertenstein versammelten Europagruppen zu einer übernationalen Dachorganisation zusammen.

Auf Initiative der britischen „Federal Union", die von der Hertensteiner Konferenz keine Kenntnis besessen hatte, trafen sich im Oktober 1946 Vertreter von insgesamt 31 föderalistischen Organisationen aus 12 Ländern zu einer Konferenz in Luxemburg. Auf dieser Konferenz kam es zu einem Dissens zwischen denjenigen Gruppen, die die Bildung einer Europa-Föderation als ersten Schritt zu einer umfassenden Weltföderation anstrebten, und den Verbänden, die in der Bildung regionaler Föderationen ein Hindernis für den Frieden erblickten und stattdessen die sofortige Bildung einer föderalen Weltregierung forderten. Daraufhin bildeten sich in Luxemburg zwei verschiedene Dachverbände: ein „Movement for World Federal Government" und ein „Conseil des Fédéralistes Européens".

Im Dezember 1946 schlossen sich die in Hertenstein gegründete Dachorganisation europäischer Föderalistenverbände und das in Luxemburg gebildete „Conseil des Fédéralistes Européens" zur „Union Européenne des Fédéralistes" (UEF) zusammen. Zum Sitz dieser Organisation wurde Genf bestimmt, Präsident wurde der niederländische Sozialist Hendrik Brugmans. Der Dachverband UEF erlebte in den folgenden Jahren einen kontinuierlichen Aufschwung und verzeichnete drei Jahre später über 40 Mitgliedsverbände mit über 100.000 Mitgliedern. Auf ihrer ersten Arbeitstagung in Amsterdam vom 12. bis 15. April 1947 verabschiedete die UEF eine Grundsatzerklärung, in der die Bildung einer Gesamteuropa umfassenden Föderation als Dritter Kraft hervorgehoben wurde, um die Spaltung Europas in zwei feindliche Blöcke zu verhindern. Eine „Resolution zur deutschen Frage“ forderte zudem die Einbeziehung Deutschlands in ein föderiertes Europa. „Wir *wollen nicht*“, so hieß es in einer Resolution,

> „ein dahinsiechendes Europa als Spielball widerstreitender Interessen, beherrscht durch entweder einen angeblich liberalen Kapitalismus, der die menschlichen Werte der Macht des Geldes unterordnet …, oder einen Staatstotalitarismus, dem jedes Mittel recht ist, sein Gesetz auf Kosten der Menschenrechte und der Rechte der Gemeinschaften durchzusetzen. *Wir wollen* ein Europa als *offene Gesellschaft*, d.h. dem Osten wie dem Westen gegenüber freundschaftlich gesinnt, bereit, mit allen zusammenzuarbeiten, und imstande, ein föderiertes Deutschland ohne Gefahr in sich aufzunehmen.“[59]

Bis zum Sommer 1947 hielt die UEF am Dritte-Kraft-Konzept als unmittelbar anzustrebendem Ziel fest. Erst als sich im Zuge der Verhandlungen um den Marshallplan andeutete, dass eine Zusammenarbeit mit den Staaten Osteuropas in weite Ferne rückte, modifizierte sie ihr Konzept. Auf dem Kongress in Montreux Ende August 1947 sprach sie sich dafür aus, mit der Einigung Europas zunächst im Westen zu beginnen, ohne allerdings das Endziel einer Einigung Gesamteuropas aufzugeben.

Churchill, Sandys und die Gründung der UEM

Ein sich vom Programm der UEF, wenn auch nur graduell, unterscheidendes Einigungskonzept verfolgte eine Gruppe einigungswilliger Europäer, die sich um den ehemaligen britischen Premierminister Winston Churchill und seinen Schwiegersohn und politischen Mitstreiter Duncan Sandys sammelte. Ausgangspunkt dieser Einigungsinitiative, die 1947 in der Bildung der „United Europe Movement“ (UEM) mündete, war die Rede Churchills an der Züricher Universität am 19. September 1946. In dieser „The Tragedy of Europe“ betitelten Rede hatte Churchill an die europäischen Staaten und Völker appelliert, eine Art Vereinigter Staaten von Europa zu schaffen, um Europa wieder zu jenem blühenden, friedlichen Kontinent zu machen, der er einst in der Vergangenheit gewesen war. Der erste Schritt dorthin sollte eine Aussöhnung zwischen Frankreich und Deutschland sein, die die Führung in einem geeinten Europa übernehmen würden. Die einigungswilligen Staaten sollten sich nach Churchills Vorstellung in einem Europarat versammeln, wobei er davon ausging, dass dieser nur die Staaten Westeuropas umfassen würde. Bereits einige Monate zuvor hatte Churchill in einer Rede in Fulton/Missouri (5. März 1946) vor dem aggressiven sowjetischen Expansionsdrang gewarnt und erklärt, dass zwischen Ost- und Westeuropa ein „eiserner Vorhang" niedergegangen sei, der den Kontinent in zwei Teile spalte. Unmissverständlich machte Churchill in seiner Rede auch deutlich, dass Großbritannien nicht Bestandteil, sondern lediglich Freund und Förderer dieses integrierten Europas sein würde.

Was der Züricher Rede, in der Churchill den Umfang und die Struktur eines geeinten Europas nur vage andeutete, eine so große Aufmerksamkeit verlieh, war die Tatsache, dass hier zum ersten Mal seit Ende des Krieges ein bekannter Politiker die Forderung nach einer europäischen Einigung aufstellte. Im Anschluss an diese Rede betrieben Churchill und Sandys in Großbritannien die Bildung eines überparteilichen Komitees zur Verbreitung des europäischen Einigungsgedankens. Am 16. Januar 1947 präsentierte Duncan Sandys das provisorische „British United Europe Committee", dem vorwiegend Vertreter des konservativen und liberalen Milieus, aber auch einige Mitglieder der Labour Party und Vertreter der „Federal Union" angehörten. Knapp vier Monate später, am 14. Mai 1947, konstituierte sich diese Organisation in der Londoner Royal Albert Hall unter dem Namen „United Europe Movement". Das Programm der UEM blieb, um als gemeinsame Plattform verschiedener Einigungsbefürworter zu dienen, recht vage in Bezug auf die Struktur des künftigen Europas und die britische Rolle darin. Erkennbar aber wurde, dass zunächst nur an eine Kooperation zwischen souveränen Nationalstaaten als Teil einer Weltfriedensorganisation gedacht war, um Schritt für Schritt eine engere Zusammenarbeit der Staaten herbeizuführen. Wenngleich Churchill auf der Gründungsversammlung der UEM auch hervorhob, dass letztendlich alle Staaten Europas an einer Einigung Europas teilnehmen könnten und sollten, so sah er doch in einer Westintegration die derzeit allein realistische Alternative. Die Tätigkeit der UEM in der Folgezeit konzentrierte sich vor allem darauf, durch öffentliche Veranstaltungen und Publikationen für eine Einigung Europas zu werben und Kontakte zu gleichgesinnten Personen und Gruppen auf dem Kontinent herzustellen. Zum Teil mit Unterstützung der britischen UEM bildeten sich in anderen europäischen Ländern, wie Frankreich, Belgien und Luxemburg, ähnliche Komitees aus führenden Persönlichkeiten des politischen, wirtschaftlichen und kulturellen Lebens, die für eine Kooperation der europäischen Nationalstaaten eintraten, vorrangig das Ziel einer wirtschaftlichen Einigung Europas verfolgten und sich vor allem auf eine Einigung der westeuropäischen Staaten konzentrierten: „Conseil français pour l'Europe unie" (Frankreich), „Ligue Européenne de Coopération Economique" (Belgien/Luxemburg).

Die beiden Organisationen UEF und UEM unterschieden sich im Wesentlichen nur darin, dass einige Mitgliedsgruppen der UEF auf der sofortigen Abgabe von nationalstaatlichen Souveränitätsrechten an einen europäischen Bundesstaat bestanden, während die UEM einen allmählichen, schrittweisen Zusammenschluss der europäischen Staaten über den Weg einer zunächst nur zwischenstaatlichen Kooperation anstrebte. Im Gegensatz zur UEF setzten die Vertreter der UEM von Anfang an nur auf die Integration des westlichen Europas als einzig realistische Möglichkeit, während die UEF zunächst das Dritte-Kraft-Konzept eines neutralen Gesamteuropas verfolgte. Als Endziel strebten beide Europagruppen die Einigung Gesamteuropas als Teil eines weltumfassenden Zusammenschlusses an.

Neben UEF, UEM und ihren Partnerorganisationen waren in den Jahren 1947/48 noch verschiedene weitere Verbände entstanden, die sich für eine Einigung Europas engagierten: Vertreter sozialistischer Parteien Europas hatten 1947 das „Comité International pour les Etats-Unis Socialistes d'Europe" gegründet, das sich 1948 in „Mouvement Socialiste pour les Etats-Unis d'Europe" (MSEUE) umbenannte; katholische Führungskräfte, zu denen Politiker wie Robert Schuman, Alcide de Gasperi und Konrad Adenauer zählten, sammelten sich in den „Nouvelles Equipes Internationales" (NEI); Parlamentarier aus zehn europäischen Ländern schlossen sich 1947 auf Initiative Coudenhove-Kalergis zur „Europäischen Parlamentarier Union" (EPU) zusammen, um für die Einberufung einer europäischen verfassungsgebenden Versammlung einzutreten.

Von der auf privaten Initiativen beruhenden europäischen Einigungsbewegung gingen keine unmittelbaren Schritte zur Errichtung europäischer Institutionen nach dem Zweiten Weltkrieg aus. Die Bedeutung dieser Organisationen lag vielmehr vor allem darin, dass sie das Denken und Handeln einer Reihe von Politikern der Nachkriegszeit beeinflussten, die zum Teil, wie beispielsweise Robert Schuman, Konrad Adenauer, Paul-Henri Spaak, Paul van Zeeland und Alcide de Gasperi, selbst der Europabewegung angehörten.

Literatur

Bosco, Andrea: *The Federal Idea*. Vol. II: *The History of Federalism since 1945*, London 1992.

Lipgens, Walter: *Die Anfänge der europäischen Einigungspolitik 1945-1950. Erster Teil: 1945-1947*, Stuttgart 1977.

Lipgens, Walter/Loth, Wilfried (Hg.): *Documents on the History of European Integration,* Vol. III: *The Struggle for European Union by Political Parties and Pressure Groups in Western European Countries, 1945-1950*, Berlin 1988; Vol. IV: *Transnational Organizations of Political Parties and Pressure Groups in the Struggle for European Union, 1945-1950*, Berlin 1990.

Niess, Frank: *Die europäische Idee – aus dem Geist des Widerstands*, Frankfurt am Main 2001.

2 Das intergouvernementale Europa: Kooperation nach 1945

Am Beginn des europäischen Integrationsprozesses nach dem Zweiten Weltkrieg stehen drei Organisationen, deren Entstehung unterschiedlichen Motiven entsprang und die sich in ihrer Zielsetzung, ihrem Zuständigkeitsbereich und partiell in Bezug auf ihre Mitglieder unterscheiden: OEEC, Brüsseler Pakt, Europarat. Gemeinsam ist diesen drei europäischen Zusammenschlüssen, dass sie auf dem Prinzip der Intergouvernementalität beruhen und damit die Souveränität der Mitgliedstaaten nicht beschränken.

intergouvernemental (lat. inter = zwischen; frz. gouvernement = Regierung) = zwischen den Regierungen, zwischenstaatlich. Der Begriff bezeichnet eine auf vertraglicher Basis beruhende Zusammenarbeit von Regierungen bzw. souveränen Staaten zur Wahrnehmung bestimmter gemeinsamer Aufgaben, ohne dass die Mitglieder einen Teil ihrer Souveränität an ein übergeordnetes Organ übertragen. In intergouvernemental strukturierten Organisationen kommen Beschlüsse nur bei Zustimmung aller Mitglieder zustande (Einstimmigkeit).

2.1 Wirtschaftliche Kooperation: Vom Marshallplan zur OEEC

Das Angebot der amerikanischen Regierung, den wirtschaftlichen und politischen Wiederaufbau der europäischen Staaten mittels finanzieller Hilfen zu unterstützen (Marshallplan), war verbunden mit der Forderung nach einer engeren Zusammenarbeit der europäischen Staaten. Unterschiedlich reagierten diese auf den amerikanischen Wunsch nach Bildung einer dauerhaften gemeinsamen europäischen Organisation. Am Ende langwieriger Verhandlungen zwischen den europäischen Staaten und mit den USA stand die Bildung der intergouvernementalen Organisation for European Economic Cooperation (OEEC). Die Bedeutung des Marshallplans für den europäischen Integrationsprozess wird in der Forschung unterschiedlich bewertet.

Entstehung und Motive des Marshallplans

Am 5. Juni 1947 stellte der amerikanische Außenminister George C. Marshall den unter wirtschaftlichen Kriegsfolgen leidenden Staaten Europas umfassende Mittel zum Wiederaufbau ihrer Volkswirtschaften in Aussicht. Er machte aber die Vergabe der amerikanischen Gelder von der Bereitschaft der Europäer abhängig, gemeinsam ein eigenes Wiederaufbauprogramm zu entwickeln. Die von Marshall sowie einer Reihe weiterer amerikanischer Politiker und Experten im Außenministerium (State Department) erhobene Forderung nach einer verstärkten Zusammenarbeit der Europäer signalisierte einen Wandel der amerikanischen Europapolitik. Ab 1947 setzten sich die USA in Abkehr von ihrer bislang verfolgten Politik mit Nachdruck für eine wirtschaftliche und politische Integration der europäischen Staaten ein. Mit dem Marshallplan, der ursprünglich als ein gesamteuropäisches Unterstützungsprogramm konzipiert war, wurde der Prozess der Westintegration eingeleitet, der zugleich den Abschied vom Dritte-Kraft-Konzept bedeutete.

In der Forschung besteht keine Einigkeit über die Motive, die zur Lancierung des Marshallplans durch die USA führten. Während die sogenannte „traditionalistische Geschichtsschreibung“ im Marshallplan in erster Linie oder ausschließlich ein Instrument zur Eindämmung des sowjetischen Expansionsstrebens sieht, ihn somit in die amerikanische „Containment-Politik“ einordnet, führen die Vertreter der „revisionistischen“ Schule die Entstehung des Marshallplans einseitig auf ökonomische Interessen der USA zurück, d.h. auf die Sicherung des Freihandelssystems mit Aussicht auf eine Durchdringung des europäischen Marktes und als Mittel zum Abbau der amerikanischen Überproduktion. Der amerikanische Historiker John Gimbel wiederum vertritt die Position, dass dem Ost-West-Konflikt wie auch dem Streben nach Ausweitung des amerikanischen Marktes nur eine untergeordnete Bedeutung für die Genesis des Marshallplans zukomme und der Marshallplan vielmehr als Versuch, das deutschlandpolitische Dilemma zu lösen, zu deuten sei: Da der von den USA gewünschte wirtschaftliche und politische Wiederaufbau Deutschlands auf den heftigen Widerstand Frankreichs stieß, sei die Verzahnung des deutschen mit dem gesamteuropäischen Wiederaufbau durch den Marshallplan die geeignete Lösung gewesen, um die Rekonstruktion Westdeutschlands für Frankreich und Kritiker der Deutschlandpolitik in den USA politisch akzeptabel zu machen. An der These Gimbels wiederum wurde die einseitige Konzentration auf die amerikanische Besatzungs- und Deutschlandpolitik kritisiert. Der Marshallplan kann nicht, wie auch Wilfried Loth hervorhebt, einseitig auf eines der genannten Motive zurückgeführt werden, vielmehr spielten die verschiedenen Gründe bei der Entstehung des europäischen Wiederaufbauprogramms zusammen: der Wunsch nach Einbeziehung der europäischen Volkswirtschaften in ein weltweites Freihandelssystem und damit auch die Sicherung Europas als Absatzmarkt und Handelspartner für US-amerikanische Produkte, die Rekonstruktion und Integration Westdeutschlands in die Weltwirtschaft sowie der beginnende Kalte Krieg.[60]

In der ersten Jahreshälfte 1947 hatte sich in der US-Administration der Eindruck verstärkt, dass Europa auf eine wirtschaftliche Krise ungeheuren Ausmaßes zusteuere, welche die USA in Mitleidenschaft ziehen könne. Ein von wirtschaftlichen und politischen Krisen geschütteltes Europa, so warnte der Unterstaatssekretär für Wirtschaftsfragen im State Department, William Clayton, hätte verheerende Auswirkungen nicht nur auf die Sicherheit und den künftigen Weltfrieden, sondern vor allem auf die amerikanische Wirtschaft: „markets for our surplus production gone, unemployment, depression, a heavily unbalanced budget on the background of a mountainous war debt."[61] Zudem wurde befürchtet, dass die Sowjetunion die Krise in Europa zur Durchsetzung ihrer Expansionsabsichten ausnutzen würde. Die vom amerikanischen Präsidenten Harry S. Truman in Anknüpfung an seinen Vorgänger Roosevelt nach dem Krieg zunächst verfolgte Politik einer Kooperation mit der Sowjetunion war inzwischen einer Politik der Eindämmung des sowjetischen Einflusses (Containment-Politik) gewichen. Im Verlauf des Jahres 1946 hatten sich zunehmend Spannungen im Verhältnis der beiden Weltmächte zueinander gezeigt, hervorgerufen durch die Entwicklung in Ostmitteleuropa sowie in anderen Teilen der Welt. In der Truman-Administration sprach man jetzt von bedrohlichen sowjetischen Expansionsabsichten, denen man mit einer Politik der „Festigkeit" und „Eindämmung" entgegentreten wollte. Anlässlich der Krise um Griechenland und die Türkei hatte Truman am 12. März 1947 in der sogenannten „Truman-Doktrin" offiziell die neue außenpolitische Linie der USA verkündet und allen freien Völkern, die sich der Unterwerfung durch bewaffnete Minderheiten oder durch Druck von außen widersetzten, amerikanische Unterstützung zugesichert. Die Sowjetunion reagierte auf die amerikanische Containment-Politik am 30. September 1947 mit der Gründung des „Kommunistischen Informationsbüros" (Kominform) als Koordinierungsgremium der kommunistischen Parteien West- und Osteuropas. Der Kalte Krieg, der Europa und die Welt für die nächsten Jahrzehnte prägte, hatte begonnen.

Auch in Bezug auf die Lösung des Deutschlandproblems zeichnete sich keine Einigung mit der Sowjetunion ab. Das Scheitern der Moskauer Außenministerkonferenz im Frühjahr 1947 veranlasste Marshall, nach Alternativlösungen für den wirtschaftlichen Wiederaufbau Westdeutschlands zu suchen, der als unabdingbar für die Erholung der gesamteuropäischen Wirtschaft gesehen wurde. Um die Befürchtungen Frankreichs vor einem wirtschaftlichen Erstarken Deutschlands zu zerstreuen, konnte der wirtschaftliche Wiederaufbau Westdeutschlands nur im gesamteuropäischen Rahmen erfolgen. Nach seiner Rückkehr aus Moskau beauftragte Marshall den im State Department neu eingerichteten Politischen Planungsstab (Policy Planning Staff) unter Leitung des Diplomaten George F. Kennan, ein Konzept für den raschen Wiederaufbau Deutschlands und die Stabilisierung Europas auszuarbeiten. Auch in anderen Planungsgremien des State Department wurde im Frühjahr 1947 an Lösungsvorschlägen für das vom wirtschaftlichen und politischen Zusammenbruch bedrohte Europa gearbeitet. Bereits am 17. Januar 1947 hatte John Foster Dulles, der außenpolitische Berater des republikanischen Präsidentschaftskandidaten Thomas Dewey, in einer großes Aufsehen erregenden Rede darauf hingewiesen, dass die Verelendung Europas den sowjetischen Einfluss auf Europa vergrößern werde, und zur Behebung der wirtschaftlichen Misere Europas einen wirtschaftlichen Zusammenschluss der europäischen Staaten vorgeschlagen. Eine Reihe von jüngeren Wirtschaftsexperten im State Department war ebenfalls seit längerem davon überzeugt, dass die Lösung für Europa in der wirtschaftlichen Integration liege.

Der Gedanke eines europäischen Zusammenschlusses als Heilmittel gegen die wirtschaftliche Misere stieß auf zunehmende Resonanz in der amerikanischen Politik und Öffentlichkeit, insbesondere, da die bislang im Rahmen der Hilfsprogramme UNRRA (United Nations Relief and Rehabilitation Administration) und GARIOA (Government Aid and Relief in Occupied Areas) an einzelne europäische Staaten geflossenen Gelder nicht zu einer Verbesserung der Situation in Europa geführt hatten. Der Produktionsstand der europäischen Volkswirtschaften lag 1946 noch weit unter dem Vorkriegsstand, das Zahlungsbilanzdefizit war erheblich, für den Erwerb von notwendigen Gütern aus den USA zum Wiederaufbau der Volkswirtschaften und zur Versorgung der Bevölkerungen mit Nahrungsmitteln mangelte es an Dollars. Clayton legte im Mai 1947 ein Memorandum vor, in dem er die Grundzüge eines umfassenden finanziell-technischen Hilfsprogramms der USA für Europa entwickelte und eine ökonomische Föderation Europas zur Durchführung des Wiederaufbauprogramms forderte. Ebenso sprach sich ein vom Policy Planning Staff unter Leitung Kennans erarbeitetes Memorandum für einen wirtschaftlichen Zusammenschluss der europäischen Staaten aus.

Diese Memoranden bildeten die Grundlage für die von Außenminister Marshall am 5. Juni 1947 an der Harvard University gehaltene Rede, die als der sogenannte Marshallplan in die Geschichte eingegangen ist. Umstritten ist in der Literatur, ob der Rede Marshalls ein langfristig erarbeitetes Konzept zugrunde lag oder ob es sich lediglich um eine unter dem Eindruck der wirtschaftlichen Misere in Deutschland und Europa entstandene Ad-hoc-Maßnahme handelte.[62] Die Rede Marshalls bildete den Auftakt zur Entwicklung des „European Recovery Program" (ERP), welches zwischen 1948 und 1952 den Staaten Westeuropas Mittel im Umfang von ca. 14 Milliarden Dollar zum Wiederaufbau zur Verfügung stellte.[63] Das Hilfsangebot der USA war an alle europäischen Staaten und auch an die Sowjetunion gerichtet; bewusst vermied Marshall jede anti-sowjetische Spitze, nicht zuletzt mit Rücksicht auf die eine Teilung des Kontinents befürchtenden Europäer. Wenngleich auch einige Experten im State Department die Einbeziehung der Sowjetunion und vor allem der osteuropäischen Staaten aufgrund der wirtschaftlichen Verflechtungen zwischen West- und Osteuropa wünschten, so glaubten aber wohl doch nur wenige im Außenministerium an die Teilnahme der Sowjetunion an einem von den USA gesteuerten Wiederaufbauprogramm. Wie interne Planungen zeigen, richtete sich dieses in erster Linie an die Staaten Westeuropas.

Die Bildung der OEEC

Einer Aufforderung der USA folgend, ergriff der britische Außenminister Ernest Bevin kurz nach Marshalls Rede die Initiative zu einer ersten Zusammenkunft mit seinen Amtskollegen Georges Bidault (Frankreich) und Wjatscheslaw Molotow (Sowjetunion) am 27. Juni 1947 in Paris, um über weitere Schritte des gemeinsamen Vorgehens im Rahmen des Marshallplans zu beraten. Nicht zuletzt aufgrund der wenig kooperativen Haltung Bevins und Bidaults, welche beide längst von der Notwendigkeit eines Bruchs mit der Sowjetunion überzeugt waren, kam es zu keiner Übereinstimmung mit Molotow. Am

2. Juli verließ die sowjetische Delegation die Konferenz und erklärte ihre Nichtteilnahme an den weiteren Verhandlungen. Trotz des Rückzugs der Sowjetunion von den Verhandlungen luden Bevin und Bidault zu einer weiteren Konferenz am 12. Juli auch die osteuropäischen Staaten ein, welche aber auf sowjetischen Druck hin von einer Teilnahme absehen mussten. Damit war die Möglichkeit einer künftigen Zusammenarbeit aller europäischen Staaten vorerst gescheitert, und die Bildung eines westeuropäischen Blocks zeichnete sich als Alternative ab.

Am 12. Juli 1947 versammelten sich in Paris die Vertreter von 16 europäischen Staaten (Belgien, Dänemark, Frankreich, Griechenland, Großbritannien, Irland, Island, Italien, Luxemburg, Niederlande, Norwegen, Österreich, Portugal, Schweden, Schweiz, Türkei), um im Rahmen des „Committee of European Economic Cooperation" (CEEC) ein auf vier Jahre begrenztes gemeinsames Wiederaufbauprogramm zu erarbeiten, welches die Grundlage für die vorgesehenen amerikanischen Hilfeleistungen bilden sollte. Die Aufnahme der westdeutschen Besatzungszonen in den Kreis der Teilnehmerstaaten, vertreten durch die Oberbefehlshaber der Besatzungsmächte, erfolgte erst aufgrund eines einstimmigen Beschlusses im März 1948. Elf Wochen lang wurde im Pariser CEEC verhandelt, und um manche Punkte wurde hart gerungen. Vor allem ging es bei den Auseinandersetzungen um die beiden Fragen, welche Belange welcher Nation vorrangig zu fördern seien und welches Ausmaß an Kooperation angestrebt werden sollte. Gemeinsam war allen dort versammelten Vertretern nur das Interesse, die angebotene Hilfe möglichst rasch und effektiv ihren jeweiligen nationalen Volkswirtschaften zukommen zu lassen. Unterschiedlich reagierten sie hingegen auf die amerikanischen Wünsche, eine dauerhafte Organisation zur Durchführung des Wiederaufbauprogramms zu schaffen sowie eine Zollunion (→ Kapitel B 3.3) zu errichten. Großbritannien, das als Siegermacht aus dem Zweiten Weltkrieg hervorgegangen war und aufgrund seiner weltweiten Verantwortung an der Spitze des Empire/Commonwealth eine globale Machtrolle innehatte, war nicht geneigt, sich über eine lockere Kooperation und einzelne praktische Maßnahmen der Zusammenarbeit hinaus enger an die westeuropäischen Staaten zu binden. Großbritannien beanspruchte trotz seiner – als nur vorübergehend eingeschätzten – ökonomischen Schwäche vielmehr eine gleichberechtigte Partnerschaft mit den USA, war sogar davon überzeugt, dass die USA der langjährigen britischen Erfahrungen als Weltmacht bedurften, um ihrer Rolle in der Nachkriegszeit gerecht zu werden. Daher wies Bevin das Ansinnen der USA, das Land im Rahmen des Marshallplans wie „just another European country“[64] zu behandeln, als demütigend zurück.

Frankreich auf der anderen Seite begrüßte die amerikanischen Vorstellungen zur engen Zusammenarbeit der Europäer und Errichtung dauerhafter Institutionen. Nach dem Scheitern der bisherigen, auf Dominanz gegenüber Deutschland sowie territorialen Abtretungen und Zerstückelung Deutschlands zielenden Politik setzte Frankreich nun alternativ auf eine Einbindung Deutschlands in ein integriertes Europa. Das französische Verlangen nach Sicherheit vor Deutschland und Wiederaufbau der eigenen Wirtschaft schien dadurch am besten gewährleistet. Frankreichs Vorschläge zur Bildung einer Zollunion und zur engeren Zusammenarbeit in den Bereichen der Wirtschafts- und Währungspolitik wurden von den Delegationen Italiens und der Benelux-Staaten unterstützt. Nach Ablehnung der Zollunionspläne durch Großbritannien zeigten sich allerdings auch die Benelux-Staaten nicht mehr interessiert. Ebenso lehnten die skandinavischen Staaten das Zollunionsprojekt ab, welches gegen diese Widerstände nicht mehr durchsetzbar war.

Die ablehnende Haltung der europäischen Staaten gegenüber wirtschaftlichen Integrationsschritten beunruhigte die USA, die ihr Konzept einer engeren wirtschaftlichen Zusammenarbeit der europäischen Staaten bedroht sahen. Clayton drängte die in Paris versammelten Europäer, definitive Schritte zum Abbau von Handelsbarrieren zu unternehmen, eine ständige Organisation der Teilnehmerstaaten zu schaffen, welche die nationalen Wiederaufbauprogramme koordinieren sollte, und zudem die Höhe der gewünschten finanziellen Hilfen (29,2 Milliarden Dollar) auf ein realistisches Maß zurückzuschrauben. Auf besorgte Nachfrage der Briten hin erklärte Clayton, dass eine Zollunion zwar nicht eine unabdingbare Voraussetzung für die Gewährung der amerikanischen Hilfeleistungen darstelle, dass aber ein solches Projekt sicherlich die Entscheidung des amerikanischen Kongresses zur Bereitstellung der Hilfen positiv beeinflussen würde. Claytons unverhüllte Drohungen bezüglich der Zustimmung des Kongresses zum amerikanischen Hilfsprogramm hatten zur Folge, dass die Europäer ihr Konzept überarbeiteten und sich bereit erklärten, allmähliche Schritte zur Handelsliberalisierung mit dem Fernziel einer Zollunion sowie zu einer verstärkten wirtschaftlichen Zusammenarbeit einzuleiten. Äußerst reserviert aber verhielten sie sich mehrheitlich in Bezug auf die von den USA aus Gründen der Effizienz und festen Einbindung Deutschlands gewünschte supranationale (→ Kapitel B 3) Planungsbehörde. Großbritannien, Irland, die skandinavischen Länder und die Schweiz lehnten die von den USA und Frankreich gewünschte starke, über erhebliche Machtbefugnisse verfügende gemeinsame Institution ab und wollten einer solchen Einrichtung nur beratende und administrative Funktionen zugestehen. Man einigte sich zwar schließlich zwangsläufig aufgrund des amerikanischen Drängens auf die Bildung einer permanenten Gemeinschaftsorganisation, gestand dieser aber nur wenige Kompetenzen zu: Das zu schaffende Gemeinschaftsorgan sollte lediglich beratenden Charakter haben, und Beschlüsse zur Koordination sollten nur einstimmig gefasst werden. Wenngleich die USA mit diesem Ergebnis nicht zufrieden waren und zunächst auf eine engere Zusammenarbeit der europäischen Staaten drängten, so ließen sie schließlich, vor allem aufgrund des entschiedenen britischen Widerstandes, weitergehende Einigungspläne fallen. Zum einen hatte die amerikanische Regierung nie explizit die Schaffung eines supranationalen Gemeinschaftsorgans und die Errichtung einer Zollunion zur Bedingung für die amerikanischen Hilfen gemacht, zum anderen war ihr vor allem daran gelegen, einen möglichst großen Teilnehmerkreis für das Marshallplan-Programm zu gewinnen, um den wirtschaftlichen Wiederaufbau und die politische Stabilisierung Europas zu gewährleisten.

Am 16. April 1948 unterzeichneten die 16 Teilnehmerstaaten des Marshallplan-Programms sowie die drei westlichen Oberbefehlshaber der Besatzungszonen Deutschlands die Konvention über die europäische wirtschaftliche Zusammenarbeit, mit der die Organisation for European Economic Cooperation (OEEC) gegründet wurde. Kurz zuvor, am 3. April 1948, hatte der amerikanische Kongress das European Recovery Program als Teil des Auslandshilfegesetzes (Foreign Assistance Act) beschlossen.

Die OEEC mit Sitz in Paris besaß entsprechend den Wünschen der Teilnehmerstaaten nur eine schwache Exekutive. Oberstes Beschlussorgan der OEEC war der *Rat*, in dem jeder Mitgliedstaat über eine Stimme verfügte. Beschlüsse konnten nur einstimmig gefasst werden, wodurch Entscheidungen immer vom Konsens aller beteiligten Staaten abhängig waren. Der Rat wählte für die Dauer eines Jahres einen *Exekutivausschuss*, bestehend aus sieben Delegierten, welcher seine Arbeit gemäß den Anweisungen des Rates durchführte und dem Rat darüber Bericht erstattete. Verschiedene ständige Ausschüsse leisteten die tägliche Arbeit, ein *Generalsekretariat* führte die laufenden Verwaltungsgeschäfte. Der vom Rat zu ernennende Generalsekretär

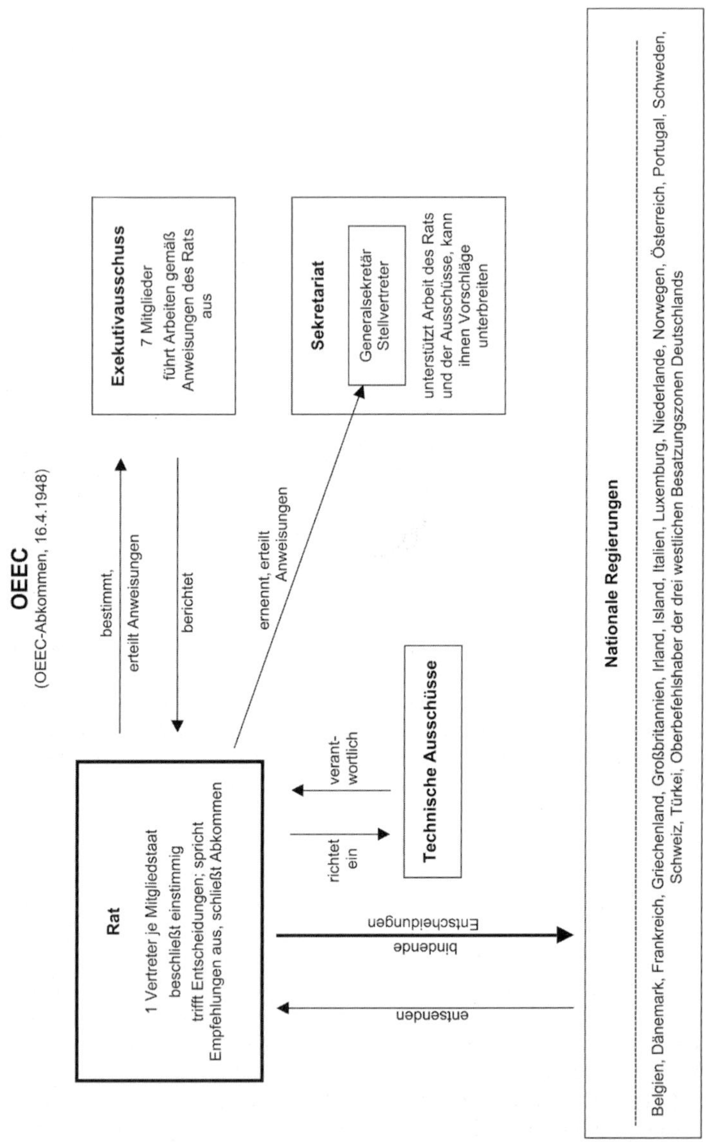
OEEC
(OEEC-Abkommen, 16.4.1948)
Rat
1 Vertreter je Mitgliedstaat
beschließt einstimmig
trifft Entscheidungen; spricht Empfehlungen aus, schließt Abkommen
bestimmt, erteilt Anweisungen
berichtet
Exekutivausschuss
7 Mitglieder
führt Arbeiten gemäß Anweisungen des Rats aus
ernennt, erteilt Anweisungen
Sekretariat
Generalsekretär
Stellvertreter
unterstützt Arbeit des Rats und der Ausschüsse, kann ihnen Vorschläge unterbreiten
richtet ein
verant-wortlich
Technische Ausschüsse
bindende Entscheidungen
entsenden
Nationale Regierungen
Belgien, Dänemark, Frankreich, Griechenland, Großbritannien, Irland, Island, Italien, Luxemburg, Niederlande, Norwegen, Österreich, Portugal, Schweden, Schweiz, Türkei, Oberbefehlshaber der drei westlichen Besatzungszonen Deutschlands

unterstand den Anweisungen des Rates, er hatte die Sitzungen von Rat und Exekutivausschuss vorzubereiten, die Durchführung ihrer Beschlüsse sicherzustellen und konnte beiden Organen Vorschläge unterbreiten.

Mit dieser Art der Gemeinschaftsorganisation hatten die Mitgliedstaaten zwar ihre jeweilige nationale Verfügungsgewalt über die eigene Volkswirtschaft sichergestellt und Eingriffe in nationale Souveränitätsrechte abgewehrt, aber zugleich etablierte sich doch durch die vereinbarte Kooperation eine Routine der Zusammenarbeit und Vertrauensbildung, deren Bedeutung für die künftige europäische Zusammenarbeit nicht zu unterschätzen war. Zudem erzielte die OEEC beachtliche Erfolge bei dem schrittweisen Abbau von Handelsrestriktionen und der Erleichterung des innereuropäischen Zahlungsverkehrs. Mit der Errichtung der Europäischen Zahlungsunion (EZU) im September 1950 wurde ein den Handel belebendes multilaterales Verrechnungs- und Kreditsystem etabliert, das die Herstellung der vollen Konvertierbarkeit der europäischen Währungen durch das Währungsabkommen vom 27. Dezember 1958 vorbereitete und damit eine Weiche auf dem Weg zur wirtschaftlichen Integration stellte.

Der Marshallplan – Initialzündung für den Integrationsprozess?

Über die Bedeutung des Marshallplans für den europäischen Integrationsprozess ist in der Forschung kontrovers diskutiert worden. Ernst H. van der Beugel, Michael J. Hogan, Hans-Jürgen Schröder und Klaus Schwabe betonen die Rolle des Marshallplans als Initialzündung für den europäischen Integrationsprozess,[65] Beate Neuss bezeichnet die USA als „Geburtshelfer Europas“.[66] Alan S. Milward hingegen sieht darin eine Überschätzung der Rolle Amerikas; die Verhandlungen um das ERP hätten, so Milward, gerade deutlich gemacht, dass die europäischen Regierungen die amerikanischen Vorstellungen von wirtschaftlicher Integration und supranationalen Institutionen ablehnten und stattdessen die nationalstaatliche Souveränität verteidigten.[67] Für Walter Lipgens, der in seinen Arbeiten die Rolle der europäischen Einigungsbewegung für das Zustandekommen des Integrationsprozesses hervorhebt, hat der US-initiierte Marshallplan lediglich „bestimmte Formen der Realisierung begünstigt, höchstens veranlasst, keineswegs verursacht.“[68]

Ebenso unterschiedlich werden in der Forschung die Auswirkungen des amerikanischen Hilfsprogramms auf den ökonomischen Wiederaufbau Europas beurteilt. Im Gegensatz zu Michael J. Hogan bezweifelt Alan S. Milward, dass der Marshallplan für die wirtschaftliche Rekonstruktion notwendig gewesen sei, und auch Werner Abelshauser hat in Bezug auf Westdeutschland die These von der Initialzündung des Marshallplans für das deutsche Wirtschaftswunder in Frage gestellt.[69]

Literatur

Gimbel, John: *The Origins of the Marshall Plan*, Stanford 1976.

Haberl, Othmar Nikola/Niethammer, Lutz (Hg.): *Der Marshall-Plan und die europäische Linke*, Frankfurt am Main 1986.

Hardach, Gerd: *Der Marshall-Plan. Auslandshilfe und Wiederaufbau in Westdeutschland 1948-1952*, München 1994.

Hogan, Michael J.: *The Marshall Plan. America, Britain, and the Reconstruction of Western Europe, 1947-1952*, Cambridge 1987 [Repr. 1995].

Milward, Alan S.: *The Reconstruction of Western Europe 1945-51*, London 1984.

Schröder, Hans-Jürgen (Hg.): *Marshallplan und westdeutscher Wiederaufstieg. Positionen – Kontroversen*, Stuttgart 1990.

2.2 Sicherheitspolitische Kooperation: Vom Dünkirchener Vertrag zum Brüsseler Pakt

Mit dem 1947 zwischen Frankreich und Großbritannien geschlossenen Dünkirchener Vertrag, der sich unter Einbeziehung der Staaten Belgien, Niederlande und Luxemburg 1948 zum Brüsseler Pakt erweiterte, wurde eine intergouvernementale Zusammenarbeit europäischer Staaten auf sicherheitspolitischem Gebiet eingeleitet. Darüber hinaus sahen der Dünkirchener und der Brüsseler Vertrag auch eine Kooperation der Staaten auf wirtschaftlichem, sozialem und kulturellem Gebiet vor.

Der Vertrag von Dünkirchen

Im britischen Außenministerium (Foreign Office) waren bereits gegen Ende des Zweiten Weltkrieges Überlegungen zu einer engeren Zusammenarbeit mit Frankreich als Kern eines künftigen westeuropäischen Sicherheitsblocks angestellt worden. Anknüpfend an solche

Pläne äußerte der britische Außenminister Ernest Bevin 1945/46 mehrfach sein Interesse an einer britisch-französischen Zusammenarbeit auf sicherheitspolitischem und ökonomischem Gebiet, welches auch vom Chef der provisorischen Regierung Frankreichs, General Charles de Gaulle, geteilt wurde. Allerdings verhinderten die britisch-französischen Differenzen über die Politik im Nahen Osten, über wirtschaftliche Kooperation und insbesondere über die künftige Deutschlandpolitik zunächst die Umsetzung solcher Überlegungen. Während Frankreich auf Großbritanniens Unterstützung seiner Pläne zur Abtrennung des Rhein- und Ruhrgebietes von Deutschland hoffte, gingen Bevins Überlegungen eher dahin, das Ruhrgebiet zum Kern einer künftigen „Western Union" zu machen und der alleinigen deutschen Kontrolle zu entziehen.

Bevins Zögern, Verhandlungen zum Abschluss eines britisch-französischen Vertrages zu forcieren, war auch von der Sorge bestimmt, Pläne zu einer westeuropäischen Union könnten die Sowjetunion brüskieren. Zudem hatten das britische Finanz- und Wirtschaftsministerium (Treasury) und das Handelsministerium (Board of Trade) Bedenken gegenüber Vorstellungen einer wirtschaftlichen Zusammenarbeit geäußert und darauf hingewiesen, dass Großbritannien seine ökonomische Unabhängigkeit sowie seine Rolle als global ausgerichtete Handelsnation und seine engen Verbindungen mit dem Commonwealth bewahren müsse. Zudem gaben sie zu bedenken, dass die USA Einwände gegenüber einem europäischen Handelsblock erheben würden.

Dennoch veröffentlichten am 14. Januar 1947 Premierminister Clement Attlee und der neue französische Premierminister Léon Blum ein gemeinsames Kommuniqué, in dem sie ihre Absicht zum Abschluss eines britisch-französischen Vertrages bekundeten. Sieben Wochen später, am 4. März 1947, wurde der Vertrag in Dünkirchen unterzeichnet. Die Wahl des Ortes der Vertragsunterzeichnung hatte symbolische Bedeutung; in Dünkirchen war 1940 die Allianz zwischen Großbritannien und Frankreich zerbrochen, und an diesem Ort sollte die Zusammenarbeit neu belebt werden.

Bis zuletzt hatte das Foreign Office an dem Vertragsentwurf gefeilt, ängstlich darum bemüht, den Vertrag so zu gestalten, dass weder die Sowjetunion noch die USA brüskiert wurden, und zugleich den Bedenken der britischen Wirtschaftsministerien Rechnung zu tragen. Der Dünkirchener Vertrag sah eine automatische Beistandsverpflichtung im Falle einer deutschen Aggression sowie gemeinsames Handeln bei Nichterfüllung der Deutschland auferlegten ökonomischen

Verpflichtungen vor. Die in einem ersten Vertragsentwurf vorgesehene Harmonisierung der britischen und französischen Wiederaufbaupläne war aufgrund des Widerstandes von Treasury und Board of Trade zugunsten von gegenseitigen Konsultationen und Kooperation fallen gelassen worden.

Der Brüsseler Pakt

Der Vertrag von Dünkirchen war in erster Linie gegen eine von Deutschland ausgehende Gefahr gerichtet; für die britisch-französische Zusammenarbeit hat er keine große Rolle gespielt. Er bildete die Grundlage für den ein Jahr später unter Einbeziehung der Benelux-Staaten geschlossenen Brüsseler Vertrag, in dem sich die fünf beteiligten Mächte ebenfalls zu Maßnahmen im Falle eines Wiederauflebens der deutschen Aggressionspolitik verpflichteten.

Strittig ist in der Forschung, ob Bevins Pläne zu einer Kooperation der westeuropäischen Staaten, die er in seiner „Western Union Speech" im britischen Unterhaus am 22. Januar 1948 vortrug, auf die Bildung eines Europas als „Dritter Kraft" zwischen den USA und der Sowjetunion abzielten, oder ob er mit diesen Plänen den Amerikanern entgegenkommen wollte, um sie für eine militärische Allianz zu gewinnen.[70] Dem von Bevin und dem französischen Außenminister Bidault angesichts der Verschärfung des Ost-West-Konfliktes im Dezember 1947 geäußerten Wunsch nach einem militärischen Engagement der USA in Europa hatte Marshall nämlich die Forderung nach einer vorherigen Zusammenarbeit der Europäer entgegengehalten.

Die kommunistische Machtübernahme in der Tschechoslowakei im Februar 1948 beschleunigte Gespräche zwischen Großbritannien, Frankreich und den Beneluxstaaten über die Bildung einer westlichen Union, die am 17. März 1948 zum Abschluss des Brüsseler Paktes führten. Obwohl im Zeichen der Ost-West-Auseinandersetzung gegründet, enthielt der Brüsseler Pakt keine anti-sowjetische Spitze, sondern benannte, wie bereits der Dünkirchener Vertrag, Deutschland als einen möglichen Aggressor. Bidault war vor allem aus innenpolitischen Gründen daran gelegen, eine Brüskierung der Sowjetunion zu vermeiden.

Das für die Dauer von 50 Jahren geschlossene Bündnis sah eine automatische Beistandspflicht im Falle eines bewaffneten Angriffs in Europa sowie Maßnahmen zur Verhinderung einer erneuten deutschen Aggression vor. Zudem verpflichteten sich die fünf Staaten im Vertrag auf eine Intensivierung ihrer wirtschaftlichen, sozialen und

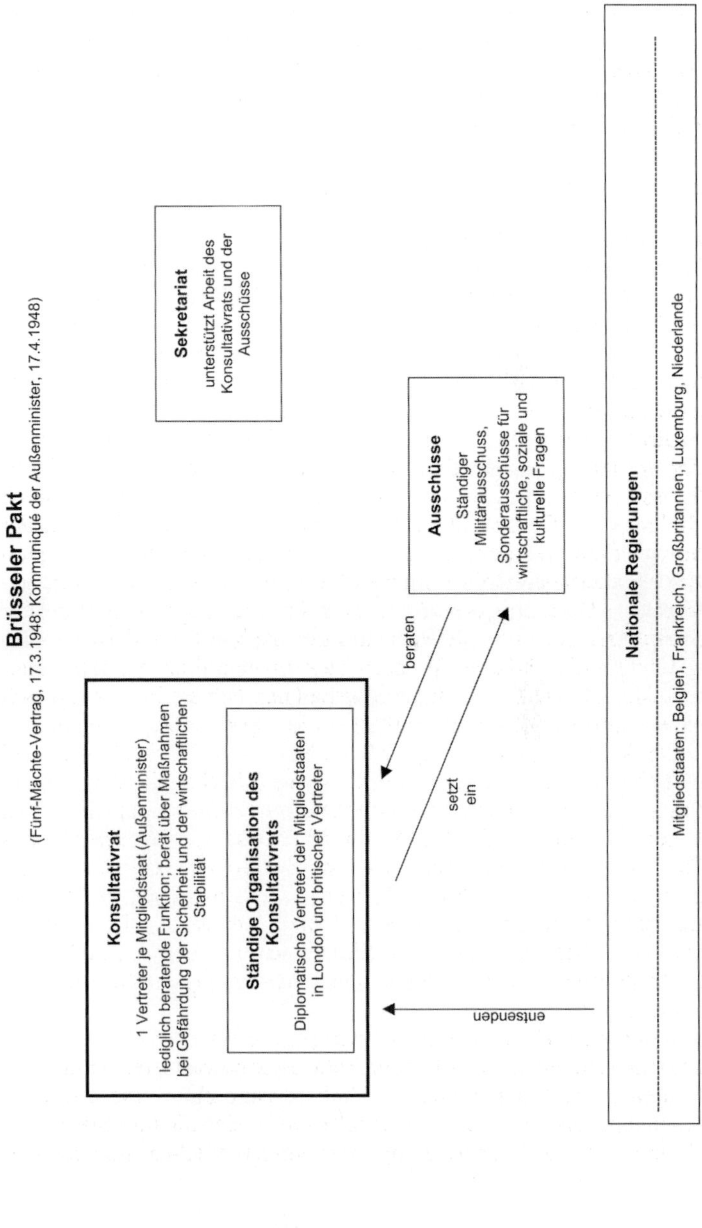
Brüsseler Pakt
(Fünf-Mächte-Vertrag, 17.3.1948; Kommuniqué der Außenminister, 17.4.1948)
Konsultativrat
1 Vertreter je Mitgliedstaat (Außenminister)
lediglich beratende Funktion; berät über Maßnahmen bei Gefährdung der Sicherheit und der wirtschaftlichen Stabilität
Ständige Organisation des Konsultativrats
Diplomatische Vertreter der Mitgliedstaaten in London und britischer Vertreter
Sekretariat
unterstützt Arbeit des Konsultativrats und der Ausschüsse
beraten
setzt ein
Ausschüsse
Ständiger Militärausschuss,
Sonderausschüsse für wirtschaftliche, soziale und kulturelle Fragen
entsenden
Nationale Regierungen
Mitgliedstaaten: Belgien, Frankreich, Großbritannien, Luxemburg, Niederlande

kulturellen Zusammenarbeit. Ein aus den Außenministern der fünf Staaten bestehender *Konsultativrat* wurde eingesetzt, welcher mindestens viermal im Jahr zusammentreten sollte, um über die weitere Zusammenarbeit zu beraten. Eine aus diplomatischen Vertretern der fünf Mächte zusammengesetzte ständige Organisation in London sollte mindestens einmal im Monat zusammentreten; ihr wurde ein *Sekretariat* beigefügt. Zudem wurden für einzelne Aufgaben verschiedene Ausschüsse, darunter ein Militärausschuss, eingesetzt, die dem Konsultativrat Berichte vorzulegen hatten.

Der Brüsseler Pakt entwickelte keine großen Aktivitäten auf den im Vertrag vorgesehenen Gebieten: Die Zusammenarbeit auf wirtschaftlichem, sozialem und kulturellem Gebiet war sehr vage und unverbindlich formuliert, und die sicherheitspolitischen Aufgaben wurden weitgehend von der ein Jahr später gegründeten NATO übernommen.

Mit der nach dem amerikanischen Senator Arthur Vandenberg benannten Vandenberg-Resolution vom 11. Juni 1948 hatten die USA den Weg freigemacht für den Abschluss eines Militärbündnisses mit anderen Staaten in Friedenszeiten, worauf insbesondere Frankreich aus sicherheitspolitischen Gründen gedrängt hatte. Am 4. April 1949 unterzeichneten die fünf Brüsseler-Pakt-Staaten gemeinsam mit den USA, Kanada, Norwegen, Dänemark, Island, Italien und Portugal den Vertrag zur Gründung der North Atlantic Treaty Organisation (NATO). Nach dem Scheitern der Europäischen Verteidigungsgemeinschaft (EVG) 1954 erweiterte sich der Brüsseler Pakt unter Hinzuziehung der Staaten Italien und Bundesrepublik Deutschland zur Westeuropäischen Union (→ Kapitel B 3.2).

> Dünkirchener Vertrag (1947) → Brüsseler Pakt (1948) → Westeuropäische Union (1954)

Literatur

DUMOULIN, André/REMACLE, Éric: *L'Union de l'Europe occidentale. Phénix de la défense européenne*, Brüssel 1998.

MILITÄRGESCHICHTLICHES FORSCHUNGSAMT (Hg.): *Anfänge westdeutscher Sicherheitspolitik 1945-1956,* Band 1: *Von der Kapitulation bis zum Pleven-Plan*, München 1982.

WIGGERSHAUS, Norbert/FOERSTER, Roland G. (Hg.): *Die westliche Sicherheitsgemeinschaft 1948-1950. Gemeinsame Probleme und gegensätzliche Na-*

tionalinteressen in der Gründungsphase der Nordatlantischen Allianz, Boppard am Rhein 1988.

2.3 Kooperation zur politischen Einigung: Der Europarat

Die Initiative zur Bildung des Europarates ging von der europäischen Einigungsbewegung aus. Der auf dem Haager Kongress der Europagruppen 1948 verabschiedete Vorschlag zur Einberufung einer Europäischen Versammlung als ersten Schritt zu einer wirtschaftlichen und politischen Einigung Europas wurde von den Regierungsvertretern im Konsultativrat des Brüsseler Paktes diskutiert. Britische Einwände gegen die Schaffung einer Europäischen Versammlung führten zu einer Kompromisslösung: Am 5. Mai 1949 wurde der aus einem Ministerkomitee und einer Beratenden Versammlung bestehende intergouvernementale Europarat gebildet. Alle Versuche seitens der Mitglieder der Beratenden Versammlung, die Kompetenzen des Europarates zu erweitern und ihn zu einer politischen Autorität mit echten Vollmachten weiterzuentwickeln, scheiterten. Die britische Regierung lehnte eine über die Kooperation hinausgehende Einigung der europäischen Staaten ab.

Initiative des Haager Kongresses

Auf Initiative von Duncan Sandys lud die britische Europaorganisation United Europe Movement (UEM) gemeinsam mit anderen Europagruppen (→ Kapitel B 1.2) vom 7. bis 10. Mai 1948 nach Den Haag zu einem Europäischen Kongress ein, welcher eine Zusammenarbeit aller an der Einigung Westeuropas interessierten Persönlichkeiten und Verbände einleiten sollte. An dem Haager Kongress, der große öffentliche Aufmerksamkeit erregte, nahmen über 700 Personen aus verschiedenen europäischen Ländern teil, darunter eine Reihe europäischer Spitzenpolitiker wie Winston Churchill, Konrad Adenauer, Edgar Faure und Paul van Zeeland. Der Kongress verabschiedete eine Resolution, in der die Einberufung einer von den nationalen Parlamenten zu beschickenden „Europäischen Versammlung" gefordert wurde, welche Pläne für ein allmähliches Zusammenwachsen Europas auf wirtschaftlichem und politischem Gebiet erarbeiten und allgemein den europäischen Einigungsgedanken beleben sollte. Offen blieb, ob es sich bei dem zukünftigen Europa um eine Föderation oder Union europäischer Staaten handeln sollte.

Einige Monate nach dem Haager Treffen formierte sich das zur Vorbereitung des Kongresses von den verschiedenen sogenannten unionistischen und föderalistischen Europagruppen gebildete Verbindungskomitee (Comité de Liaison) zu einer Dachorganisation aller europäischen Verbände und gab sich den Namen „Europäische Bewegung“. Die Ehrenpräsidentschaft der am 25. Oktober 1948 offiziell gegründeten „Europäischen Bewegung“ übernahmen Léon Blum, Winston Churchill, Alcide de Gasperi und Paul-Henri Spaak.

Diskussionen im Konsultativrat des Brüsseler Paktes

Im Anschluss an das Treffen in Den Haag überbrachten einzelne nationale Deputationen ihren jeweiligen Regierungen die Beschlüsse des Haager Kongresses, verbunden mit der Aufforderung, als ersten Schritt die Einberufung einer Europäischen Versammlung einzuleiten. Der französische Außenminister Georges Bidault griff diesen Vorschlag auf und brachte ihn auf die Tagesordnung des Konsultativrates des Brüsseler Paktes. Frankreichs Bestreben war es, Deutschland fest in eine europäische Organisation einzubinden, um dauerhaft Sicherheit vor einem wieder erstarkenden Deutschland zu erlangen. Kurz zuvor, auf der Londoner Sechs-Mächte-Konferenz vom 20. März bis 2. Juni 1948, war die deutsche Weststaatsgründung beschlossen worden, und durch die Teilnahme der westdeutschen Besatzungszonen am Marshallplan zeichnete sich auch ein allmählicher wirtschaftlicher Wiederaufstieg des östlichen Nachbarn Frankreichs ab. Der im März 1948 gegründete Brüsseler Pakt bot das geeignete Forum, um Schritte zu einer europäischen Einigung einzuleiten. Dementsprechend forderte Bidault auf der zweiten Sitzung des Konsultativrates des Brüsseler Paktes am 20. Juli 1948 die Einberufung einer „Europäischen Parlamentarischen Versammlung“, um sich über weitere Schritte eines europäischen Zusammenschlusses und die Vorbereitung einer Wirtschafts- und Währungsunion der fünf Brüsseler-Pakt-Staaten auszutauschen. Nach Bidaults Vorstellungen sollte diese einzuberufende Versammlung zunächst nur einen beratenden Charakter haben, sich dann aber zum Kern einer föderativen Organisation weiterentwickeln und über eigene Entscheidungsvollmachten verfügen.

Der französische Vorschlag stieß auf den Widerstand des britischen Außenministers Bevin, welcher lediglich eine Zusammenarbeit der europäischen Staaten auf lockerer, intergouvernementaler Ebene anstrebte und allen supranationalen Bestrebungen oder Plänen zur Ausarbeitung einer europäischen Verfassung eine Absage erteilte. Zunächst verzögerte Bevin die weitere Diskussion über den französischen Vorschlag, indem er genauere Informationen über den Charakter der geplanten Europäischen Parlamentarischen Versammlung forderte. Schließlich präsentierte er am 2. Oktober dem neuen französischen Außenminister Robert Schuman einen Gegenvorschlag. Bevin schlug die Bildung eines „Europarates“ vor, welcher sich aus führenden Ministern der fünf Brüsseler-Pakt-Staaten zusammensetzen und einmal im Jahr zusammentreten sollte, um über weitere Kooperationsschritte zu beraten. Nachdem auf der Herbstsitzung des Konsultativrates keine Einigung in dieser Angelegenheit zustande kam, wurde ein aus Politikern und Beamten zusammengesetztes 18köpfiges Studienkomitee eingesetzt, um über diese beiden Vorschläge zu beraten.

Das Studienkomitee legte im Dezember 1948 einen Kompromissvorschlag vor, welcher die beiden Vorschläge miteinander kombinierte. Er sah vor, im Sinne der britischen Vorstellungen einen Europarat der Minister zu schaffen, welcher einstimmig Beschlüsse fassen sollte. Dieser Europarat der Minister sollte mit einer Konsultativversammlung verbunden werden, die von den nationalen Parlamenten beschickt werden und Empfehlungen an die Minister erarbeiten sollte. Diesen Vorschlag, dem die britischen Delegierten im Studienkomitee zunächst zugestimmt hatten, wollte Bevin noch dahingehend geändert wissen, dass die Mitglieder der Konsultativversammlung nicht von den Parlamenten beschickt würden, sondern dass deren Ernennung in der Kompetenz der nationalen Regierungen bleiben sollte. Dadurch wollte Bevin den Einfluss der Regierungen in der neuen Organisation sicherstellen. Zudem forderte er, dass die nationalen Delegationen jeweils en bloc abzustimmen hätten. Als es in dieser Angelegenheit zu keiner Einigung kam, ging das Studienkomitee schließlich im Streit und ohne Ergebnis auseinander.

Erst nachdem Schuman bei seinem Besuch in London am 13. Januar 1949 angedroht hatte, notfalls auch ohne Großbritannien weiter zu verhandeln, zugleich aber in der Frage der Ernennung der Abgeordneten zur Konsultativversammlung Kompromissbereitschaft zeigte, kam es auf der Konsultativratssitzung des Brüsseler Paktes am 27./28. Januar 1949 zu einer weitgehenden Einigung. Es wurde grundsätzlich die Schaffung der neuen Organisation sowie die Hinzuziehung Italiens, Irlands und der skandinavischen Staaten zur weiteren Ausarbeitung des Projektes beschlossen. Am 5. Mai 1949 unterzeichneten die zehn Staaten die Satzung des „Europarates“ mit Sitz in Straßburg.

Struktur des Europarates

In Artikel 1 der Satzung wurde als Aufgabe des Europarates genannt, „eine engere Verbindung zwischen seinen Mitgliedern zum Schutze und zur Förderung der Ideale und Grundsätze, die ihr gemeinsames Erbe bilden, herzustellen und ihren wirtschaftlichen und sozialen Fortschritt zu fördern.“[71] Zu diesem Zweck sollten in den Organen des Rates Fragen von gemeinsamem Interesse beraten, Abkommen geschlossen und es sollte gemeinschaftlich auf den Gebieten Wirtschaft, Sozialpolitik, Kultur, Wissenschaft, Gesetzgebung und Verwaltung gehandelt werden. Ausdrücklich ausgeschlossen wurde eine Zuständigkeit des Europarates in Fragen der nationalen Verteidigung. Als Organe des Europarates wurden ein Ministerkomitee und eine Beratende Versammlung (ab 1974: Parlamentarische Versammlung) eingesetzt; ein Sekretariat sollte die Arbeit beider Organe unterstützen.

Als Vertreter im *Ministerkomitee* waren die jeweiligen Außenminister der Mitgliedstaaten vorgesehen. Jedes Mitglied sollte über eine Stimme verfügen. Alle wichtigen Beschlüsse im Ministerkomitee mussten einstimmig gefasst werden, und diese einstimmig gefassten Beschlüsse konnten lediglich in Form von Empfehlungen an die Regierungen der Mitgliedstaaten ergehen. Der Europarat konnte somit keine die Mitgliedstaaten bindenden Beschlüsse fassen. Für die Entscheidungen in Haushaltsfragen, Verfahrensregeln, Fragen der Geschäftsordnung usw. genügten eine Zweidrittelmehrheit oder die einfache Mehrheit der Vertreter im Ministerkomitee.

Die *Beratende Versammlung* war laut Satzung das beratende Organ des Europarates. Sie sollte aus Vertretern eines jeden Mitgliedstaates bestehen, die nach einem von jeder Regierung selbst gewählten Verfahren ernannt wurden. Die Aufgabe der jährlich einmal für die Dauer von höchstens einem Monat zusammentretenden Versammlung beschränkte sich darauf, die in ihr Aufgabengebiet fallenden Fragen zu erörtern und dem Ministerkomitee die mit einer Zweidrittelmehrheit gefassten Beschlüsse in Form von Empfehlungen vorzulegen. Nach der ursprünglichen Satzung konnte die Versammlung nur über Fragen beraten, soweit diese ihr zur Stellungnahme durch das Ministerkomitee unterbreitet und mit dessen Billigung auf die Tagesordnung gesetzt worden waren. Diese einschränkenden Bestimmungen wurden im Mai 1951 aufgehoben, so dass die Beratende Versamm-

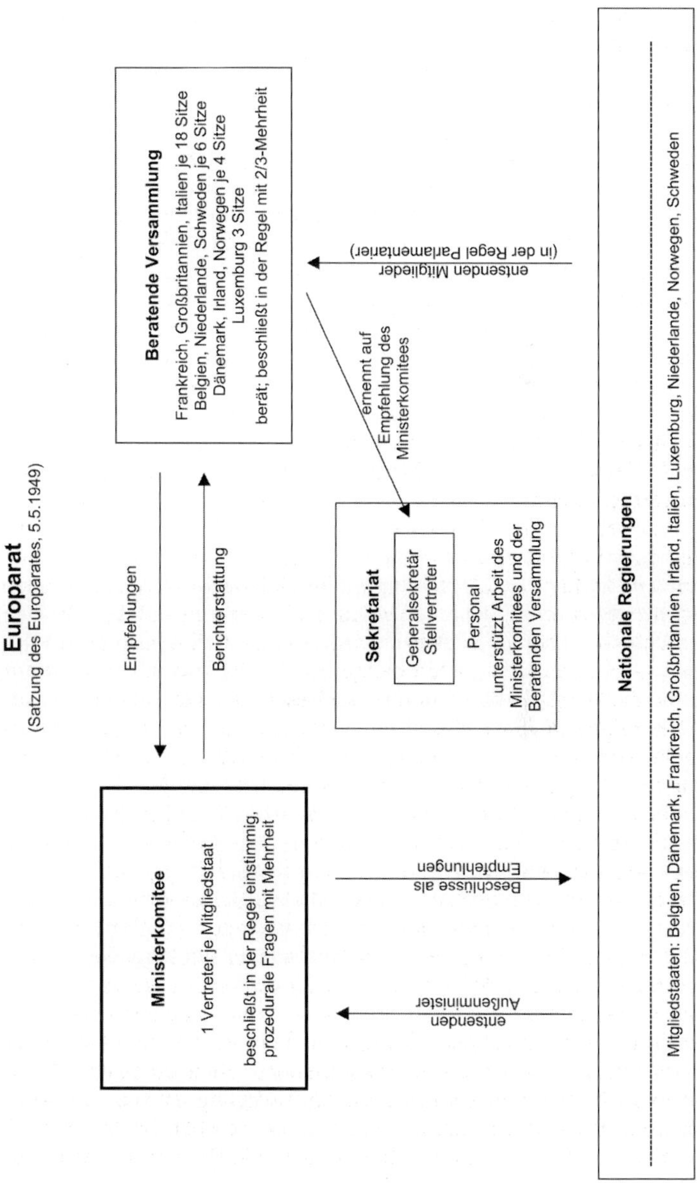
Europarat
(Satzung des Europarates, 5.5.1949)
Beratende Versammlung
Frankreich, Großbritannien, Italien je 18 Sitze
Belgien, Niederlande, Schweden je 6 Sitze
Dänemark, Irland, Norwegen je 4 Sitze
Luxemburg 3 Sitze
berät; beschließt in der Regel mit 2/3-Mehrheit
Empfehlungen
Berichterstattung
Ministerkomitee
1 Vertreter je Mitgliedstaat
beschließt in der Regel einstimmig, prozedurale Fragen mit Mehrheit
ernennt auf Empfehlung des Ministerkomitees
Sekretariat
Generalsekretär
Stellvertreter
Personal
unterstützt Arbeit des Ministerkomitees und der Beratenden Versammlung
entsenden Mitglieder (in der Regel Parlamentarier)
Beschlüsse als Empfehlungen
entsenden Außenminister
Nationale Regierungen
Mitgliedstaaten: Belgien, Dänemark, Frankreich, Großbritannien, Irland, Italien, Luxemburg, Niederlande, Norwegen, Schweden

lung von diesem Zeitpunkt an selbst über ihre Tagesordnung bestimmen konnte.

In der ersten Sitzungsperiode der Beratenden Versammlung des Europarates vom 10. August bis zum 5. September 1949, an der zahlreiche europäische Spitzenpolitiker teilnahmen, äußerten die dort versammelten Delegierten den Wunsch, die Struktur des Europarates weiterzuentwickeln und ihn zu einer „europäischen politischen Autorität mit begrenzten Funktionen, aber echten Vollmachten“[72] auszubauen. Des Weiteren forderten die Abgeordneten, die Kompetenzen der Beratenden Versammlung auszuweiten und den Beitritt der am 23. Mai 1949 gegründeten Bundesrepublik Deutschland zum Europarat zu ermöglichen.

Die Vorschläge zur Erweiterung der Satzung des Europarates scheiterten am Veto der britischen Regierung, lediglich die Aufnahme der Bundesrepublik Deutschland (13.7.1950; Vollmitglied ab 2.5.1951) und des Saarlandes (13.5.1950) als assoziierte Mitglieder wurde im Ministerkomitee einstimmig befürwortet. Auch in der darauf folgenden Sitzungsperiode der Beratenden Versammlung im Sommer/Herbst 1950 wurden von den Delegierten verschiedene Vorschläge zur Stärkung der Kompetenzen des Europarates vorgelegt; unter anderem wurde die Bildung eines Bundespaktes als Zusammenschluss derjenigen Staaten angeregt, die für die Schaffung eines demokratisch gewählten Parlamentes und einer vor diesem verantwortlichen Regierung eintraten. Innerhalb der Beratenden Versammlung erhielten die Vorschläge, die auf eine Souveränitätseinschränkung der Mitgliedstaaten hinausliefen und damit den Austritt Großbritanniens aus der gemeinsamen Organisation befürchten ließen, keine Mehrheit. Zu groß waren zu diesem Zeitpunkt noch die Bedenken gegen einen europäischen Zusammenschluss ohne britische Beteiligung: Frankreich fürchtete sich vor einer möglichen späteren deutschen Dominanz in einer ohne britische Beteiligung bestehenden Gemeinschaft; die Benelux-Staaten sahen darin die Gefahr einer französischen oder deutschen bzw. gemeinsamen deutsch-französischen Dominanz. Selbst die von einer Mehrheit in der Beratenden Versammlung verabschiedeten, eher bescheidenen Vorschläge zur Stärkung des Europarates stießen auf die Ablehnung der britischen Regierung. Der Europarat blieb somit, von kleineren Änderungen abgesehen, in seiner 1949 geschaffenen intergouvernementalen Struktur bestehen. Enttäuscht über die mangelnden Entwicklungsmöglichkeiten dieser Organisation erklärte der Präsident der Beratenden Versammlung, der Belgier Paul-Henri Spaak, am 11. Dezember 1951 seinen Rücktritt.

Ausblick

Der außerhalb der EG/EU existierende Europarat umfasst gegenwärtig (2008) 47 Mitgliedstaaten. Seit seiner Gründung hat der Europarat ca. 200 Konventionen und Abkommen verabschiedet, darunter die 1950 unterzeichnete Konvention zum Schutz der Menschenrechte und der Grundfreiheiten, die Europäische Sozialcharta und die Europäische Kulturkonvention. Nach der Ratifizierung durch die Staaten sind die Konventionen für diese verbindlich. 1959 wurde der Europäische Gerichtshof für Menschenrechte mit Sitz in Straßburg (EGMR) errichtet, der über die Einhaltung der Menschenrechtskonvention wacht. Er ist nicht zu verwechseln mit dem Gerichtshof der Europäischen Gemeinschaften/der EU (EuGH). Seine Aufgaben sieht der Europarat vor allem in der Förderung von Demokratie, Rechtsstaatlichkeit, kultureller Zusammenarbeit, der Lösung sozialer Probleme und dem Menschenrechtsschutz. Eine wichtige Rolle spielte er nach 1989 bei der Demokratisierung der ehemals kommunistischen Staaten Mittel- und Osteuropas. Am 5. Mai, dem Gründungstag des Europarates im Jahre 1949, wird alljährlich der Europatag gefeiert.

Völkerrechtlicher Vertrag: zwischen Staaten und anderen Subjekten des Völkerrechts abgeschlossener bindender Vertrag, der auch andere Namen tragen kann, wie z.B. Abkommen, Konvention, Pakt, Protokoll oder Übereinkommen. Das Verfahren zum Abschluss bedeutender völkerrechtlicher Verträge ist in der Regel mehrstufig: (1) Ein Vertragstext wird ausgehandelt, die Unterhändler können diesen vorläufig durch *Paraphierung*, d.h. Abzeichnen mit ihren Namenskürzeln, annehmen; (2) der Vertragstext wird durch die *Unterzeichnung* von Staatschefs oder Regierungsmitgliedern endgültig festgelegt; (3) der Vertrag wird durch die *Ratifizierung* bindend, dazu muss er zunächst innerstaatlich bestätigt werden, z.B. vom Parlament oder vom Volk in einem Referendum, dann muss das Staatsoberhaupt erklären, dass der Vertrag den von ihm vertretenen Staat bindet, z.B. durch Hinterlegung einer Ratifikationsurkunde. Der Vertrag tritt in Kraft, wenn alle oder eine festgelegte Zahl der Vertragspartner ihn ratifiziert haben.

Literatur

BITSCH, Marie-Thérèse (Hg.): *Jalons pour une histoire du Conseil de l'Europe. Actes du colloque de Strasbourg (8-10 juin 1995)*, Bern 1997.

GRUNER, Wolf D.: Der Europarat wird fünfzig – „Vater" der europäischen Integration: Gründungsvorstellungen, Wirkungen, Leistungen und Perspektiven nach 50 Jahren, in: DERS. (Hg.): *Jubiläumsjahre – Historische Erinnerung – Historische Forschungen. Festgabe für Kersten Krüger zum 60. Geburtstag*, Rostock 1999, S. 117-234.

HOLTZ, Uwe (Hg.): *50 Jahre Europarat*, Baden-Baden 2000.

SCHMUCK, Otto (Hg.): *Vierzig Jahre Europarat. Renaissance in gesamteuropäischer Perspektive?*, Bonn 1990.

3 Der Aufbruch zum supranationalen Europa: Die 1950er Jahre

Die Verhandlungen um OEEC und Europarat hatten gezeigt, dass Großbritannien und Frankreich unterschiedliche Europakonzepte verfolgten, die aus ihrer jeweiligen Situation in der Nachkriegszeit und dem damit verbundenen Interesse an einer europäischen Einigung resultierten. Aus britischer Sicht lag eine allzu enge Verbindung mit den westeuropäischen Staaten des Kontinents, die 1940 beim Ansturm der deutschen Truppen zusammengebrochen, besiegt und besetzt worden waren und deren wirtschaftlich-politische Zukunft auch Ende der 1940er Jahre noch ungesichert war, nicht im Interesse des eigenen Landes. Großbritannien war als Siegermacht aus dem Zweiten Weltkrieg hervorgegangen, hatte an der Seite der USA und Sowjetunion als einer der „Großen Drei" die Nachkriegsordnung mitgestaltet, war Besatzungsmacht, verfügte über besonders enge Beziehungen zu den USA (*special relationship*) und verstand sich durch seine Rolle im britischen Empire/Commonwealth als globaler Akteur mit weltweiten Interessen und Verbindungen. Europa war neben dem Empire/Commonwealth und der englisch sprechenden Welt mit den USA nur einer von drei ineinander greifenden Kreisen, in deren gemeinsamer Schnittfläche sich, wie Churchill es 1948 in einer Parteitagsrede dargestellt hatte, Großbritannien befand und die es in seiner Politik zu berücksichtigen hatte. Für die Staaten des Kontinents wurde aus Gründen der Friedenssicherung und Einbindung Deutschlands ein engeres Zusammengehen durchaus befürwortet, nur Großbritannien selbst konnte sich seinem eigenen Selbstverständnis nach nicht in den Kreis Europa vollständig eingliedern. Eine Zusammenarbeit mit den Staaten des Kontinents, welche die britischen Politiker der Nachkriegszeit aus wirtschaftlichen und sicherheitspolitischen Gründen durchaus anstrebten, sollte sich deshalb in einem lockeren, den jeweiligen Erfordernissen entsprechenden Rahmen bewegen. Das intergouvernementale Integrationskonzept entsprach den britischen Interessen.

Frankreichs Politik in der Nachkriegszeit war von seinem Sicherheitsinteresse und dem Ziel eines zügigen wirtschaftlichen Wiederaufbaus zur Erlangung einer Vormachtstellung in Europa bestimmt. Sicherheit vor einem unkontrollierten Wiederaufstieg Deutschlands und Nutzung deutscher Ressourcen für den eigenen Wiederaufbau versprach sich Frankreich zunächst durch das Konzept einer strikten

Kontrolle der deutschen Industrie und die Aufteilung Deutschlands. Das amerikanische Interesse an einem wirtschaftlichen und politischen Wiederaufbau Westdeutschlands sowie dessen Eingliederung in eine westliche Gemeinschaft machte jedoch das französische Konzept der Sicherheit durch Teilung, Kontrolle und dauerhafte Schwächung Deutschlands hinfällig; die Verhinderung eines unkontrollierten Wiederaufstiegs Deutschlands schien Frankreich dann nur noch über eine Einbindung Deutschlands in eine starke, mit supranationalen Elementen ausgestattete Organisation erreichbar. Das von den USA befürwortete und auch in französischen Regierungskreisen seit den Tagen der Résistance immer wieder diskutierte supranationale Integrationskonzept entsprach daher den französischen Interessen.

supranational (lat. super = über) = übernational. Bei einem supranationalen Zusammenschluss von Staaten übertragen diese einen Teil ihrer Souveränität an eine übergeordnete Institution, deren Entscheidungen für diese Staaten in den zuvor vertraglich festgelegten Bereichen bindend sind; Beispiele: EGKS, EWG, EAG/Euratom.

Da Großbritannien nicht bereit war, sich in absehbarer Zeit an supranationalen Zusammenschlüssen zu beteiligen, standen die Befürworter des supranationalen Integrationskonzeptes, Frankreich und die USA, vor der Alternative, entweder in Zukunft auf solche weitergehenden Einigungspläne zu verzichten oder einen europäischen Zusammenschluss ohne Großbritannien anzustreben. In den USA fiel die Entscheidung zugunsten einer supranationalen Einigung ohne Großbritannien. Im State Department setzte George F. Kennan gegen anfängliche Widerstände seine Auffassung durch, dass Großbritannien eine Sonderrolle zuzugestehen war und die europäische Integration unter Führung Frankreichs erfolgen müsse. Frankreich beschritt 1950 mit dem Schuman-Plan den Weg supranationaler Einigung. Während die supranationale Integration auf dem begrenzten Sektor von Kohle und Stahl mit der Gründung der EGKS gelang, scheiterte sie auf dem Gebiet der Verteidigung. Mit der Gründung von EWG und EAG im Jahre 1957 wurde die supranationale Einigung auf den Sektoren Wirtschaft und Atomenergie fortgesetzt.

3.1 Die supranationale Innovation: Die Gründung der EGKS

Mit der auf Grundlage des Schuman-Plans von sechs europäischen Staaten errichteten Europäischen Gemeinschaft für Kohle und Stahl (EGKS) entstand die erste supranationale Organisation in Europa. Kern dieser supranationalen Gemeinschaft war die aus unabhängigen, nicht weisungsgebundenen Mitgliedern zusammengesetzte und mit großen Machtbefugnissen im Kohle- und Stahlbereich ausgestattete Hohe Behörde, deren Entscheidungen für die beteiligten Staaten bindend waren. Die EGKS schuf einen gemeinsamen Markt für Kohle und Stahl sowie Eisenerz und Schrott zwischen den beteiligten Staaten.

Entstehung der EGKS

Nachdem die Truman-Administration sich für die europäische Einigung ohne Großbritannien entschieden hatte, forderten die USA Frankreich mehrfach und mit Nachdruck auf, die Führung in einem supranationalen Europa zu übernehmen. „Whether Germany will in the future be a benefit or a curse to the free world will be determined, not only by the Germans, but by the occupying powers. No country has a greater stake than France in the answer“, schrieb der amerikanische Außenminister Dean Acheson am 30. Oktober 1949 an seinen französischen Amtskollegen Robert Schuman und fuhr fort: „Now is the time for French initiative and leadership of the type required to integrate the German Federal Republic promptly and decisively into Western Europe. Delay will seriously weaken the possibilities of success.“[73]

Zunächst zögerte Frankreich noch, dieser Aufforderung nachzukommen und die Initiative zu einem europäischen Zusammenschluss ohne Großbritannien zu ergreifen. Erst die Absicht der Amerikaner und Briten, auf der bevorstehenden Außenministerkonferenz vom 11. bis 13. Mai 1950 die bisherigen Produktionsbeschränkungen für die deutsche Stahlindustrie aufzuheben und über eine Revision des Besatzungsstatuts zu diskutieren, ließ Frankreich handeln. Die Gefahr eines wirtschaftlichen Wiederaufstiegs Westdeutschlands zum Nachteil der französischen Industrie zeichnete sich bereits deutlich ab. Der für die Modernisierung der französischen Industrie verantwortliche Planungskommissar Jean Monnet skizzierte in einem dramatischen

Appell an den französischen Ministerpräsidenten Bidault und Außenminister Schuman die Folgen eines ungehinderten deutschen wirtschaftlichen Wiederaufstiegs für die französische Wirtschaft:

> „Wirtschaftsaufschwung in Deutschland; deutsches Ausfuhrdumping; Ruf nach Schutzmaßnahmen für die französische Industrie; Stillstand oder Verwässerung der Liberalisierung des Handels; Wiedererstehen der Vorkriegskartelle; unter Umständen Ausrichtung der deutschen Wirtschaft nach Osten als Vorspiel für politische Vereinbarungen; Rückfall Frankreichs in die alten Gleise einer begrenzten und geschützten Produktion. ... Deutschland wird sich schnell entwickeln, und wir werden die deutsche Aufrüstung nicht verhindern können. Frankreich aber wird seinem herkömmlichen Malthusianismus verfallen, und diese Entwicklung wird zwangsläufig zur Folge haben, daß unser Land von der Bildfläche verschwindet."[74]

Um dieses Szenario zu verhindern, schlug Monnet die Errichtung einer gemeinsamen Hohen Behörde vor, der die gesamte deutsche und französische Kohle- und Stahlproduktion unterstellt werden sollte. Kohle war der wichtigste Energieträger und notwendig für die Stahlproduktion; der befürchtete Kohlemangel drohte die Krise in der französischen Stahlindustrie zu verschärfen und damit den gesamten französischen Modernisierungsplan für die Wirtschaft zu gefährden. Der Gedanke einer Zusammenlegung der europäischen Schwerindustrien war bereits von verschiedenen Seiten erörtert worden, auch Adenauer hatte im März von einer Wirtschaftsunion der beiden Länder gesprochen. Schuman griff den Vorschlag Monnets auf und präsentierte ihn auf einer Pressekonferenz am 9. Mai 1950 der Öffentlichkeit, nachdem er zuvor die Zustimmung des französischen Kabinetts eingeholt hatte. Am 7. Mai hatte er bereits den amerikanischen Außenminister Acheson und den deutschen Bundeskanzler Adenauer über diesen Schritt informiert, nicht aber die britische Regierung, die erst unmittelbar vor der Pressekonferenz über das Vorhaben in Kenntnis gesetzt wurde. In seiner Rede vom 9. Mai, die als der sogenannte „Schuman-Plan" in die Geschichte eingegangen ist, bezeichnete Schuman die Errichtung einer gemeinsamen Obersten Aufsichtsbehörde (*Haute Autorité*) für die Kohle- und Stahlproduktion, „deren Entscheidungen für Frankreich, Deutschland und die anderen teilnehmenden Länder *bindend* sein"[75] sollten, als die erste Etappe der europäischen Föderation. Die Europäische Kohle- und Stahlgemeinschaft sollte es den teilnehmenden Ländern ermöglichen, die notwendigen Grundstoffe für die industrielle Produktion zu gleichen Bedingungen zu beziehen, um zur Hebung des Lebensstandards und Friedenssicherung beizutragen. Hinter dieser Formulierung stand der französische Wunsch, der französischen Stahlindustrie dauerhaft den Zugang zur hochwertigen deutschen Ruhrkohle zu den gleichen Bedingungen wie der deutschen Stahlindustrie zu sichern und so den deutschen Wettbewerbsvorteil auszugleichen. Zugleich hob Schuman hervor, dass durch die Zusammenfassung der Schwerindustrien jeglicher Krieg zwischen Deutschland und Frankreich in Zukunft unmöglich sei und der jahrhundertealte Gegensatz zwischen diesen beiden Staaten ausgelöscht werde.

Die Politik Frankreichs und die Motive der französischen Regierung zur Lancierung des Schuman-Plans sind in der Forschung unterschiedlich interpretiert worden. Nach Ansicht des französischen Historikers und Schuman-Biographen Raymond Poidevin war der Schuman-Plan aus einer Zwangslage heraus geboren worden. Angesichts der anglo-amerikanischen Widerstände gegen die französische Deutschlandpolitik und im Zuge der zunehmenden Ost-West-Konfrontation habe Frankreich sich gezwungen gesehen, von seiner bisher verfolgten Dominanzpolitik gegenüber Deutschland abzurücken und den Weg der Integration zu beschreiten, um dauerhaft Sicherheit vor Deutschland zu erlangen.[76] Demgegenüber spricht Dietmar Hüser von einer „doppelten Deutschlandpolitik" Frankreichs, die von Anfang an sowohl Elemente des Dominanz- als auch des Integrationskonzeptes enthalten habe.[77] Alan S. Milward[78] und John Gillingham[79] deuten die französische Initiative als Ergebnis nationaler Wirtschafts- und Sicherheitsinteressen. Nach ihrer Auffassung zielte der Schuman-Plan auf eine Kontrolle der deutschen Kohle- und Stahlindustrie an der Ruhr, um den französischen Modernisierungsplan zu retten und das Sicherheitsbedürfnis Frankreichs zu befriedigen. Die Autoren Goschler, Buchheim und Bührer[80] sprechen von dem französischen Wunsch, in Zusammenarbeit mit der Ruhrindustrie Lothringen zu einem schwerindustriellen Zentrum in Europa auszubauen, was sich als Fehlkalkül erwies, und Matthias Kipping[81] kommt in seiner Untersuchung zu dem Ergebnis, dass das entscheidende Motiv für den Schuman-Plan in der Steigerung der Wettbewerbsfähigkeit der französischen „Stahlverarbeiter" lag. Indem er die neue Ausrichtung der französischen Industrie am Wettbewerb betont, weist er zugleich die Auffassung Gillinghams zurück, die Kohle- und Stahlgemeinschaft des Jahres 1950 habe die schwerindustriellen Kartelltraditionen in Westeuropa (Internationales Rohstahlkartell von 1926) fortgesetzt. Uwe Röndigs weist die Konzentration auf das französische Verlangen nach Zugang zur deutschen Ruhrkohle als vorrangiges Motiv für den Schuman-Plan als zu einseitig und kurz gegriffen zurück und betont demgegenüber die mit der Globalisierung des Energiemarktes verbundenen Probleme der europäischen Energiewirtschaft, welche die europäischen Staaten zur Suche nach gemeinsamen Lösungen des Energieproblems gezwungen hätten.[82] Eine Auseinandersetzung mit den politischen Motiven des Schuman-Plans liefert Ulrich Lappenküper, der den französischen Plan als mühsamen Durchbruch zur deutsch-französischen Verständigung charakterisiert; auch einzelne Beiträge in dem von Andreas Wilkens herausgegebenen Sammelband betonen die politischen Interessen sowohl Schumans als auch Adenauers an dem Zustandekommen einer Kohle- und Stahlgemeinschaft.[83]

Der deutsche Bundeskanzler Adenauer begrüßte den Vorschlag Schumans, da er in der deutschen Teilnahme an einer europäischen Kohle- und Stahlgemeinschaft die Chance erblickte, das Internationale Ruhrstatut abzuschaffen, die Aufhebung des Besatzungsstatuts zu forcieren und die Bundesrepublik in die Souveränität und Gleichberechtigung zu führen.

Zustimmung zur Aufnahme von Verhandlungen über eine Kohle- und Stahlgemeinschaft auf Grundlage des Schuman-Plans signalisierten aus politischen und insbesondere wirtschaftlichen Gründen auch die Benelux-Staaten und Italien. Eine Lösung des Energieproblems lag auch in ihrem Interesse. Der befürchtete Kohlemangel in Europa war dabei nur die eine Seite des Problems, die sich abzeichnende Globalisierung auf dem Energiesektor die andere. Angesichts anderer billiger Energieträger wie Rohöl und der immer billiger werdenden Importkohle vor allem aus den USA sah sich die europäische Kohlewirtschaft gezwungen, Maßnahmen zu ergreifen, um kostengünstiger zu produzieren und dem Wettbewerb standzuhalten.

Etwas anders stellte sich die Situation für Großbritannien dar, das zu dieser Zeit einer der größten Kohle- und Stahlproduzenten der Welt war und dessen wichtigste Importquellen und Exportmärkte außerhalb der geplanten Sechsergemeinschaft lagen. Nachdem der erste Ärger wegen der späten Benachrichtigung über den Schuman-Plan verflogen war, setzte sich die britische Regierung, die von Monnet zur Teilnahme an dem geplanten Projekt eingeladen worden war, mit den Vor- und Nachteilen einer Beteiligung an der zu schaffenden Kohle- und Stahlgemeinschaft auseinander. Die interne Bezeichnung eines vom Regierungskabinett zu diesem Zwecke eingesetzten britischen Komitees als „Franco-German Committee" machte bereits deutlich, dass die zu gründende Kohle- und Stahlgemeinschaft in erster Linie als eine deutsch-französische Angelegenheit angesehen wurde.

Während die Beratungen in Großbritannien über eine mögliche Teilnahme an den Verhandlungen zur Kohle- und Stahlgemeinschaft noch andauerten, machte Monnet unmissverständlich klar, dass die Zustimmung zum supranationalen Prinzip unabdingbare Voraussetzung für die Teilnahme an den Verhandlungen sei. Am 1. Juni 1950 erging ein Ultimatum an die britische Regierung, bis zum folgenden Abend eine definitive Antwort über die Teilnahme an den Verhandlungen zu den genannten Bedingungen zu geben. Das britische Kabinett fasste am Nachmittag des 2. Juni den Entschluss, sich nicht zu beteiligen. Auf amerikanischen Druck hin verwarf die britische Regierung die Idee, an den Schuman-Plan-Verhandlungen teilzunehmen, um dafür zu sorgen, dass diese nur zu einer intergouvernmentalen Zusammenarbeit führten.

Sowohl politische als auch wirtschaftliche Gründe bestimmten die Entscheidung der britischen Regierung. Sie war nicht bereit, vorab dem supranationalen Prinzip als Verhandlungsgrundlage zuzustimmen und befürchtete zudem die Entwicklung der Kohle- und Stahlgemeinschaft hin zu einer umfassenden politischen Gemeinschaft. Aus wirtschaftlichen Gründen schien ihr die Teilnahme an einer europäischen Kohle- und Stahlgemeinschaft unmittelbar eher nachteilig für die eigene Industrie zu sein, wenngleich auch einzelne Experten bereits vor den Gefahren eines mächtigen europäischen Industrieblocks auf dem Kontinent warnten. Stattdessen beschritt Großbritannien den von Schuman vorgeschlagenen Weg der Assoziierung (→ Kapitel B 4.2). Am 21. Dezember 1954 wurde das Assoziierungsabkommen zwischen Großbritannien und der EGKS abgeschlossen.

Die Weigerung Großbritanniens, am Schuman-Plan teilzunehmen, ist von Edmund Dell als Fehleinschätzung und verpasste Gelegenheit bezeichnet worden.[84] Sein aus der Perspektive der späteren Entwicklung gefälltes Urteil ist insbesondere von der neueren Forschung in Frage gestellt worden und einer differenzierteren Sicht der Haltung Großbritanniens in dieser Anfangszeit der europäischen Integration gewichen. Hervorgehoben wird, dass eine Teilnahme an der EGKS nicht im britischen nationalen Interesse lag.[85]

Die sechs Staaten Belgien, Bundesrepublik Deutschland, Frankreich, Italien, Luxemburg und Niederlande erklärten am 3. Juni 1950 in einem gemeinsamen Kommuniqué ihre Bereitschaft zur Aufnahme von Verhandlungen über eine Montanunion auf Grundlage des Schuman-Plans. Die Verhandlungen, die fast ein Jahr lang dauerten und sich äußerst mühsam gestalteten, begannen am 20. Juni 1950 in Paris; am 18. April 1951 wurde der Pariser Vertrag zur Gründung der Europäischen Gemeinschaft für Kohle und Stahl (EGKS) unterzeichnet, der nach der Ratifizierung in den sechs Staaten am 23. Juli 1952 in Kraft trat.

Struktur der EGKS

Während des Verhandlungsprozesses wurden zahlreiche Änderungen am ursprünglichen Konzept Monnets vorgenommen, die vor allem die Struktur der Gemeinschaft betrafen. So hatte Monnet als einziges Organ eine supranationale *Hohe Behörde* vorgesehen, die mit großen Machtbefugnissen ausgestattet, unabhängig und nur aus wenigen, aufgrund ihrer Kompetenz auszuwählenden Personen bestehen sollte. Aus Furcht vor einer zu großen Machtstellung dieses Organs hatten vor allem die Benelux-Staaten darauf gedrängt, der Hohen Behörde gegenüber verschiedene Kontroll- und Berufungsinstanzen einzubauen. So wurden als weitere Gemeinschaftsorgane hinzugefügt: ein *Besonderer Ministerrat* (Rat), der der Hohen Behörde in bestimmten Fällen Anweisungen erteilen konnte und dessen Zustimmung bei Maßnahmen der Behörde, die Auswirkungen auf andere Wirtschaftsbereiche haben konnten, erforderlich war; eine *Gemeinsame Versammlung* (Versammlung) und ein *Gerichtshof*. Zudem wurde bei der Hohen Behörde ein *Beratender Ausschuss* gebildet, dessen Mitglieder vom Rat ernannt werden sollten.

Nicht durchsetzen konnte sich der Vorschlag Belgiens und der Niederlande, die Hohe Behörde dem Ministerrat unterzuordnen und damit den Einfluss der nationalstaatlichen Regierungen zu Lasten der über erhebliche Kompetenzen verfügenden Hohen Behörde zu stärken. Stattdessen einigte man sich auf ein fein austariertes System von Anhörungs-, Zustimmungs- und Entscheidungsrechten des Ministerrates gegenüber der Hohen Behörde. So wurde festgelegt, dass in bestimmten, im Vertrag genau festgelegten Fällen die Hohe Behörde vor der Festlegung einer Entscheidung die Meinung des Ministerrates *anhören* musste. Ein *Zustimmungsrecht* (je nach Gegenstand mit einfacher Mehrheit, Zweidrittelmehrheit oder Einstimmigkeit) zu Entscheidungen der Hohen Behörde sollte der Ministerrat vor allem in den Bereichen erhalten, in denen diese Entscheidungen voraussichtlich Auswirkungen auf andere Wirtschaftsbereiche außerhalb des Kohle- und Stahlsektors haben würden. Dies betraf unter anderem Investitionen, Festsetzung von Löhnen, Zusammenschlüsse von Unternehmen und Sanktionen gegen Mitgliedstaaten. Nur in wenigen Fällen sollte der Ministerrat ein *Entscheidungs- oder Weisungsrecht* (einstimmig) gegenüber der Hohen Behörde haben, so unter anderem in Krisenfällen, hervorgerufen durch Überproduktion oder Mangellage, ferner, wenn die Hohe Behörde bei der Festsetzung von Höchst- und Mindestpreisen sowie von Zollsätzen untätig blieb oder beim Beitritt weiterer Staaten zur EGKS. Verglichen mit der später gegründeten EWG waren bei der EGKS die Mitentscheidungsrechte des Ministerrates bescheiden. Sie bezogen sich vornehmlich auf Fragen, die Auswirkungen auf andere Wirtschafts- und Politikbereiche haben konnten und betrafen nicht den Kernbereich Kohle und Stahl. Hier verfügte die Hohe Behörde über eigene Entscheidungsbefugnisse, konnte zudem Empfehlungen aussprechen und Stellungnahmen abgeben. Die Hohe Behörde verfügte über eine eigene Finanzhoheit und war damit finanziell unabhängig von den Mitgliedstaaten. Sie war laut Vertrag berechtigt, Umlagen auf die Erzeugung von Kohle und Stahl zu erheben und Anleihen aufzunehmen.

Die vor allem auf Wunsch der deutschen Regierung geschaffene Versammlung, deren Zusammensetzung durch die nationalen Parlamente bestimmt werden sollte, besaß nur begrenzte Befugnisse. Gemäß EGKS-Vertrag beschränkten sich ihre Aufgaben auf die Entgegennahme des jährlichen Berichtes über die Tätigkeit und Verwaltungsausgaben der Gemeinschaft, das Interpellationsrecht und das Misstrauensvotum gegen die Hohen Behörde, die sie mit einer Zweidrittelmehrheit stürzen konnte.

Als eine weitere Kontrollinstanz gegenüber der Hohen Behörde wurde ein aus sieben Richtern bestehender Gerichtshof geschaffen, der die Funktionen eines Verfassungsgerichtes, Verwaltungsgerichtes und einer Entscheidungs- und Schlichtungsinstanz für Rechtsstreitigkeiten, die beispielsweise auf zwischenstaatlichen Interessenkonflikten beruhten, vereinte. Ein Klagerecht beim Gerichtshof besaßen die Organe sowie die Mitgliedstaaten der Gemeinschaft, aber auch alle natürlichen und juristischen Personen.

Heftige Diskussionen entspannen sich an der Frage nach der Anzahl der Mitglieder bzw. der Stimmengewichtung in den einzelnen Organen. Obwohl die Hohe Behörde als ein unabhängiges, nicht weisungsgebundenes Organ konzipiert war, wurde um die Anzahl der Mitglieder in diesem Gremium ebenso heftig gerungen wie um die Stimmengewichtung im Ministerrat. Die Bundesrepublik hatte gefordert, die Stimmen der Mitgliedstaaten entsprechend den nationalen Produktionsraten zu gewichten. Da dies zu einer starken

Position Deutschlands innerhalb der Gremien geführt hätte, schlug Monnet im Gegenzug eine Gleichheit zwischen Frankreich und Deutschland in allen Gremien vor. Diese Regelung, der Adenauer zustimmte, wurde bei folgenden Vereinbarungen über Gemeinschaftsorgane im Grundsatz beibehalten. Gemeinsam stellten Deutschland und Frankreich die Forderung auf, entsprechend ihrer Produktionskapazitäten ein größeres Stimmengewicht bei Entscheidungen der Hohen Behörde und des Ministerrates zu erhalten als die anderen vier Staaten. Demgegenüber beharrten die Benelux-Staaten, die sich nicht den Mehrheitsentscheidungen der Franzosen und Deutschen unterwerfen wollten, auf dem Prinzip: ein Land – eine Stimme. Dies hätte aber, unter Einschluss Italiens, zu einem Übergewicht derjenigen Staaten geführt, die zusammen weniger als 25% der gesamten Kohle- und Stahlproduktion der Gemeinschaft aufbrachten. Schließlich einigte man sich auf Kompromisse, die den Interessen aller Teilnehmer Rechnung trugen. In Bezug auf die Hohe Behörde wurde die Anzahl der Mitglieder auf neun festgelegt, je zwei aus Frankreich und Deutschland, je eins aus den anderen Mitgliedstaaten, die im Einvernehmen von den nationalen Regierungen für die Dauer von sechs Jahren ernannt werden sollten, sowie ein neuntes Mitglied, das mit mindestens fünf Stimmen der anderen acht zu wählen war.

Kompliziert gestaltete sich auch der Abstimmungsmodus im Ministerrat, in dem grundsätzlich jedes Mitglied über eine Stimme verfügen und mit Mehrheit entschieden werden sollte. Um eine Dominanz der Benelux-Staaten sowie Italiens in Fällen des erforderlichen Zustimmungsrechtes zu verhindern, wurde eine Stimmengewichtung vereinbart. Frankreich und Deutschland forderten für sich ein doppeltes Stimmengewicht, Belgien wiederum beanspruchte aufgrund seines größeren Produktionsanteils unter den Benelux-Staaten ein stärkeres Gewicht als die Niederlande und Luxemburg; Italien und die Niederlande verwiesen demgegenüber auf ihre Bedeutung als Konsumenten. Schließlich einigte man sich darauf, dass eine Zustimmung dann erteilt sein sollte, wenn die absolute Mehrheit der Vertreter der Mitgliedstaaten (vier), einschließlich der Stimme des Vertreters eines Mitgliedstaates, der mindestens 20% des Gesamtwertes der gemeinsamen Kohle- und Stahlproduktion umfasste (d.h. Frankreich oder Deutschland), dem Vorschlag der Hohen Behörde zustimmte. Im Falle dass bei Stimmengleichheit im Rat die Hohe Behörde ihren Vorschlag in zweiter Beratung aufrechterhielt, genügte die Zustimmung Frankreichs und Deutschlands.

Über die Mitgliederzahl der Gemeinsamen Versammlung wurde ebenfalls heftig gerungen. Die Benelux-Staaten konnten in den Verhandlungen durchsetzen, dass sie zusammen (Belgien, Niederlande je 10, Luxemburg 4 Sitze) ein größeres Gewicht erhielten als einer der drei Staaten Frankreich, Deutschland und Italien (je 18 Sitze).

Der Gerichtshof sollte aus sieben Richtern bestehen, die von den Regierungen der Mitgliedstaaten einvernehmlich für die Dauer von sechs Jahren ernannt wurden; die Mitgliederzahl des nur beratend tätigen Ausschusses bei der Hohen Behörde (Beratender Ausschuss), der aus Vertretern der Erzeuger- und Arbeitnehmerorganisationen sowie der Verbraucher und Händler bestand, wurde auf 30 bis 51 Mitglieder festgelegt.

Da man sich über den Sitz der EGKS-Organe nicht einigen konnte, wurde zunächst Luxemburg zum provisorischen Sitz der Hohen Behörde, des Gerichtshofs und des Sekretariats der Versammlung bestimmt, die Versammlung sollte in Straßburg tagen. Die endgültige Entscheidung über den Sitz der Organe wurde auf einen späteren Zeitpunkt verschoben. Am 10. August 1952 nahm die Hohe Behörde unter ihrem ersten Präsidenten Jean Monnet ihre Tätigkeit auf; mit der Abschaffung von Binnenzöllen und Kontingenten wurde am 10. Februar 1953 der Gemeinsame Markt für Kohle, Schrott und Eisenerz eröffnet, drei Monate später der gemeinsame Markt für Stahlprodukte.

Am Zustandekommen des Vertrages über die Kohle- und Stahlgemeinschaft hatten die USA einen nicht unerheblichen Anteil. Durch informelle Einflussnahme auf die Verhandlungen stellten sie den supranationalen Charakter der Gemeinschaft gegen andersgerichtete Bestrebungen der Benelux-Länder sicher. Sie griffen sogar direkt ein, als die Bundesrepublik, inzwischen politisch gestärkt durch die geplante Wiederbewaffnung, eine härtere Position in den Schuman-Plan-Verhandlungen einnahm. Der Bundesrepublik wurde unmissverständlich deutlich gemacht, dass es ohne eine Unterschrift unter den EGKS-Vertrag keine Aufhebung des Besatzungsstatuts gäbe; in der strittigen Frage der Entflechtung der Ruhrkonzerne musste Adenauer auf amerikanischen Druck hin schließlich einlenken.

Mit der Bildung der EGKS war auf einem Teilgebiet der europäischen Wirtschaft bzw. Politik eine erste supranationale Organisation errichtet worden. Daher spricht man auch von *Teilintegration* oder *sektoraler Integration* im Unterschied zu einer wirtschaftlichen bzw. politischen *Gesamtintegration*. In den im Vertrag festgelegten Bereichen waren die Mitgliedstaaten den bindenden Beschlüssen der mit

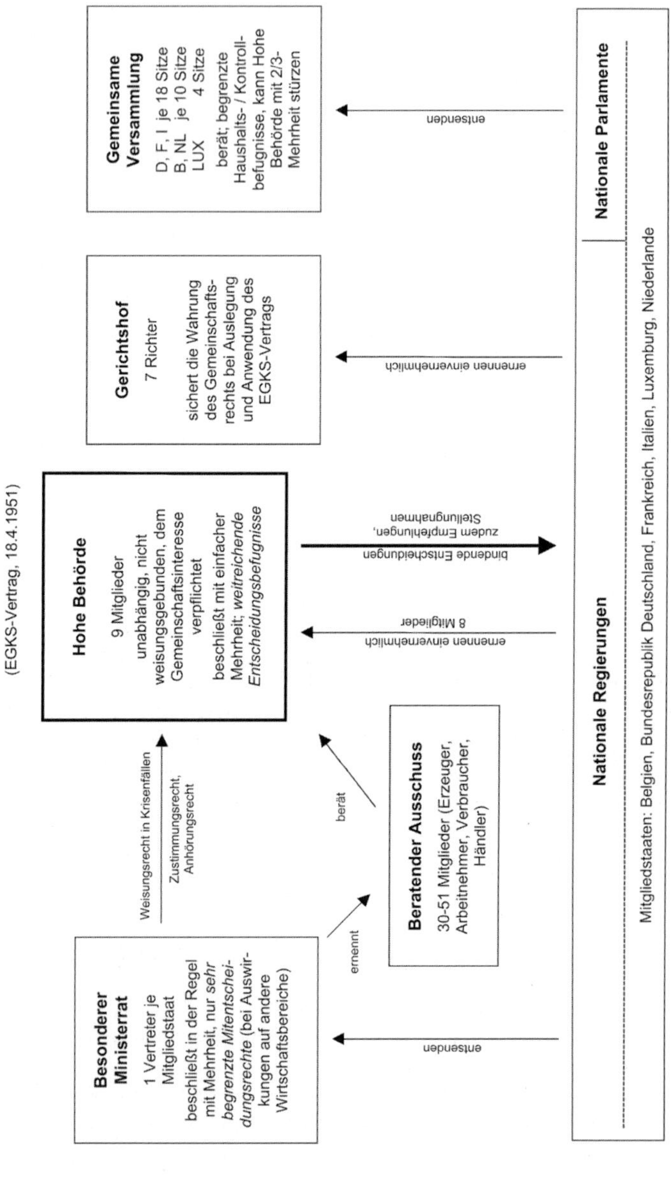
EGKS
(EGKS-Vertrag, 18.4.1951)
Besonderer Ministerrat
1 Vertreter je Mitgliedstaat
beschließt in der Regel mit Mehrheit, nur sehr begrenzte Mitentscheidungsrechte (bei Auswirkungen auf andere Wirtschaftsbereiche)
Hohe Behörde
9 Mitglieder
unabhängig, nicht weisungsgebunden, dem Gemeinschaftsinteresse verpflichtet
beschließt mit einfacher Mehrheit; weitreichende Entscheidungsbefugnisse
Gerichtshof
7 Richter
sichert die Wahrung des Gemeinschaftsrechts bei Auslegung und Anwendung des EGKS-Vertrags
Gemeinsame Versammlung
D, F, I je 18 Sitze
B, NL je 10 Sitze
LUX 4 Sitze
berät; begrenzte Haushalts- / Kontrollbefugnisse, kann Hohe Behörde mit 2/3-Mehrheit stürzen
Weisungsrecht in Krisenfällen
Zustimmungsrecht, Anhörungsrecht
ernennt
berät
Beratender Ausschuss
30-51 Mitglieder (Erzeuger, Arbeitnehmer, Verbraucher, Händler)
entsenden
ernennen einvernehmlich 8 Mitglieder
bindende Entscheidungen, zudem Empfehlungen, Stellungnahmen
ernennen einvernehmlich
entsenden
Nationale Regierungen
Nationale Parlamente
Mitgliedstaaten: Belgien, Bundesrepublik Deutschland, Frankreich, Italien, Luxemburg, Niederlande

Mehrheit entscheidenden Hohen Behörde unterworfen, hatten somit einen Teil ihrer Souveränität abgetreten. Wichtig war, dass die Mitglieder der Hohen Behörde ihre Tätigkeit völlig unabhängig und nur im Interesse der Gemeinschaft ausüben sollten. Die Mitgliedstaaten verpflichteten sich im Vertrag, diesen überstaatlichen Charakter der Hohen Behörde zu achten und deren Mitglieder nicht bei der Erfüllung ihrer Aufgaben zu beeinflussen.

Nach Monnets Vorstellungen sollten weitere Bereiche der Wirtschaft nach dem Modell der EGKS integriert werden, um allmählich zu einer gesamtwirtschaftlichen Integration zu gelangen. Der Weg über die sektorale Integration schien der einzig gangbare Weg, um dorthin zu gelangen, was Schuman in seiner Rede als Ziel angedeutet hatte: die Errichtung einer europäischen Föderation. Die weltpolitischen Ereignisse, konkret die Notwendigkeit einer Wiederbewaffnung Deutschlands nach Ausbruch des Korea-Krieges, führten dazu, dass der Integrationsprozess sich als nächstes auf den Verteidigungssektor verlagerte.

Ausblick

In den 1950er und 1960er Jahren verlor die Kohle ihre Bedeutung als wichtigster Energieträger in Europa und wurde zunehmend von anderen Energieträgern wie Öl, Atomenergie und Gas abgelöst; zudem drängte billigere Importkohle auf den europäischen Markt. Im Zuge der Fusionierung der Organe von EGKS, EWG und EAG im Jahre 1967 wurde die EGKS eine der Europäischen Gemeinschaften (EG). Der am 23. Juli 1952 in Kraft getretene Vertrag über die Europäische Gemeinschaft für Kohle und Stahl war für die Dauer von 50 Jahren geschlossen worden; am 23. Juli 2002 lief der EGKS-Vertrag aus. Seine Regelungsmaterie wurde fortan dem EG-Vertrag zugerechnet.

Literatur

Becker-Döring, Claudia: *Die Außenbeziehungen der Europäischen Gemeinschaft für Kohle und Stahl von 1952-1960. Die Anfänge einer europäischen Außenpolitik?*, Stuttgart 2003.

Gillingham, John R.: *Coal, Steel and the Rebirth of Europe, 1945-1955. The Germans and French from Ruhr Conflict to Economic Community*, Cambridge 1991.

Milward, Alan S.: *The European Rescue of the Nation-State*, 2. Aufl., London 2000.

Röndigs, Uwe: *Globalisierung und europäische Integration. Der Strukturwandel des Energiesektors und die Politik der Montanunion, 1952-1962*, Baden-Baden 2000.

Schwabe, Klaus (Hg.): *Die Anfänge des Schuman-Plans 1950/51. Beiträge des Kolloquiums in Aachen, 28.-30. Mai 1986*, Baden-Baden 1988.

Spierenburg, Dirk/Poidevin, Raymond: *The History of the High Authority of the European Coal and Steel Community. Supranationality in Operation*, London 1994.

Wilkens, Andreas (Hg.): *Le Plan Schuman dans l'histoire. Intérêts nationaux et projet européen*, Brüssel 2004.

3.2 Das Scheitern supranationaler Ambitionen: EVG und EPG

Die Notwendigkeit, das vor allem für Frankreich schwerwiegende Problem einer deutschen Wiederbewaffnung zu lösen, brachte den Plan zur Errichtung einer supranationalen Europäischen Verteidigungsgemeinschaft (EVG) hervor, welcher vom französischen Ministerpräsidenten René Pleven am 24. Oktober 1950 vorgestellt wurde (Pleven-Plan). Die folgenden Verhandlungen zwischen den sechs EGKS-Staaten sowie der sich über zwei Jahre hinziehende Ratifizierungsprozess des Vertrages in Frankreich zeigten, wie schwer sich die europäischen Staaten mit der Abgabe von Souveränitätsrechten auf sicherheitspolitischem Gebiet taten. Frankreichs Weigerung, den EVG-Vertrag zu ratifizieren, führte zum Scheitern der EVG und des damit verbundenen Entwurfs zur Errichtung einer Europäischen Politischen Gemeinschaft (EPG).

Deutsche Wiederbewaffnung und Entstehung der EVG

Die Wiederbewaffnung Westdeutschlands wurde schon seit 1947/48 in amerikanischen Militärkreisen diskutiert. Obwohl die Einbeziehung Deutschlands in eine westliche Verteidigungsstrategie zur Eindämmung des sowjetischen Expansionsstrebens als sinnvoll und notwendig erachtet wurde, schien es aus politischen Gründen und mit Rücksicht auf die Europäer nicht ratsam, die Wiederaufrüstung Deutschlands öffentlich zu fordern. Der Ausbruch des Korea-Krieges am 25. Juni 1950 veränderte diese Situation schlagartig; in den westeuropäischen Ländern verbreitete sich die Furcht, der Vorgang in Korea könne sich auf deutschem Territorium wiederholen (sog. „Korea-Schock").

Wenngleich diese Einschätzung in den militärischen Expertenkreisen nicht geteilt wurde, so bot sie doch die ihnen willkommene Möglichkeit, die militärisch gebotene Wiederbewaffnung Deutschlands und damit die Stärkung der konventionellen Rüstung in Europa durchzusetzen. Verschiedene Konzepte zur Wiederbewaffnung Deutschlands wurden in der Truman-Administration diskutiert. Es setzte sich schließlich der aus dem Verteidigungsministerium (Pentagon) stammende Vorschlag einer sofortigen, begrenzten und kontrollierten Bewaffnung Westdeutschlands im Rahmen der NATO durch. Nationale westdeutsche Verbände sollten demnach nur innerhalb der integrierten Bündnisstreitmacht der NATO existieren und zudem von ausländischer Bewaffnung und Ausrüstung abhängig sein; eine eigenständige nationale westdeutsche Armee war nicht vorgesehen.

Auf einer Dreierkonferenz der Außenminister im September 1950 konfrontierte der amerikanische Außenminister Acheson seine Amtskollegen Bevin und Schuman mit diesem Konzept, verbunden mit der Aussicht auf zusätzliche Finanzhilfen aus den USA sowie einer verstärkten militärischen Präsenz auf dem Kontinent. Während Bevin nach anfänglichem Zögern dem amerikanischen Vorschlag zustimmte, sah die französische Regierung, deren eigene, noch im Neuaufbau befindliche Armee zu dieser Zeit im Indochina-Krieg verstrickt war, in dem amerikanischen Konzept keine hinreichende Sicherheit vor einer Dominanz Deutschlands und lehnte es ab. Da die USA die von Frankreich gewünschten amerikanischen Sicherheitsgarantien und zusätzlichen Finanzhilfen an die Zustimmung zur Aufstellung westdeutscher Truppen koppelten, sah sich die französische Regierung unter Druck, ein eigenes Konzept zu entwerfen, das sowohl dem französischen Sicherheitsbedürfnis als auch dem amerikanischen Wunsch nach Einbeziehung deutscher Soldaten in das westliche Verteidigungsbündnis entgegenkam.

Aus dieser Notsituation heraus wurde der Pleven-Plan zur Bildung einer supranationalen Europäischen Verteidigungsgemeinschaft geboren, konzipiert vom Architekten des Schuman-Plans, Jean Monnet. Diesen hastig formulierten, noch unausgereiften Plan präsentierte der französische Ministerpräsident René Pleven in einer Regierungserklärung am 24. Oktober 1950. Pleven schlug darin die Aufstellung deutscher Truppen im Rahmen einer europäischen Armee vor, welche mit den politischen Institutionen des geeinten Europas verbunden sein sollte. Diese europäische Armee sollte auf Basis der kleinstmöglichen nationalen Einheiten (Bataillone) aufgebaut werden, eine vollständige Verschmelzung der Mannschaften und der Ausrüstung beinhalten und einer einheitlichen politischen und militärischen europäischen Autorität unterstehen. Ein von den Regierungen ernannter und dem Oberbefehlshaber der NATO unterstellter europäischer Verteidigungsminister würde seine Direktiven von einem Rat der Minister erhalten und den Regierungen sowie einer europäischen Versammlung verantwortlich sein. Die Verhandlungen über den Aufbau einer europäischen Armee sollten erst nach Beendigung der Schuman-Plan-Verhandlungen beginnen, um deren erfolgreichen Abschluss nicht durch eine möglicherweise sich angesichts der Forderung nach deutschen Soldaten verhärtende Haltung der Bundesrepublik zu gefährden. Der Plan enthielt eine Reihe von Diskriminierungen der Deutschen: Als einzige sollten die Deutschen über keinen eigenen nationalen Generalstab und keinen Verteidigungsminister verfügen, auch keine Truppenteile außerhalb der Europaarmee besitzen. Durch die vorgesehene vollständige Integration der deutschen Truppen auf Ebene der kleinstmöglichen nationalen Einheit war den Deutschen zudem der Zugang zu höheren Kommandostellen versperrt.

Der Plan stieß mehrheitlich auf Ablehnung bei den NATO-Partnern; Militärfachleute, auch in Frankreich, hielten ihn für unpraktikabel und unsinnig. Amerikaner und Briten sahen darin lediglich einen französischen Versuch, die deutsche Wiederbewaffnung zu sabotieren. Das chinesische Eingreifen in den Koreakrieg erhöhte die Gefahr eines militärischen Rückzugs der USA vom Kontinent und verstärkte den Druck auf Frankreich, seine Verzögerungshaltung aufzugeben. Im Dezember 1950 musste Frankreich der sofortigen Aufstellung deutscher Kampftruppen (Spofford-Plan) zustimmen, erhielt aber von den NATO-Partnern zugleich die Zusicherung des Verzichts auf einen deutschen Generalstab und den Ausschluss der deutschen Kontingente von schweren Waffen. Zudem wurde der französischen Regierung zugestanden, zu einer Pleven-Plan-Konferenz in Paris einzuladen. Die weiteren Gespräche über die Wiederbewaffnung verliefen zweigleisig: einmal als deutsch-alliierte Sondierungsgespräche militärischer Experten mit dem Ziel einer raschen Verstärkung der westeuropäischen Verteidigung, zum anderen als Pleven-Plan-Konferenz zur Vorbereitung einer von Paris geforderten Europäischen Verteidigungsgemeinschaft, zu der eine Reihe von Staaten lediglich Beobachter sandte.

Bis zum Sommer 1951 blieb offen, welche Lösung sich durchsetzen würde. Adenauer setzte sich für die direkte Mitgliedschaft der Bundesrepublik in der NATO ein und bestand auf der militärischen Gleichberechtigung, an der Pleven-Plan-Konferenz nahm er ohne große Begeisterung und Engagement teil. Erst als die USA im Juli 1951 von der bis dahin favorisierten NATO-Lösung abrückten, bekam der Pleven-Plan eine Chance zur Verwirklichung. In den USA hatte sich die Erkenntnis durchgesetzt, dass der Widerspruch zwischen französischem Sicherheitsverlangen und deutschem Streben nach Gleichberechtigung nur über eine supranationale Lösung, wie sie Pleven analog zum Schuman-Plan vorgeschlagen hatte, aufzuheben war. Jean Monnet hatte sich in zahlreichen Gesprächen, unter anderem mit dem Oberbefehlshaber der NATO-Streitmacht für Europa, dem amerikanischen General Dwight D. Eisenhower, für die supranationale Lösung eingesetzt; Frankreich erklärte sich zugleich bereit, auf eine Reihe von diskriminierenden Regelungen gegenüber den Deutschen zu verzichten.

Auf der Washingtoner Konferenz vom 10. bis 14. September 1951 einigten sich die Außenminister der USA, Großbritanniens und Frankreichs offiziell auf einen deutschen Wehrbeitrag im Rahmen einer Europäischen Verteidigungsstreitmacht. Großbritannien, zunächst noch unter der Regierung Attlee, ab Oktober 1951 unter Premierminister Churchill, machte allerdings unmissverständlich klar, dass eine britische Beteiligung an einer Europaarmee nicht in Frage käme, lediglich eine enge Zusammenarbeit. Der Bundesregierung, die die volle Souveränität schon vor Ende der sich erwartungsgemäß lange hinziehenden Verhandlungen über eine Europäische Verteidigungsgemeinschaft beanspruchte, wurde seitens der USA deutlich gemacht, dass die gewünschte Ablösung des Besatzungsstatuts nur in Verbindung mit einem deutschen Beitritt zur Europäischen Verteidigungsgemeinschaft erfolgen könne.

Die Gespräche zwischen den sechs EGKS-Staaten über die Europäische Verteidigungsgemeinschaft zogen sich bis zum Frühjahr 1952 hin; am 27. Mai wurde in Paris der auf die Dauer von 50 Jahren angelegte Vertrag zur Gründung der Europäischen Verteidigungsgemeinschaft (EVG) unterzeichnet. Einen Tag zuvor, am 26. Mai, war in Bonn der „Generalvertrag“ zur Ablösung des Besatzungsstatuts unterzeichnet worden.

Im Verlaufe der Verhandlungen hatte der Pleven-Plan zahlreiche Änderungen erfahren. So war im EVG-Vertrag anstelle des von Pleven vorgesehenen europäischen Verteidigungsministers ein neunköpfiges *Kommissariat* getreten, dessen Befugnisse auf Fragen der Ausrüstung und Versorgung der europäischen Truppen begrenzt waren. Bei fast allen wichtigen Entscheidungen war das einstimmige Votum des *Ministerrates* erforderlich, wodurch das supranationale Element der EVG zugunsten der Rechte der nationalen Regierungen beschnitten wurde. Als weitere Organe waren eine *Versammlung* und ein *Gerichtshof* vorgesehen. Die Versammlung der EGKS sollte durch die Ergänzung von jeweils drei Abgeordneten aus Deutschland, Frankreich und Italien zur Versammlung der EVG erweitert werden, der Gerichtshof der EGKS sollte auch Gerichtshof der EVG sein. Anstelle von Bataillonen sollten Divisionen die nationalen Grundeinheiten der aus insgesamt 40 Divisionen, davon zwölf deutsche, bestehenden europäischen Armee bilden; die Rekrutierung, Ausbildung und Ernennung von Soldaten sollte in allen Staaten gleich geregelt sein und der Verantwortung der nationalen Verteidigungsminister unter Aufsicht des Kommissariats übertragen werden. Dem Sicherheitsverlangen Frankreichs wurde durch verschiedene Regelungen Rechnung getragen: Es war der Bundesrepublik laut Vertrag verboten, ABC-Waffen, Langstreckenraketen, Militärflugzeuge und Kriegsschiffe zu produzieren, der Zutritt zur NATO wurde ihr verwehrt, der Generalvertrag gestand der Bundesrepublik nicht die volle Souveränität zu, sondern enthielt Vorbehaltsrechte der Alliierten, wie das Recht zur Proklamation des Notstandes, das Recht zur Truppenstationierung sowie alle „Deutschland als Ganzes" betreffenden Rechte, einschließlich der Wiedervereinigung. Zudem stimmten Briten und Amerikaner einer von Frankreich gewünschten Drei-Mächte-Erklärung zu, die die Absicht der Westalliierten bekundete, Truppen auf dem europäischen Kontinent zu halten und jede Verletzung der Integrität der EVG als Bedrohung der eigenen Sicherheit zu betrachten.

Trotz dieser Sicherheitsvorkehrungen zögerte die französische Regierung unter Antoine Pinay bis zuletzt, ihre Unterschrift unter den Vertrag zu setzen. Nach Unterzeichnung des Vertrages wuchs in Frankreich die Zahl der EVG-Gegner weiter, und keine der folgenden Regierungen wagte es, den Vertrag der Nationalversammlung zur Ratifizierung vorzulegen. Die breite Ablehnungsfront bestand aus Gaullisten, Kommunisten, aber auch aus Vertretern der Regierungsparteien; die sozialistische Partei Frankreichs (SFIO) geriet ebenso wie die Radikal-Sozialisten und Konservativen in heftige parteiinterne Auseinandersetzungen über den EVG-Vertrag. In den Parteien wie auch in der französischen Öffentlichkeit wuchsen die antideutschen Ressentiments.

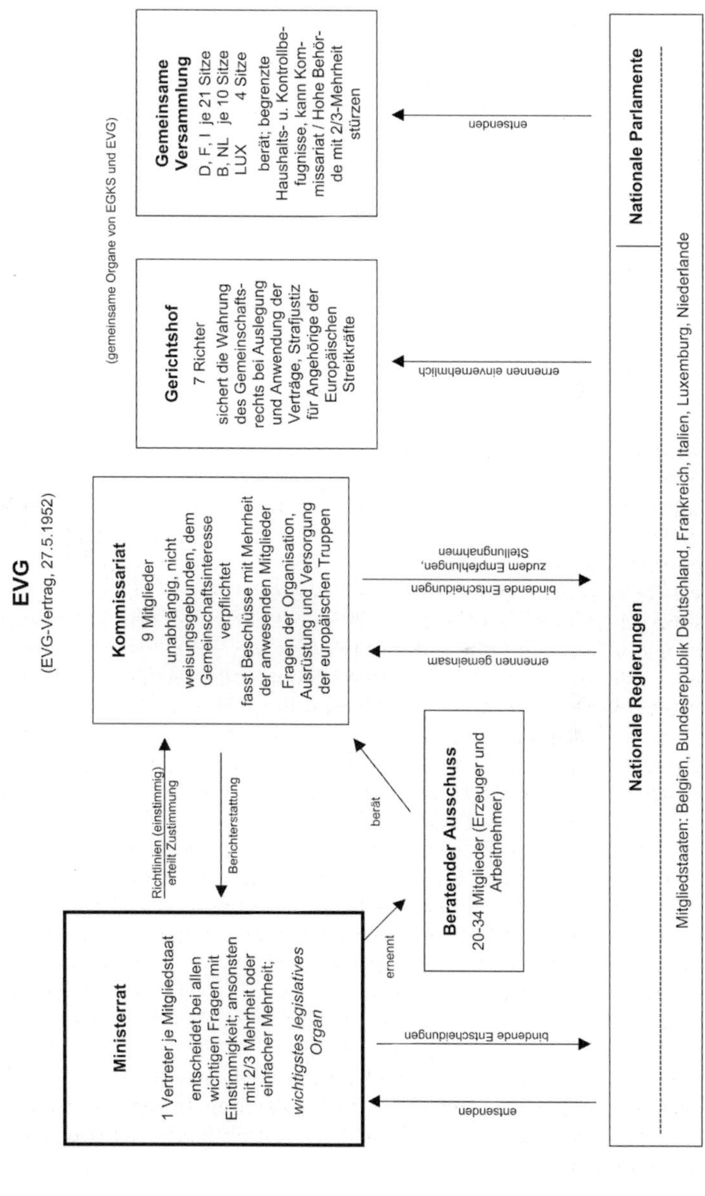
EVG
(EVG-Vertrag, 27.5.1952)
Ministerrat
1 Vertreter je Mitgliedstaat
entscheidet bei allen wichtigen Fragen mit Einstimmigkeit; ansonsten mit 2/3 Mehrheit oder einfacher Mehrheit;
wichtigstes legislatives Organ
Richtlinien (einstimmig)
erteilt Zustimmung
Berichterstattung
Kommissariat
9 Mitglieder
unabhängig, nicht weisungsgebunden, dem Gemeinschaftsinteresse verpflichtet
fasst Beschlüsse mit Mehrheit der anwesenden Mitglieder
Fragen der Organisation, Ausrüstung und Versorgung der europäischen Truppen
(gemeinsame Organe von EGKS und EVG)
Gerichtshof
7 Richter
sichert die Wahrung des Gemeinschaftsrechts bei Auslegung und Anwendung der Verträge, Strafjustiz für Angehörige der Europäischen Streitkräfte
Gemeinsame Versammlung
D, F, I je 21 Sitze
B, NL je 10 Sitze
LUX 4 Sitze
berät; begrenzte Haushalts- u. Kontrollbefugnisse, kann Kommissariat / Hohe Behörde mit 2/3-Mehrheit stürzen
ernennt
berät
Beratender Ausschuss
20-34 Mitglieder (Erzeuger und Arbeitnehmer)
entsenden
bindende Entscheidungen
ernennen gemeinsam
bindende Entscheidungen
zudem Empfehlungen, Stellungnahmen
ernennen einvernehmlich
entsenden
Nationale Regierungen
Nationale Parlamente
Mitgliedstaaten: Belgien, Bundesrepublik Deutschland, Frankreich, Italien, Luxemburg, Niederlande

Die Europäische Politische Gemeinschaft (EPG)

Die französische Regierung, ab Januar 1953 unter René Mayer, unternahm verschiedene Rettungsversuche, um den Vertrag für eine Mehrheit in der Nationalversammlung akzeptabel zu machen. Einer davon war die in Rückgriff auf Artikel 38 des EVG-Vertrages geplante Errichtung einer der EVG übergeordneten politischen Autorität. Bereits bei der Eröffnung der Pleven-Plan-Konferenz im Februar 1951 war die Forderung nach einer politischen Autorität laut geworden; die in der UEF organisierten Föderalistenverbände hatten in mehreren Konferenzen und Memoranden auf die Notwendigkeit einer Politischen Gemeinschaft hingewiesen, und die französischen Sozialisten und Gaullisten machten, wenngleich aus unterschiedlichen Motiven, in der Folgezeit ihre Zustimmung zur EVG von der Errichtung einer politischen Autorität abhängig.

Der Vorschlag des italienischen Außenministers de Gasperi, Verhandlungen über die Errichtung einer solchen Politischen Gemeinschaft aufzunehmen, hatte ursprünglich bei den Außenministern der anderen fünf Verhandlungspartner keine Mehrheit gefunden; stattdessen hatte man sich auf die Aufnahme einer Klausel in den EVG-Vertrag geeinigt, wodurch die Frage einer politischen Autorität erst einmal vertagt und von den EVG-Verhandlungen abgekoppelt wurde. So sah Artikel 38 des EVG-Vertrages vor, dass die Versammlung der EVG innerhalb von sechs Monaten nach Aufnahme ihrer Tätigkeit Vorschläge für die Errichtung einer endgültigen Organisation machen sollte. Diese endgültige Organisation sollte „so beschaffen sein, daß sie den Bestandteil eines späteren bundesstaatlichen oder staatenbündischen Gemeinwesens bilden kann, das auf dem Grundsatz der Gewaltenteilung beruhen und insbesondere über ein Zweikammernsystem verfügen soll."[86] In der kritischen Phase des EVG-Ratifizierungsprozesses schlugen de Gasperi und Schuman vor, das in Artikel 38 vorgesehene Verfahren vorzuziehen, um die Zustimmung zum EVG-Projekt in Frankreich zu erhalten.

Nach einigem Zögern einigten sich die Sechs auf der ersten Sitzung des EGKS-Ministerrats am 10. September 1952 darauf, eine „Ad-hoc-Versammlung", gebildet aus den Mitgliedern der EGKS-Versammlung sowie – in Vorgriff auf die Versammlung der geplanten EVG – je drei weiteren Mitgliedern aus Frankreich, Deutschland und Italien, mit der Ausarbeitung eines Entwurfs für eine solche endgültige Organisation zu betrauen. Eine aus dieser Versammlung gebildete „Ad-hoc-Kommission" erarbeitete einen 117 Artikel umfassenden Vertragsentwurf für die „Satzung der Europäischen Gemeinschaft“, den sie den Außenministern am 9. März 1953 überreichte.

Dieser Entwurf sah die Bildung einer unauflöslichen Europäischen Gemeinschaft „übernationalen Charakters“ als gemeinsames Dach über der EGKS und EVG und als Fortbildung dieser beiden Teilgemeinschaften vor. Für diese geplante Europäische Gemeinschaft hat sich der Begriff „Europäische Politische Gemeinschaft“ (EPG) eingebürgert, der auch im Auftrag des EGKS-Ministerrates an die Ad-hoc-Versammlung vom 10. September 1952 verwendet wurde. Im endgültigen Satzungsentwurf der Ad-hoc-Kommission findet sich dieser Begriff nicht mehr, vielmehr wurde, um das umfassende Integrationskonzept klar herauszustellen, der Titel „Europäische Gemeinschaft“[87] gewählt.

Als Organe der Europäischen Politischen Gemeinschaft waren vorgesehen: ein Parlament, ein Europäischer Exekutivrat, ein Rat der nationalen Minister, ein Gerichtshof sowie ein beratender Wirtschafts- und Sozialrat.

Das für die Dauer von fünf Jahren gewählte *Parlament* bestand aus zwei Kammern: einer direkt von den europäischen Völkern gewählten Völkerkammer und einem von den Parlamenten der Mitgliedstaaten gewählten Senat. Wenngleich auch beide Kammern im Wesentlichen über dieselben Zuständigkeiten verfügten, so ergaben sich dennoch bei der Ausgestaltung der beiden Teilorgane einige Unterschiede. Nach der Satzung genoss der Senat als Vertretung der Mitgliedstaaten in einigen Fällen eine Vorzugsstellung, beispielsweise wählte er den Präsidenten des Exekutivrates und verfügte über bestimmte Vorrechte bei der Einsetzung der Organe der Gemeinschaft (Art. 95, 97, 98). Im Gegensatz zu der bereits bestehenden Versammlung der EGKS handelte es sich bei diesem Parlament im Grundsatz um ein echtes gesetzgebendes Organ, eingeschränkt lediglich durch die beschränkten Gegenstände der Gesetzgebung sowie durch die maßgebliche Beteiligung anderer Organe, insbesondere des Rates der nationalen Minister. Die Gesetze der Gemeinschaft sollten nacheinander in beiden Kammern mit einfacher Mehrheit beschlossen werden. Das Parlament konnte neben Gesetzen auch Empfehlungen und Vorschläge beschließen und besaß ein Zustimmungsrecht zu Anordnungen der Exekutive über künftige Ergänzungen des EGKS- und des EVG-Vertrages. Den Kammern des Parlaments standen das Recht der Gesetzesinitiative sowie die Kontrolle des Exekutivrates im Rahmen der Satzung zu. Durch ein konstruktives Misstrauensvotum konnte das Parlament den Europäischen Exekutivrat, die sogenannte „Regierung der Gemeinschaft“ zum Rücktritt zwingen.

Das Kommissariat der EVG sollte im *Europäischen Exekutivrat* aufgehen; die Hohe Behörde der EGKS blieb als Verwaltungsorgan bestehen, unterstand aber der Leitung und Aufsicht des Exekutivrates. Dem Exekutivrat oblagen (neben dem Parlament) das Recht der Gesetzesinitiative und das Rechtsverordnungsrecht zur Durchführung der Gesetze der Gemeinschaft. Er konnte nach Maßgabe der Satzung Entscheidungen fällen, Empfehlungen, die hinsichtlich ihrer Ziele verbindlich waren, aussprechen und Stellungnahmen abgeben. Der vom Senat gewählte Präsident sollte die anderen Mitglieder des Exekutivrates, die sogenannten „Minister der Europäischen Gemeinschaft“, ernennen und konnte mit nachträglicher Zustimmung durch das Parlament diese abberufen oder ablösen. Mit der Mehrheit ihrer Mitglieder mussten die Kammern des Parlaments der Ernennung des vom Präsidenten eingesetzten Exekutivrates zustimmen.

Die nationalstaatlichen Regierungen wurden durch den *Rat der nationalen Minister* vertreten, in dem jeder Mitgliedstaat eine Stimme besaß. Der Rat der nationalen Minister entsprach den Ministerräten der EGKS und der EVG, deren Zuständigkeiten er übernehmen sollte. Seine Aufgabe bestand darin, die Tätigkeit des Europäischen Exekutivrates und diejenige der Regierungen der Mitgliedstaaten miteinander in Einklang zu bringen. Ausgeschlossen war der Rat der nationalen Minister gemäß Satzung von der Regierungsbildung, d.h. der Wahl und Ernennung des Präsidenten des Exekutivrates.

Der für die EGKS und geplante EVG zuständige *Gerichtshof* sollte auch die Zuständigkeit für die Gerichtsbarkeit nach Satzung der EPG übernehmen; der *Wirtschafts- und Sozialrat* sollte lediglich eine beratende Tätigkeit beim Europäischen Exekutivrat und beim Parlament ausüben.

Die der EPG laut Entwurf zugewiesenen Kompetenzen entsprachen im Wesentlichen den vertraglich geregelten Kompetenzen der EGKS und EVG, deren Organe in den Organen der EPG aufgehen sollten. Als neue Zuständigkeiten der Gemeinschaft wurden die Außen- und Wirtschaftspolitik hinzugefügt, die allerdings dem Ministerrat oblagen. Auch die Zuweisung jeglicher neuer Kompetenzen fiel in die Zuständigkeit des Ministerrates, wodurch die Mitgliedstaaten die Kontrolle über die weitere Entwicklung der Gemeinschaft behielten. Der Ministerrat sollte zunächst einstimmig entscheiden, nach einer Übergangszeit waren auf dem Gebiet der Wirtschaftspolitik allerdings Mehrheitsabstimmungen vorgesehen.

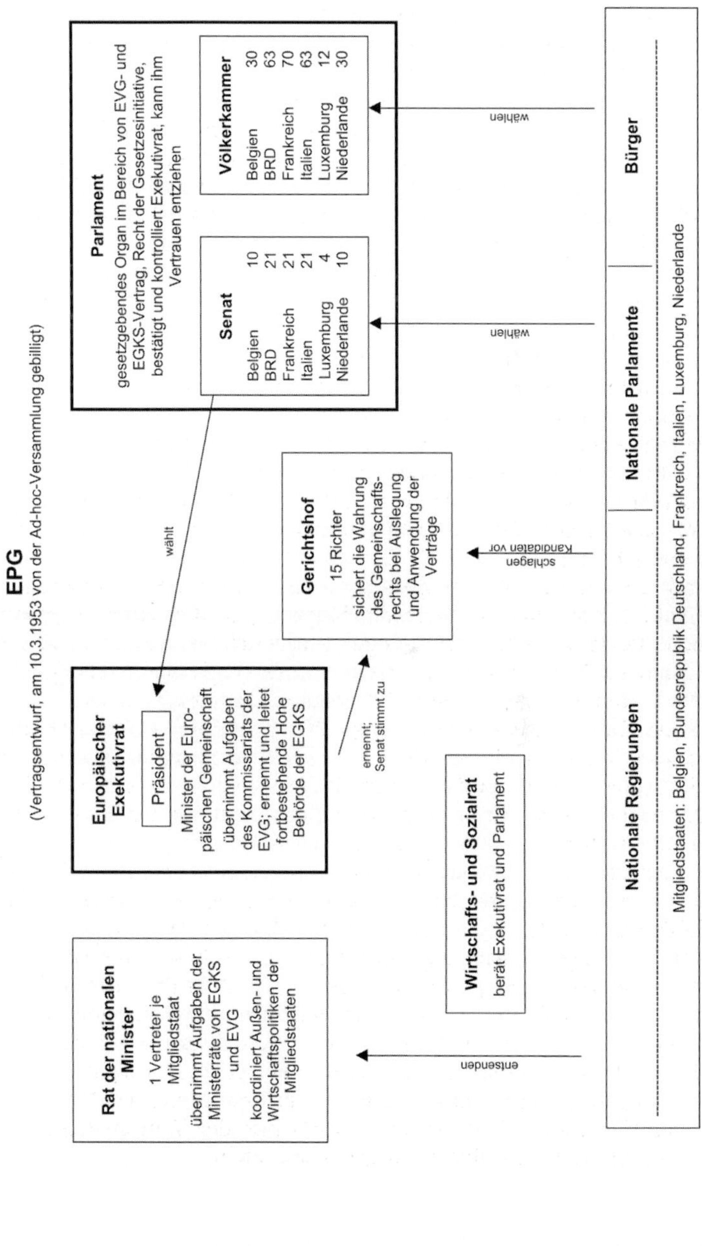
EPG
(Vertragsentwurf, am 10.3.1953 von der Ad-hoc-Versammlung gebilligt)
Rat der nationalen Minister
1 Vertreter je Mitgliedstaat
übernimmt Aufgaben der Ministerräte von EGKS und EVG
koordiniert Außen- und Wirtschaftspolitiken der Mitgliedstaaten
Europäischer Exekutivrat
Präsident
Minister der Europäischen Gemeinschaft
übernimmt Aufgaben des Kommissariats der EVG; ernennt und leitet fortbestehende Hohe Behörde der EGKS
wählt
Parlament
gesetzgebendes Organ im Bereich von EVG- und EGKS-Vertrag, Recht der Gesetzesinitiative, bestätigt und kontrolliert Exekutivrat, kann ihm Vertrauen entziehen
Senat
Belgien 10
BRD 21
Frankreich 21
Italien 21
Luxemburg 4
Niederlande 10
Völkerkammer
Belgien 30
BRD 63
Frankreich 70
Italien 63
Luxemburg 12
Niederlande 30
Gerichtshof
15 Richter
sichert die Wahrung des Gemeinschaftsrechts bei Auslegung und Anwendung der Verträge
ernennt; Senat stimmt zu
Wirtschafts- und Sozialrat
berät Exekutivrat und Parlament
entsenden
schlagen Kandidaten vor
wählen
wählen
Nationale Regierungen
Nationale Parlamente
Bürger
Mitgliedstaaten: Belgien, Bundesrepublik Deutschland, Frankreich, Italien, Luxemburg, Niederlande

Die Aufnahme der Wirtschaftspolitik in die Zuständigkeit der EPG war auf das Drängen der Niederländer nach Schaffung eines Gemeinsamen Marktes zurückzuführen. Der niederländische Außenminister Johan Willem Beyen hatte einen Plan zur Beseitigung von Handelsbeschränkungen durch die Schaffung einer Zollunion (Beyen-Plan) vorgelegt und seine Zustimmung zur Politischen Gemeinschaft von konkreten Schritten zur Errichtung eines Gemeinsamen Marktes abhängig gemacht. Einen wichtigen Schritt hin zur Schaffung einer Politischen Gemeinschaft Europas stellte die Aufnahme der Außenpolitik in den Vertragsentwurf dar. Zwar war zunächst nur eine Koordinierung der Außenpolitiken der Mitgliedstaaten vorgesehen und blieb die außenpolitische Zuständigkeit der Mitgliedstaaten auch grundsätzlich unangetastet, doch trat immerhin die Zuständigkeit der Europäischen Gemeinschaft in diesem Bereich konkurrierend neben die der Staaten; in bestimmten Fällen konnte auch der Europäische Exekutivrat in die Außenpolitik eingebunden werden. So konnte beispielsweise der Rat der nationalen Minister den Europäischen Exekutivrat durch einstimmigen Beschluss zum „gemeinschaftlichen Beauftragten der Mitgliedstaaten“ bestellen.

Der Vertragsentwurf, der Elemente einer staatenbündischen wie einer bundesstaatlichen Organisation miteinander vereinte und als Konstruktion „sui generis“ zu bezeichnen ist, besaß ein großes Entwicklungspotential und hätte den Kern einer umfassenden politischen Gemeinschaft Europas bilden können. Allerdings scheiterte der Entwurf vornehmlich an den divergierenden Interessen der einzelnen Mitgliedstaaten. In den Verhandlungen um die EPG wurde insbesondere der Dissens zwischen Frankreich und den Niederlanden deutlich. Der von Beyen vorgelegte Plan zur Errichtung eines Gemeinsamen Marktes stieß auf den entschiedenen Widerstand Frankreichs, das sich der Konkurrenz in einem Gemeinsamen Markt nicht gewachsen fühlte. Frankreich wollte der Politischen Gemeinschaft lediglich die Funktion eines „überformenden Rahmeninstrumentes“ für die bereits bestehenden und zukünftigen Integrationsmaßnahmen zuweisen und brachte damit die Niederlande, Belgien und Italien gegen sich auf. Italien beispielsweise war von Anfang an stärker an der Bildung einer Politischen Gemeinschaft als an der gemeinsamen Verteidigung interessiert; de Gasperi hatte sich ähnlich wie Adenauer von einer Politischen Gemeinschaft eine größere Zustimmung im eigenen Land zu dem mit Skepsis aufgenommenen Verteidigungsprojekt versprochen. Ein weiterer Grund für das Scheitern des gesamten Satzungsentwurfs lag in der implizierten Schwächung der Stellung des Rates der nationalen Minister. Nach dem Satzungsentwurf hätte der Ministerrat in der neuen Gemeinschaft Befugnisse zugunsten des Parlamentes einbüßen müssen, so war er beispielsweise von der Wahl des Präsidenten der Exekutive, die dem Senat oblag, ausgeschlossen. Die verhaltene Reaktion der Regierungen bzw. der Außenminister auf den von der Ad-hoc-Versammlung vorgelegten Satzungsentwurf ist vermutlich auch auf diese Regelungen zurückzuführen.

Die Uneinigkeit der europäischen Regierungen bzw. die Unzufriedenheit über den vorgelegten Satzungsentwurf führten dazu, dass die weiteren Arbeiten an dem Entwurf im November 1953 zunächst einer Studienkommission übertragen wurden und man sich im April 1954 entschloss, die weitere Behandlung der EPG auf die Zeit nach Ratifizierung des EVG-Vertrages zu verschieben.

Das Scheitern der EVG

In Frankreich zeichnete sich derweil das Scheitern des EVG-Vertrages immer deutlicher ab. Insbesondere die nach dem Tode Stalins im März 1953 sich andeutende Entspannung der internationalen Lage ließ die deutsche Wiederaufrüstung in den Augen vieler Franzosen als nicht mehr vordringlich erscheinen. Die in kurzer Zeit aufeinanderfolgenden französischen Regierungen von René Mayer, Joseph Laniel und ab Juni 1954 von Pierre Mendès-France forderten zahlreiche Änderungen und Ergänzungen des EVG-Vertrages, die auf eine Schwächung des supranationalen Elementes und eine Stärkung der nationalstaatlichen Verfügungsgewalt über die Armeen hinausliefen, letztlich also die Substanz des EVG-Vertrages berührten, der im Frühjahr 1954 bereits in vier Ländern ratifiziert war (Italien ratifizierte im Juli 1954). Trotz einiger Zugeständnisse der Fünf sowie zusätzlicher Sicherheitsgarantien von Seiten der USA und Großbritanniens, die aus französischer Sicht allerdings unzureichend waren, war das Vertragswerk nicht mehr zu retten. Aufgrund des amerikanischen Drucks auf die französische Regierung, den Vertrag zu ratifizieren, verbunden mit der Drohung, andernfalls die Bundesrepublik vorzeitig in die Souveränität zu entlassen, verstärkte sich in Frankreich vielmehr der Eindruck, bei der EVG handele es sich um ein Instrument amerikanischer Machtpolitik, das den französischen Interessen zuwiderliefe. Am 30. August 1954 lehnte eine Mehrheit der Abgeordneten in der französischen Nationalversammlung es ab, überhaupt in die Diskussion über den EVG-Vertrag einzutreten, womit das Projekt endgültig gescheitert war.

Das Kernproblem der EVG war, dass Frankreich und Deutschland mit der gemeinsamen europäischen Verteidigung entgegengesetzte Ziele verfolgten: Frankreich wollte durch die EVG die deutsche Macht begrenzen, während Adenauer sie als ein geeignetes Mittel zur Erlangung von Souveränität und Gleichberechtigung für die Bundesrepublik und damit zum politischen Wiederaufstieg des Landes ansah.

Bestürzt über das Scheitern der beiden Projekte EVG und EPG, das als „Katastrophe“ (Bech), „Tragödie“ (Dulles) oder „schwarzer Tag für Europa“ (Adenauer) bezeichnet wurde, und alarmiert durch die Gefahr des Nichtzustandekommens einer westlichen Sicherheitsgemeinschaft, einigte man sich in den folgenden Wochen erstaunlich rasch auf Ersatzlösungen für die gescheiterte EVG. Der Brüsseler Pakt wurde durch die Hinzuziehung von Italien und Deutschland zur „Westeuropäischen Union“ (WEU) erweitert und übernahm einen Teil der im EVG-Vertrag vorgesehenen Sicherheitsbestimmungen gegen ein mögliches Wiederaufleben des deutschen Militarismus. Die Bundesrepublik erhielt das Recht zur Aufstellung einer zwölf Divisionen starken, in die NATO eingegliederten Bundeswehr, und ihr wurde in einem revidierten Generalvertrag unter Wegfall der Notstandsvorbehalte die Souveränität zugestanden, eingeschränkt lediglich durch die Rechte der Alliierten in allen „Deutschland als Ganzes“ betreffenden Fragen. Aus französischer Sicht entsprachen die gefundenen Ersatzlösungen eher den französischen (Sicherheits-)Interessen als das EVG-Projekt in der 1952 unterzeichneten Form: Zum einen musste Frankreich nicht länger die Wiederbewaffnung Deutschlands und gleichzeitig den eigenen Souveränitätsverzicht in Verteidigungsfragen hinnehmen, zum anderen hatte Frankreich in der WEU als Gegengewicht zu Deutschland Großbritannien an seiner Seite. Zudem war Großbritannien Frankreich in der Frage der Truppenstationierung entgegengekommen und hatte den Verbleib britischer Truppen in der bisherigen Stärke auf dem Kontinent zugesichert; auch die USA erklärten, ihre für die EVG zugesicherte Truppenpräsenz auf die WEU zu übertragen. Der deutsche Bundeskanzler Adenauer hatte den Verzicht der Bundesrepublik auf die Herstellung von ABC-Waffen, Fernlenkgeschossen, großen Kriegsschiffen und Bombern erklärt und zugleich dem Saar-Statut zugestimmt, das eine Lösung der zwischen Frankreich und Deutschland strittigen Saarfrage (→ Kapitel C 4) versprach. Am 23. Oktober 1954 wurden diese Regelungen in den Pariser Verträgen festgeschrieben. Nach ihrer Ratifikation traten die Pariser Verträge am 5. Mai 1955 in Kraft, am 9. Mai wurde die Bundesrepublik in die NATO aufgenommen.

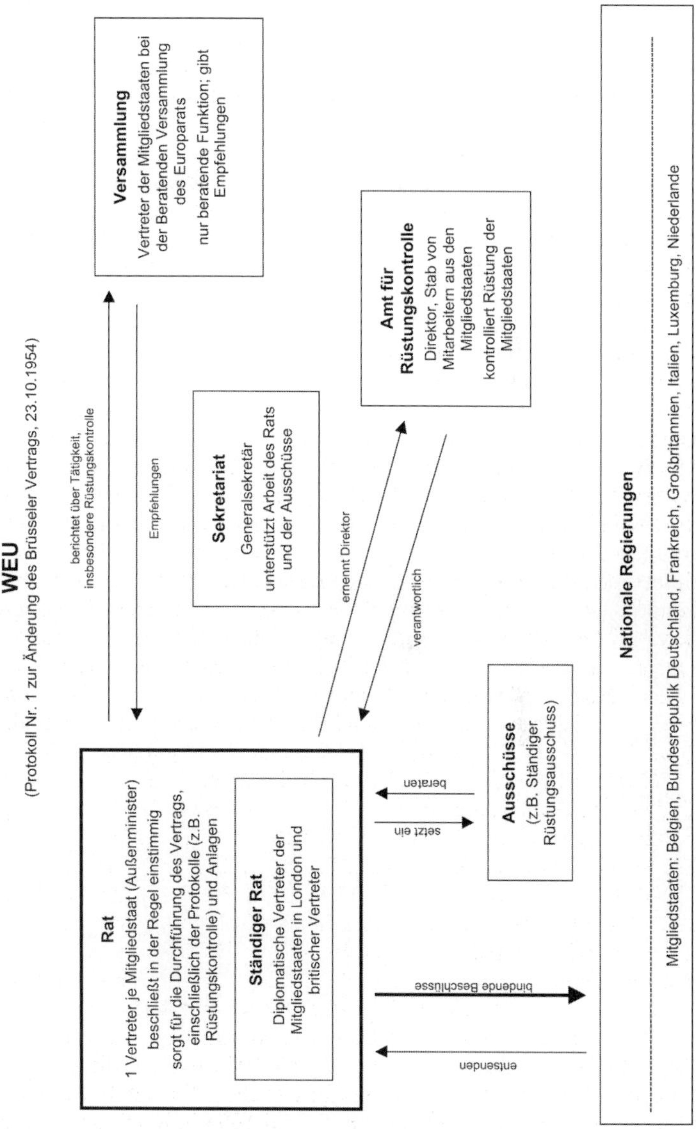
WEU
(Protokoll Nr. 1 zur Änderung des Brüsseler Vertrags, 23.10.1954)
Versammlung
Vertreter der Mitgliedstaaten bei der Beratenden Versammlung des Europarats
nur beratende Funktion; gibt Empfehlungen
berichtet über Tätigkeit, insbesondere Rüstungskontrolle
Empfehlungen
Sekretariat
Generalsekretär
unterstützt Arbeit des Rats und der Ausschüsse
Amt für Rüstungskontrolle
Direktor, Stab von Mitarbeitern aus den Mitgliedstaaten
kontrolliert Rüstung der Mitgliedstaaten
ernennt Direktor
verantwortlich
Rat
1 Vertreter je Mitgliedstaat (Außenminister)
beschließt in der Regel einstimmig
sorgt für die Durchführung des Vertrags, einschließlich der Protokolle (z.B. Rüstungskontrolle) und Anlagen
Ständiger Rat
Diplomatische Vertreter der Mitgliedstaaten in London und britischer Vertreter
beraten
setzt ein
Ausschüsse
(z.B. Ständiger Rüstungsausschuss)
bindende Beschlüsse
entsenden
Nationale Regierungen
Mitgliedstaaten: Belgien, Bundesrepublik Deutschland, Frankreich, Großbritannien, Italien, Luxemburg, Niederlande

Die Westeuropäische Union (WEU) bestand 1955 aus sieben Mitgliedern: Belgien, Bundesrepublik Deutschland, Frankreich, Großbritannien, Italien, Luxemburg, Niederlande. Aufgabe der WEU ist es laut Protokoll 1 zur Änderung und Ergänzung des Brüsseler Vertrages vom 23. Oktober 1954, den Frieden und die Sicherheit zu festigen, die Einheit Europas zu fördern, seine fortschreitende Integration sowie eine engere Zusammenarbeit zwischen den Mitgliedern und mit anderen europäischen Organisationen zu unterstützen. Art. 5 des WEU-Vertrags legt eine automatische militärische Beistandsverpflichtung fest; die enge Zusammenarbeit mit der NATO wird im Vertrag hervorgehoben.

Wichtigste Organe der WEU sind der *Rat* der WEU (Außenminister, beschließen in der Regel einstimmig) und die *Versammlung* (beratende Funktion, besteht aus Abgeordneten der Mitgliedstaaten bei der Beratenden Versammlung des Europarates); ein *Generalsekretariat* koordiniert die Zusammenarbeit zwischen dem Rat und den übrigen Organen. Zudem verfügt die WEU über verschiedene *Ausschüsse* wie den Ständigen Rüstungsausschuss und das Amt für Rüstungskontrolle. Die national selbstständigen Streitkräfte waren unmittelbar dem NATO-Oberbefehlshaber Europa (SACEUR) unterstellt, die WEU bildete keinen eigenen militärischen Führungsapparat.

Ausblick

Im Jahre 1990 traten Portugal und Spanien der WEU bei, Griechenland folgte 1995. Heute umfasst die WEU zehn Vollmitglieder sowie sechs assoziierte Mitglieder (Island, Norwegen, Polen, Ungarn, Tschechien, Türkei). Bulgarien, Estland, Lettland, Litauen, Rumänien, Slowakei und Slowenien sind „assoziierte Partner"; Dänemark, Irland, Österreich, Finnland und Schweden haben einen Beobachterstatus.

Die WEU führte lange Zeit ein Schattendasein im verteidigungspolitischen Bereich; Bedeutung erlangte sie hingegen in den 1960er Jahren als Bindeglied zwischen den EG und Großbritannien. Mitte der 1980er Jahre wurde die WEU reaktiviert; im Vertrag von Maastricht wurde ihr die Aufgabe zugeschrieben, den verteidigungspolitischen Arm der EU zu bilden. Weitere Bestimmungen erfolgten durch die Verträge von Amsterdam, Nizza und Lissabon (→ Kapitel B 6.2 und B 6.4).

Literatur

Berthold, Christof: *Die Europäische Politische Gemeinschaft (EPG) 1953 und die Europäische Union (EU) 2001. Eine rechtsvergleichende Betrachtung*, Frankfurt am Main 2003.
Birk, Eberhard: *Der Funktionswandel der Westeuropäischen Union (WEU) im europäischen Integrationsprozeß*, Würzburg 1999.
Brandstetter, Gerfried: *Die Westeuropäische Union. Einführung und Dokumente*, Wien 1999.
Dumoulin, André/Remacle, Éric: *L'Union de l'Europe occidentale. Phénix de la défense européenne*, Brüssel 1998.
Militärgeschichtliches Forschungsamt (Hg.): *Anfänge westdeutscher Sicherheitspolitik 1945-1956*, Bd. 2: *Die EVG-Phase*, München 1990.
Seung-Ryeol, Kim: *Der Fehlschlag des ersten Versuchs zu einer politischen Integration Westeuropas von 1951 bis 1954*, Frankfurt am Main 2000.
Trausch, Gilbert (Hg.): *Die Europäische Integration vom Schuman-Plan bis zu den Verträgen von Rom*, Baden-Baden 1993.
Volkmann, Hans-Erich/Schwengler, Walter (Hg.): *Die Europäische Verteidigungsgemeinschaft. Stand und Probleme der Forschung*, Boppard 1985.

3.3 Die supranationale *relance*: EWG und EAG/Euratom

Nach dem Scheitern der EVG richteten sich die Einigungsbemühungen wieder auf den Bereich der Wirtschaft. Unterschiedliche Auffassungen bestanden zwischen den sechs EGKS-Staaten über die Methoden der weiteren Integration: Während auf der einen Seite Frankreich eine Ausdehnung des mit der EGKS begonnenen Vergemeinschaftungsprozesses auf weitere Wirtschaftssektoren favorisierte (*sektorale Integration*), plädierten auf der anderen Seite die Niederlande für eine umfassende Integration der Wirtschaften der Mitgliedstaaten in einem Gemeinsamen Markt (*horizontale Integration* oder *Gesamtintegration*). Nach schwierigen Verhandlungen wurden am 25. März 1957 die Römischen Verträge unterzeichnet, welche die Europäische Wirtschaftsgemeinschaft (EWG) und die Europäische Atomgemeinschaft (EAG/Euratom) schufen.

Relance européenne

Das Scheitern der EVG sowie des ehrgeizigen Projekts einer Europäischen Politischen Gemeinschaft warf bei Befürwortern des Einigungsprozesses die Frage auf, ob und wie es mit der europäischen Integration weitergehen würde. Es ging weiter, und zwar auf dem für die staatliche Souveränität weniger sensibel scheinenden Bereich der wirtschaftlichen Zusammenarbeit. Die Phase zwischen dem Scheitern der EVG und der Aufnahme von Verhandlungen über die EWG und Euratom wird als „relance européenne“, d.h. europäische Wiederbelebung oder europäischer Aufschwung bezeichnet. Unmittelbar nach dem Scheitern der EVG wurden in den Organen der EGKS, im Europarat sowie in einigen westeuropäischen Regierungen Überlegungen zur Fortführung des Integrationsprozesses angestellt.

Mehrere Gründe sprachen für die Fortsetzung der europäischen Integration: die enge Verflechtung des bereits vergemeinschafteten Kohle- und Stahlsektors mit den anderen Bereichen der Energieversorgung und dem Transportsektor, das Interesse weiterer Wirtschaftsbranchen an einer europäischen Zusammenarbeit zur Überwindung bestehender Handelshemmnisse sowie das politische Ziel einer dauerhaften engen Einbindung Westdeutschlands in die westliche Gemeinschaft. In einer Sitzung Anfang Dezember 1954 sprach sich die Versammlung der EGKS für die Erweiterung der Kompetenzen der Kohle- und Stahlgemeinschaft auf die Bereiche Gas, Elektrizität, Atom und Verkehr aus.

Der Präsident der Hohen Behörde, Jean Monnet, dessen Amtszeit 1955 auslief, verkündete, sich ganz der Belebung des europäischen Einigungsprozesses widmen zu wollen und deshalb auf eine Wiederwahl als Präsident zu verzichten. Im Oktober 1955 gründete er das „Aktionskomitee für die Vereinigten Staaten von Europa“. Das Aktionskomitee sollte einflussreiche Politiker in den Parteien der europäischen Parlamente sowie führende Gewerkschafter für den europäischen Einigungsgedanken und die Fortsetzung des Integrationsprozesses gewinnen; sein Einfluss auf den Willensbildungsprozess in den Parlamenten der europäischen Staaten war in den folgenden Jahren recht bedeutend.

Nach dem Scheitern der EVG gelang es Monnet zunächst, den Präsidenten der EGKS-Versammlung, Guiseppe Pella, und den belgischen Außenminister Paul-Henri Spaak für eine neue Initiative zu gewinnen. Pella unternahm eine Rundreise durch die europäischen Hauptstädte, auf der er für eine neue Einigungsinitiative warb, und Spaak unterbreitete am 2. April 1955 den Außenministern der EGKS-

Staaten den Vorschlag zur Einberufung einer Sechser-Konferenz, auf der über weitere Schritte der wirtschaftlichen Integration beraten werden sollte. Im Sinne Monnets nannte Spaak als Ziele die Erweiterung der Zuständigkeiten der EGKS auf andere Bereiche der Energieversorgung und den Verkehrssektor sowie die Schaffung einer separaten Atomenergiebehörde zur friedlichen Nutzung der Atomenergie. Monnet war die Integration auf dem Atomenergiesektor vor allem aus zwei Gründen wichtig: erstens, um den wachsenden Energiebedarf der europäischen Länder auf preiswerte Weise zu decken und so mithilfe der Zusammenarbeit auf diesem scheinbar zukunftsträchtigen Sektor die industrielle Entwicklung der westlichen Industriegesellschaften voranzutreiben, und zweitens, um die zivile Nutzung der Atomenergie durch die Bundesrepublik unter Kontrolle zu halten. In französischen Regierungs- und Wirtschaftskreisen wurde zudem auch erwogen, durch die Zusammenarbeit auf dem Atomsektor die Voraussetzungen für die Herstellung einer eigenen, von den USA unabhängigen Atombewaffnung Frankreichs zu schaffen.

Diese Interessen Frankreichs entsprachen aber nicht den Interessen der anderen europäischen Länder, die ihre eigenen Vorstellungen den Plänen Monnets und Spaaks entgegensetzten. Die Niederlande sahen in der vorgeschlagenen Ausweitung der sektoralen Integration ein Hindernis auf dem Weg zur Schaffung eines umfassenden Gemeinsamen Marktes und schlugen im Sinne des Beyen-Plans die Bildung einer supranationalen Gemeinschaft vor, die über den Weg einer Zollunion sich zu einer vollständigen Wirtschaftsunion (→ Kapitel B 5.3) fortentwickeln sollte. Wie schon im Zusammenhang mit der EPG lehnte Frankreich aus Furcht vor mangelnder Wettbewerbsfähigkeit der eigenen Wirtschaft eine Zollunion bzw. Wirtschaftsunion ab.

In der Bundesrepublik stießen weder der von den Niederlanden gewünschte Gemeinsame Markt noch Frankreichs Interesse an einer Atomgemeinschaft auf Zustimmung. Adenauer reagierte skeptisch auf beide Vorschläge, da sein Hauptinteresse der politischen Integration Europas galt. Der deutsche Wirtschaftsminister Ludwig Erhard verfocht den deutschen Exportinteressen entsprechend das System eines weltweiten Freihandels und erblickte in der Schaffung einer Zollunion der Sechs ein Hindernis auf dem Weg zu diesem Ziel; und der deutsche Sonderminister Franz-Josef Strauß, der ab 1955 mit der Verantwortung für die Atomfragen betraut wurde, zog die enge bilaterale Zusammenarbeit mit den auf dem Atomsektor technisch führenden Mächten Großbritannien und USA einer europäischen Atomgemeinschaft vor.

Sondierungsgespräche Monnets in der Bundesrepublik ergaben, dass die Bundesregierung eher für die Wirtschaftsgemeinschaft als für die Atomgemeinschaft zu gewinnen war. Auch in Italien und Luxemburg neigte man eher der Idee eines Gemeinsamen Marktes zu und verhielt sich reserviert gegenüber den Plänen einer europäischen Atomenergiebehörde. Spaak selbst befürwortete ebenfalls eine gesamtwirtschaftliche Integration, hielt sie aber zum damaligen Zeitpunkt für nicht realisierbar.

Als Lösung in dieser von divergierenden Interessen gekennzeichneten Situation zeichnete sich die Schaffung eines Junktims ab: gleichzeitige Realisierung von Gemeinsamem Markt, also *horizontale Integration* oder *Gesamtintegration*, und weiterer *sektoraler Integration* durch Ausweitung der EGKS-Zuständigkeiten auf weitere Energiebereiche und das Verkehrswesen sowie die Errichtung einer separaten Atomgemeinschaft. Die drei Außenminister der Benelux-Staaten, Beyen, Spaak und Bech, erarbeiteten in diesem Sinne ein gemeinsames Memorandum, das die Grundlage für das Treffen der Außenminister der sechs EGKS-Staaten Anfang Juni 1955 bilden sollte. In ihrem Memorandum griffen sie sowohl die Vorschläge Monnets als auch Beyens auf und ließen damit die Entscheidung über die weitere Integrationsmethode erst einmal offen. Ein von der Bundesregierung Ende Mai vorgelegtes Memorandum sowie ein Memorandum der italienischen Regierung zielten in die gleiche Richtung und enthielten ebenfalls Vorschläge für die horizontale oder gesamtwirtschaftliche Integration wie für die weitere sektorale Integration.

Von Messina nach Rom

Auf dem Treffen der sechs Außenminister in Messina vom 1. bis 3. Juni 1955 kamen die Interessendivergenzen in Bezug auf die weitere Integrationsmethode deutlich zum Ausdruck, und nur mit Mühe gelang es, sich in einem gemeinsamen Kommuniqué auf die Fortführung der Beratungen auf Grundlage des Benelux-Memorandums zu einigen. In Messina wurde die Einberufung eines Ausschusses aus Regierungsvertretern und Sachverständigen beschlossen, der die weiteren Arbeiten in Angriff nehmen und bis zum 1. Oktober 1955 den Außenministern einen Bericht vorlegen sollte. Zugleich einigten sich die Sechs darauf, Großbritannien zur Teilnahme an den weiteren Beratungen einzuladen.

Im Juli 1955 begann der Ausschuss unter Vorsitz Paul-Henri Spaaks seine Arbeit. Neben einem zentralen „Lenkungsausschuss“, zusammengesetzt aus den Leitern der sieben Delegationen (die sechs EGKS-Staaten und Großbritannien), bearbeiteten Fachausschüsse einzelne Sachbereiche wie Gemeinsamer Markt, Verkehr und Energie. Es war im Wesentlichen dem Verhandlungsgeschick Spaaks zu verdanken, dass die Beratungen nicht im Gestrüpp technischer Details stecken blieben, sondern trotz zahlreicher Probleme und unterschiedlicher Prioritäten der einzelnen nationalen Delegationen in Bezug auf die weiteren Integrationsschritte zu einem erfolgreichen Abschluss geführt wurden.

Auch die USA, die aus politischen Gründen weiterhin den Integrationsprozess unterstützten, hatten einen nicht unwesentlichen Anteil am Zustandekommen eines Kompromisses in der Spaak-Kommission. Nach dem Desaster der EVG wollten die USA nicht mehr so offen in den Integrationsprozess intervenieren wie zuvor, aber als die Ablehnung einer Atomgemeinschaft durch die Bundesrepublik das Zustandekommen einer Einigung zu gefährden schien, gaben sie ihre Zurückhaltung auf und setzten die Bundesrepublik unter Druck. Der amerikanische Außenminister Dulles machte der Bundesrepublik unmissverständlich klar, dass sie in Zukunft nur angereichertes Uran aus den USA erhalte, wenn sie die Europäische Atomgemeinschaft akzeptiere. Die Bundesrepublik lenkte schließlich ein, und die Expertenkommission erzielte in der Euratom-Frage einen Durchbruch. Adenauer, der ebenfalls aus politischen Gründen am erfolgreichen Abschluss der Beratungen interessiert war, wies unter Hinweis auf seine Richtlinienkompetenz als Bundeskanzler seine Minister, darunter den widerstrebenden Erhard, an, die Verhandlungen nicht scheitern zu lassen.

Am 21. April 1956 wurde als Ergebnis der Beratungen der sogenannte „Spaak-Bericht“ veröffentlicht, der die Grundlage für die Konferenz der Außenminister in Venedig am 29. und 30. Mai 1956 bildete. Der Spaak-Bericht empfahl die stufenweise Schaffung eines Gemeinsamen Marktes auf Grundlage einer Zollunion sowie die Errichtung einer Atomgemeinschaft. Die Ausweitung der Zuständigkeiten der EGKS auf andere Energiebereiche wie Gas und Elektrizität sowie auf den Verkehrssektor war als zu schwierig oder nicht sinnvoll erachtet worden und wurde nicht weiter verfolgt.

Großbritannien hatte sich im November 1955 entschieden, nicht an den weiteren Verhandlungen teilzunehmen und seinen Vertreter aus Brüssel abzuziehen. Eine Ende Juni 1955 in London eingesetzte interministerielle Arbeitsgruppe war zu dem Ergebnis gelangt, dass eine Teilnahme am Gemeinsamen Markt sowohl Vor- als auch Nachteile für die britische Wirtschaft brächte, sich aus wirtschaftlichen Gründen somit letztlich keine eindeutige Entscheidung für oder gegen die Teilnahme am Gemeinsamen Markt ergab. Aber aus politischen Gründen wurde die Teilnahme abgelehnt. In dem aus der Feder des britischen Außenministeriums stammenden Teil des Abschlussberichtes dieser Arbeitsgruppe hieß es, dass die Teilnahme am Gemeinsamen Markt mit der Rolle Großbritanniens im Schnittpunkt der drei Kreise Commonwealth, USA und Europa unvereinbar sei, der politische Zusammenhalt des Commonwealth wie auch die besonderen Beziehungen zu den USA durch die einseitige Ausrichtung auf Europa gefährdet würden und zudem die Gefahr bestände, dass das ganze Projekt auf eine politische Föderation hinauslaufe, an der man keinesfalls teilnehmen wolle. In Großbritannien glaubte man zudem im Herbst 1955 aufgrund der divergierenden Interessen der Sechs nicht daran, dass der Gemeinsame Markt wirklich zustande kommen würde und bemühte sich stattdessen innerhalb der OEEC um die Errichtung einer großen Freihandelszone (→ Kapitel B 4.1) als Alternative zum Zollunionsprojekt.

Auf ihrer Konferenz in Venedig einigten sich die sechs Außenminister darauf, auf Grundlage des Spaak-Berichts Regierungsverhandlungen über die Errichtung eines Gemeinsamen Marktes und einer Atomgemeinschaft einzuleiten. Die weiteren Arbeiten zur Ausarbeitung entsprechender Verträge wurden wiederum einem Komitee unter Leitung des Belgiers Spaak anvertraut. Auch in dieser zweiten Verhandlungsphase kam es zu zahlreichen Differenzen zwischen den einzelnen nationalen Delegationen; insbesondere an den deutsch-französischen Streitigkeiten drohten die Verhandlungen zeitweilig zu scheitern. Frankreich verfolgte weiterhin mit Vorrang das Projekt einer gemeinsamen Atomgemeinschaft und stand dem Gemeinsamen Markt skeptisch bis ablehnend gegenüber, die bundesdeutsche Delegation beharrte hingegen auf dem ausgehandelten Junktim von Gemeinsamem Markt und Europäischer Atomgemeinschaft. Differenzen traten auch in Fragen der konkreten Ausgestaltung des Gemeinsamen Marktes auf. Frankreich bestand auf der Einbeziehung der Agrarwirtschaft und seiner überseeischen Gebiete in den Gemeinsamen Markt. Mit Rücksicht auf seine schwache, wenig wettbewerbsfähige Industrie forderte Frankreich, darin unterstützt von Italien, verschiedene protektionistische und interventionistische Maßnahmen. Diese Forderungen standen den Interessen der exportorientierten, auf das Prinzip der Marktwirtschaft setzenden Regierungen der Bundesrepublik, aber auch der Benelux-Staaten, entgegen. Als Frankreich zusätzlich die Forderung nach einer Harmonisierung der Sozialkosten auf das hohe französische Niveau erhob, standen die Verhandlungen kurz vor dem Scheitern. Die Vermutung der Briten, dass angesichts der unterschiedlichen Interessen der beteiligten Staaten ein Gemeinsamer Markt nicht zustande käme, schien sich zu bestätigen.

Derweil hatte Großbritannien in der OEEC das Projekt einer umfassenden Freihandelszone lanciert, das vor allem der deutsche Wirtschaftsminister Ludwig Erhard als sinnvolle Alternative zur geplanten Zollunion der Sechs begrüßte. Dass die Verhandlungen über die Wirtschafts- und Atomgemeinschaft aber nicht scheiterten, sondern eine Einigung in den strittigen Fragen erzielt wurde, war auf verschiedene Faktoren zurückzuführen: Die blutige Niederschlagung des Aufstandes in Ungarn durch die Sowjetunion im Oktober 1956 verstärkte den Wunsch nach einer Solidarisierung des Westens gegenüber den Bedrohungen aus dem Osten. Zudem fürchtete Adenauer, dass es in Zukunft zu einer amerikanisch-sowjetischen Verständigung auf Kosten der uneinigen Europäer kommen könnte, und er wollte die Einigung Europas nicht an deutsch-französischen Differenzen scheitern lassen. Vor allem aber hatte die gescheiterte militärische Intervention von Briten und Franzosen am Suez-Kanal im November 1956 Frankreich deutlich gemacht, dass es keine eigenständige Großmachtrolle mehr spielen konnte, und den Blick Frankreichs zurück auf Europa gelenkt.

Mit seinem Besuch in Paris während der Suez-Krise bekundete Adenauer demonstrativ Solidarität mit dem außenpolitisch schwer angeschlagenen Land. In dem französischen Premierminister Guy Mollet fand er einen Gesprächspartner, der ebenfalls an einem erfolgreichen Abschluss der Verhandlungen interessiert war. Mollets Interesse war es, das durch die Suez-Niederlage geschwächte Frankreich vor der außenpolitischen Isolation zu bewahren und zugleich die wirtschaftlich-politische Einbindung der Bundesrepublik in den Westen zu sichern. Das Treffen zwischen Mollet und Adenauer am 6. November 1956 führte zu Kompromissen in einer Reihe strittiger Fragen. Die erzielte Einigung in der Saarfrage (→ Kapitel C 4) hatte zudem die Atmosphäre zwischen den beiden Staaten verbessert. Nach Ablehnung des im Zuge der Pariser Verträge ausgehandelten Saar-Statuts durch die saarländische Bevölkerung am 23. Oktober 1955 hatte Frankreich der Angliederung des Saarlandes an die Bundesrepublik zugestimmt und dafür wirtschaftliche Kompensationen, wie die teilweise Finanzierung der Moselkanalisierung durch die Bundesrepublik, erhalten. Die am 27. Oktober 1956 unterzeichneten Luxemburger Verträge ermöglichten den Beitritt des Saarlandes zur Bundesrepublik zum 1. Januar 1957.

Nach Überwindung der deutsch-französischen Differenzen war der Weg frei für die Unterzeichnung der Verträge zur Bildung der Europäischen Wirtschaftsgemeinschaft (EWG) und der Europäischen Atomgemeinschaft (EAG oder Euratom). Am 25. März 1957 wurden diese beiden Verträge auf dem Kapitol in Rom unterzeichnet (Römische Verträge). Nach der Ratifizierung in den sechs Staaten traten sie zum 1. Januar 1958 in Kraft. Da eine Einigung in der Frage des Sitzes der beiden Gemeinschaften nicht erzielt werden konnte, wurde zunächst Brüssel zum provisorischen Gemeinschaftssitz bestimmt.

Mit den Römischen Verträgen war ein wichtiger Schritt auf dem Weg zu einer künftigen umfassenden wirtschaftlichen und politischen Gemeinschaft der Europäer vollzogen worden. Wenngleich im Mittelpunkt der Verträge die wirtschaftliche Zusammenarbeit stand, so wurde mit der Gründung der Europäischen Wirtschaftsgemeinschaft zugleich das weitergehende Ziel einer politischen Einheit anvisiert. In der Präambel des EWG-Vertrages bekundeten die sechs Unterzeichnerstaaten ihren festen Willen, mit diesem Vertrag „die Grundlagen für einen immer engeren Zusammenschluß der europäischen Völker zu schaffen.“[88]

EWG

Der EWG-Vertrag sah die Errichtung eines Gemeinsamen Marktes innerhalb von 12 bis 15 Jahren vor, der in drei Stufen von je vier Jahren verwirklicht werden sollte. Durch Beschluss des Rates der EWG konnten diese Stufen verlängert oder verkürzt werden. Kern des Gemeinsamen Marktes bildete die Zollunion, die die Abschaffung der Ein- und Ausfuhrzölle zwischen den sechs beteiligten Staaten beinhaltete. Laut Vertrag sollten die Binnenzölle innerhalb der Stufen der Übergangszeit etappenweise um jeweils 10% gesenkt werden, wobei für einzelne Waren Abweichungen zulässig waren. Um den freien Warenverkehr zwischen den Mitgliedstaaten zu gewährleisten, sollten ebenfalls die mengenmäßigen Beschränkungen bei der Ein- und Ausfuhr von Waren sowie alle sonstigen den freien Warenverkehr beeinträchtigenden Maßnahmen abgeschafft werden.

Im Gegensatz zu einer Freihandelszone werden in einer Zollunion nicht nur die Binnenzölle zwischen den Mitgliedstaaten beseitigt, sondern es wird auch ein gemeinsamer Außenzoll gegenüber Drittstaaten errichtet. Der gemeinsame Außenzoll der EWG errechnete sich aus dem arithmetischen Mittel der bisherigen Außenzölle aller sechs Staaten. Für Staaten mit einem zuvor niedrigen Außenzoll, wie die Bundesrepublik oder die Niederlande, bedeutete dies eine Erhöhung des Außenzolls gegenüber Drittstaaten und damit möglicherweise eine Beeinträchtigung des Handels mit solchen Drittstaaten.

Zollunion	**Freihandelszone**
Wegfall der Binnenzölle	Wegfall der Binnenzölle
Gemeinsamer Außenzoll	Jedes Mitglied hat eigenen Außenzoll
(Beispiel: EWG)	(Beispiel: EFTA)

In den Gemeinsamen Markt wurden auch die Landwirtschaft und der Handel mit landwirtschaftlichen Erzeugnissen einbezogen, konkrete Vereinbarungen hierzu sollten auf einer Regierungskonferenz nach Inkrafttreten des EWG-Vertrages getroffen werden. Ferner sah der EWG-Vertrag neben dem freien Warenverkehr den ungehinderten Austausch von Dienstleistungen, den freien Personen- und Kapitalverkehr (vier Freiheiten) sowie eine schrittweise Annäherung der Wirtschaftspolitik der Mitgliedstaaten vor, die ebenfalls der künftigen Ausgestaltung durch die EWG-Organe und die Mitgliedstaaten überlassen blieb.

Die vier Freiheiten im Binnenmarkt

Freier Personenverkehr	Freier Dienstleistungsverkehr
Freier Warenverkehr	Freier Kapitalverkehr

Weitere Bestimmungen des EWG-Vertrages betrafen die Koordinierung der Verkehrs-, Konjunktur-, Wirtschafts-, Währungs- und Außenhandelspolitik, die Angleichung der Sozialpolitik sowie die Außenbeziehungen der Gemeinschaft. Um die Angleichung der Lebens- und Arbeitsbedingungen in der Gemeinschaft und die örtliche sowie berufliche Freizügigkeit der Arbeitskräfte zu ermöglichen, wurde ein Europäischer Sozialfonds (ESF) errichtet, aus dem u.a. Umschulungen, Umsiedlungsbeihilfen und Übergangshilfen finanziert wurden. Eine Europäische Investitionsbank (EIB) sollte die Erschließung weniger entwickelter Gemeinschaftsgebiete, die Modernisierung von Unternehmen und die Schaffung neuer Arbeitsmöglichkeiten finanzieren. Zur Gestaltung der Beziehungen zu Drittstaaten entwickelte die EWG verschiedene Systeme wie Assoziationsverträge (→ Kapitel B 4.2) und präferentielle Handelsverträge. Das Instrument der Assoziation ermöglichte der EWG, ähnlich wie bei der EGKS, enge wirtschaftliche Beziehungen zu Drittstaaten aufzubauen, ohne dass diese Mitglieder der EWG wurden. Der EWG-Vertrag sah die Assoziierung sowohl für die (ehemaligen) Kolonialgebiete der Mitgliedstaaten als auch für die europäischen Nachbarländer der Gemeinschaft vor. Ein Entwicklungsfonds wurde errichtet, aus dem Leistungen für die Entwicklung der überseeischen Länder und Hoheitsgebiete finanziert wurden.

Die mit den Römischen Verträgen gegründete EWG war eine supranationale Gemeinschaft, deren Aufbau sich analog zu den Organen der Kohle- und Stahlgemeinschaft gestaltete: ein Rat der nationalen Minister (*Rat*) wurde geschaffen sowie eine aus neun unabhängigen Personen bestehende *Kommission*, deren Mitglieder von den Regierungen der Mitgliedstaaten im Einvernehmen ernannt werden sollten; die *Versammlung* und der *Gerichtshof* der EGKS sollten zugleich auch für die EWG und Euratom zuständig sein. Im Gegensatz zur EGKS waren aber bei der EWG die intergouvernementalen zu Lasten der supranationalen Elemente gestärkt. Insbesondere Frankreich hatte in den Verhandlungen auf einen größeren Einfluss der Mitgliedstaaten im Gemeinschaftssystem gedrängt. Der aus Vertretern der Mitgliedstaaten bestehende Rat traf alle wichtigen Entscheidungen. Bei der EGKS war die Hohe Behörde das zentrale Entscheidungsorgan. Die Aufgabe der für die Dauer von vier Jahren ernannten EWG-Kommission bestand vorrangig darin, die Entscheidungen des Ministerrates umzusetzen und auf die Einhaltung der Vertragsbestimmungen zu achten (*Hüterin der Verträge*). Darüber hinaus aber besaß die Kommission das Initiativrecht, wodurch sie die Möglichkeit erhielt, den weiteren Integrationsprozess voranzutreiben. Entscheidungen des Ministerrates sollten auf der Grundlage von Vorschlägen der Kommission erfolgen; nur einstimmig konnte der Ministerrat die Vorschläge der Kommission verändern oder zurückweisen. Ein alleiniges Entscheidungsrecht besaß die Kommission nur in wenigen, im Vertrag genau festgelegten Fällen; zudem konnte sie gegenüber dem Rat Empfehlungen aussprechen und Stellungnahmen abgeben. Zum ersten Präsidenten der EWG-Kommission wurde Walter Hallstein ernannt. Deutschland, Frankreich und Italien stellten je zwei Kommissare, die übrigen Länder je einen.

Für Abstimmungen im Rat waren Einstimmigkeit oder Mehrheitsabstimmungen (einfache oder qualifizierte Mehrheit) vorge-

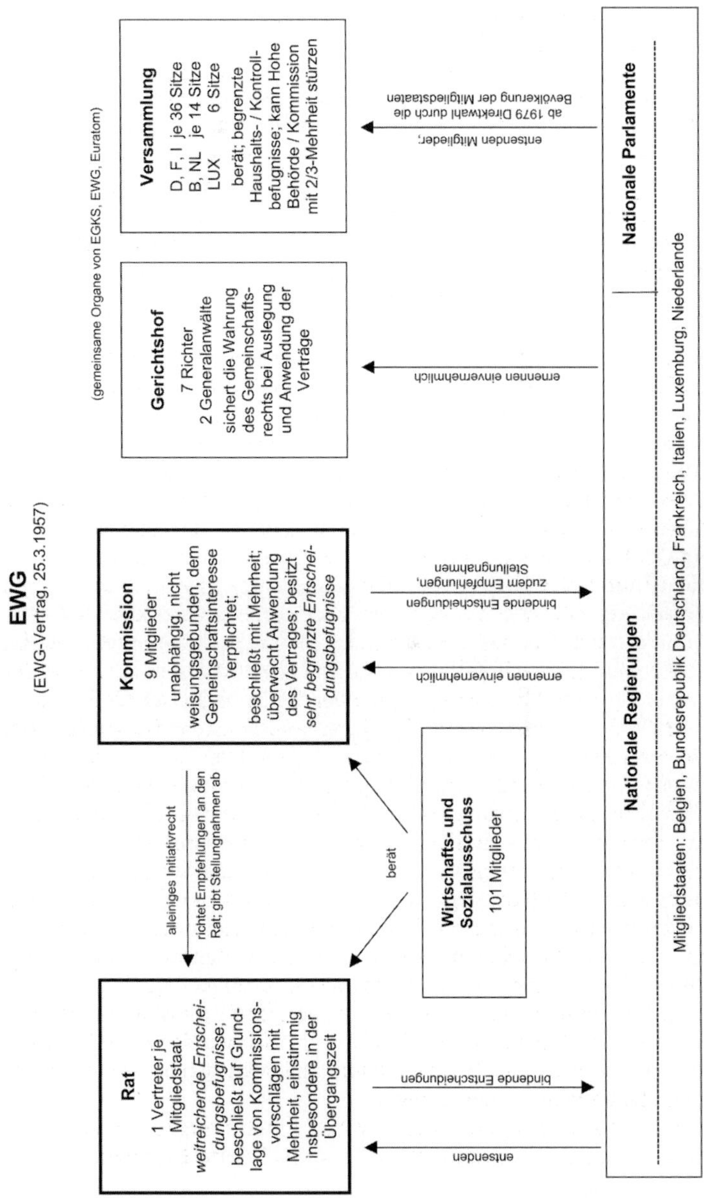
EWG
(EWG-Vertrag, 25.3.1957)
(gemeinsame Organe von EGKS, EWG, Euratom)
Rat
1 Vertreter je Mitgliedstaat
weitreichende Entscheidungsbefugnisse; beschließt auf Grundlage von Kommissionsvorschlägen mit Mehrheit, einstimmig insbesondere in der Übergangszeit
Kommission
9 Mitglieder
unabhängig, nicht weisungsgebunden, dem Gemeinschaftsinteresse verpflichtet;
beschließt mit Mehrheit; überwacht Anwendung des Vertrages; besitzt sehr begrenzte Entscheidungsbefugnisse
Gerichtshof
7 Richter
2 Generalanwälte
sichert die Wahrung des Gemeinschaftsrechts bei Auslegung und Anwendung der Verträge
Versammlung
D, F, I je 36 Sitze
B, NL je 14 Sitze
LUX 6 Sitze
berät; begrenzte Haushalts- / Kontrollbefugnisse; kann Hohe Behörde / Kommission mit 2/3-Mehrheit stürzen
alleiniges Initiativrecht
richtet Empfehlungen an den Rat; gibt Stellungnahmen ab
berät
Wirtschafts- und Sozialausschuss
101 Mitglieder
entsenden
bindende Entscheidungen
ernennen einvernehmlich
bindende Entscheidungen zudem Empfehlungen, Stellungnahmen
ernennen einvernehmlich
entsenden Mitglieder, ab 1979 Direktwahl durch die Bevölkerung der Mitgliedstaaten
Nationale Regierungen
Nationale Parlamente
Mitgliedstaaten: Belgien, Bundesrepublik Deutschland, Frankreich, Italien, Luxemburg, Niederlande

sehen. Während in der Übergangsphase überwiegend einstimmig entschieden werden sollte, galt als Regel für die Zeit nach Errichtung des Gemeinsamen Marktes die Mehrheitsabstimmung. Bei Abstimmungen, für die eine qualifizierte Mehrheit erforderlich war, sollten Deutschland, Frankreich und Italien je vier Stimmen, Belgien und die Niederlande je zwei und Luxemburg eine Stimme erhalten. Für eine Entscheidung auf Vorschlag der Kommission waren mindestens zwölf Stimmen, ansonsten zusätzlich die Zustimmung von mindestens vier Mitgliedstaaten nötig. Bei der Aufnahme neuer Mitglieder, der Assoziation von Drittstaaten sowie der Finanzierung der Gemeinschaft war Einstimmigkeit vorgesehen. Der Vorsitz im Ministerrat sollte von den Mitgliedern des Rates nacheinander in der alphabetischen Reihenfolge der Namen der Länder in der jeweiligen Landessprache für je sechs Monate wahrgenommen werden.

Mit der Gründung von EWG und Euratom erweiterte sich die für alle drei Gemeinschaften zuständige Versammlung auf 142 Abgeordnete. Diese sollten zunächst von den nationalen Parlamenten entsandt, in Zukunft aber direkt von den Völkern der Mitgliedstaaten gewählt werden. Die Rechte der Versammlung entsprachen denen, die bereits im EGKS-Vertrag festgelegt waren, d.h. sie erörterte den jährlichen, ihr von der Kommission vorgelegten Gesamtbericht, konnte mündliche oder schriftliche Anfragen an die Kommission stellen und mit einer Zweidrittelmehrheit der Kommission das Misstrauen aussprechen und sie zum Rücktritt zwingen. Zudem gestand der EWG-Vertrag der Versammlung das Recht zu, Änderungen am Entwurf des Haushaltsplans vorzuschlagen, über die dann der Rat zu entscheiden hatte. Für die Versammlung setzte sich zunehmend die Bezeichnung „Europäisches Parlament" durch; offiziell wurde die Bezeichnung „Europäisches Parlament" aber erst mit der am 1. Juli 1987 in Kraft getretenen „Einheitlichen Europäischen Akte" (→ Kapitel B 6.1) festgelegt.

Zusätzlich wurde als beratendes Organ der Gemeinschaft ein *Wirtschafts- und Sozialausschuss* eingerichtet, der sich aus Vertretern des wirtschaftlichen und sozialen Lebens, insbesondere der Erzeuger, der Landwirte, der Verkehrsunternehmer, der Arbeitnehmer, der Kaufleute und Handwerker, der freien Berufe sowie der Allgemeinheit zusammensetzen sollte, welche vom Rat durch einstimmigen Beschluss für vier Jahre ernannt wurden.

EAG

Der Vertrag zur Gründung der Europäischen Atomgemeinschaft (EAG/Euratom) hatte zum Ziel, „die Voraussetzungen für die Entwicklung einer mächtigen Kernindustrie zu schaffen"[89] und auf diese Weise zur Hebung des Lebensstandards in den Mitgliedstaaten beizutragen. Zur Erfüllung dieser Aufgabe war unter anderem vorgesehen: die Kernforschung in den Mitgliedstaaten durch Errichtung einer gemeinsamen Kernforschungsstelle zu koordinieren und zu fördern, den Austausch von Fachkenntnissen und Forschungsergebnissen zu erleichtern, die Ausbildung von Fachkräften zu unterstützen, Investitionen zu erleichtern, für eine regelmäßige und gerechte Versorgung aller Benutzer der Gemeinschaft mit Erzen und Kernbrennstoffen Sorge zu tragen und einen gemeinsamen Markt für die auf dem Kerngebiet verwendeten Stoffe und Ausrüstungen zu schaffen. Zur Versorgung der Gemeinschaft mit Erzen, Ausgangsstoffen und besonderen spaltbaren Stoffen wurde eine eigene Agentur errichtet; die Gemeinschaft erhielt das Eigentumsrecht an spaltbarem Material. Der Kommission sollte die Überwachung der Kernenergieindustrie in den Mitgliedstaaten obliegen; ausgenommen davon war die militärische Nutzung von Kernbrennstoffen. Euratom beschränkte sich auf die friedliche Nutzung von Kernenergie, wenngleich der Vertrag, den Interessen Frankreichs entsprechend, den Mitgliedstaaten die militärische Anwendung nicht ausdrücklich verbot.

Als Organe der Euratom wurden ein Rat der nationalen Minister *(Rat)* und eine fünfköpfige *Kommission* errichtet; die Bestimmungen für ihr Wirken entsprachen denen der entsprechenden EWG-Organe. Die *Versammlung*, der *Gerichtshof* sowie der beratende *Wirtschafts- und Sozialausschuss* von Euratom waren identisch mit den entsprechenden Organen der EWG. Zusätzlich wurde ein 20köpfiger beratender *Ausschuss für Wissenschaft und Technik* bei der Kommission eingerichtet, der sich je zur Hälfte aus wissenschaftlichen und technischen Fachleuten zusammensetzen sollte.

Die Finanzierung von Euratom sollte wie bei der EWG zunächst aus Finanzbeiträgen der Mitgliedstaaten nach einem festgelegten Schlüssel erfolgen; für einen späteren Zeitpunkt waren Eigenmittel vorgesehen. Zum ersten Präsidenten der Euratom-Kommission wurde der Franzose Louis Armand ernannt, zu seinem Stellvertreter der Italiener Enrico Medi. Belgien, die Bundesrepublik und die Niederlande stellten je einen Kommissar.

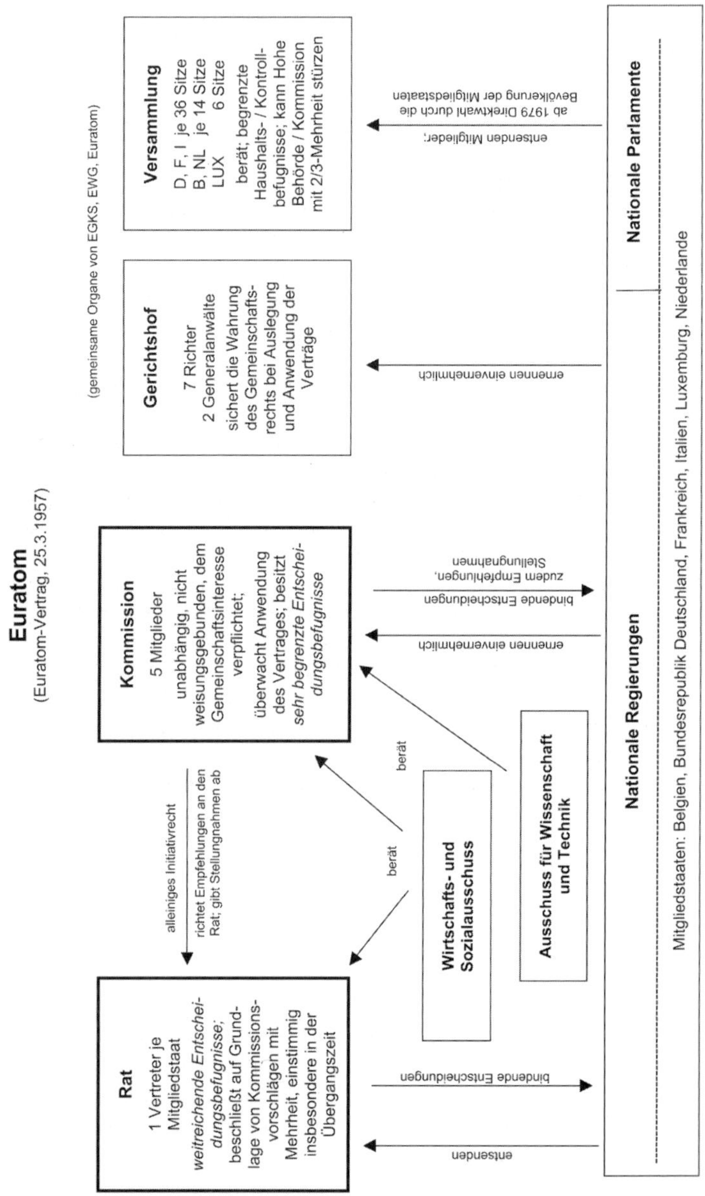
Euratom
(Euratom-Vertrag, 25.3.1957)
(gemeinsame Organe von EGKS, EWG, Euratom)
Rat
1 Vertreter je Mitgliedstaat
weitreichende Entscheidungsbefugnisse; beschließt auf Grundlage von Kommissionsvorschlägen mit Mehrheit, einstimmig insbesondere in der Übergangszeit
Kommission
5 Mitglieder
unabhängig, nicht weisungsgebunden, dem Gemeinschaftsinteresse verpflichtet;
überwacht Anwendung des Vertrages; besitzt sehr begrenzte Entscheidungsbefugnisse
Gerichtshof
7 Richter
2 Generalanwälte
sichert die Wahrung des Gemeinschaftsrechts bei Auslegung und Anwendung der Verträge
Versammlung
D, F, I je 36 Sitze
B, NL je 14 Sitze
LUX 6 Sitze
berät; begrenzte Haushalts- / Kontrollbefugnisse; kann Hohe Behörde / Kommission mit 2/3-Mehrheit stürzen
alleiniges Initiativrecht
richtet Empfehlungen an den Rat; gibt Stellungnahmen ab
berät
berät
Wirtschafts- und Sozialausschuss
Ausschuss für Wissenschaft und Technik
entsenden
bindende Entscheidungen
ernennen einvernehmlich
bindende Entscheidungen
zudem Empfehlungen, Stellungnahmen
ernennen einvernehmlich
entsenden Mitglieder;
ab 1979 Direktwahl durch die Bevölkerung der Mitgliedstaaten
Nationale Regierungen
Nationale Parlamente
Mitgliedstaaten: Belgien, Bundesrepublik Deutschland, Frankreich, Italien, Luxemburg, Niederlande

Die anfänglich in die Europäische Atomgemeinschaft gesetzten Hoffnungen erfüllten sich nicht. Weder erlangte die Kernenergie den hohen Stellenwert unter den Energieträgern, den man ihr in der Euphorie der 1950er Jahre zugeschrieben hatte, noch gingen von der Atomgemeinschaft wesentliche Impulse für den weiteren Integrationsprozess aus. Die sechs Mitgliedstaaten waren in den Folgejahren vielmehr daran interessiert, die gemeinsame Entwicklung und Erforschung der Kernenergie zum Ausbau der jeweiligen nationalen Atomindustrie zu nutzen. Insbesondere Frankreich sah in der Europäischen Atomgemeinschaft nur ein Vehikel für den Aufbau einer eigenen, in nationaler Verantwortung bleibenden Atomstreitmacht.

Literatur

DUMOULIN, Michel/GUILLEN, Pierre/VAÏSSE, Maurice (Hg.): *L'énérgie nucléaire en Europe. Des origines à Euratom*, Bern 1994.

HERBST, Ludolf/BÜHRER, Werner/SOWADE, Hanno (Hg.): *Vom Marshallplan zur EWG. Die Eingliederung der Bundesrepublik Deutschland in die westliche Welt*, München 1990.

HRBEK, Rudolf/SCHWARZ, Volker (Hg.): *40 Jahre Römische Verträge: Der deutsche Beitrag. Dokumentation der Konferenz anlässlich des 90. Geburtstages von Dr. h.c. Hans von der Groeben*, Baden-Baden 1998.

KAISER, Wolfram: *Großbritannien und die Europäische Wirtschaftsgemeinschaft 1955-1961. Von Messina nach Canossa*, Berlin 1996.

KÜSTERS, Hanns Jürgen: *Die Gründung der Europäischen Wirtschaftsgemeinschaft*, Baden-Baden 1982.

WEILEMANN, Peter: *Die Anfänge der Europäischen Atomgemeinschaft. Zur Gründungsgeschichte von Euratom 1955-1957*, Baden-Baden 1983.

4 Zwischen Aufbau und Krisen: Die 1960er Jahre

In den 1960er Jahren kristallisierten sich die supranationalen Europäischen Gemeinschaften als das Zentrum des europäischen Integrationsprozesses heraus. Dabei blieben die Integrationsbemühungen in den Gemeinschaften der Sechs nicht frei von Krisen und Rückschlägen: So erfüllte sich in der EAG die Hoffnung nicht, die Zusammenarbeit bei der Kernenergie zum Motor der europäischen Integration zu machen; in der EGKS setzten die Mitgliedstaaten angesichts der Kohle- und Stahlüberproduktionskrisen vermehrt auf nationale Politiken statt auf die supranationalen Lösungen der Gemeinschaft, und auch in der EWG zeigten sich Konflikte und Krisen, die durch unterschiedliche Interessen und Europakonzeptionen der Mitgliedstaaten hervorgerufen wurden. Beispielsweise sorgten die von den übrigen Mitgliedstaaten der Gemeinschaften nicht unerheblich divergierenden Vorstellungen der französischen Regierung unter de Gaulle von der supranationalen bzw. intergouvernementalen Organisation der Zusammenarbeit, ihren Inhalten und ihrem Teilnehmerkreis dafür, dass sich ambitionierte Vorhaben wie die Politische Union oder die Erweiterung der EWG in den 1960er Jahren nicht realisieren ließen.

Dennoch wurden gerade in der EWG mit der Errichtung des Gemeinsamen Marktes und der Entwicklung der Gemeinsamen Agrarpolitik große Fortschritte bei der Integration erzielt. Deren Erfolge sorgten dafür, dass die Mitgliedstaaten trotz aller Unterschiede und Krisen stets nach Möglichkeiten zu einem Interessenausgleich suchten, um die Zusammenarbeit in den Gemeinschaften fortzusetzen. Diese zwei Aspekte der europäischen Integration in den 1960er Jahren, den erfolgreichen Aufbau einerseits und die Krisen in den Europäischen Gemeinschaften andererseits, betont auch die historische Forschung. Sie charakterisiert diese Periode treffend als Zeit der „succès et crises", „crises and compromises" oder des „go and stop".[90]

4.1 Große Freihandelszone und EFTA: Alternativen zur EWG?

Nach der Ablehnung der Teilnahme am supranationalen Messina-Projekt lancierte die britische Regierung eine Initiative zur Errichtung einer auf intergouvernementaler Zusammenarbeit basierenden Freihandelszone der OEEC-Staaten. Als die britische Initiative einer großen Freihandelszone aller OEEC-Staaten scheiterte, schlossen sich Großbritannien und sechs weitere Staaten zu einer kleinen Freihandelszone zusammen.

Die Initiative zur großen europäischen Freihandelszone

Nach dem Rückzug ihres Vertreters aus den Brüsseler Verhandlungen des Spaak-Komitees im November 1955 versuchte die britische Regierung zunächst, mit Demarchen in Washington und Bonn die dortigen Regierungen von einer Unterstützung des Messina-Projektes abzubringen. Sie argumentierte, dass eine kontinentale Zollunion der EGKS-Staaten den liberalen Welthandel gefährde. Dieses Störmanöver erwies sich als kontraproduktiv: Die wirtschaftliche Argumentation konnte nicht überzeugen, da die USA wie die Bundesrepublik aus politischen Gründen das Projekt unterstützten; zudem verärgerte es auch Befürworter einer britischen Beteiligung an der europäischen Integration wie Spaak und Beyen.

Innerhalb der britischen Regierung wurden in der Folge diverse Initiativen erwogen, die von einer Intensivierung der Zusammenarbeit in der OEEC über eine partielle Freihandelszone bis zu einer Verbindung zwischen Commonwealth und OEEC gingen. Ziel war es, den Gemeinsamen Markt zu verhindern bzw. die sich aus dem Ausschluss von der Zollunion der EGKS-Staaten ergebenden politischen und wirtschaftlichen Nachteile zu neutralisieren. Offizielle britische Vorschläge verzögerten sich zunächst wegen der Skepsis, ob sich das Messina-Projekt realisieren lasse, später wegen interner Opposition und der Regierungsumbildung infolge der Suez-Krise. Schließlich, als die Verhandlungen der Sechs aus Sicht der britischen Regierung schon bedrohlich konkrete Ergebnisse zeigten, lancierte sie über den Generalsekretär der OEEC im Juli 1956 den Vorschlag, eine große Freihandelszone aller OEEC-Staaten für Industrieprodukte zu errichten.

Eine große industrielle Freihandelszone in Europa wäre optimal auf die britischen Bedürfnisse zugeschnitten gewesen: Wirtschaftlich hätte sie erstens der britischen Industrie den zollfreien Zugang zum Gemeinsamen Markt der EWG eröffnet; zweitens hätte sie keinen gemeinsamen Außenzoll erfordert, so dass das Präferenzsystem innerhalb des Commonwealth und die hohen britischen Außenzölle gegenüber Drittstaaten wie den USA hätten beibehalten werden können; drittens hätte der Ausschluss landwirtschaftlicher Produkte weiterhin günstige Lebensmittelimporte aus dem Commonwealth ermöglicht. Politisch hätte eine Freihandelszone die britische Position in Europa gestärkt, indem sie die OEEC als eine den Gemeinsamen Markt der EWG umfassende Organisation aufgewertet hätte. Dadurch hätte sie es für die OEEC-Mitglieder weniger notwendig gemacht, sich politisch an der supranationalen EWG zu orientieren. Darüber hinaus hätte die britische Mitgliedschaft in einer Freihandelszone keine Abgabe von Souveränität erfordert und die politischen Beziehungen zum Commonwealth und zu den USA nicht berührt.

Die Reaktionen auf den Vorschlag der Freihandelszone waren gemischt. Während die Bundesrepublik und die Niederlande wegen ihrer liberalen Handelspolitik die Initiative grundsätzlich begrüßten, wurde sie von Italien und Frankreich kritisiert, die traditionell auf hohe Außenzölle zum Schutz ihrer nationalen Industrien vertrauten. Sie waren der Ansicht, dass Großbritannien in einer solchen Freihandelszone wirtschaftlich alle Vorteile des Gemeinsamen Marktes nutzen könnte, ohne die Pflichten der Integration und der Agrarpolitik auf sich zu nehmen. Diejenigen, die die EWG wegen der politischen Integration wünschten, sahen die Gefahr, dass sich die EWG in der Freihandelszone auflöse „comme un morceau de sucre dans une tasse de thé anglais".[91] Die Agrarprodukte exportierenden Staaten in der OEEC wie Dänemark, Griechenland und die Niederlande kritisierten den Ausschluss von Agrarprodukten, und industriell weniger entwickelte OEEC-Staaten wie Irland, Island, Griechenland oder die Türkei vermissten wiederum Ausnahmeregelungen und finanzielle Beihilfen zur Entwicklung ihrer Industrien.

Nach dem positiven Ergebnis erster Machbarkeitsstudien beschloss der OEEC-Ministerrat am 13. Februar 1957, Verhandlungen zur Errichtung einer großen Freihandelszone aufzunehmen, und führte erste Vorgespräche. Die formalen Regierungsverhandlungen in einem Komitee unter der Leitung des britischen Ministers Reginald Maudling begannen auf französischen Wunsch hin erst im November 1957 nach der Ratifizierung der Römischen Verträge. Die Aussicht auf eine Freihandelszone der OEEC-Staaten hätte sonst in der wenig wirtschaftsliberalen französischen Nationalversammlung womöglich die Ratifizierung des EWG-Vertrages gefährdet. In den Parlamenten der Niederlande und der Bundesrepublik erleichterte sie hingegen die Zustimmung zu den Römischen Verträgen, da sie die Sorgen vor einer handelspolitischen Spaltung Europas durch die Gründung der EWG und den daraus möglicherweise resultierenden Exportnachteilen zerstreute.

Das Scheitern der Verhandlungen über die große Freihandelszone

Die Verhandlungen über die Freihandelszone gestalteten sich schwierig, da sich vor allem die Positionen Frankreichs und Großbritanniens diametral gegenüberstanden: Die französische Regierung hatte kein Interesse daran, Frankreichs wenig wettbewerbsfähige Industrie verstärkter Konkurrenz auszusetzen, ohne Garantien und Kompensationen wie in der EWG zu erhalten. Daher forderte sie, dass erstens für die unterschiedlichen Industriesektoren gleiche Wettbewerbsbedingungen hergestellt werden müssten, bevor in einem zweiten Schritt für diese Sektoren ein Zollabbauprogramm beschlossen werden könne. Außerdem sollten drittens die Zollsenkungen in der Freihandelszone verzögert zu denen in der EWG erfolgen, und viertens sollte Großbritannien die Commonwealth-Präferenzen teilen. Diese Forderungen waren für Großbritannien unannehmbar, da sie auf eine Freihandelszone hinausliefen, deren Bestimmungen denen der EWG ähnelten.

Weitere Streitpunkte in den Verhandlungen waren die Handelsumlenkungen und Wettbewerbsverzerrungen in einer Freihandelszone. Unterschiedlich hohe Außenzölle sorgen in einer Freihandelszone für Handelsumlenkungen, da Güter aus Drittstaaten über den Staat mit dem niedrigsten Außenzoll in die Freihandelszone importiert werden und dann innerhalb der Freihandelszone zollfrei in andere Mitgliedstaaten mit höheren Außenzöllen exportiert werden können. Analog kommt es zu Wettbewerbsverzerrungen, weil Produzenten aus Ländern mit niedrigeren Außenzöllen Rohstoffe günstiger aus Drittstaaten importieren können. Die daraus hergestellten Fertigwaren können sie dann innerhalb der Freihandelszone günstiger anbieten als ihre Konkurrenten aus Mitgliedstaaten mit höheren Außenzöllen. Frankreich und Italien, die traditionell hohe Außenzölle hatten, forderten daher eine Harmonisierung der Außenzölle. Diese lehnte Großbritannien genauso ab wie die Einbeziehung der Landwirtschaft oder die Angleichung von Agrarsubventionen oder Sozialregelungen, da es darin inakzeptable Einschränkungen für die eigene Wirtschaftspolitik sah.

Weder in Großbritannien noch in Frankreich war der politische Wille vorhanden, eigene wirtschaftliche Interessen für die Realisierung der Freihandelszone zu opfern. Vermittlungsversuche der EWG-Partner blieben erfolglos, und letztlich waren diese, wie z.B. Bundeskanzler Adenauer, auch nicht bereit, für das Projekt Druck auf den französischen Partner auszuüben und so die Zusammenarbeit in den jungen Europäischen Gemeinschaften zu belasten. Nach dem Regierungsantritt Charles de Gaulles verhärtete sich die Verhandlungsposition der französischen Regierung weiter. Auf die französische Erklärung vom 14. November 1958 hin, eine europäische Freihandelszone sei in der von den Briten vorgeschlagenen Form nicht zu realisieren, setzte Maudling die weiteren Verhandlungen aus. Als im folgenden OEEC-Ministerrat am 15. Dezember 1958 der britische Außenhandelsminister David Eccles den EWG-Staaten mit Gegenmaßnahmen für den Fall erfolgloser Verhandlungen über die Freihandelszone drohte, erklärte die französische Delegation, unter Drohungen nicht weiter zu verhandeln. Die Verhandlungen wurden nicht wieder aufgenommen, und das Projekt war gescheitert.

Das Scheitern der Freihandelszonenverhandlungen hatte Zweifel an dem zukünftigen Nutzen der OEEC geschürt. Auf amerikanische Initiative hin wurde daher über eine Neuausrichtung der Organisation verhandelt und am 14. Dezember 1960 in Paris ein Reformvertrag unterzeichnet. Daraufhin nahm die OEEC mit den USA, Kanada und Japan auch nicht-europäische Mitglieder auf und dehnte ihr Aufgabengebiet auf die weltweite wirtschaftliche Zusammenarbeit und Entwicklungshilfe aus. Die OEEC wurde dadurch zu einer neuen Organisation und erhielt den Namen Organisation for Economic Cooperation and Development (OECD). Mit den neuen Aufgaben und den neuen Mitgliedern war die Organisation nicht mehr auf Europa fokussiert, daher bot sie zukünftig keine Basis mehr für die Fortentwicklung der europäischen Integration auf intergouvernementaler Grundlage.

Die Gründung der kleinen Freihandelszone

Nach dem Scheitern der Verhandlungen über eine große industrielle Freihandelszone schlossen sich Großbritannien, Schweden, Norwegen, Dänemark, die Schweiz, Österreich und Portugal zu einer kleinen industriellen Freihandelszone zusammen. Bereits Anfang 1958 hatte die schwedische Regierung gegenüber der britischen die Errichtung einer britisch-skandinavischen Freihandelszone angeregt, um Druck auf die EWG-Staaten aufzubauen und so die OEEC-Verhandlungen zur Errichtung der großen Freihandelszone zu beschleunigen. Nach dem Scheitern der OEEC-Verhandlungen wurde die Idee einer kleinen Freihandelszone wieder aufgegriffen. Sie traf bei Regierungen und Wirtschaftsverbänden der sieben Staaten auf Zustimmung, so dass – gestützt auf die Vorarbeiten des Maudling-Komitees – nach kurzen Verhandlungen am 4. Januar 1960 die Stockholmer Konvention zur Gründung der European Free Trade Association (EFTA) unterzeichnet wurde, der sich Finnland 1961 als assoziiertes Mitglied anschloss.

In der Stockholmer Konvention verpflichteten sich die Mitgliedstaaten, bis zum 31. Dezember 1969 Zölle und Mengenbeschränkungen für den Handel industrieller Waren schrittweise abzuschaffen. Für den landwirtschaftlichen Bereich enthielt das EFTA-Abkommen lediglich eine Absichtserklärung, Exportsubventionen für Agrarprodukte abzuschaffen und Möglichkeiten zur Ausweitung des Handels mit Agrarprodukten zu prüfen. Allerdings hatte Großbritannien dänische und norwegische Forderungen bei den Verhandlungen aufgenommen und parallel bilaterale Vereinbarungen geschlossen, um für wichtige dänische Agrarprodukte und norwegischen Fisch den Zugang zum britischen Markt zu erleichtern.

Institutionell war die EFTA strikt intergouvernemental. Ihr zentrales Organ war der *Rat* aus Regierungsvertretern der Mitgliedstaaten, der alle Beschlüsse, die den Mitgliedern neue Verpflichtungen auferlegten, nur einstimmig fassen konnte. Die Aufgabe des Rats war es, die Anwendung des Vertrages zu überwachen, Beschwerden der Mitgliedstaaten zu prüfen und zu untersuchen, wie die Ziele der EFTA weiter gefördert werden könnten. Ihm war zur Unterstützung der Arbeit ein kleines *Sekretariat* unterstellt; eine parlamentarische Versammlung, eine von den Nationalstaaten unabhängige Kommission oder ein Gerichtshof waren in der Stockholmer Konvention nicht vorgesehen. Der Unterschied zur EWG lag nicht nur in der institutionellen Struktur, sondern auch darin, dass sich die EFTA lediglich das Ziel einer industriellen Freihandelszone setzte und auf jegliche darüber hinausgehende Integration verzichtete.

Die Mitgliedstaaten beabsichtigten mit der Gründung der EFTA, die negativen Effekte einer Diskriminierung ihrer Exporte durch die Zollunion der EWG zu kompensieren und – so explizit in der Präambel der Stockholmer Konvention – über die EFTA als Zwischenstufe doch noch zu einem umfangreichen Abbau von Handelsbarrieren innerhalb der OEEC zu gelangen. Die Erwartung innerhalb der britischen Regierung war, dass die EFTA die Position ihrer Mitglieder bei Verhandlungen mit der EWG über eine europäische Freihandelszone stärken würde. Auch hoffte man, dass durch die Diskriminierung der EWG-Waren in der EFTA die exportorientierten EWG-Mitglieder gezwungen würden, in der EWG neue Freihandelszonenverhandlungen zum Brückenschlag zwischen EWG und EFTA durchzusetzen. Schließlich hoffte man durch die EFTA zu verhindern, dass sich die übrigen OEEC-Staaten sukzessive der EWG anschließen würden und Großbritannien so isoliert zurückbliebe.

Die Bilanz der EFTA war gemischt: Ein Erfolg war die Errichtung der Freihandelszone, welche die Mitgliedstaaten bereits Ende 1966, drei Jahre vor dem gesetzten Termin, vollendeten. Auch der Handel innerhalb der EFTA entwickelte sich dynamisch, das Handelsvolumen wuchs von 1960 bis 1969 um ca. 165%; allerdings wuchs das Volumen des Binnenhandels in der EWG in diesem Zeitraum sogar um ca. 255%.[92] Verglichen mit den ca. 170 Millionen Verbrauchern der EWG (1960), bot die EFTA mit ungefähr 90 Millionen Verbrauchern allerdings einen deutlich kleineren Markt. Insbesondere für Großbritannien, mit ca. 52 Mio. Verbrauchern die größte Volkswirtschaft innerhalb der EFTA, war der wirtschaftliche Vorteil daher gering.[93]

Das Ziel, durch die EFTA doch noch zu einer großen Freihandelszone in Europa zu kommen, ließ sich in den 1960er Jahren jedoch nicht realisieren: Erstens verfolgte die EWG statt spezieller Abkommen mit der EFTA eine Politik der allgemeinen Handelsliberalisierung im GATT (General Agreement on Tariffs and Trade); gegen die französische und italienische Opposition ließ sich ohnehin keine erfolgversprechende Initiative für eine europäische Freihandelszone ergreifen. Zweitens lehnten die USA angesichts wachsender eigener Zahlungsbilanzdefizite eine Freihandelszone aus EWG und EFTA ab, da sie amerikanische Exporte noch stärker diskriminieren würde.

Aufgrund ihrer strukturellen Interessenunterschiede konnten die EFTA-Staaten keine einheitliche Strategie für den Umgang mit der EWG entwickeln, nachdem das Konzept des Brückenschlages gescheitert war. Beispielsweise schlossen die neutralen Staaten Schweden, die Schweiz und Österreich wegen der politischen Ziele der EWG und ihrer supranationalen Elemente einen EWG-Beitritt grundsätzlich aus, während er für Dänemark, Norwegen und Großbritannien zunehmend als attraktivere Alternative zur Mitgliedschaft in der EFTA erschien. Über die Handelsliberalisierung und die wirtschaftliche Kooperation hinausgehend verfolgte die EFTA keine politischen Ziele, dafür war sie auch eine politisch zu heterogene Organisation, die sowohl NATO-Mitglieder als auch neutrale Staaten umfasste, Demokratien ebenso wie die portugiesische Diktatur zu ihren Mitgliedern zählte. Nachdem mit Dänemark und Großbritannien zwei Staaten die EFTA verließen, um der EWG beizutreten, schlossen die verbliebenen EFTA-Staaten 1972/73 mit der EWG bilaterale Freihandelsabkommen.

Ausblick

Die EFTA besteht heute aus Island, Liechtenstein, Norwegen und der Schweiz. Alle EFTA-Mitgliedstaaten außer der Schweiz schlossen am 2. Mai 1992 mit den EG und ihren Mitgliedstaaten das Abkommen über den Europäischen Wirtschaftsraum (EWR). Darin vereinbarten die Vertragspartner die Errichtung einer Freihandelszone, und die Staaten, die nicht den EG angehörten, übernahmen wesentliche Vorschriften des EG-Binnenmarktes in ihre Gesetzgebung, um Hemmnisse für den Personen-, Waren-, Dienstleistungs- und Kapitalverkehr im EWR abzubauen. Das EWR-Abkommen trat zum 1. Januar 1994 in Kraft. Bei relevanten neuen Rechtsakten der EG wird das EWR-Abkommen einvernehmlich aktualisiert, um möglichst ein paralleles Inkrafttreten der Rechtsakte in allen Staaten des EWR zu ermöglichen. Zum Rat und Sekretariat erhielt die EFTA 1977 einen beratenden Ausschuss mit Vertretern der nationalen Parlamente und für die Durchführung des EWR-Abkommens zuätzlich eine Überwachungsbehörde sowie einen Gerichtshof.

Literatur

BRENKE, Gabriele: Europakonzeptionen im Widerstreit. Die Freihandelszonen-Verhandlungen 1956-1958, in: *Vierteljahrshefte für Zeitgeschichte* 42 (1994), S. 595-633.

GEHLER, Michael/STEININGER, Rolf (Hg.): *Die Neutralen und die europäische Integration 1945-1995*, Wien 2000.

KAISER, Wolfram: Challenge to the Community. The Creation, Crisis and Consolidation of the European Free Trade Association, 1958-72, in: *Journal of European Integration History* 3/1 (1997), S. 7-33.

MILWARD, Alan S.: *The UK and the European Community,* Vol. 1: *The Rise and Fall of a National Strategy*, London 2002.

SCHAAD, Martin P. C.: *Bullying Bonn. Anglo-German Diplomacy on European Integration, 1955-1961,* Basingstoke 2000.

WALLACE, Helen (Hg.): *The Wider Western Europe. Reshaping the EC/EFTA Relationship,* London 1991.

4.2 Fortschritte in der EWG

In den 1960er Jahren verzeichnete insbesondere die Integration im Rahmen der EWG große Fortschritte, trotz der Interessenkonflikte der Mitgliedstaaten und des Scheiterns einiger ambitionierter Vorhaben. Die Errichtung der Zollunion und die Entwicklung einer Gemeinsamen Agrarpolitik (GAP) als erste gemeinsame Politik waren nicht nur beispiellose Erfolge der Integration, sondern trugen auch zu der sehr positiven wirtschaftlichen Entwicklung der Mitgliedstaaten bei, was die Existenz der Gemeinschaft sicherte. So versechsfachte sich das Volumen des Binnenhandels der EWG-Staaten mit Industrieprodukten von 1958 bis 1970, und das Volumen des Handels mit Drittstaaten verdreifachte sich; für Agrarprodukte versiebenfachte sich im gleichen Zeitraum das Volumen des Binnenhandels, und das Handelsvolumen mit Drittstaaten stieg um ca. 240%.[94] Das Bruttosozialprodukt der EWG-Staaten stieg von 1959 bis 1969 im Durchschnitt um 5,5% pro Jahr und damit deutlich stärker als das Großbritanniens (3,0%) oder der USA (4,3%) in diesem Zeitraum. Diese Differenz wird teilweise auf die Effekte der EWG zurückgeführt, allerdings ist dabei zu berücksichtigen, dass auch andere europäische Staaten wie Schweden, Norwegen, Dänemark, Österreich oder die Schweiz im gleichen Zeitraum immerhin Wachstumsraten von 4,5 bis 5% verzeichneten.[95]

Zollunion

Ein wesentlicher Erfolg der EWG war die Errichtung der Zollunion. Im EWG-Vertrag war vorgesehen, während einer Übergangszeit von 12 bis 15 Jahren in drei Stufen schrittweise die Kontingente (Mengenbeschränkungen für Importe) und Zölle zwischen den Mitgliedstaaten abzuschaffen. So sollten nach der ersten Stufe die Binnenzölle um mindestens 25%, nach der zweiten um 50% herabgesetzt sein, bevor sie bis zum Ende der Übergangszeit entfielen. In der Übergangszeit sollten auch die Zölle gegenüber Drittstaaten auf einen gemeinsamen Außenzolltarif hin angeglichen werden. Diese Ziele konnten die EWG-Staaten bereits nach neuneinhalb Jahren, zum 1. Juli 1968, erreichen.

Von einem solchen Erfolg konnte man 1958 nicht ausgehen, als die französische Regierung erklärte, wegen der äußerst kritischen wirtschaftlichen Lage keine Zölle senken zu können. Doch nach einem

Regierungswechsel, verbunden mit einer Abwertung des Franc und einer Konsolidierung des französischen Staatshaushaltes, beteiligte sich Frankreich planmäßig an der Liberalisierung. Am 1. Januar 1959 wurden die Zölle innerhalb der EWG um 10% gesenkt und die Kontingente um 20% angehoben. Dies führte bereits 1959 zu einem Anstieg des Handelsvolumens in der EWG um 20%. Aufgrund dieser positiven Erfahrungen beschloss der EWG-Ministerrat am 12. Mai 1960 auf Vorschlag der Kommission eine erste Beschleunigung der Durchführung des EWG-Vertrags, ein zweiter Beschleunigungsbeschluss folgte am 15. Mai 1962. Daher entfielen im Binnenhandel die Kontingente bereits zum 1. Januar 1962, und der Abbau der Binnenzölle war zum 1. Juli 1968 beendet. Zum selben Termin wurde auch die Annäherung an den gemeinsamen Außenzoll vollendet, der sich aus dem arithmetischen Mittel der Außenzölle der Mitgliedstaaten ergab. Dieser gemeinsame Außenzoll lag 1967, nachdem er infolge der internationalen Verhandlungen für Zollsenkungen im GATT gesenkt worden war, im arithmetischen Mittel bei 6,9%. Damit war der gemeinsame Außenzoll im Vergleich zu den Außenzollsätzen wichtiger Handelspartner wie Großbritannien (11,6%), den USA (11,1%) oder Japan (10,1%) durchaus moderat.[96]

Nach dem Fall der Zollschranken und Kontingente beeinträchtigten allerdings weiterhin nicht-tarifäre Handelshindernisse den Warenaustausch im Gemeinsamen Markt, wie z.B. unterschiedliche nationale Produktnormen, Sicherheitsstandards oder Zulassungsverfahren. Die Aufhebung dieser Handelshemmnisse wurde erst im Binnenmarktprojekt der 1980er Jahre (→ Kapitel B 6.1) in Angriff genommen.

Während bei der Freizügigkeit von Waren im Gemeinsamen Markt große Fortschritte erzielt wurden, traten bei der Verwirklichung der übrigen Freiheiten erhebliche Probleme auf. Zwar war die Freizügigkeit für Arbeitnehmer und selbstständige Unternehmer bis 1968 weitgehend verwirklicht, im Niederlassungsrecht für Angehörige der freien Berufe und für Tätigkeiten im öffentlichen Dienst bestanden jedoch auch weiterhin Hindernisse. Auch der freie Austausch von Dienstleistungen und Kapital konnte in den 1960er Jahren nur eingeschränkt hergestellt werden.

Die Gemeinsame Agrarpolitik

Die Etablierung der Gemeinsamen Agrarpolitik (GAP) wird trotz nicht zu leugnender sachlicher Mängel als Meilenstein für die europäische Integration gesehen, da sie die erste Gemeinschaftspolitik war, die nationale Politiken durch eine supranational formulierte und implementierte europäische Politik ersetzte.

Die besondere Situation der Landwirtschaft (Bedeutung für die Nahrungsversorgung, Ertragsschwankungen durch Abhängigkeit vom Wetter, schlechtere Einkommensentwicklung der in der Landwirtschaft Tätigen gegenüber denjenigen in der gewerblichen Wirtschaft) hatte dazu geführt, dass alle europäischen Staaten ihre Landwirtschaft mit einem Bündel von Maßnahmen wie Importbeschränkungen, Schutzzöllen oder Subventionen unterstützten. Da der Gemeinsame Markt sich auch auf Agrarprodukte erstrecken sollte, galt es, diese Regelungen im Rahmen einer Gemeinsamen Agrarpolitik zu harmonisieren. Der EWG-Vertrag hatte als Ziel der GAP festgelegt, die Produktivität der Landwirtschaft zu steigern, der landwirtschaftlichen Bevölkerung ein angemessenes Einkommen zu ermöglichen und die Versorgung für die Verbraucher zu angemessenen Preisen sicherzustellen (Art. 39). Für die GAP selbst setzte der Vertrag nur einen Rahmen: Sie konnte je nach Erzeugnis entweder gemeinsame Wettbewerbsregeln, eine bindende Koordinierung der verschiedenen nationalen Marktordnungen oder eine europäische Marktordnung einsetzen und sollte schrittweise bis zum Ende der Übergangszeit entwickelt werden (Art. 40).

Die Formulierung einer Gemeinsamen Agrarpolitik erwies sich als schwierig, da die Interessen der Mitgliedstaaten in der Landwirtschaftspolitik stark divergierten. Die Landwirtschaft spielte in den einzelnen Mitgliedstaaten volkswirtschaftlich eine unterschiedlich große Rolle. Beispielsweise waren 1958 in Frankreich ca. 23% der Bevölkerung in diesem Sektor tätig, in der Bundesrepublik hingegen nur 15%.[97] Frankreich und die Niederlande drängten als Netto-Exporteure von Agrarprodukten, die für ihre Außenhandelsbilanz eine wichtige Rolle spielten, auf eine zügige Etablierung der GAP, da sie in den anderen Mitgliedstaaten neue Absatzmärkte sahen. Belgien und Luxemburg waren indifferent, wie auch Italien, das sich infolge zunehmender Industrialisierung vom traditionellen Exporteur zum Importeur von Agrarprodukten zu wandeln begann. Am wenigsten Interesse an der GAP hatte die Bundesrepublik, da sie erstens Agrarimporte aus Drittstaaten wegen der günstigeren Preise und der möglichen Gefährdung ihrer industriellen Exporte in diese Staaten nicht einschränken wollte. Zweitens schien es günstiger, die zu hohen Preisen produzierende, relativ kleine deutsche Agrarwirtschaft weiterhin direkt zu subventionieren, als sich an der Finanzierung einer GAP für die größere französische und niederländische Agrarwirtschaft zu beteiligen.

Als sich die EWG-Agrarminister mit der Kommission und Interessenvertretern der Agrarwirtschaft vom 3. bis 11. Juli 1958 in Stresa trafen, um die großen Linien einer GAP zu entwickeln, zeigten sich diese Unterschiede. Die Konferenz beauftragte die Kommission, eine Vergleichsstudie über die nationalen Agrarpolitiken zu erstellen und Vorschläge für die Annäherung der Preise für landwirtschaftliche Grunderzeugnisse, insbesondere Futtergetreide, zu erarbeiten. Ebenso sollte die Kommission Vorschläge zur Bereitstellung von Kapital für eine produktivere Ausrichtung der Landwirtschaft und zu Angleichungen beim Handel sowie auf sozialem und wirtschaftlichem Gebiet entwickeln. Unter Leitung des Kommissars für Landwirtschaft, Sicco Mansholt, erarbeitete die Kommission eine Studie mit Politikvorschlägen, den sogenannten „Mansholt-Plan", den sie am 7. November 1959 dem Rat vorlegte. Die GAP sollte demnach auf vier Prinzipien beruhen: 1. freier Handel aller landwirtschaftlichen Erzeugnisse innerhalb der EWG, 2. europäische Marktordnungen für landwirtschaftliche Grunderzeugnisse, die einheitliche Mindestabsatzpreise garantierten, 3. Gemeinschaftspräferenz durch Abschöpfungen, d.h. variable Schutzzölle auf Importe aus Drittstaaten, die deren Preisvorteil gegenüber EWG-Produkten aufhoben, und 4. gemeinschaftliche Finanzierung der GAP (finanzielle Solidarität), d.h. Aufrechterhaltung der Garantiepreise und der Subventionen für EWG-Exporte in Drittstaaten sowie der produktivitätssteigernden Maßnahmen.

Insbesondere die Harmonisierung der Preise für Grunderzeugnisse sorgte für Diskussionen, da das Preisniveau in den Mitgliedstaaten sehr unterschiedlich war. Bei einheitlichen Preisen als arithmetische Mittel der bisherigen nationalen Preise würden die Agrarpreise in Frankreich und den Niederlanden stark angehoben. In Italien und Luxemburg würden die Preise moderat und in der Bundesrepublik stark gesenkt werden müssen. Die Bundesregierung, ohnehin wenig an der GAP interessiert, verzögerte die Ausarbeitung der GAP auch aus Rücksicht auf die politisch einflussreichen deutschen Landwirtschaftsverbände, die Preissenkungen wegen der resultierenden Einkommenseinbußen kategorisch ablehnten. Aus französischer Sicht war die GAP als wirtschaftliche Kompensation für die Öffnung des französischen Marktes in der Zollunion dringend notwendig. Von der GAP würde die französische Landwirtschaft durch Absatzchancen in den Partnerländern und europäische Finanzmittel sehr stark profitieren. Auch politisch hatte die schnelle Entwicklung der GAP angesichts der Proteste französischer Bauern gegen ihre Einkommenssituation eine hohe Priorität. Dazu kam die französische Sorge, dass eine zukünftige Erweiterung der EWG um Großbritannien die Gruppe der Agrarprodukte importierenden Mitgliedstaaten in der EWG stärken und damit die Errichtung einer auf französische Interessen ausgerichteten GAP gefährden könnte.

Um die Arbeiten an der GAP weiter zu beschleunigen, drohte de Gaulle, dem Übergang zur zweiten Phase der Übergangszeit am 1. Januar 1962 die notwendige französische Zustimmung zu verweigern, wenn nicht vorher die Grundlagen der GAP gemäß dem Mansholt-Plan gelegt würden. Die Niederlande hegten Sympathien für die französische Haltung, während die übrigen Mitgliedstaaten auch ohne die GAP termingerecht in die zweite Phase der Übergangszeit eintreten wollten. Da jedoch Frankreich an seinem Junktim festhielt und die Bundesregierung weder die zügige Durchführung des EWG-Vertrags noch die laufenden Verhandlungen über die Politische Union (→ Kapitel B 4.3) gefährden wollte, gab sie ihren Widerstand gegen die GAP nach den Bundestagswahlen im Herbst 1961 auf.

Als die intensiv geführten GAP-Verhandlungen trotzdem bis zum Jahresende nicht beendet waren, wurden auf französischen Vorschlag hin in Brüssel „die Uhren angehalten“, und die Verhandlungen wurden fortgesetzt. Am 14. Januar 1962 beschloss der Ministerrat dann „fristgerecht“ den Übergang zur zweiten Stufe der Übergangszeit und für die GAP die ersten Marktordnungen für Getreide, Schweinefleisch, Geflügelfleisch und Eier sowie einen Terminplan für weitere Arbeiten an der GAP. Weiterhin wurde zur Finanzierung der GAP beschlossen, einen Europäischen Ausrichtungs- und Garantiefonds für die Landwirtschaft (EAGFL) einzurichten, der erstens und vor allem die zur Stützung der Garantiepreise durchzuführenden Interventionen (Käufe, Lagerungen, Exportsubventionen) und zweitens Maßnahmen zur strukturellen Ausrichtung der Landwirtschaft auf höhere Produktivität finanzierte. Der EAGFL sollte sich bis zum 30. Juni 1965 aus Beiträgen der Mitgliedstaaten nach Art. 200 EWG-Vertrag, in der Endphase des Gemeinsamen Marktes aus noch zu bestimmenden eigenen Einnahmen der Gemeinschaft speisen (Art. 201 EWG-Vertrag).

Um das System der Marktordnungen zu implementieren, war noch die Festlegung der Garantiepreise für die jeweiligen landwirtschaftlichen Erzeugnisse nötig, bei der die Interessen der Niedrigpreisländer wie Frankreich mit denen der Hochpreisländer wie der Bundesrepublik kollidierten. Besonders heftig zeigte sich der Interessenkonflikt bei der Entscheidung über einheitliche Getreidepreise, weil die Preise für Getreide wegen dessen Doppelfunktion als menschliches Nahrungsmittel und als Tierfutter in der Landwirtschaft auch die Höhe der Preise für viele andere landwirtschaftliche Produkte mitbestimmten. Da die Bundesregierung nicht bereit war, Preissenkungen zuzustimmen, konnte sich der Ministerrat über Jahre nicht auf einheitliche Getreidepreise einigen, sondern legte lediglich eine Preisspanne („fourchette") für die Getreidepreise in den Mitgliedstaaten fest, deren Maximum den deutschen Getreidepreisen entsprach. Erst Ende 1964 lenkte die Bundesregierung ein, da Frankreich von einheitlichen Getreidepreisen sein Verbleiben in der EWG abhängig gemacht hatte. Außerdem hatte de Gaulle im Gegenzug Konzessionen in den GATT-Verhandlungen und Unterstützung für die von Bundeskanzler Erhard angestrebten Fortschritte in Richtung einer Politischen Union der EWG-Staaten in Aussicht gestellt. Im Ministerrat vom 14./15. Dezember 1964 wurde daraufhin die Einführung der einheitlichen Getreidepreise zum 1. Juli 1967 beschlossen. Auf deutschen Wunsch hin einigte man sich allerdings auf ein hohes Preisniveau, das lediglich ca. 10% unter den deutschen Preisen lag. Da bei den jährlichen Festlegungen der Garantiepreise im EWG-Ministerrat stets ein hohes Preisniveau für die Produkte beibehalten wurde und die Preisgarantien nicht auf bestimmte Mengen beschränkt waren, wurde schon in den 1960er Jahren die landwirtschaftliche Produktion so stark angeregt, dass insbesondere bei Milch und Milcherzeugnissen, Getreide und Zucker erhebliche Überschüsse produziert wurden. Die Folge waren sehr hohe Kosten für die Intervention.

Gemeinsame Agrarpolitik (GAP): Sammelbegriff für eine Vielzahl unterschiedlicher agrarpolitischer Maßnahmen der EWG, die auf die Erhöhung der Produktivität und die Sicherung der Einkommen in der Landwirtschaft zielen.
Ein wichtiges Element neben der produktivitätssteigernden Strukturförderung waren *Marktordnungen* für einzelne Produkte (wie z.B. für Getreide, Milch, Rindfleisch). Dafür legte der Ministerrat in der Regel Mindestpreise für ein landwirtschaftliches Erzeugnis fest, um den Landwirten der EWG-Staaten über die Erlöse angemessene Einkommen zu garantieren. Diese Preise lagen daher in der Regel über dem jeweiligen Weltmarktpreis für das Produkt. Immer wenn der Preis des

Produktes im Gemeinsamen Markt unter den festgelegten Mindestpreis sank, weil die Landwirte größere Mengen anboten als die Verbraucher nachfragten, sorgten staatliche Interventionskäufe dafür, den Preis auf dem garantierten Niveau zu halten. Die staatlich gekauften Produkte wurden eingelagert und in späteren Hochpreisphasen im Gemeinsamen Markt verkauft, subventioniert an inländische oder ausländische Verbraucher abgegeben oder vernichtet. Um zu verhindern, dass Landwirte aus Drittstaaten ihre Produkte zu günstigeren Weltmarktpreisen in der EWG verkauften, wurden Agrarimporte durch *Abschöpfungen*, d.h. in der Höhe gleitende Schutzzölle, auf ein ebenfalls festgelegtes Preisniveau verteuert. Die Kosten für die GAP (Interventionen, Maßnahmen zur Strukturförderung) wurden aus dem EAGFL der EWG bestritten. Das System der Garantiepreise führte bereits Ende der 1960er Jahre zu Überproduktion und hohen Kosten für die GAP, so dass das ursprüngliche System der Marktordnungen sukzessive reformiert wurde.

Außenbeziehungen: Eine Rolle für die Gemeinschaft

Die EWG vertrat auch die Interessen ihrer Mitgliedstaaten nach außen, z.B. verhandelte die Kommission für die Mitgliedstaaten über Zollsenkungen im GATT. Auch schloss die EWG bilaterale Handelsverträge mit Drittstaaten, wie z.B. mit Israel 1964 oder dem Libanon 1965.

Für die Gestaltung besonderer Beziehungen zu Drittstaaten entwickelte die EWG das Instrument der Assoziierung. Assoziierungsabkommen gehen über den Inhalt von Handelsverträgen hinaus, enthalten weitreichendere Rechte und Pflichten sowie institutionalisierte Konsultationsverfahren in einem Assoziationsrat. So wurden mit den europäischen Staaten Griechenland und Türkei 1961 bzw. 1963 Assoziierungsabkommen nach Art. 238 EWG-Vertrag geschlossen. Die EWG schloss am 20. Juli 1963 in Jaunde, der Hauptstadt Kameruns, ein Assoziierungsabkommen mit den afrikanischen Staaten und Madagaskar, die durch die Kolonialgeschichte in besonderer Weise mit den Mitgliedstaaten der EWG verbunden waren. Im Jaunde-Abkommen räumten sich die EWG und die assoziierten Staaten gegenseitige Handelsvorteile ein, und die EWG stellte ihnen 730 Mio.

US-Dollar Entwicklungshilfe für die Laufzeit von fünf Jahren zur Verfügung. Das Jaunde-Abkommen wurde am 29. Juli 1969 für weitere fünf Jahre verlängert. Auf eine Regelung für die wirtschaftlichen Beziehungen mit den überseeischen Ländern und Hoheitsgebieten hatte Frankreich bei den Verhandlungen zum EWG-Vertrag gedrungen, weil die ehemalige Kolonialmacht an gemeinschaftlich finanzierter Entwicklungshilfe und der Beibehaltung besonderer Beziehungen zu ihren ehemaligen Kolonien ein besonderes Interesse hatte.

Innere Entwicklung: Fusion der Exekutiven

Bei den Vertragsverhandlungen zur Gründung der EWG und EAG hatte man sich bereits darauf geeinigt, dass die Versammlung und der Gerichtshof der EGKS auch für EWG und EAG zuständig sein sollten. Auf Vorschlag der niederländischen Regierung nahm der Rat der EWG 1961 Verhandlungen über eine Fusion der Gemeinschaften auf, um Kompetenzen zu bündeln und den Integrationsprozess zu fördern. Wegen divergierender Ansichten der Mitgliedstaaten über den Grad der Supranationalität der fusionierten Gemeinschaft kam es jedoch nie zu dieser Fusion.

Die Regierungen der Mitgliedstaaten konnten sich lediglich auf eine Fusion der Exekutiven, d.h. die Zusammenlegung der Hohen Behörde der EGKS und der Kommissionen von EWG und EAG zur Kommission der Europäischen Gemeinschaften, und auf die Schaffung eines Ministerrats für alle drei Gemeinschaften einigen. Die drei Gemeinschaftsverträge und die drei Gemeinschaften blieben selbstständig nebeneinander bestehen. Trotzdem wurde in der Folgezeit häufig – ab 1978 aufgrund einer Entschließung von Parlament und Ministerrat sogar in offiziellen Dokumenten – der Begriff „Europäische Gemeinschaft" synonym zu dem Begriff „Europäische Gemeinschaften" benutzt. Für beide Begriffe war die Abkürzung „EG" gebräuchlich.

Der Vertrag über die Fusion der Gemeinschaftsorgane wurde am 8. April 1965 in Brüssel unterzeichnet und trat zum 1. Juli 1967 in Kraft. Er institutionalisierte gleichzeitig auf französischen Wunsch den zuvor informellen Ausschuss der Ständigen Vertreter der Mitgliedstaaten in Brüssel (AStV). Dieser Ausschuss, auch unter dem französischen Akronym COREPER (*comité des représentants permanents*) bekannt, bestand aus Beamten der Mitgliedstaaten im Rang eines Botschafters. Er traf sich wöchentlich, um die Sitzungen des

Ministerrats vorzubereiten und dessen Zusammenarbeit mit der Kommission zu koordinieren, was das Gewicht der Mitgliedstaaten im Gefüge der Europäischen Gemeinschaften stärkte.

Literatur

DEIGHTON, Anne/MILWARD, Alan S. (Hg.): *Widening, Deepening and Acceleration. The European Economic Community, 1957-1963,* Baden-Baden 1999.

VON DER GROEBEN, Hans: *Aufbaujahre der Europäischen Gemeinschaft. Das Ringen um den Gemeinsamen Markt und die Politische Union (1958-1966)*, Baden-Baden 1982.

LAURING KNUDSEN, Ann-Christina: European Integration in the Image and the Shadow of Agriculture, in: DINAN, Desmond (Hg.): *Origins and Evolution of the European Union*, Oxford 2006, S. 191-217.

LOTH, Wilfried (Hg.): *Crises and Compromises. The European Project 1963-1969*, Baden-Baden 2001.

4.3 Anlauf zur Politischen Union: Die Fouchet-Pläne

Nach dem Scheitern der Europäischen Politischen Gemeinschaft (EPG) 1954 war das Ziel einer „politischen Einigung" (→ Kapitel C 1) Europas erst einmal in weite Ferne gerückt. Der EWG-Vertrag hatte zwar den Willen der Sechs bekundet, einen engeren Zusammenschluss der europäischen Völker herbeizuführen, aber keine konkreten Maßnahmen zu einer über die Realisierung des Gemeinsamen Marktes hinausgehenden Zusammenarbeit formuliert. Eine Initiative zur Zusammenarbeit der Sechs auf außen-, sicherheits- und kulturpolitischem Gebiet ging 1960 vom französischen Staatspräsidenten de Gaulle aus. Die in diesem Zusammenhang entwickelten Pläne zur Bildung einer Europäischen Politischen Union (EPU) sind unter dem Namen des ersten Vorsitzenden der zur Bearbeitung dieser Vorschläge eingerichteten Kommission, des französischen Diplomaten und engen Vertrauten de Gaulles, Christian Fouchet, als Fouchet-Pläne bekannt geworden.

Fouchet-Plan I

Nach vorangegangenen bilateralen Gesprächen mit seinen europäischen Partnern verkündete de Gaulle am 5. September 1960 in einer

Pressekonferenz seine Vorstellungen von einer politischen Einigung Europas. Er schlug eine engere Zusammenarbeit der europäischen Staaten auf den Gebieten Politik, Wirtschaft, Kultur und Verteidigung vor. Zu diesem Zwecke sollten organisierte, regelmäßige Konsultationen zwischen den Regierungen stattfinden, den Regierungen unterstellte Spezialorganisationen auf den einzelnen Gebieten errichtet und eine aus Delegierten der nationalen Parlamente bestehende beratende Versammlung gebildet werden. Eine Volksbefragung sollte die Zustimmung der europäischen Völker zu diesem Einigungsprojekt herbeiführen. Zugleich erklärte de Gaulle, dass die Rolle der supranationalen Organe der Europäischen Gemeinschaften auf die Beschäftigung mit rein technischen Fragen der Zusammenarbeit zu beschränken sei, während die politischen Entscheidungen in der Verantwortung der nationalstaatlichen Regierungen bleiben sollten. Die Nationalstaaten waren nach seinen Worten die „Eckpfeiler“ Europas, auf denen man weiterbauen müsse, und er nannte es eine „Schimäre“ zu glauben, man könnte etwas Wirksames schaffen „was außerhalb oder über dem Staat stehen würde.“[98]

Der Vorschlag de Gaulles zielte auf eine rein intergouvernementale Zusammenarbeit der europäischen Staaten und wurde von den Partnern Frankreichs als ein Angriff auf die bereits bestehenden supranationalen Gemeinschaftsorganisationen empfunden. Trotz ihrer Vorbehalte gegenüber den Plänen de Gaulles fanden sich die fünf anderen EWG-Staaten grundsätzlich zu Gesprächen über den Vorschlag des französischen Staatspräsidenten bereit. Sie wollten zum einen die seit langer Zeit erste Initiative zur politischen Einigung nicht ungenutzt lassen, zum anderen fürchteten sie von einer Nichtbeachtung dieser Vorschläge negative Auswirkungen auf die Arbeit in den bestehenden Gemeinschaften. Auf einer Gipfelkonferenz in Paris im Februar 1961 bekundeten die sechs Staats- bzw. Regierungschefs ihre Bereitschaft zu einer engeren politischen Zusammenarbeit und setzten eine Studienkommission unter Vorsitz von Christian Fouchet (Fouchet-Kommission) ein, die konkrete Vorschläge für die weitere Zusammenarbeit vorlegen sollte.

Nach einem weiteren Gipfeltreffen in Bonn im Juli 1961, auf dem die Sechs mit der „Bonner Erklärung“ ihren Willen zur Schaffung einer politischen Organisation Europas bekräftigt und die Fouchet-Kommission mit der Ausarbeitung eines Statuts für diese Organisation beauftragt hatten, legte Fouchet am 19. Oktober 1961 in der Kommission einen ersten Vertragsentwurf über die Gründung einer Europäischen Politischen Union (EPU) vor.[99]

Dieser französische Vertragsentwurf, der als Fouchet-Plan I bezeichnet wird, sah die Bildung einer „unauflöslichen Staatenunion" vor. Ziel der Union sollte es sein, „in den Fragen, die von gemeinsamem Interesse für die Mitgliedstaaten sind, zur Annahme einer gemeinsamen Außenpolitik zu gelangen", eine enge Zusammenarbeit auf den Gebieten Wissenschaft und Kultur zu erreichen, zur Verteidigung der Menschenrechte, der Grundfreiheiten und der Demokratie beizutragen und „durch eine gemeinsame Verteidigungspolitik in Zusammenarbeit mit den anderen freien Nationen die Sicherheit der Mitgliedstaaten gegen jeden Angriff zu stärken." Nicht genannt wurde in dem Entwurf der von de Gaulle in seiner Pressekonferenz erwähnte Bereich Wirtschaft, der durch die Gemeinschaftsverträge geregelt war.

Der Vorschlag Fouchets zielte auf die Errichtung einer intergouvernemental strukturierten Organisation. Entsprechend war das wichtigste Organ der aus den Staats- bzw. Regierungschefs sowie den Außenministern bestehende *Rat*, der alle vier Monate auf der Ebene der Staats- bzw. Regierungschefs und zwischenzeitlich mindestens einmal auf der Ebene der Außenminister zusammentreten sollte. Beschlüsse im Rat konnten nur einstimmig gefasst werden und sollten für die an ihrer Annahme beteiligten Mitglieder verbindlich sein. Eine aus hohen Beamten der Außenministerien bestehende *Europäische Politische Kommission* sollte den Rat bei seiner Arbeit unterstützen, seine Beschlüsse vorbereiten und ausführen sowie die ihr vom Rat übertragenen Aufgaben wahrnehmen. Diese Kommission war somit im Gegensatz zu den Kommissionen der Europäischen Gemeinschaften kein unabhängiges, supranationales Organ. Die Rolle des *Europäischen Parlamentes* – gemeint war die Versammlung der Europäischen Gemeinschaften – beschränkte sich auf die Beratung der mit den Zielen der Union zusammenhängenden Fragen, zudem konnte das Parlament Anfragen an den Rat richten und ihm Empfehlungen unterbreiten.

Das vorgelegte Statut enthielt eine Revisionsklausel, nach der drei Jahre nach Inkrafttreten des Vertrages Maßnahmen geprüft werden sollten, die zu einer Stärkung der Union führen würden. Als Hauptziele der Revision nannte das Statut die „Erarbeitung einer einheitlichen Außenpolitik" sowie die progressive Schaffung einer Organisation, „die innerhalb der Union die in der Präambel zu diesem Vertrag genannten Europäischen Gemeinschaften zentralisiert". Mit einstimmigem Ratsbeschluss konnten weitere Mitgliedstaaten des Europarates in die Union aufgenommen werden, sofern sie den Zielen der

Struktur der EPU
(Fouchet-Plan I, 19.10.1961)

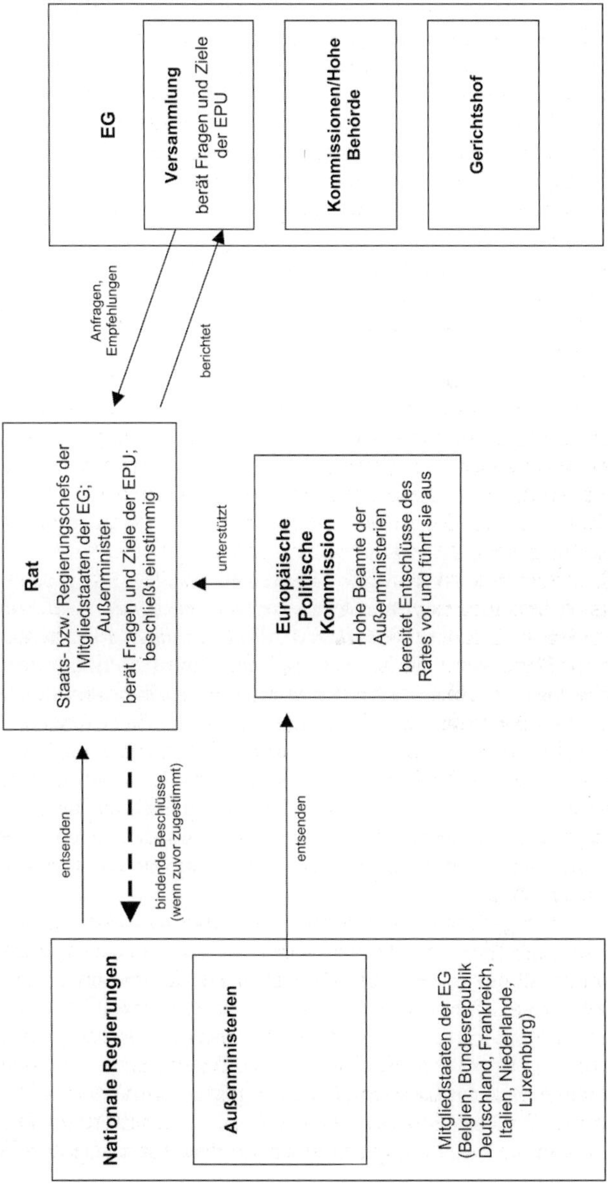

Union zustimmten und zuvor Mitglieder der Europäischen Gemeinschaften geworden waren.

Das von Fouchet vorgelegte französische Statut stieß auf Kritik und Ablehnung bei den anderen Fünf, die vor allem die fehlende Supranationalität der geplanten Union sowie die Schwächung des atlantischen Bündnisses durch die vorgesehene europäische Sicherheitspolitik kritisierten und Verbesserungen am Vertragsentwurf forderten. Christian Fouchet legte daraufhin am 10. November 1961 einen revidierten Entwurf vor, der der Kritik und den Verbesserungsvorschlägen der Fünf Rechnung trug. So wurde den im ersten Entwurf vorgesehenen Organen ein „unabhängiges Generalsekretariat" hinzugefügt, das die Interessen der politischen Gemeinschaft vertreten sollte; eine Bestandsgarantie der vorhandenen Gemeinschaftsinstitutionen (EGKS, EWG, Euratom) wurde verankert, die enge Anbindung der Europäischen Politischen Union an die NATO betont, die Rechte des Parlaments wurden gestärkt, und es wurde eine Weiterentwicklung der Europäischen Politischen Union in Richtung Supranationalität in Aussicht gestellt.

Fouchet-Plan II

Doch wurde dieser revidierte Vertragsentwurf nicht, wie vorgesehen, in der Sitzung am 18. Januar 1962 diskutiert, da Frankreich überraschend diesen Plan zurückzog und einen neuen Entwurf vorlegte (Fouchet-Plan II). Dieser neue Entwurf ließ nicht nur alle Änderungswünsche der Fünf unberücksichtigt, sondern stellte auch einen Rückschritt gegenüber dem ersten Fouchet-Plan dar.[100] Der Fouchet-Plan II zielte auf eine rein intergouvernementale Zusammenarbeit der Mitgliedstaaten in einer nun nicht mehr unauflöslichen Staatenunion, beinhaltete eine Schwächung der supranationalen Gemeinschaftsinstitutionen, erwähnte nicht mehr die Verklammerung der gemeinsamen Verteidigungspolitik mit der NATO und sah keine bedeutenden Entwicklungsmöglichkeiten der Union mehr vor. Die Revisionsklausel formulierte nur sehr allgemeine, unverbindliche Maßnahmen zur Stärkung der Union; von der Erarbeitung einer einheitlichen Außenpolitik als Ziel einer Revision, wie noch im Fouchet-Plan I, war in diesem Entwurf nicht mehr die Rede. Auch wurde als Ziel der Union nicht mehr von der „Annahme einer gemeinsamen Außenpolitik" gesprochen, sondern lediglich davon, die Politik der Mitgliedstaaten auf den Gebieten Außenpolitik, Wirtschaft, Kultur und Verteidigung „anzunähern, zu koordinieren und zu vereinheitlichen". Die Aufnahme der Wirtschaft in den Zielkatalog intergouvernementaler Zusammenarbeit bedeutete einen Eingriff in die Kompetenzen der Gemeinschaften.

Über die Motive Frankreichs, den ersten sowie den revidierten Fouchet-Plan zurückzuziehen und einen neuen Vertragsentwurf vorzulegen, besteht bislang in der historischen Forschung keine endgültige Klarheit. Sicher ist, dass de Gaulle eigenhändig am Vorabend der Ausschusssitzung Änderungen am revidierten Fouchet-Plan vornahm. Es ist daher anzunehmen, dass der revidierte, konsensfähige Fouchet-Plan seinen mehrfach geäußerten Vorstellungen von einer Stärkung der Nationalstaaten, Schwächung der supranationalen Gemeinschaften und Lockerung der Beziehungen zu den USA widersprach und ihm somit nicht akzeptabel erschien. Gestärkt durch seine zuvor erzielten Erfolge bei der Agrarregelung und die bevorstehende Beendigung des Algerienkonfliktes sah er wohl den geeigneten Zeitpunkt gekommen, eine endgültige Entscheidung in den Fouchet-Verhandlungen herbeizuführen und eine Entwicklung der geplanten Politischen Union zu verhindern, die sich immer weiter von seinen Vorstellungen eines intergouvernementalen „Europe européenne“ entfernte und sich auf ein supranationales, atlantisches, d.h. auf eine enge Kooperation mit den USA hin orientiertes, Europa zubewegte.

Scheitern der EPU

In den folgenden Wochen kam es zu keiner Einigung mehr in der Fouchet-Kommission, die ab April unter dem Vorsitz des italienischen Delegationsleiters Attilio Cattani tagte. Die Fünf erarbeiteten im Januar und Februar 1962 einen Gegenentwurf zum Fouchet-Plan II, in dem sie ihre auf mehr Supranationalität zielenden Vorstellungen einer Politischen Union darlegten. Diese beinhalteten längerfristig, d.h. im Zuge einer vorgesehenen Vertragsrevision nach dem Übergang von der zweiten zur dritten Übergangsstufe der EWG, die Schaffung einer unabhängigen Exekutive, Mehrheitsentscheidungen im Rat, Stärkung der Rechte des Parlaments, Direktwahl des Parlaments und Erweiterung der Zuständigkeit des Gerichtshofes. Als Ziele der Union wurden u.a. die Annahme einer gemeinsamen Außenpolitik und einer gemeinsamen Verteidigungspolitik im Rahmen der NATO formuliert.[101] In ihrer Sitzung am 15. März 1962 nahm die Fouchet-Kommission einen Vertragsentwurf an, der die übereinstimmenden Textteile und die divergierenden Passagen zwischen dem Fouchet-Plan II und dem Entwurf der Fünf gegenüberstellte und damit die Uneinigkeit zwischen den Fünf und Frankreich dokumentierte.[102]

Zum endgültigen Abbruch der Verhandlungen kam es bei dem Treffen der sechs Außenminister am 17. April 1962, als die Niederlande und Belgien sich weigerten, ohne die Beteiligung Großbritanniens über die Politische Union weiterzuverhandeln. Die „Englandfrage" oder sogenannte „preálable anglais" hatte seit Beginn der Gespräche über die Politische Union eine wichtige Rolle gespielt. Bereits in den ersten Sitzungen der Fouchet-Kommission hatten die Niederlande und Belgien die Hinzuziehung Großbritanniens zu den Gesprächen gefordert, da sie befürchteten, eine intergouvernemental strukturierte Politische Union ohne Großbritannien würde zu einer Hegemonie Deutschlands und Frankreichs in dieser Organisation führen.

Großbritannien selbst, das am 9. August 1961 den Beitrittsantrag zur EWG gestellt hatte, war nicht daran interessiert, in die Auseinandersetzungen über die Europäische Politische Union einbezogen zu werden, da es davon eine unnötige Verkomplizierung der Beitrittsverhandlungen fürchtete. Zur Positionierung gezwungen, um die weitere Unterstützung der Niederlande für den EWG-Beitritt zu sichern und de Gaulles Verdacht, Großbritannien sei an einer engen Einbeziehung in das Europa der Sechs nicht interessiert, zu zerstreuen, entwickelte Großbritannien einen eigenen Fouchet-Plan, der in vielen Punkten den Bestrebungen der Fünf entgegenkam und das britische Interesse an einer politischen Einigung Europas demonstrieren sollte. In der Englandfrage war es während der Diskussionen der Sechs über die Fouchet-Pläne auf der Außenministerkonferenz am 15. Dezember 1961 zu einem Kompromiss gekommen, welcher vorsah, dass neue Gemeinschaftsmitglieder nach ihrer Aufnahme in die EG auch der Politischen Union beitreten müssten. Dass die Niederlande und Belgien dennoch die Englandfrage im April 1962 zum Anlass nahmen, die Gespräche über die Politische Union abzubrechen, hing mit ihrer grundsätzlichen Abneigung gegenüber den Plänen einer Politischen Union zusammen.

Letztlich scheiterten die Verhandlungen über die Bildung einer Europäischen Politischen Union daran, dass mit Ausnahme der Bundesrepublik und Italiens keiner der Beteiligten an dem Zustandekommen einer solchen Union wirklich interessiert war und die Interessendivergenzen überwogen. Für die Benelux-Staaten besaß die Schaffung eines gemeinsamen europäischen Marktes Priorität vor einer politischen Einigung; zudem befürchteten sie eine Hegemonie der großen Staaten in einer Politischen Union und standen de Gaulles Bestreben, die Verteidigung der Union von der NATO zu lösen und die atlantische Allianz zu schwächen, ablehnend gegenüber. Für de Gaulle wiederum war die Politische Union vor allem ein Mittel, die supranationalen Organe der Gemeinschaften zu schwächen und seine Europakonzeption eines von den USA unabhängigen Europas, in dem die Nationalstaaten eine starke Position einnahmen, durchzusetzen.

Wenngleich der Plan zur Schaffung einer Europäischen Politischen Union 1962 scheiterte, so blieb er doch richtungsweisend für die Zukunft. Alle folgenden politischen Einigungsbemühungen bis hin zum Vertrag von Maastricht waren im Grunde nur Variationen der Fouchet-Pläne. Dies trifft insbesondere auf die drei von deutscher (Erhard), belgischer (Spaak) und italienischer (Giuseppe Saragat) Seite im Jahr 1964 vorgelegten Entwürfe für eine politische Einigung Europas zu, die sich als Weiterentwicklung der Fouchet-Pläne verstanden, aber ebenso wie die diese an der Uneinigkeit und dem mangelnden Interesse der Sechs scheiterten.

Aus dem Scheitern der Fouchet-Pläne zog de Gaulle die Konsequenz, die bilaterale Zusammenarbeit mit der Bundesrepublik zu suchen. Resultat dieser Bemühungen war der am 22. Januar 1963 unterzeichnete deutsch-französische Vertrag (Elysée-Vertrag), der regelmäßige Konsultationen zwischen Frankreich und Deutschland zur Gleichrichtung ihrer Politik auch in den Europäischen Gemeinschaften vorsah. Dieser wurde deshalb von dem italienischen Ministerpräsidenten Fanfani als „schädlich für den Gemeinsamen Markt, schädlich für den Fortschritt der europäischen Einheit und schädlich für das innere Gleichgewicht der NATO“[103] bezeichnet; auch der niederländische Außenminister Luns sah in dem Vertrag eine „Geringschätzung des Gemeinschaftselements.“[104] Im deutschen Bundestag konnte der Elysée-Vertrag nur unter Voranstellung einer Präambel ratifiziert werden, welche alle die Punkte betonte, die de Gaulle gerade ablehnte: die enge Bindung an die USA, das Streben nach Supranationalität in der europäischen Integration und der Wunsch nach Aufnahme Großbritanniens in die Europäischen Gemeinschaften. De Gaulle, enttäuscht über das Scheitern seiner Bestrebungen, hatte bereits im Mai 1962 seinem Unmut über die Entwicklung in Europa Luft gemacht und auf einer Pressekonferenz die Integrationsbestrebungen seiner europäischen Partner als „Märchen von Tausendundeiner Nacht“ bezeichnet.[105]

Literatur

Clemens, Gabriele: „A delicate matter". Großbritannien und die Fouchet-Verhandlungen 1960-1962, in: *Journal of European Integration History* 11/1 (2005), S. 103-124.

Jansen, Thomas: *Europa: Von der Gemeinschaft zur Union. Strukturen, Schritte, Schwierigkeiten*, Bonn 1986.

Kramer, Esther: *Europäisches oder atlantisches Europa? Kontinuität und Wandel in den Verhandlungen über eine politische Union 1958-1970*, Baden-Baden 2003.

Revue d'Allemagne et des pays de langue allemande 29/2 (1997): *Du Plan Fouchet au Traité franco-allemand de janvier 1963* (Textes réunis et publiés par Jacques Bariéty et Jean-Paul Bled).

Soutou, Georges-Henri: *L'alliance incertaine. Les rapports politico-stratégiques franco-allemands 1954-1996*, Paris 1996.

4.4 Das Scheitern der Beitrittsgesuche

Die Europäischen Gemeinschaften zeigten sich offen für die Teilnahme weiterer europäischer Staaten; gemäß dem Ziel in der Präambel des EWG-Vertrags, „die Grundlagen für einen immer engeren Zusammenschluß der europäischen Völker zu schaffen", konnte jeder europäische Staat einen Beitrittsantrag stellen (Art. 237 EWG-Vertrag). Großbritannien war der erste Staat, der beitreten wollte, und stellte 1961 und 1967 Beitrittsanträge. Die Regierungen Irlands, Dänemarks und auch Norwegens folgten ihrem wichtigen Partner und stellten ihrerseits Beitrittsanträge. Doch während fünf EWG-Staaten den britischen Beitritt befürworteten, verweigerte der französische Präsident de Gaulle den britischen Anträgen die notwendige Zustimmung, so dass in den 1960er Jahren die Versuche scheiterten, die Gemeinschaften um neue Mitglieder zu erweitern.

Der erste britische Beitrittsantrag (1961)

Dem EWG-Beitrittsantrag der konservativen Regierung unter Harold Macmillan vom 9. August 1961, dem Beitrittsgesuche zur EGKS und EAG folgten, ging eine veränderte Wahrnehmung der eigenen wirtschaftlichen und politischen Situation voraus. Die britische Wirtschaft wuchs mit 2,4% von 1955 bis 1960 im Vergleich zu der Wirtschaft der

EWG-Staaten (5%) nur verhalten.[106] Auch entwickelten sich die traditionellen Märkte des Commonwealth für den britischen Außenhandel weniger dynamisch als die europäischen Märkte, wobei die britischen Exporte in die EWG ein höheres Volumen und ein stärkeres Wachstum aufwiesen als diejenigen in die EFTA-Staaten. Aus Sicht der britischen Regierung bot ein EWG-Beitritt Großbritannien wirtschaftlich den Zugang zu einem dynamischen Markt, der vermehrt britische Produkte nachfragte und gleichzeitig durch die verschärfte Konkurrenz für die dringende Modernisierung der britischen Wirtschaft sorgen würde. Es zeichneten sich aber auch wirtschaftliche Nachteile ab, wenn nicht in Verhandlungen Ausnahmeregelungen für Großbritannien vereinbart würden: So schien infolge der Mitgliedschaft in der Zollunion ein zumindest partieller Verlust von Präferenzen im Handel mit der EFTA und dem Commonwealth wahrscheinlich, das schließlich immer noch der wichtigste Markt für britische Exporte war. Auch könnte die GAP zu höheren Preisen für importierte Lebensmittel und somit zu höheren Verbraucherpreisen sowie einer höheren Belastung der britischen Zahlungsbilanz führen.

Während noch 1955 die britische Regierung ihre Teilnahme am Messina-Projekt aus politischen Gründen abgelehnt hatte, weil sie die Souveränität und die besondere internationale Rolle Großbritanniens durch eine einseitige Bindung an die supranationale Gemeinschaft der Sechs gefährden würde, spielten 1961 politische Gründe die entscheidende Rolle *für* den britischen EWG-Beitrittsantrag: Das Commonwealth hatte politisch an Bedeutung verloren, weil zum einen dessen Mitgliedstaaten sich zunehmend an anderen Partnern orientierten, beispielsweise wandten sich Kanada und Australien den USA, Indien einer Bewegung blockfreier Staaten zu. Zum anderen schwand auch der Einfluss Großbritanniens im Commonwealth, z.B. konnte es Südafrika gegen die Kritik anderer Mitgliedstaaten an der Apartheid nicht im Commonwealth halten. Gleichzeitig verringerte sich auch der britische Einfluss in Europa, da Großbritannien nicht Teil der EWG war und die EFTA nicht das Potential hatte, sich zu einer politischen Gemeinschaft zu entwickeln. Auch die Rolle als besonderer Partner der USA litt unter dem britischen Einflussverlust im Commonwealth und in Europa, da Großbritannien wenig in die Partnerschaft einbringen konnte und bei der Nuklearrüstung und der Währungspolitik auf amerikanische Hilfe angewiesen war. Als unerwünschte Folgen dieser Entwicklung für die transatlantischen Beziehungen befürchtete man im Foreign Office, dass Großbritannien entweder von der EWG als Ganzes bzw. von Frankreich oder der

Bundesrepublik als wichtigster Partner der USA verdrängt würde oder dass das atlantische Bündnis sogar ganz zerbrechen könnte, wenn die EWG sich unter gaullistischem Einfluss zwischen den Blöcken positionieren würde. Ein EWG-Beitritt, so das Kalkül im Foreign Office, würde Großbritanniens internationale Rolle befestigen. Er würde Großbritannien eine oder gar die Führungsposition in der EWG und damit in Europa geben. Gleichzeitig erhielte Großbritannien dadurch die Gelegenheit, als Fürsprecher des Commonwealth in der EWG aufzutreten und als verlässlicher Partner der USA zu wirken, um so die atlantische Partnerschaft und den Anspruch auf eine Sonderbeziehung zu den USA aufrechtzuerhalten. Ein britischer EWG-Beitritt war also kein neues außenpolitisches Ziel, sondern vielmehr ein neues Instrument, um von der britischen Weltmachtrolle soviel wie möglich zu retten.

Das Scheitern des Beitrittsversuchs

Die Beitrittsverhandlungen erstreckten sich vom 10. Oktober 1961 bis zum 29. Januar 1963 und verliefen sehr schleppend, was zum einen daran lag, dass sich die Sechs bei jedem Verhandlungspunkt zunächst auf eine gemeinsame Position verständigten, bevor sie mit der britischen Delegation verhandelten. Zum anderen sah sich die britische Delegation wegen der innenpolitischen Lage in Großbritannien und der eingegangenen Verpflichtungen gegenüber den EFTA- und Commonwealthstaaten nur in der Lage, sehr zurückhaltend Zugeständnisse zu machen. Der *acquis communautaire* der Gemeinschaften hielt für Großbritannien einige Probleme bereit: Die Zollunion mit dem gemeinsamen Außenzoll erforderte die Abschaffung der Präferenzen für Importe aus dem Commonwealth nach Großbritannien, was im Gegenzug mit dem Verlust von Präferenzen für britische Exporte auf den Märkten des Commonwealth verbunden war. Auch musste für den Handel mit den EFTA-Staaten der gemeinsame Außenzoll der EWG angewendet werden. Die GAP erforderte einen totalen Wandel in der Agrarpolitik Großbritanniens. Das britische System beruhte auf hohen Direktsubventionen an die britischen Landwirte, massiven günstigen Importen aus den Commonwealthstaaten und niedrigen Verbraucherpreisen, das System der GAP auf hohen Preisen für Agrarprodukte, staatlichen Interventionen zu deren Stützung und einer Abschottung vor Importen durch Abschöpfungen. Eine Übernahme der GAP würde daher Lebensmittel in Großbritannien erheblich verteuern und den Landwirten des Commonwealth einen wichtigen Absatzmarkt nehmen, was insbesondere für die neuseeländische Landwirtschaft existenzgefährdend war.

acquis communautaire, frz. = gemeinschaftliche Errungenschaft. Der Begriff bezeichnet den Korpus des Gemeinschaftsrechts. Dazu gehören als Primärrecht die Verträge der drei Europäischen Gemeinschaften, als Sekundärrecht die von den Gemeinschaften erlassenen Rechtsakte, wie Richtlinien und Verordnungen, sowie die Auslegung des Gemeinschaftsrechts durch den Europäischen Gerichtshof und die von den EG geschlossenen internationalen Abkommen.

Die Sechs wollten Ausnahmen vom *acquis communautaire* auf kurze Übergangsregelungen beschränkt wissen, während Großbritannien, obwohl es die Verträge und grundsätzlich auch den übrigen *acquis communautaire* anzunehmen bereit war, längere Fristen und dauerhafte Ausnahmen anstrebte. Die schwierigen Sachprobleme und die Länge der Verhandlungen sorgten dafür, dass die Unterstützung in Großbritannien für einen britischen EWG-Beitritt abnahm. Insbesondere die Labour Party positionierte sich zunehmend gegen den EWG-Beitritt und warnte vor dem Verlust an Souveränität sowie den Folgen für die Beziehungen zum Commonwealth und zu den EFTA-Partnern. Die Lage der Verhandlungen war zum Jahreswechsel 1962/63 jedoch nicht hoffnungslos, hatte doch ein Treffen des deutschen Außenministers Gerhard Schröder mit seinem britischen Kollegen Alec Douglas-Home und dem britischen Delegationsleiter für die Beitrittsverhandlungen Edward Heath vom 6. bis 8. Januar 1963 Ergebnisse gebracht, die einige Beobachter auf künftig schnellere Erfolge bei den Beitrittsverhandlungen hoffen ließen.

In seiner Pressekonferenz vom 14. Januar 1963 im Elysée-Palast, dem Amtssitz des französischen Präsidenten, erklärte de Gaulle, dass Großbritannien der EWG nicht beitreten könne, da es sich von den Sechs fundamental unterscheide, sein Beitritt die EWG wirtschaftlich und politisch fundamental verändere und zu einer „communauté atlantique colossale sous dépendance et direction américaines“ mache, während Frankreich eine „construction proprement européenne“ schaffen wolle.[107] Daraufhin brach die französische Delegation die Verhandlungen in Brüssel am 29. Januar 1963 ab.

Ein britischer EWG-Beitritt schien nicht im Interesse Frankreichs zu liegen: Wirtschaftlich sorgte man sich im Quai d'Orsay, dem Sitz des französischen Außenministeriums, vor einem verschärften Wettbewerb mit der britischen Industrie. Auch die Zurückhaltung Großbritanniens, die für Frankreich gewinnbringende GAP zu akzeptieren, ließ Probleme für die französische Landwirtschaft befürchten, welche jedoch grundsätzlich vom Zugang zum britischen Markt hätte profitieren können. Politisch hätte Großbritannien den französischen Führungsanspruch in der EWG in Frage gestellt und mit seiner Haltung zur GAP und zur Handelsliberalisierung Politiken in der EWG unterstützt, die nicht im französischen Wirtschaftsinteresse lagen. Schließlich hatte die französische Regierung den Verdacht, Großbritannien könne als „trojanisches Pferd" der USA fungieren und innerhalb der EWG für eine amerikafreundlichere Politik sorgen. Zwar beteuerte Macmillan das Gegenteil und warb mit einer engen britisch-französischen Kooperation sowie der daraus resultierenden Stärkung und größeren Unabhängigkeit Europas von den USA, doch der französische Verdacht lag nahe, da die USA stets einen britischen EWG-Beitritt unterstützt hatten. So hatte Präsident John F. Kennedy am 4. Juli 1962 eine atlantische Gemeinschaft propagiert und Zollsenkungen im Handel mit der EWG in Aussicht gestellt, die sich in ihrer maximalen Höhe nur bei einem britischen EWG-Beitritt materialisieren würden. Außerdem hatte die britische Regierung die enge Kooperation mit den USA im Nassau-Abkommen vom 21. Dezember 1962 durch den Kauf amerikanischer Trägersysteme für britische Kernwaffen und die Einordnung der britischen Nuklearstreitmacht in die NATO bekräftigt, was aus französischer Sicht einer unabhängigeren europäischen Außen- und Sicherheitspolitik gemäß der französischen Konzeption des *Europe européenne* widersprach.

Die historische Forschung wertet die Ursachen für das Scheitern des ersten britischen Beitrittsantrags unterschiedlich: In jüngster Zeit betonen Historiker die Mitverantwortung der britischen Regierung. Sie argumentieren mit Hinweis auf britische Regierungsakten, dass ein Beitrittsantrag ohne eine britische Gegenleistung auf dem Gebiet der militärischen Nukleartechnologie von vornherein zum Scheitern verurteilt gewesen sei bzw. dass die britische Regierung durch einen halbherzigen Antrag und zögerliche Zugeständnisse bei den Verhandlungen de Gaulle erst die Möglichkeit zu einem plausiblen Veto gegeben habe.[108] Die Mehrheit der Historiker sieht den entscheidenden Faktor jedoch unabhängig davon in der Haltung der französischen Regierung. Eine Einbeziehung französischer Quellen lässt eher vermuten, dass de Gaulle schon allein aus seinem Verständnis der nationalen wirtschaftlichen und politischen Interessen sowie wegen der divergierenden britischen Europakonzeption dem britischen Beitritt die vertraglich notwendige Zustimmung versagte.[109]

Der unilaterale Abbruch der Beitrittsverhandlungen durch Frankreich war ein Affront gegenüber den EWG-Partnern, die alle eine Erweiterung um Großbritannien wünschten. Obwohl beispielsweise die Niederlande und Italien vorschlugen, im Gegenzug durch die Verzögerung der Unterzeichnung des Jaunde-Abkommens französischen Interessen zu schaden, kam es in der Folge nicht zu einer Isolation Frankreichs oder einem Bruch in der Gemeinschaft. Dafür sorgte erstens die Politik der Bundesregierung. Adenauer war grundsätzlich und gerade nach dem Scheitern der Fouchet-Verhandlungen an einer verstärkten politischen Zusammenarbeit mit Frankreich interessiert, dem er bei der Verteidigung deutscher Interessen stärkeres Vertrauen entgegenbrachte als Großbritannien oder den USA. Diese Haltung illustriert der Abschluss des deutsch-französischen Kooperationsvertrages am 22. Januar 1963, nur wenige Tage nach dem Veto de Gaulles gegen den britischen EWG-Beitritt. Zweitens erkannten alle Mitgliedstaaten trotz des Ärgers über den französischen Partner, dass es in ihrem wohlverstandenen Eigeninteresse lag, die Arbeit in der EWG fortzusetzen. Der deutsche Außenminister Gerhard Schröder schlug dazu im Ministerrat vom 1./2. April 1963 ein „synchronisiertes Arbeitsprogramm" vor, das für einen Interessenausgleich der Mitgliedstaaten sorgen sollte, indem es parallel den Ausbau der GAP, die Assoziierung mit den afrikanischen Staaten und Madagaskar, die Fusion der Exekutiven, die weiteren Zollsenkung im Gemeinsamen Markt und die Vorbereitung der GATT-Verhandlungen verfolgte. Darüber hinaus beschloss man im Ministerrat als Zwischenlösung für einen britischen EWG-Beitritt, mit Großbritannien im Rahmen der vierteljährlichen WEU-Ministerratstagungen auch über wirtschaftliche Fragen und das Verhältnis Großbritanniens zur EWG zu sprechen. So gelang es, die Frage des britischen EWG-Beitritts zunächst zu vertagen und die Arbeit in der Gemeinschaft fortzusetzen.

Der zweite britische Beitrittsantrag (1967)

Nach den Unterhauswahlen vom Oktober 1964 kam die Labour Party an die Regierung und neuer Premierminister wurde Harold Wilson, der den britischen Beitrittsantrag in der Opposition noch scharf verurteilt hatte. Die Erfahrung in der Regierung führte zu einer Revision der Haltung zu den Europäischen Gemeinschaften: Das Scheitern der ehrgeizigen Wirtschaftsplanung und schwere Zahlungsbilanzkrisen hatten die wirtschaftlichen Bedenken gegen einen EWG-Beitritt paradoxerweise gemildert, obwohl sich die vorherzusehenden Belastungen wegen der zwischenzeitlich erfolgten Ausgestaltung der GAP erhöht hatten. Politisch illustrierten die aus finanziellen Gründen gebotene Verringerung der internationalen britischen Militärpräsenz sowie die Unfähigkeit, Probleme im Commonwealth zu lösen, wie z.B. den Kaschmirkonflikt, die Rhodesienkrise oder das Zerbrechen der Föderation Malaysia, den schwindenden Einfluss Großbritanniens auf der internationalen Bühne.

Daher entschied sich auch die Labour-Regierung dafür, durch einen EWG-Beitritt das internationale Gewicht Großbritanniens zu stärken. Obwohl Sondierungen starke französische Vorbehalte und den Unwillen der Fünf zu einer Konfrontation mit Frankreich gezeigt hatten, stellte die britische Regierung am 11. Mai 1967 einen zweiten Beitrittsantrag. Allerdings gelang es der britischen Regierung wiederum nicht, die Zustimmung der französischen Regierung zu einem britischen EWG-Beitritt zu erlangen, obwohl Wilson dem französischen Präsidenten eine intensive britisch-französische Zusammenarbeit bei der Führung der EWG, in der internationalen Politik und bei der Entwicklung neuer Technologien in Aussicht stellte. In den Überlegungen der französischen Regierung waren die Sorge vor einer Beeinträchtigung der französischen Position in der EWG und um die Sicherung der GAP stärker. In zwei Pressekonferenzen, am 16. Mai und 27. November 1967, sprach sich de Gaulle mit ähnlichen Begründungen gegen einen britischen EWG-Beitritt aus wie 1963. Zusätzlich führte er nach den Sterling-Krisen 1967 die mangelnde Stabilität der britischen Währung gegen einen britischen EWG-Beitritt an, da dann Sterling-Krisen die Volkswirtschaften der EWG stärker beeinträchtigen würden.

Nachdem die französische Regierung innerhalb der EWG zunächst durch eine langwierige Prüfung des britischen Beitrittsgesuchs eine Entscheidung verzögert hatte, widersetzte sie sich schließlich im Ministerrat vom 18./19. Dezember 1967 der Empfehlung der Kommission und dem Wunsch der anderen EWG-Staaten, Beitrittsverhandlungen mit Großbritannien und den übrigen Kandidaten zu eröffnen. Die britische Regierung hielt ihren Beitrittsantrag trotz der französischen Haltung aufrecht, der weiterhin auf der Tagesordnung des Rates blieb. Doch erst der Haager Gipfel 1969 konnte den Weg für Beitrittsverhandlungen frei machen.

Literatur

DADDOW, Oliver (Hg.): *Harold Wilson and European Integration. Britain's Second Application to Join the EEC*, London 2003.

KAISER, Wolfram: *Großbritannien und die Europäische Wirtschaftsgemeinschaft 1955-1961. Von Messina nach Canossa,* Berlin 1996.

LUDLOW, N. Piers: *Dealing with Britain. The Six and the First UK Application to the EEC*, Cambridge 1997.

MAY, Alex (Hg.): *Britain, the Commonwealth and Europe. The Commonwealth and Britain's Applications to Join the European Communities*, London 2001.

MILWARD, Alan S.: *The UK and the European Community,* Vol. 1: *The Rise and Fall of a National Strategy*, London 2002.

PARR, Helen: *Britain's Policy towards the European Community. Harold Wilson and Britain's World Role, 1964-1967*, London 2006.

WILKES, George (Hg.): *Britain's Failure to Enter the European Community 1961-63. The Enlargement Negotiations and Crises in European, Atlantic and Commonwealth Relations,* London 1997.

4.5 Die Krise des „leeren Stuhls" und der Luxemburger Kompromiss

Von Juli 1965 bis Januar 1966 stellte die französische Regierung ihre Mitarbeit im Ministerrat der EWG und im Ausschuss der Ständigen Vertreter ein, der Stuhl für ihre Vertreter blieb bei allen Sitzungen leer. Der äußere Anlass für die französische Politik des „leeren Stuhls" war eine nicht fristgerechte Einigung bei der Finanzierung der GAP; die Folge war eine Krise, die nicht nur die EWG handlungsunfähig machte, sondern auch deren Fortbestand in Frage stellte. Sie offenbarte erhebliche Meinungsunterschiede zwischen Frankreich und den anderen Mitgliedstaaten über den Grad an Supranationalität der Gemeinschaft. Beigelegt werden konnte sie durch den sogenannten „Luxemburger Kompromiss", eine Erklärung der Mitgliedstaaten vom 29. Januar 1966, nach der die französischen Vertreter ihren Platz in den Institutionen wieder einnahmen.

Eine fehlende Einigung bei der GAP als Auslöser

Ausgangspunkt der Krise war ein Vorschlag der Kommission zur Finanzierung der Agrarpolitik. Die Finanzierung der EWG und damit der GAP war bis zum 30. Juni 1965 über nationale Beiträge aus den Haushalten der Mitgliedstaaten gesichert und sollte nach der Verwirklichung des Gemeinsamen Marktes über „eigene Mittel" der Gemeinschaft erfolgen. Darunter verstand der EWG-Vertrag (Art. 201) insbesondere die Einnahmen aus dem gemeinsamen Außenzoll. Da die Frage nach der Finanzierung der GAP für die Zwischenzeit noch offen war, hatte der Ministerrat die Kommission beauftragt, einen Vorschlag auszuarbeiten. Der Vorschlag der Kommission vom 31. März 1965 war ein Paket, das die Finanzierung der GAP mit einer institutionellen Stärkung der Kommission und der Versammlung verband. Die Kommission ging davon aus, dass der Gemeinsame Markt schon 1967 verwirklicht sein würde, daher schlug sie vor, dass bereits ab 1967 die EWG und damit auch der EAGFL (→ Kapitel B 4.2) durch Zölle auf industrielle und Abschöpfungen auf landwirtschaftliche Importe aus Drittstaaten finanziert werden sollte. Darüber hinaus sollte die Budgetrechtsetzung (Art. 203 EWG-Vertrag) so geändert werden, dass die Versammlung die Möglichkeit erhielt, den Haushaltsansatz des Rates zu ändern.

Der Vorschlag hätte bei seiner Umsetzung die Finanzierung der GAP gesichert und gleichzeitig die supranationale Gemeinschaft finanziell unabhängig von den Nationalstaaten gemacht, da sie nicht länger auf Beiträge aus den nationalen Etats der Mitgliedstaaten angewiesen gewesen wäre, sondern über eigene Einnahmen verfügt hätte. Schließlich hätte der Vorschlag die supranationalen Organe Kommission und Versammlung gestärkt, da beide künftig ein stärkeres Gewicht bei der Aufstellung bzw. die Versammlung bei der Kontrolle des EWG-Haushaltes gehabt hätten. Walter Hallstein, der Präsident der EWG-Kommission, hatte dem Vorschlag zusätzlich einen supranationalen Akzent gegeben, indem er ihn am 24. März 1965 zunächst in der Versammlung vorstellte, bevor er dem Ministerrat vorlag.

Die Reaktionen der Mitgliedstaaten auf die Vorgehensweise Hallsteins waren einhellig negativ, auf den Inhalt des Vorschlags jedoch gemischt: Während Frankreich ihn ablehnte, da es nicht zu einer Stärkung der supranationalen Elemente bereit war, sahen die übrigen Mitgliedstaaten ihn als Diskussionsgrundlage. Der Rat hatte sich zum Ziel gesetzt, bis zum 1. Juli 1965 über die GAP-Finanzierung für die

Zeit bis 1970 zu entscheiden. Doch bei den Diskussionen im Ministerrat zeigte sich, dass der Spielraum für eine Einigung nicht groß war. So lehnte Frankreich die Stärkung der Kommission und der Versammlung kategorisch ab und forderte statt der Finanzierung über eigene Mittel einen Beschluss, der die GAP-Finanzierung für den gesamten Zeitraum (1.7.1965-31.12.1969) durch nationale Beiträge regelte. Das traf bei den Partnern nicht auf Zustimmung; Italien und die Niederlande wollten sich aus finanziellen und taktischen Erwägungen heraus nicht für den gesamten Zeitraum festlegen. Auch die Bundesregierung war nicht zu erneuten Konzessionen in der GAP bereit, weil frühere Konzessionen nicht zu den erhofften französischen Zugeständnissen bei der politischen Integration geführt hatten und darüber hinaus im Herbst 1965 Bundestagswahlen anstanden. Im Ministerrat fand sich daher keine Lösung, und am frühen Morgen des 1. Juli 1965 stellte der präsidierende französische Außenminister das Scheitern der Verhandlungen fest und brach die Sitzung ohne neue Terminsetzung ab.

Die (Verfassungs-)Krise des „leeren Stuhls"

Am 6. Juli 1965 erklärte die französische Regierung, ihren Ständigen Vertreter aus Brüssel abzuziehen und bis auf Weiteres nicht mehr am Ministerrat und anderen Sitzungen teilzunehmen. Dies war eine unerwartet drastische Reaktion, da es in Brüssel gängige Praxis war, bei fehlender Einigung im Rat „die Uhren anzuhalten", um „fristgerecht" zu einer Einigung zu gelangen. Der französische Boykott der Institutionen der Gemeinschaft war ohne Beispiel, lähmte ihre Arbeit und verstieß gegen Artikel 5 des EWG-Vertrags, der Maßnahmen verbot, welche die Verwirklichung der Vertragsziele gefährden können.

Die Kommission legte daraufhin dem am 26./27. Juli 1965 tagenden Ministerrat einen neuen Vorschlag zur Agrarfinanzierung vor, der den französischen Wünschen sehr entgegenkam. Die fünf Partner Frankreichs trafen sich weiter im Ministerrat, verzichteten aber darauf, allein wichtige Entscheidungen zu treffen, und stellten der französischen Regierung den Vorschlag schriftlich zu, auf den diese jedoch nicht einging. Dies deutete bereits an, dass es der französischen Regierung bei ihrer Politik des „leeren Stuhls" nicht nur um die aktuelle Frage der Agrarfinanzierung ging.

Seine Pressekonferenz vom 9. September 1965 nutzte de Gaulle für eine Generalkritik an den supranationalen Institutionen der Gemeinschaft. Er monierte, dass erstens die Kommission zu unabhängig von den Mitgliedstaaten sei, zweitens dass die Abgeordneten der Versammlung trotz fehlender demokratischer Legitimation ein übernationales Mandat beanspruchten, und dass drittens im Ministerrat ab dem 1. Januar 1966 durch Mehrheitsentscheidungen ein Staat überstimmt werden könne. Darin sah er eine Gefahr für den erreichten Stand in der GAP sowie eine inakzeptable Beeinträchtigung der französische Souveränität und Demokratie. Der französische Außenminister Couve de Murville präzisierte am 20. Oktober 1965 vor der Nationalversammlung, dass die Rolle der Kommission und die Mehrheitsentscheidungen im Rat einer „révision d'ensemble" unterzogen werden müssten, bevor man sich den Fragen der GAP zuwenden könne. Spätestens hier wurde deutlich, dass die französische Regierung mit der Krise des „leeren Stuhls" keineswegs nur eine Lösung der GAP-Fragen beabsichtigte, sondern vielmehr eine Revision des EWG-Vertrages bzw. dessen Auslegung in der Praxis, um die supranationalen Elemente der EWG zu schwächen. Damit war aus einem Konflikt um die Finanzierung der GAP gewissermaßen eine „Verfassungskrise" der Gemeinschaft geworden.

Es ist in der Forschung noch offen, ob die französische Regierung die Uneinigkeit über die GAP-Finanzierung von Anfang an zu einer Verfassungskrise auszuweiten beabsichtigte oder nur eine günstige Gelegenheit nutzte, doch es ist klar, dass die konstitutionellen Motive eng mit agrarpolitischen Motiven verwoben waren: Wenn Frankreich sicherstellen wollte, dass seine vitalen, aber partikularen Agrarinteressen auf Dauer in der GAP bedient werden, musste es sicherstellen, im Ministerrat bei deren Ausgestaltung nicht durch Mehrheitsbeschlüsse überstimmt werden zu können.

Mit ihrer Forderung, zur Lösung der Krise intergouvernemental über eine „révision d'ensemble" zu verhandeln, konnte sich die französische Regierung jedoch nicht durchsetzen. Die Fünf zeigten sich in einer Erklärung des Ministerrats vom 26. Oktober 1965 gesprächsbereit und riefen Frankreich zur Rückkehr in die Gemeinschaft auf. Sie blieben allerdings fest bei ihrer Position, die Lösung der Krise nur innerhalb der Gemeinschaftsorgane zu verhandeln und keine Vertragsrevision vorzunehmen. Um Frankreich die Rückkehr zu erleichtern, schlugen sie eine außerordentliche Ratssitzung ohne Teilnahme der Kommission in Brüssel vor. Auch in Frankreich verlor de Gaulles Europapolitik rapide an Zustimmung: Alle nicht-gaullistischen Parteien außer den Kommunisten verurteilten die Blockade der EWG, die einflussreichen Landwirte und Unternehmerverbände sahen dadurch die EWG und ihre wirtschaftlichen Interessen gefährdet. Als Konsequenz verfehlte de Gaulle im ersten Wahlgang der Präsidentschaftswahlen im Dezember 1965 die notwendige Mehrheit, so dass er sich gezwungen sah, vor dem zweiten Wahlgang europapolitische Zugeständnisse anzudeuten.

Der Luxemburger „Kompromiss"

Nach der Wiederwahl de Gaulles nahm die französische Regierung an zwei außerordentlichen Ratssitzungen (17./18. und 28./29.1.1966) teil, die aus Rücksicht auf Frankreich nicht am Sitz der Kommission in Brüssel, sondern in Luxemburg stattfanden. Bei den Treffen wurde klar, dass zwar alle Partner die gemeinsame Arbeit in den Gemeinschaften fortsetzen und dafür ein Arbeitsprogramm vereinbaren wollten, aber die Fünf den Forderungen Frankreichs, auf Mehrheitsabstimmungen im Ministerrat zu verzichten und der Kommission einen strengen Verhaltenskodex aufzuerlegen, nicht bzw. nur bedingt nachzugeben bereit waren.

Im Kommuniqué der Luxemburger Tagung vom 29. Januar 1966 erklärte der Rat zur Zusammenarbeit mit der Kommission unter anderem, dass die Kommission in Zukunft dem Ministerrat bzw. dem Ausschuss der Ständigen Vertreter ihre Vorschläge vor der Veröffentlichung vorlegen möge, dass sie bei Kontakten mit Regierungen von Drittstaaten oder internationalen Organisationen den Ministerrat konsultieren und ihre Informationspolitik sowie die Kontrolle ihrer Ausgaben mit ihm koordinieren solle. Damit hatte man der Kommission einige Regeln auferlegt, die ihre Selbstständigkeit, insbesondere bei den Außenbeziehungen, beschnitten. Ihre prinzipielle Unabhängigkeit und Initiativkompetenz blieben allerdings unangetastet.

Hinsichtlich der Mehrheitsabstimmungen im Ministerrat vereinbarten die Mitgliedstaaten im Kommuniqué, dass wenn „sehr wichtige Interessen" eines Mitglieds bei Mehrheitsbeschlüssen auf dem Spiel stehen, der Rat sich bei der Erörterung bemühen solle, „innerhalb eines angemessenen Zeitraums" einvernehmliche Lösungen zu finden. Frankreich vertrat allerdings als einziger Mitgliedstaat die Auffassung, dass die Erörterung bis zu einem einstimmigen Einvernehmen fortgesetzt werden müsse:

> „Die sechs Delegationen stellen fest, daß in der Frage, was geschehen sollte, wenn die Verständigungsbemühungen nicht vollständig zum Ziel führen, weiterhin unterschiedliche Meinungen bestehen. ... Die sechs Delegationen sind jedoch der Auffassung, daß diese unterschiedlichen Meinungen nicht verhindern, daß die Arbeiten der Gemeinschaft nach dem normalen Verfahren wieder aufgenommen werden."[110]

Die Erklärung hielt lediglich die unterschiedlichen Standpunkte der Mitgliedstaaten fest, insofern ist die dafür gebräuchliche Bezeichnung „Luxemburger Kompromiss" irreführend, da es in der Frage der Mehrheitsabstimmungen im Ministerrat keine Einigung gab. Man vereinbarte lediglich, trotz der Differenzen die Zusammenarbeit fortzusetzen („agreement to disagree").

Entgegen häufig zu findender Einschätzungen wurde in der Luxemburger Erklärung also kein Vetorecht für Abstimmungen im Ministerrat eingeräumt. Inwieweit die Krise des „leeren Stuhls" die Entscheidungsfindung im Ministerrat und damit die Entwicklung der Gemeinschaften nachhaltig beeinflusst hat, ist aufgrund der Forschungslage noch nicht zu beurteilen. Aussagen von Zeitzeugen deuten darauf hin, dass der Ministerrat in der Praxis der Folgejahre kaum die vom Vertrag eröffnete Möglichkeit von Mehrheitsentscheidungen nutzte, sondern abgesehen von Haushaltsentscheidungen nahezu alle Beschlüsse im Konsens fasste. Dass aber mit der Luxemburger Erklärung – selbst aus französischer Sicht – kein Verzicht auf Mehrheitsentscheidungen einherging, musste die britische Regierung im Mai 1982 feststellen, als sie sich bei einer Entscheidung zur Agrarfinanzierung auf wichtige eigene Interessen und auf den Luxemburger Kompromiss berief und unter Beteiligung Frankreichs überstimmt wurde. Das Verhalten der Fünf in der Krise, die Rückkehr Frankreichs in den Ministerrat und die Lösung der Krise des „leeren Stuhls" mit dem Luxemburger Kompromiss des Rates zeigen weiterhin, dass letztlich kein Mitgliedstaat 1965/66 bereit war, ein Auseinanderbrechen der EWG zu riskieren. Die europäische Integration hatte die Interessen der Mitgliedstaaten bereits so weit miteinander verwoben, dass das Fortbestehen und Funktionieren der Gemeinschaft selbst zum vitalen Interesse der Mitgliedstaaten geworden waren.

Literatur

LAHR, Rolf: Die Legende vom „Luxemburger Kompromiss", in: *Europa-Archiv* 38 (1983), S. 247-264.

LOTH, Wilfried (Hg.): *Crises and Compromises. The European Project 1963-1969*, Baden-Baden 2001.

PALAYRET, Jean-Marie/WALLACE, Helen/WINAND, Pascaline (Hg.): *Visions, Votes and Vetoes. The Empty Chair Crisis and the Luxembourg Compromise Forty Years on*, Brüssel 2006.

4.6 Aufbruch zu neuen Ufern: Der Haager Gipfel 1969

Die europäische Integration befand sich Ende der 1960er Jahre, insbesondere wegen des Scheiterns des zweiten britischen Beitrittsantrags, in einer Phase der Stagnation. Nach dem Rücktritt de Gaulles sperrte sich die neue französische Regierung nicht länger gegen die Erweiterung der Gemeinschaften, so dass auf dem Haager Gipfel der Staats- bzw. Regierungschefs im Dezember 1969 im Rahmen eines Interessenausgleichs ein umfangreiches Aktionsprogramm für die Gemeinschaften beschlossen werden konnte, das ihre Arbeit in den 1970er Jahren maßgeblich bestimmte.

Stagnation der Integration

Die Jahre 1968 und 1969 standen im Schatten der 1967 erneut gescheiterten Erweiterung. Mit der Verwirklichung der Zollunion und der GAP zum 1. Juli 1968 wurden zwar Meilensteine für die Integration erreicht, doch dass Frankreich wiederum einseitig einen britischen EWG-Beitritt verhindert hatte, schwächte die Bereitschaft der Mitgliedstaaten, ihre Zusammenarbeit auf neue Felder auszudehnen. Auch gelang es 1967 nicht wie 1963 mit dem „synchronisierten Arbeitsprogramm", durch einen Interessenausgleich zwischen den Mitgliedstaaten neue Themen auf die Tagesordnung der Gemeinschaften zu setzen und so die Beitrittsfrage elegant zu vertagen.

Selbst vereinbarte Arbeiten stockten wegen des gescheiterten britischen EWG-Beitritts, z.B. bei der Technologiepolitik oder den Handelsvereinbarungen mit Tunesien und Marokko. Stattdessen nahm die erfolglose Suche nach Zwischenlösungen für Großbritannien die Aufmerksamkeit der Mitgliedstaaten in Anspruch, was die Stimmung zwischen ihnen weiter verschlechterte. So ließen sich die Initiativen der Benelux-Staaten und Italiens, die Zusammenarbeit der EWG-Staaten bzw. der Fünf mit Großbritannien und den anderen Beitrittskandidaten in Politikfeldern außerhalb der EWG zu intensivieren, wegen französischer Opposition bzw. deutscher Vorbehalte gegen eine Kooperation ohne Frankreich letztendlich nicht realisieren. Auch scheiterte der ursprünglich deutsch-französische Vorschlag des „Handelspolitischen Arrangements", das mit gegenseitigen schrittweisen Zollsenkungen und Vereinbarungen zum Agrarhandel zwischen der EWG und Großbritannien als Zwischenlösung fungieren sollte: Während aus britischer Sicht dem Arrangement die gewünschte Garantie einer späteren EWG-Mitgliedschaft fehlte, beinhaltete es aus französischer zu große wirtschaftliche Konzessionen und drohte den – entgegen anderslautender Beteuerungen – von Frankreich nicht gewünschten britischen EWG-Beitritt zu präjudizieren. Trotzdem beschäftigte sich eine Arbeitsgruppe der EWG über mehrere Monate mit der Ausarbeitung der Details.

Der Einmarsch der Truppen des Warschauer Pakts in die Tschechoslowakei in der Nacht vom 20./21. August 1968 zur Beendigung der liberalen Reformen der Prager Regierung brachte eine Verschärfung des Ost-West-Gegensatzes und stärkte den Wunsch, insbesondere bei der Bundesregierung, nach einer engeren politischen Kooperation in Westeuropa. In dieser Lage schlug der belgische Außenminister Pierre Harmel am 3. Oktober 1968 vor, den Ministerrat der WEU zu nutzen, um Fragen der Außen- und Sicherheitspolitik zu beraten und die Zusammenarbeit bei Themen außerhalb der Gemeinschaftsverträge, wie z.B. Währung und Technologie, zu koordinieren. Harmel verfolgte neben der verstärkten politischen Zusammenarbeit auch das Ziel, die Kooperation mit Großbritannien zu intensivieren. Die Partner Frankreichs, einschließlich der Bundesrepublik, befürworteten eine politische Zusammenarbeit in der WEU und beabsichtigten, Prozeduren für regelmäßige Konsultationen auszuarbeiten. Die französische Regierung lehnte die Initiative ab, auch weil sie befürchtete, dass die britische Regierung die WEU als Berufungsinstanz für die Entscheidung zu ihrem EWG-Beitrittsantrag nutzen werde. Als die Partner Frankreichs trotz französischer Ablehnung am 14. Februar 1969 zu einer von der britischen Regierung beantragten Sondersitzung des WEU-Rats zum Nahostkonflikt zusammenkamen, sah die französische Regierung dies als einen Vertragsbruch und reagierte mit einer Politik des „leeren Stuhls“, dieses Mal in der WEU. Diese Reaktion Frankreichs dämpfte das anfängliche deutsche Engagement für einen Ausbau der politischen Zusammenarbeit in der WEU: Die Bundesregierung nahm zwar weiterhin an den Sitzungen der WEU teil, sorgte jedoch dafür, dass dort bis zur Rückkehr Frankreichs im Juni 1970 keine substanziellen Beschlüsse gefasst wurden, so dass es in der WEU nicht zu einem Ausbau der politischen Zusammenarbeit ohne Frankreich kam.

Die Differenzen zwischen den europapolitischen Vorstellungen der französischen Regierung unter de Gaulle und denen der übrigen Mitgliedstaaten ließen sich kaum überbrücken, so dass während de Gaulles Amtszeit keine Verbesserung der Lage in den Gemeinschaften zu erwarten war. Diese Einschätzung schien durch die „Soames-Affäre“

bestätigt zu werden, die dadurch ausgelöst wurde, dass ein vertrauliches Gespräch des französischen Präsidenten mit Christopher Soames, dem britischen Botschafter in Paris, bekannt wurde. De Gaulle hatte darin der britischen Regierung geheime Gespräche über die Europapolitik angeboten und über eine die Europäischen Gemeinschaften ablösende intergouvernementale Organisation unter Führung der großen westeuropäischen Mächte sinniert, was das Misstrauen der EWG-Partner gegenüber der französischen Europapolitik verstärkte. Inwieweit die Äußerungen de Gaulles ein konkretes Angebot oder nur eine politische Reflexion waren, ist noch nicht abschließend geklärt.

Der Weg zur „déblocage"

Frei wurde der Weg aus der Phase der Stagnation durch einen Regierungswechsel in Frankreich. Innenpolitisch geschwächt durch die Ereignisse des Mai 1968 trat de Gaulle schließlich nach einem verlorenen Referendum am 27. April 1969 zurück. Georges Pompidou, langjähriger Premierminister und Vertrauter de Gaulles, stand zwar in der (europa)politischen Tradition des Generals, doch er sah die Notwendigkeit für Frankreich, die Integration fortzusetzen. Außerdem musste er sich im Wahlkampf, um im bürgerlichen Lager die benötigte Unterstützung zu erlangen, wie Alain Poher, sein aussichtsreichster Konkurrent und früherer Präsident der Versammlung der Europäischen Gemeinschaften, als „Europäer" positionieren: Pompidou betonte daher die Notwendigkeit, die europäische Integration fortzusetzen, und deutete Bewegung in der Frage des britischen EWG-Beitritts an. Er unterstrich diese politische Orientierung dadurch, dass er nach seiner Wahl am 15. Juni 1969 den europafreundlichen Jacques Chaban-Delmas zum Premierminister ernannte und vier Mitglieder von Monnets Aktionskomitee für die Vereinigten Staaten von Europa in seine Regierung aufnahm, darunter Finanzminister Valéry Giscard d'Estaing und Außenminister Maurice Schumann, der wegen seiner europapolitischen Überzeugungen von seinem Regierungsamt nach der europakritischen Pressekonferenz de Gaulles vom 15. Mai 1962 zurückgetreten war. Inwieweit bei dieser Revision der französischen Politik in der Beitrittsfrage auch die Eintrübung des bilateralen Verhältnisses zur Bundesrepublik oder der französische Wunsch nach einem Gegengewicht in der EWG zu der wirtschaftlich und politisch erstarkenden Bundesrepublik eine Rolle spielte, hat die Forschung bislang noch nicht klären können.

In seiner ersten Pressekonferenz vom 10. Juli 1969 schlug Präsident Pompidou eine Gipfelkonferenz der Staats- bzw. Regierungschefs der Mitgliedstaaten der Europäischen Gemeinschaften vor, um nach Wegen aus der Stagnation der Gemeinschaften zu suchen. Nach den Vorstellungen Pompidous sollte ein Aktionsprogramm für die Gemeinschaften erarbeitet werden, das den Dreischritt „achèvement, approfondissement et élargissement" (*Vollendung*, *Vertiefung* und *Erweiterung*) umfasste. Unter Vollendung des Gemeinsamen Marktes verstand der französische Präsident vor allem die Einigung über die Finanzierung der Gemeinschaft, deren größter Haushaltsposten die GAP war. Die Finanzierung der GAP, die für die Endphase der EWG noch nicht geregelt war, stellte ein vitales französisches Interesse dar, da sie die französischen Vorteile aus der GAP langfristig sichern würde. Für die Vertiefung der Zusammenarbeit schlug Pompidou die Bereiche Technologie, Energie, Währung und Verkehr vor. Weiterhin deutete er an, dass Frankreich keine prinzipiellen Einwände gegen einen britischen EWG-Beitritt hege und man mit Großbritannien, Dänemark, Irland und Norwegen Beitrittsverhandlungen aufnehmen könne, sobald sich die Sechs über Beitrittsbedingungen verständigt hätten.

Im Ministerrat vom 22. Juli 1969 unterbreitete der französische Außenminister seinen Kollegen offiziell den Vorschlag einer Gipfelkonferenz. Diese zeigten sich erfreut über die Anzeichen einer größeren französischen Flexibilität in der Beitrittsfrage; sie bestanden jedoch zugleich auf einer Versicherung Frankreichs, dass mit der Zustimmung zur vorgeschlagenen Gipfelkonferenz nicht deren Institutionalisierung als regelmäßig tagendes Gremium verbunden sei und zudem auch die Kommission auf der Konferenz der Staats- bzw. Regierungschefs repräsentiert werde. Die Sorge der Fünf war, dass die supranationalen Organe der Gemeinschaft geschwächt würden, wenn sich in der Praxis ein neues intergouvernementales Gremium etablierte, das – obwohl es in den Gemeinschaftsverträgen nicht vorgesehen war – unabhängig von den Gemeinschaftsorganen wichtige Entscheidungen träfe. Nach entsprechenden Zusagen Frankreichs begannen die Kommission, der Ausschuss der Ständigen Vertreter und der Ministerrat mit den Vorbereitungen für die Konferenz. Dabei wurde klar, dass die französische Priorisierung der Vollendung der GAP und der Vertiefung vor der Erweiterung nicht den Wünschen der anderen Partner entsprach, für die ein Termin für den Beginn von Erweiterungsverhandlungen mit Großbritannien wichtiger war als eine endgültige Regelung zur Finanzierung der GAP. Dennoch war man z.B. in der Bundesregierung bereit, Frankreich Garantien für die Finanzierung der GAP zu gewähren, wenn im Gegenzug Fortschritte bei deren Reform und ein Datum für die Eröffnung von Beitrittsverhandlungen angeboten werden würden.

Die Gipfelkonferenz von Den Haag

Die Staats- bzw. Regierungschefs der Europäischen Gemeinschaften trafen sich am 1. und 2. Dezember 1969 in Den Haag, am zweiten Tag nahm auch der Präsident der Kommission, Jean Rey, an den Verhandlungen teil. Die Beschlüsse der Konferenz bildeten ein Paket, das einen Interessenausgleich zwischen den Mitgliedstaaten ermöglichte. Es sicherte die GAP-Finanzierung und eröffnete den Weg für Beitrittsverhandlungen mit Großbritannien, gleichzeitig gab es den Europäischen Gemeinschaften einen Arbeitsplan für die weitere Integration.

Unter der Überschrift *„Vollendung"* erfüllten die Fünf die französischen Forderungen für die GAP. Sie einigten sich auf die Grundsätze der Finanzierung der GAP durch eigene Mittel der Gemeinschaft; die Details sollten im Laufe des Jahres 1970 vertraglich geregelt werden. Auch garantierten die Fünf ihrem französischen Partner, dass nach einem britischen EWG-Beitritt die Grundsätze der GAP-Finanzierung nicht in Frage gestellt würden. Damit waren die Prinzipien der GAP langfristig gesichert, auch wenn die Mitgliedstaaten ihre Absicht erklärten, die durch die GAP verursachte Überschussproduktion durch Reformen einzudämmen. Als Zugeständnis an die Befürworter der supranationalen Integration wurde beschlossen, die Befugnisse der Versammlung bei der Aufstellung und Kontrolle des Haushaltes auszuweiten und ihre Direktwahl zu prüfen, welche der Institution eine stärkere demokratische Legitimation verleihen würde.

In Bezug auf die *Vertiefung* waren die Fünf zurückhaltend, die Gemeinschaften auf neue gemeinsame Politiken festzulegen, welche möglicherweise die Beitrittsverhandlungen mit Großbritannien und den anderen Kandidaten erschweren würden. Allerdings nahm man zwei Bereiche in den Blick, bei denen eine Kooperation im Jahre 1969 besonders wünschenswert erschien. Das waren die politische Zusammenarbeit und die Weiterentwicklung des Gemeinsamen Marktes zu einer Wirtschafts- und Währungsunion.

Erstens sahen die Mitgliedstaaten, vor allem angesichts der veränderten Situation im Ost-West-Konflikt, Bedarf für eine politische Zusammenarbeit der Mitgliedstaaten. Insbesondere Bundeskanzler

Willy Brandt setzte sich für eine Koordinierung der Außenpolitiken der Mitgliedstaaten ein, nicht zuletzt um die Fortsetzung der westdeutschen Ostpolitik zu stützen. Die Staats- bzw. Regierungschefs in Den Haag vereinbarten, eine Studienkommission aus den Politischen Direktoren der Außenministerien einzusetzen, die konkrete Vorschläge zur politischen Einigung erarbeiten sollte.

Zweitens hatten die Turbulenzen infolge der Schwäche und schließlichen Abwertung des französischen Franc sowie der Stärke und schließlichen Aufwertung der Deutschen Mark (DM) im Jahre 1969 die Bedeutung stabiler Wechselkurse für das Funktionieren des Gemeinsamen Marktes, insbesondere des Agrarmarktes, illustriert. Grundsätzlich hemmen instabile Wechselkurse den grenzüberschreitenden Handel zwischen Währungsräumen, da Wechselkursschwankungen Preise in kaum vorhersehbarer Weise verändern und so eine solide Kalkulation erschweren. Aufgrund des erhöhten Verlustrisikos verzichten Kaufleute auf den Handel mit dem anderen Währungsraum und beziehen ihre Waren aus dem eigenen Staat statt aus anderen Staaten des Gemeinsamen Marktes. Für den gemeinsamen Agrarmarkt der EWG waren Wechselkursschwankungen besonders problematisch, weil sie die einheitlichen Preise der GAP unterminierten und so die Einkommenssicherung der Landwirte und den grenzüberschreitenden Agrarhandel beeinträchtigten. In der GAP gab es einen gemeinsamen Agrarmarkt, auf dem einheitliche Preise in einer Rechnungseinheit festgelegt wurden, die dem Wert des US-Dollars entsprach. Überschüssige Agrarprodukte wurden von staatlichen Stellen in dem jeweiligen Mitgliedstaat zu diesem – in nationaler Währung ausgedrückten – Preis aufgekauft. Wenn der Wert einer Landeswährung gegenüber der Rechnungseinheit stieg, so sank für die Landwirte in diesem Land der garantierte Preis und damit ihr Einkommen, d.h. die GAP verlor für diese Landwirte ihre einkommenssicherende Funktion. Wenn der Wert einer Landeswährung gegenüber der Rechnungseinheit hingegen sank, so stieg für die Landwirte in diesem Land der garantierte Preis. Selbst wenn die jeweilige Regierung gegensteuerte, konnten die Landwirte im gemeinsamen Agrarmarkt ihre Produkte frei in andere Mitgliedstaaten exportieren und zum dortigen höheren Interventionspreis verkaufen. Im Jahre 1969 kam es zum Wertverlust des französischen Franc und zum Wertzuwachs der Deutschen Mark. Daraus resultierten Einkommenseinbußen deutscher Landwirte und Einkommenszuwächse französischer Landwirte. Wegen des Exports französischen Getreides und der resultierenden Überlastung der Intervention wurden Handelsrestriktionen und tarifäre Handelshindernisse zwischen den Mitgliedstaaten eingeführt, die den freien Austausch von Agrarprodukten in der EWG einschränkten. Um diesen Problemen schwankender Wechselkurse zu begegnen, erhielt eine Expertengruppe den Auftrag, im Laufe des Jahres 1970 einen konkreten Stufenplan zur Errichtung einer Wirtschafts- und Währungsunion (→ Kapitel B 5.3) zu erarbeiten und die Frage eines Europäischen Reservefonds zur Stützung der Währungen der Mitgliedstaaten zu prüfen.

Bei der Frage der *Erweiterung* erklärte sich schließlich auch Frankreich bereit, bis zum 1. Juli 1970 Beitrittsverhandlungen aufzunehmen. Ein fester Termin war den Partnern Frankreichs wichtig, um zu verhindern, dass die Vorbereitung der Verhandlungspositionen der Sechs zu einer unbegrenzten Verzögerung der Erweiterung führen könnte.

Insgesamt folgten die Vereinbarungen von Den Haag im Grunde dem französischen Vorschlag zu einem Interessenausgleich. Allerdings entfiel die von Frankreich gewünschte Priorisierung, da durch die nötige Ratifikation der Finanzierung der EWG in den nationalen Parlamenten, durch die Tätigkeit der Arbeitsgruppen zur Vertiefung und den festen Termin für die Beitrittsverhandlungen die Vollendung, Vertiefung und Erweiterung schließlich parallel verfolgt wurden. Die ambitionierten Beschlüsse des Haager Gipfels ermöglichten nach einer Phase der Stagnation einen erneuten Aufbruch der europäischen Integration und bestimmten die Agenda der Gemeinschaften bis in die 1990er Jahre.

Literatur

Hiepel, Claudia: In Search of the Greatest Common Denominator. Germany and the Hague Summit Conference 1969, in: *Journal of European Integration History* 9 (2003), S. 63-83.

Knipping, Franz/Schönwald, Matthias (Hg.): *Aufbruch zum Europa der zweiten Generation. Die europäische Einigung 1969-1984*, Trier 2004.

Loth, Wilfried (Hg.): *Crises and Compromises. The European Project 1963-1969*, Baden-Baden 2001.

5 Fortschritte in schwierigem Umfeld: Die 1970er Jahre

Die 1970er Jahre waren ein Jahrzehnt der Konsolidierung des bisher Erreichten und der Erweiterung bei gleichzeitigen Ansätzen zu einer Vertiefung der Integration bzw. zu deren institutioneller Entwicklung. Nach wiederholten Rückschlägen im vorangegangenen Jahrzehnt gelang in den 1970er Jahren die erste Erweiterung der Gemeinschaften, in deren Folge sich die britischen Wähler in einem Referendum erstmals eindeutig zu den Europäischen Gemeinschaften bekannten. Auch wurden erste konkrete Maßnahmen für eine außenpolitische sowie für eine wirtschafts- und vor allem währungspolitische Zusammenarbeit der Mitgliedstaaten initiiert. Darüber hinaus verfügten die Gemeinschaften seit dieser Zeit über Eigenmittel und waren nicht mehr ausschließlich von den Beiträgen der Mitgliedstaaten abhängig. Des Weiteren wurden die Befugnisse und die demokratische Legitimation des Europäischen Parlaments gestärkt, was seinen sinnfälligen Ausdruck in der ersten Direktwahl des Parlaments 1979 fand.

Bislang werden die 1970er Jahre zumeist als ein von Stagnation im europäischen Integrationsprozess geprägtes Jahrzehnt gesehen. Hierbei findet häufig der Begriff „Eurosklerose“ Verwendung, der geringes wirtschaftliches Wachstum bei gleichzeitigem institutionellem Stillstand bezeichnet. Ein solch negativer Eindruck von den 1970er Jahren dürfte zu einem nicht unerheblichen Teil aus einer generellen Identifizierung dieser Jahre mit den seit 1973 sich manifestierenden Weltwirtschafts- und Ölkrisen, mit Wohlfahrts- und „Fortschrittskrisen“ resultieren, die nicht ohne Folgen für den noch immer stark wirtschaftlich ausgerichteten Integrationsprozess bleiben konnten. Robert O. Keohane und Stanley Hoffmann sprechen gar von den „dark ages“[111] des Integrationsprozesses. Alternativ werden die 1970er Jahre – *a posteriori* und in teleologischer Verengung – als „transitional decade“[112] interpretiert, als bloßes Jahrzehnt des Übergangs zwischen den Gründungs- bzw. Anfangsjahrzehnten der Europäischen Gemeinschaften und einem erneuten Aufbruch in der Mitte der 1980er Jahre, welcher schließlich zur Errichtung der Europäischen Union in den 1990er Jahren führte. Solche Einschätzungen des Gesamtjahrzehnts resultieren nicht zuletzt aus zeitgenössischen Äußerungen damaliger Protagonisten im Integrationsprozess, die von den Entwicklungen angesichts hoher Erwartungen enttäuscht waren.

Der Historiker Jan van der Harst charakterisiert die Jahre von 1969 bis 1975 zutreffend als „a period of both hope and disillusion“[113], die – beflügelt von der Aufbruchstimmung des Haager Gipfels – voller Hoffnungen begonnen habe, ab 1973 jedoch rasch in einen Zustand nahezu vollständiger Paralyse und Enttäuschung umgeschlagen sei. Van der Harst selbst relativiert eine solche rein chronologische Aufteilung der 1970er Jahre in „hope“ und „disillusion“ und weist darauf hin, dass viele der in den 1970er Jahren unternommenen Integrationsbemühungen und konkreten Integrationsschritte ihre jeweiligen Licht- und Schattenseiten hatten. Einige andere neuere Veröffentlichungen zur Integrationsgeschichte gehen in ihrer Charakterisierung der 1970er Jahre noch weiter. Darin ist bezüglich der 1970er Jahre – und eben nicht mehr nur mit Blick auf die Haager Gipfelkonferenz – die Rede von einem „Aufbruch zu neuen Ufern“[114] oder – in Anlehnung an eine Formulierung des luxemburgischen Präsidenten der EG-Kommission Gaston Thorn – vom „Aufbruch zum Europa der zweiten Generation“[115]. Trotz einiger krisenhafter Entwicklungen sei der Zeitraum von 1969 bis 1984 im Integrationsprozess „eine zweite Großphase, die durch eine signifikante Fortentwicklung der Inhalte und Strukturen der Gründerzeit gekennzeichnet war.“[116]

5.1 Die erste Erweiterung der Gemeinschaften

Mit dem Beitritt Großbritanniens, Irlands und Dänemarks zu den Europäischen Gemeinschaften am 1. Januar 1973 wurde deren erste Erweiterung vollzogen. Dem Beitritt waren intensive Verhandlungen über die Modalitäten der Übernahme des Gemeinschaftsrechts durch die neuen Mitgliedstaaten vorangegangen. Auch Norwegen hatte mit den EG über einen Beitritt verhandelt. Nach Abschluss der Beitrittsverhandlungen sprach sich die norwegische Bevölkerung in einem Referendum jedoch gegen einen Beitritt ihres Landes aus. In Großbritannien fand zwei Jahre nach dem Beitritt des Landes ebenfalls ein Referendum statt, nachdem die britische Regierung verlangt hatte, einzelne Beitrittsbedingungen neu zu verhandeln. Die britische Bevölkerung votierte in diesem Referendum für einen Verbleib Großbritanniens in den EG.

Auf dem Weg zu Beitrittsverhandlungen

Nach den Erweiterungsbeschlüssen der Gipfelkonferenz in Den Haag im Dezember 1969 wurden Verhandlungen mit den beitrittswilligen Ländern Großbritannien, Irland, Dänemark und Norwegen aufgenommen. Auf der Haager Gipfelkonferenz hatten die Teilnehmer gleichfalls die Voraussetzungen festgelegt, unter denen Beitrittsverhandlungen aufgenommen werden konnten: Die Beitrittsaspiranten mussten vorab das geltende Gemeinschaftsrecht, den sogenannten *acquis communautaire* (→ Kapitel B 4.4), in seiner Gesamtheit akzeptieren. Das bedeutete nichts anderes, als dass es in den Verhandlungen mit den Beitrittskandidaten nicht um Änderungen des Gemeinschaftsrechts gehen konnte, sondern lediglich um zeitlich begrenzte Ausnahmeregelungen bis zur vollständigen Übernahme des *acquis communautaire* durch die Beitrittsstaaten. Ferner sollten die durch den Beitritt eines Landes aufgeworfenen Fragen und Probleme vor dem Vollzug des Beitritts geregelt werden. Ebenso wurde vereinbart, dass eine ungehinderte Fortentwicklung der Gemeinschaften auch während der Verhandlungen möglich sein müsse.

In Großbritannien hatten die Vorbereitungen für die neuerlichen Beitrittsverhandlungen noch unter der Labour-Regierung von Premierminister Harold Wilson begonnen. Nach dem Wahlsieg der Konservativen bei den Unterhauswahlen im Juni 1970 wurde Edward Heath neuer britischer Premierminister. Sowohl Wilson als auch Heath betrachteten die „special relationship" Großbritanniens zu den USA nicht als Hindernis für eine Hinwendung zu Europa. Im Gegenteil, in einer anzustrebenden Führungsrolle in Europa wurde geradezu eine Voraussetzung dafür gesehen, die „special relationship" zu erneuern und den britischen Einfluss in Washington auf eine neue Grundlage zu stellen. Heath hatte während des ersten Beitrittsgesuchs die Verhandlungen mit den Gemeinschaften als britischer Delegationsleiter geführt; und unter seiner Regierung wurden nun die Vorbereitungen der Labour-Regierung bruchlos fortgeführt. Im Gegensatz zur Haltung bei den Beitrittsverhandlungen 1961/62 war die britische Regierung jetzt bereit, auf dauerhafte Ausnahmen vom Regelwerk der Gemeinschaften zu verzichten.

Auf Verlangen der französischen Regierung legten die Gemeinschaftsmitglieder – anders als beim ersten britischen Beitrittsgesuch, als dies erst fallweise während der Verhandlungen geschah – nun vor Beginn der Verhandlungen mit den vier Beitrittskandidaten ihre gemeinsame Position untereinander fest. Die Präsidentschaft sollte die

Verhandlungen im Namen der Mitgliedstaaten führen, wobei der Kommission eine zentrale Rolle zukam, da sie die gemeinsame Verhandlungsposition vorschlug und den direkten Kontakt zu den Beitrittskandidaten hielt. Bei der Eröffnungssitzung der Verhandlungen am 30. Juni 1970 in Luxemburg erklärten der amtierende Präsident des Rates der Europäischen Gemeinschaften sowie der Präsident der Kommission seitens der Gemeinschaften ihre Auffassungen zur Erweiterung und zu den Modalitäten der Verhandlungen; auch die Beitrittskandidaten gaben ihre jeweiligen Auffassungen bekannt. Am 21. bzw. 22. Juli 1970 fanden dann in Brüssel die ersten bilateralen Verhandlungen auf Ministerebene bzw. mit der britischen Delegation statt; am 21. September begannen die eigentlichen Verhandlungen mit Irland, am 22. September die mit Norwegen und Dänemark.

Die Verhandlungen über die Beitritte

In den Beitrittsverhandlungen mit Großbritannien, in denen folglich vor allem Umsetzungs- und Übergangsregelungen auszuhandeln waren, standen insbesondere die präferentiellen Handelsbeziehungen Großbritanniens mit dem Commonwealth, die Integration Großbritanniens in die GAP und damit verbunden die Höhe des britischen Anteils an der Finanzierung der EWG zur Diskussion. Da sich die Bedeutung der Commonwealth-Problematik gegenüber den ersten Beitrittsverhandlungen 1961/62 aufgrund der Veränderungen der britischen Außenhandelsstruktur verringert hatte, konzentrierten sich die diesbezüglichen Diskussionen im Wesentlichen auf zwei Aspekte: Milchprodukte aus Neuseeland und Zucker aus der Karibik. Für diese Produkte verlangte die britische Regierung Sonderregelungen.

Eine Integration Großbritanniens in die GAP wurde dadurch erschwert, dass sich die Agrarpolitik in Großbritannien grundlegend von der im Rahmen der EWG praktizierten unterschied. Großbritannien verfügte über einen eher kleinen Agrarsektor und importierte einen Großteil seiner Lebensmittel aus den Commonwealth-Staaten. Die Preise für Agrarprodukte und Lebensmittel lagen in etwa auf Weltmarktniveau, was den britischen Verbrauchern zugute kam. Auch die britischen Landwirte mussten ihre Erzeugnisse zu Weltmarktpreisen anbieten und erhielten als Ausgleich direkte Einkommensbeihilfen. Die GAP hingegen garantierte den Landwirten in den Mitgliedstaaten bestimmte Mindestpreise für ihre Erzeugnisse, die dadurch gegenüber den Preisen auf dem Weltmarkt deutlich höher lagen. Bei einer Übernahme der GAP durch Großbritannien im Falle eines Beitritts war somit nicht nur damit zu rechnen, dass die Preise für Agrarerzeugnisse und damit die Kosten für die Verbraucher in Großbritannien erheblich steigen würden, sondern darüber hinaus würde Großbritannien angesichts seines hohen Anteils an Lebensmittelimporten aus Drittstaaten in erheblichem Maße die darauf erhobenen Abschöpfungen an die Gemeinschaftskasse abzuführen haben. Anders ausgedrückt: Die britischen Verbraucher würden maßgeblich zur Finanzierung der GAP beitragen, von der Großbritannien – sieht man einmal von den britischen Landwirten ab – im Gegenzug aufgrund der geringen Größe seines Agrarsektors jedoch nur geringfügig profitieren würde.

Dass Großbritannien die GAP bei einem Beitritt würde übernehmen müssen, stand grundsätzlich außer Frage. Gegenstand der Verhandlungen waren die Übergangsfristen, in denen dies zu geschehen hatte. Und hier verlangte die britische Verhandlungsdelegation bezüglich der an die Gemeinschaftskasse abzuführenden Beträge möglichst lange Übergangsfristen, während die französische Regierung forderte, die Briten sollten von Anfang an ihren vollen Anteil am Gemeinschaftshaushalt tragen. Infolge einer direkten Begegnung zwischen Pompidou und Heath im Mai 1971 in Paris einigte man sich schließlich auf die folgenden Vereinbarungen: Für die Übernahme des EGKS- und des EWG-Vertrages wurde eine viereinhalbjährige Übergangszeit festgesetzt; für den Beitritt zur Europäischen Atomgemeinschaft (Euratom) war lediglich eine einjährige Anpassungsperiode für die Zollsätze vorgesehen. Bezogen auf die EGKS und die EWG bedeutete dies, dass sich der Abbau von Zöllen zwischen Großbritannien und den anderen Mitgliedstaaten der Gemeinschaften sowie die Anpassung des britischen Außenzolls gegenüber Drittstaaten an den der Gemeinschaften bis zum 1. Juli 1977 vollzogen haben sollte. Für die Übernahme der GAP durch Großbritannien galt eine fünfjährige Übergangszeit, wobei Sonderregelungen zum Schutz neuseeländischer Milchprodukte und für Zuckerprodukte aus der Karibik getroffen wurden. Eine Einigung wurde in der abschließenden Verhandlungssitzung vom 21. bis 23. Juni 1971 auch für die britischen Zahlungen in den Gemeinschaftshaushalt erzielt: Ungeachtet des eigentlich von einem Mitgliedstaat zu zahlenden Betrages, der sich variabel aus der Höhe der Abschöpfungen und der Zölle aus dem Handel mit Drittstaaten sowie gegebenenfalls zusätzlichen Direktzahlungen ergab, erreichten die Briten, dass ihr Anteil am Haushalt der EWG dauerhaft begrenzt wurde: Er sollte im ersten Jahr nach dem Beitritt nicht mehr als 8,64% betragen und ab 1977 dann 18,92% nicht überschreiten; zusätzlich wurde die Möglichkeit von Korrekturen vorgesehen, um eine weitere Steigerung des prozentualen Anteils in den nachfolgenden Jahren zu begrenzen. Das sogenannte „Sterling-Problem", das in den 1960er Jahren die Beitrittsfrage noch erheblich belastet hatte, war nicht Teil der eigentlichen Beitrittsverhandlungen: Pompidou und Heath hatten sich bei ihrem Treffen im Mai 1971 darauf verständigt, dass Großbritannien die britische Währung schrittweise an die Erfordernisse einer gemeinsamen Wirtschafts- und Währungsunion anpasst.

Am 18. Januar 1972 konnten dann auch die Verhandlungen mit den übrigen beitrittswilligen Staaten abgeschlossen werden. Viele Ergebnisse der Verhandlungen mit Großbritannien wurden in den Verhandlungen mit den drei anderen Beitrittskandidaten übernommen. Die Verhandlungen mit Dänemark verliefen überwiegend reibungslos. In den Verhandlungen mit Irland standen die Agrar- und Fischereipolitik sowie die Handelsbeziehungen mit Großbritannien im Vordergrund. Die Fischereipolitik bereitete in den Verhandlungen mit Norwegen die größten Schwierigkeiten, spielte aber auch in den Verhandlungen mit den anderen Beitrittskandidaten eine gewisse Rolle. Die bisherigen Mitgliedstaaten hatten sich noch unmittelbar vor der Aufnahme der Beitrittsverhandlungen auf eine gemeinsame Fischereipolitik geeinigt, nach deren Bestimmungen alle Länder der Gemeinschaften in allen Gewässern ihrer Mitgliedstaaten gleiche Fangrechte erhielten. Trotz des Beschlusses der Haager Gipfelkonferenz, wonach eine Fortentwicklung der Gemeinschaften sogar während der Verhandlungen möglich sein müsse, war ein solches Vorgehen ein Affront gegenüber allen vier beitrittswilligen Staaten, in deren Gewässern ca. zwei Drittel der gesamten Fischbestände der erweiterten Gemeinschaften vorkamen. Man einigte sich schließlich auf einen Kompromiss in Form von zeitlichen Übergangsregelungen, die den Fischereiinteressen der vier neuen Mitgliedstaaten entgegen kamen.

Am 19. Januar 1972 empfahl die Kommission auf der Grundlage der Verhandlungsergebnisse dem Ministerrat die Aufnahme Dänemarks, Großbritanniens, Irlands und Norwegens; am 22. Januar 1972 wurde in Brüssel von den Delegationsleitern der sechs bisherigen Mitgliedstaaten und der vier Beitrittsaspiranten ein gemeinsamer Beitrittsvertrag unterzeichnet. In dem Vertrag und den dazugehörigen Anhängen, Protokollen, Briefwechseln und Erklärungen waren die Übernahme des *acquis communautaire* durch die neuen Mitgliedstaaten sowie die vereinbarten Regelungen für die Übergangszeit nach dem Beitritt festgelegt. Nach Abschluss des Ratifikationsprozesses in den bisherigen und den neuen Mitgliedstaaten traten Großbritannien, Dänemark und Irland den Europäischen Gemeinschaften zum 1. Januar 1973 bei. Norwegen trat den Gemeinschaften trotz des erfolgreichen Abschlusses der Beitrittsverhandlungen nicht bei. In einem der Verfassung nach eigentlich nur konsultativen Referendum stimmten die norwegischen Wähler am 24./25. September 1972 mit 53,5% der abgegebenen Stimmen gegen einen Beitritt des Landes zu den Gemeinschaften. Für diesen Fall hatte der norwegische Ministerpräsident Trygve Bratteli erklärt, dem norwegischen Parlament die Frage des Beitritts nicht mehr unterbreiten zu wollen und mit seiner Regierung zurückzutreten. Unter der Nachfolgeregierung konnte dann zumindest ein Freihandelsabkommen Norwegens mit den Europäischen Gemeinschaften ausgehandelt werden. Seit dem 1. Januar 1973 umfassten die Europäischen Gemeinschaften damit neun Mitgliedstaaten.

Die Beitritte und ihre Folgen

Allerdings stellte die britische Regierung nach der erneuten Wahl Wilsons zum Premierminister im März 1974 die EG-Mitgliedschaft des Landes noch einmal in Frage, da die Labour Party den Beitritt Großbritanniens zu den von der Regierung des Konservativen Premierministers Heath ausgehandelten Bedingungen ablehnte. Die Labour Party hatte anlässlich der Debatten um die Ratifizierung des Beitrittsvertrages für den Fall einer Regierungsübernahme angekündigt, die Beitrittsbedingungen neu zu verhandeln und über den Verbleib Großbritanniens in den Europäischen Gemeinschaften ein Referendum abhalten zu lassen. Am 1. April 1974 forderte der neue britische Außenminister James Callaghan im Rat die übrigen Mitglieder zu einer grundsätzlichen Neuverhandlung auf.

Die Regierungen der übrigen Mitgliedstaaten waren zu Verhandlungen bereit, allerdings mit der Einschränkung, dass es sich gerade nicht um grundsätzliche Neuverhandlungen handeln dürfe. In den nachfolgenden Beratungen in Brüssel und zwischen den Regierungen der Mitgliedstaaten ging es vor allem um niedrigere Agrarpreise, einen besseren Zugang für Entwicklungs- und Commonwealth-Länder zum Gemeinsamen Markt, regionale Wirtschaftsförderung und den britischen Anteil am Gemeinschaftshaushalt. Die Staats- bzw. Regierungschefs der Mitgliedstaaten verständigten sich schließlich auf ihren Zusammenkünften im Dezember 1974 in Paris und im März 1975 in Dublin auf begrenzte Zugeständnisse an die britische Regierung, insbesondere auf eine Verlängerung der Übergangsregelungen und die Schaffung eines „Korrekturmechanismus". Dieser sah unter bestimmten Bedingungen Rückerstattungen für Mitgliedstaaten vor, die wie Großbritannien aufgrund eines groben Missverhältnisses zwischen Zahlungen an den und Rückflüssen aus dem Gemeinschaftshaushalt in eine „unannehmbare Situation" gerieten. Die von der britischen Regierung erreichten Zugeständnisse werden in der Forschung als gering und eher von symbolischer Bedeutung gewertet. Da vor allem parteipolitische Gründe für die Forderung nach Neuverhandlungen und einem Referendum ausschlaggebend gewesen waren, war das Resultat für die britische Regierung indes ausreichend, um auch den Wählern auf dieser Grundlage – und trotz der Zerrissenheit der Labour Party in dieser Frage – eine Zustimmung zu empfehlen. In dem Referendum am 5. Juni 1975 stimmten die britischen Wähler mit 67,2% der abgegebenen Stimmen (bei einer Wahlbeteiligung von 64,5%) für einen Verbleib Großbritanniens in den Europäischen Gemeinschaften.

Infolge des Beitritts Großbritanniens, Irlands und Dänemarks wurden die Gemeinschaftsinstitutionen der neuen Mitgliederzahl angepasst. Im Rat stieg die Mitgliederzahl von sechs auf neun. Die neue Stimmengewichtung sah für Frankreich, die Bundesrepublik, Italien und Großbritannien je zehn, für Belgien und die Niederlande je fünf, für Dänemark und Irland je drei und für Luxemburg zwei Stimmen vor. Für das Zustandekommen von Beschlüssen des Rates waren mindestens 41 der insgesamt 58 Stimmen in den Fällen erforderlich, in denen die Beschlüsse auf Vorschlag der Kommission gefasst wurden; in allen anderen Fällen waren mindestens 41 Stimmen von mindestens sechs Mitgliedstaaten erforderlich. Die Kommission bestand nunmehr aus 13 statt zuvor neun Kommissaren, wobei je zwei Kommissare aus Frankreich, der Bundesrepublik, Italien und Großbritannien und je einer aus den übrigen Mitgliedstaaten kamen. Die Zahl der Abgeordneten in der Versammlung stieg von 142 auf 198; Deutschland, Frankreich, Italien und Großbritannien entsandten je 36, Belgien und die Niederlande je 14, Dänemark und Irland je zehn und Luxemburg sechs Abgeordnete. Die Zahl der Richter des Gerichtshofes stieg von sieben auf neun, die der Generalanwälte von zwei auf vier. Auch die Anzahl der Vertreter im Wirtschafts- und Sozialausschuss der EWG sowie im Beratenden Ausschuss der EGKS wurde der neuen Mitgliederzahl angepasst.

Die Beitritte fielen zeitlich zusammen mit einer Phase der wirtschaftlichen Stagnation in Europa infolge der ersten Ölkrise. Insbesondere in Großbritannien machte sich – trotz des positiven Ausgangs des Referendums – in der Bevölkerung, aber auch unter den politischen Eliten Ernüchterung breit, als deutlich wurde, dass es weder gelang, durch die Mitgliedschaft die ökonomischen Probleme des Landes zu verringern noch eine politische Führungsrolle in den EG einzunehmen. Demgegenüber konnte Irland infolge seines Beitritts den wirtschaftlichen Rückstand gegenüber den anderen Mitgliedstaaten aufholen und seine wirtschaftliche und politische Abhängigkeit von Großbritannien verringern. Im Falle Dänemarks führte die Betonung der wirtschaftlichen Aspekte des Beitritts vor allem dazu, dass die politischen Implikationen der europäischen Integration insbesondere in der dänischen Bevölkerung mit Skepsis betrachtet wurden.

Literatur

GRIFFITHS, Richard T.: A Dismal Decade? European Integration in the 1970s, in: DINAN, Desmond (Hg.): *Origins and Evolution of the European Union*, Oxford 2006, S. 169-190.

KAISER, Wolfram/ELVERT, Jürgen (Hg.): *European Union Enlargement. A Comparative History*, London 2004.

KNIPPING, Franz/SCHÖNWALD, Matthias (Hg.): *Aufbruch zum Europa der zweiten Generation. Die europäische Einigung 1969-1984*, Trier 2004.

LORD, Christopher: *British Entry to the European Community under the Heath Government of 1970-4*, Aldershot 1993.

O'NEILL, Con: *Britain's Entry into the European Community. Report by Sir Con O'Neill on the Negotiations of 1970-1972*, hg. und mit einem Vorwort von Sir David Hannay, London 2000.

VAN DER HARST, Jan (Hg.): *Beyond the Customs Union. The European Community's Quest for Deepening, Widening and Completion, 1969-1975*, Brüssel 2007.

5.2 Die Entwicklung der EPZ

Mit der Haager Gipfelkonferenz vom 1. und 2. Dezember 1969 wurde ein erneuter Anlauf zu einer Zusammenarbeit der Sechs auf (außen)politischem Gebiet unternommen. Aufgrund der Erfahrungen des Scheiterns von EPG und Fouchet-Plänen verfolgte diese neue politische Initiative recht bescheidene Ziele und beschränkte sich auf die gegenseitige Konsultation und Abstimmung der Mitgliedstaaten in außenpolitischen Fragen. Wenngleich die Außenpolitik weiterhin in der Kompetenz der Mitgliedstaaten verblieb, so führte der mit der EPZ eingeführte Konsultationsmechanismus dennoch zu einer allmählichen Annäherung der Mitgliedstaaten in Fragen der Außenpolitik. Die EPZ ist die Vorläuferin der Gemeinsamen Außen- und Sicherheitspolitik (GASP) im Rahmen der EU.

Aufgaben und Ziele der EPZ

Das Schlusskommuniqué der Haager Gipfelkonferenz enthielt eine Aufforderung der sechs Staats- bzw. Regierungschefs an die Außenminister, zu prüfen, „wie in der Perspektive der Erweiterung am besten Fortschritte auf dem Gebiet der politischen Einigung erzielt werden können".[117] Vorschläge sollten dazu erarbeitet und den Staats- bzw. Regierungschefs unterbreitet werden. Bei ihrem Treffen in Luxemburg am 27. Oktober 1970 verabschiedeten die Außenminister einen Bericht, der zuvor von einem Komitee der Politischen Direktoren der sechs Außenministerien unter Vorsitz des Belgiers Etienne Davignon erarbeitet worden war. Dieses als „Davignon-Bericht" oder „Luxemburger Bericht" bezeichnete Dokument legte die Grundlagen für die sogenannte „Europäische Politische Zusammenarbeit" (EPZ). Ein zweiter, 1973 vorgelegter Bericht der Außenminister (Kopenhagener Bericht) schrieb unter Einbeziehung der bis dahin gewonnenen Erfahrungen mit der außenpolitischen Zusammenarbeit den Luxemburger Bericht fort.

Obwohl der Luxemburger Bericht konstatierte, dass „jede beliebige Frage"[118] Gegenstand der Konsultationen sein konnte und ein Fortschreiten in der politischen Einigung auch die „Suche nach weiteren Gebieten"[119] der Zusammenarbeit beinhalten sollte, beschränkte sich die im Luxemburger Bericht vorgesehene politische Zusammenarbeit lediglich auf den Bereich der Außenpolitik. Die Formulierungen des Luxemburger Berichts, welche die Ausdehnung der politischen Zusammenarbeit auf weitere Bereiche nicht ausschlossen, aber auch nicht explizit erwähnten, waren Ergebnis eines Kompromisses zwischen den sechs Staaten. Frankreich hatte im Davignon-Komitee, wie auch bereits im Vorfeld der Haager Gipfelkonferenz, vor allem darauf bestanden, den Verteidigungsbereich aus der Politischen Zusammenarbeit auszuklammern. Unterstützt wurde diese Forderung von der Bundesrepublik Deutschland, während Belgien und Italien für die Einbeziehung der Verteidigungspolitik in die EPZ plädiert hatten. Erst in dem „Londoner Bericht“ der Außenminister aus dem Jahre 1981 wurden erstmals die politischen Aspekte der Sicherheit als Gegenstand der EPZ-Konsultationen erwähnt, die in der Praxis außenpolitischer Zusammenarbeit, so bei den KSZE-Verhandlungen, allerdings bereits eine Rolle gespielt hatten.

Das Scheitern vorangegangener politischer Einigungsbemühungen im Rahmen der EPG und der Fouchet-Pläne hatte dazu geführt, dass bei diesem erneuten Anlauf einer außenpolitischen Zusammenarbeit recht bescheidene Ziele verfolgt wurden: Als Ziele der Zusammenarbeit nannte der Luxemburger Bericht: „durch regelmäßige Unterrichtung und Konsultationen eine bessere gegenseitige Verständigung über die großen Probleme der internationalen Politik zu gewährleisten“ sowie „die Harmonisierung der Standpunkte, die Abstimmung der Haltung und, wo dies möglich und wünschenswert erscheint, ein gemeinsames Vorgehen zu begünstigen und dadurch die Solidarität zu festigen.“[120] Es ging also nicht um die Schaffung einer gemeinsamen europäischen Außenpolitik, sondern lediglich um eine Annäherung der nationalen Außenpolitiken der Mitgliedstaaten außerhalb der Gemeinschaftsverträge. In den folgenden Jahren bekundeten die Mitgliedstaaten mehrfach ihre Absicht, diese Zusammenarbeit enger zu gestalten, um Europas Stimme „in der Weltpolitik Gehör zu verschaffen“[121], ohne dass das im Luxemburger Bericht festgelegte Verfahren intergouvernementaler Zusammenarbeit grundsätzlich verändert wurde. So forderten die Staats- bzw. Regierungschefs auf dem Pariser Gipfeltreffen am 19./20. Oktober 1972, in Zukunft „aktuelle Fragen zu behandeln und im Rahmen des Möglichen gemeinsame mittel- und langfristige Auffassungen zu erarbeiten“[122], und auf dem Gipfeltreffen am 9./10. Dezember 1974 bekräftigten sie ihren Willen, „in allen Bereichen der internationalen Politik, die die Interessen der Europäischen Gemeinschaft berühren, *zunehmend gemeinsame Positionen festzulegen und eine abgestimmte Diplomatie zu betreiben.*“[123] Der am 23. Juli 1973 vorgelegte „Kopenhagener Bericht“ der Außenminister enthielt eine grundsätzliche Verpflichtung der Staaten, die eigene Haltung in außenpolitischen Fragen nicht endgültig festzulegen, ohne die Partner im Rahmen der EPZ konsultiert zu haben. Diese Konsultations*verpflichtung* in allen wichtigen Fragen der Außenpolitik wurde im „Londoner Bericht“ nochmals hervorgehoben, zugleich aber wurde auch das grundsätzliche Festhalten am flexiblen und pragmatischen Charakter der intergouvernementalen Zusammenarbeit betont.

Struktur der EPZ

Zur Umsetzung der im Luxemburger Bericht festgelegten Ziele der EPZ wurde ein fester Kooperationsmechanismus vereinbart: Die *Außenminister* sollten auf Initiative des jeweiligen amtierenden Ratspräsidenten mindestens alle sechs Monate zusammenkommen; ein aus den Leitern der Politischen Abteilungen der Außenministerien (Politische Direktoren) bestehendes *Politisches Komitee* sollte mindestens viermal jährlich zusammentreten, um die Tagungen der Minister vorzubereiten und ihm von den Ministern übertragene Aufgaben zu erledigen. Das Politische Komitee konnte Arbeitsgruppen und Sachverständigenausschüsse, die sich mit einzelnen Problemen der internationalen Politik befassten, einsetzen sowie jede andere Form der Konsultation ins Auge fassen. Ein eigenes Sekretariat war nicht vorgesehen, vielmehr war das den jeweiligen Vorsitz im Rat führende Land für die Sekretariatsarbeiten und die organisatorische Durchführung der Treffen zuständig.

Auf französisches Beharren hin sollte eine zu enge Verbindung der EPZ mit den supranationalen Gemeinschaften vermieden werden. Deshalb wurde festgelegt, dass die im Rahmen der EPZ vereinbarten Außenministertreffen nicht in Brüssel stattfinden sollten, sondern in der jeweiligen Hauptstadt des Landes, das den Vorsitz im Rat innehatte. Dies führte in der Folgezeit zu einer solch kuriosen Situation wie im Juli 1973, als die Minister vormittags in Kopenhagen im Rahmen der EPZ tagten und dann nach Brüssel flogen, um nachmittags ihre Beratungen als EG-Ministerrat durchzuführen. Auch weitere Bestimmungen des Berichts lassen das französische Bestreben erkennen, die Trennung zwischen intergouvernemental strukturierter außenpolitischer Zusammenarbeit und den supranationalen Gemeinschaftsinstitutionen hervorzuheben. So wurde in Bezug auf die Kommission der Europäischen Gemeinschaften festgelegt, dass diese lediglich „zur Stellungnahme“ aufgefordert werden sollte, falls die Arbeiten der EPZ Auswirkungen auf die Tätigkeit der Europäischen Gemeinschaften haben würden. Nicht erwünscht war demnach eine darüber hinausgehende Einbindung der Kommission in die EPZ, was angesichts der Überschneidung von Aufgaben der für außenwirtschaftliche Belange zuständigen Kommission und der EPZ in einigen Bereichen nahe gelegen hätte. In Bezug auf die Europäische Parlamentarische Versammlung wurde vereinbart, dass halbjährliche Kolloquien der Minister mit den Mitgliedern des Politischen Ausschusses der Versammlung abgehalten werden sollten, um über die Arbeit der

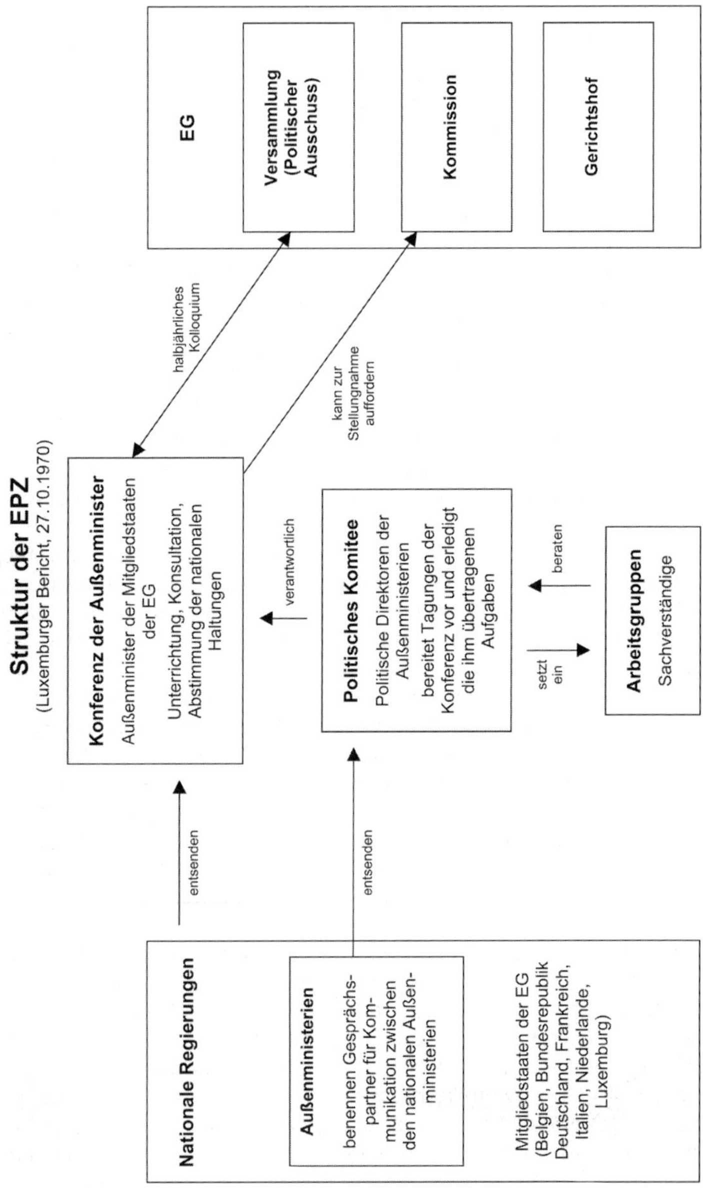
Struktur der EPZ
(Luxemburger Bericht, 27.10.1970)
Nationale Regierungen
Außenministerien
benennen Gesprächspartner für Kommunikation zwischen den nationalen Außenministerien
Mitgliedstaaten der EG (Belgien, Bundesrepublik Deutschland, Frankreich, Italien, Niederlande, Luxemburg)
entsenden
entsenden
Konferenz der Außenminister
Außenminister der Mitgliedstaaten der EG
Unterrichtung, Konsultation, Abstimmung der nationalen Haltungen
verantwortlich
Politisches Komitee
Politische Direktoren der Außenministerien
bereitet Tagungen der Konferenz vor und erledigt die ihm übertragenen Aufgaben
setzt ein
beraten
Arbeitsgruppen
Sachverständige
halbjährliches Kolloquium
kann zur Stellungnahme auffordern
EG
Versammlung (Politischer Ausschuss)
Kommission
Gerichtshof

EPZ zu sprechen. Einmal jährlich sollte zudem der amtierende Ratspräsident eine Mitteilung über den weiteren Fortgang der Arbeiten an die Parlamentarische Versammlung richten. Um die Zusammenarbeit der sechs Staaten auf außenpolitischem Gebiet zu fördern, sah der Bericht die Ernennung von Beamten aus jedem Außenministerium als „Gesprächspartner“ für die Kollegen aus den anderen Staaten vor.

Die Debatten über die Struktur der EPZ nahmen neben der Beschäftigung mit konkreten außenpolitischen Themen einen wesentlichen Teil der Beratungen im Rahmen der EPZ ein. Im Mittelpunkt standen dabei die Fragen nach der Errichtung, dem Standort und den Befugnissen eines gemeinsamen Sekretariats sowie den Beziehungen der EPZ zu den Gemeinschaftsinstitutionen. Frankreich unter de Gaulles Nachfolger Georges Pompidou beharrte weiterhin auf einer strikten Trennung von intergouvernementaler politischer Zusammenarbeit und supranationalen Gemeinschaften und wollte eine Ausdehnung des Prinzips der Supranationalität auf den politischen Bereich, der nach Pompidous Auffassung in die Kompetenz der Nationalstaaten gehörte, verhindern. Die Bundesrepublik, Italien und auch Großbritannien, das Europa als machtvollen außenpolitischen Akteur in der Welt etablieren wollte, strebten eine enge Zusammenarbeit von EPZ und EG an. Großbritannien – seit dem 1. Januar 1973 Mitglied der Europäischen Gemeinschaften – hatte nach Abschluss der Beitrittsverhandlungen zum ersten Mal Ende Mai 1972 am Treffen der Außenminister teilgenommen. Zuvor waren Großbritannien und die anderen Beitrittskandidaten lediglich über die Beratungen der Sechs informiert worden; eine frühere Teilnahme an der EPZ hatte Frankreich strikt abgelehnt. Wie auch die Bundesrepublik Deutschland setzten sich die britischen Vertreter für die Errichtung eines gemeinsamen ständigen Sekretariats in Brüssel ein, um eine engere Beziehung zwischen EPZ und EG herzustellen, während Frankreich auf Paris als Sitz eines ständigen Sekretariats beharrte. Erst mit der Einheitlichen Europäischen Akte (→ Kapitel B 6.1) des Jahres 1986 konnten sich die Mitgliedstaaten auf die Errichtung eines ständigen Sekretariats der EPZ mit Sitz in Brüssel einigen.

Die mit dem Luxemburger Bericht festgelegte Struktur der EPZ wurde in den folgenden Jahren nicht grundsätzlich verändert, lediglich die Instrumentarien und Verfahren der Zusammenarbeit wurden verbessert. So wurde die Anzahl der jährlichen Außenministertreffen verdoppelt und entsprechend auch die Anzahl der Treffen des Politischen Komitees erhöht. Ebenso wurde die Anzahl der Treffen zwischen den Außenministern und den Mitgliedern des Politischen Ausschusses des Europäischen Parlaments verdoppelt. Auch wurde eine verstärkte Zusammenarbeit sowohl unter den Botschaftern und diplomatischen Missionen der Neun in Drittländern als auch zwischen den Botschaften und den jeweiligen Außenministerien in den Ländern der Neun vereinbart. Aus den „Gesprächspartnern" der jeweiligen Außenministerien entwickelte sich die „Korrespondentengruppe", die mit der Regelung von Organisationsfragen und der Vorbereitung der Arbeiten des Politischen Komitees betraut wurde; und zur Verbesserung der Kommunikation wurde ein gesondertes Fernschreibsystem (Correspondance Européenne = COREU) eingerichtet. Der von den Außenministern am 23. Juli 1973 vorgelegte zweite Bericht, der sogenannte „Kopenhagener Bericht", schrieb diese Vereinbarungen zur Intensivierung der außenpolitischen Zusammenarbeit fest. Eine weitere Intensivierung der Zusammenarbeit wurde mit dem „Londoner Bericht" vom 13. Oktober 1981 vereinbart: Künftig sollte die amtierende Präsidentschaft durch einen kleinen Stab von nationalen Beamten der vorhergehenden und nachfolgenden Präsidentschaft unterstützt werden (Troika), um auf diese Weise die Kontinuität in der Politischen Zusammenarbeit zu gewährleisten. Zudem wurde festgelegt, dass auf Ersuchen von drei Mitgliedstaaten bei Krisenfällen innerhalb von 48 Stunden eine Tagung des Politischen Komitees oder eine Ministertagung einberufen werden konnten.

Auch die Zusammenarbeit zwischen der EPZ und den Europäischen Gemeinschaften unterlag im Laufe des Jahrzehnts Veränderungen, ohne dass die grundsätzliche Trennung zwischen den supranationalen Gemeinschaften und der intergouvernemental strukturierten EPZ aufgegeben wurde: Durch die Errichtung des Europäischen Rates (→ Kapitel B 5.4) im Jahre 1974 wurden EG und EPZ enger miteinander verbunden, da in dessen Rahmen die Regierungschefs mindestens dreimal jährlich mit den Außenministern als Rat der Gemeinschaft und zugleich im Rahmen der Politischen Zusammenarbeit zusammentreten sollten. Der Europäische Rat bildete gewissermaßen ein „gemeinsames Dach" über EPZ und EG; zunächst unklar blieb seine Aufgabe in Bezug auf die EPZ. Erst mit der „Feierlichen Deklaration" von Stuttgart vom 19. Juni 1983 wurde festgelegt, dass der Europäische Rat allgemeine politische Leitlinien für die EPZ erlassen sollte. Zudem wurde auf dem Pariser Gipfeltreffen der Staats- bzw. Regierungschefs am 9./10. Dezember 1974 beschlossen, die strikte Trennung zwischen EG-Außenministerrat und den personengleichen EPZ-Ministertagungen offiziell aufzuheben: den Außenministern als Ministerrat der Gemeinschaften wurde jetzt gestattet, bei derselben Gelegenheit im Rahmen der EPZ zusammenzutreten. Im Londoner Bericht von 1981 wurde dann erstmals die volle Beteiligung der EG-Kommission an der EPZ auf allen Ebenen festgeschrieben. Zudem wurden die bereits durchgeführten informellen Treffen zwischen den Außenministern und den Vorsitzenden der Parlamentsfraktionen im Europäischen Parlament bestätigt und eine engere Zusammenarbeit mit dem Parlament in Aussicht gestellt.

Wenngleich auch die Staats- bzw. Regierungschefs bereits auf ihrem Gipfeltreffen im Oktober 1972 das Ziel formuliert hatten, vor dem Ende dieses Jahrzehnts die Gesamtheit der Beziehungen der Mitgliedstaaten in eine „Europäische Union" umzuwandeln, so gelangte dieses Vorhaben über den hier skizzierten Stand der Beziehungen von EG und EPZ nicht hinaus. Der im Auftrag der Staats- bzw. Regierungschefs vom belgischen Premierminister Leo Tindemans angefertigte und am 29. Dezember 1975 vorgelegte Bericht, welcher verschiedene Vorschläge zur Bildung einer Europäischen Union enthielt, wurde nicht weiter verfolgt. Der Tindemans-Bericht[124] hatte u.a. vorgeschlagen, die EPZ-Außenpolitik und die EG-Außenwirtschaftsbeziehungen zu einer gemeinsamen Außenpolitik zusammenzufassen und eine europäische Verteidigungspolitik zu entwickeln. Zudem hatte Tindemans die rechtliche Verankerung der EPZ durch ein Zusatzprotokoll zu den bestehenden Gemeinschaftsverträgen gefordert sowie die Anwendung von Mehrheitsbeschlüssen in Fragen der Außenpolitik. Diese Vorschläge gingen den Mitgliedstaaten zu weit.

Inhaltliche Schwerpunkte der EPZ

Im Luxemburger Bericht des Jahres 1970 hatten die Außenminister ihre politische Zusammenarbeit in Fragen der Außenpolitik mit dem Wunsch begründet, dass in Zukunft „Europa mit *einer* Stimme sprechen kann".[125] Europa sei aufgrund seines wirtschaftlichen Potentials und seiner immer bedeutenderen Rolle in der Welt verpflichtet und genötigt, Verantwortung zu übernehmen und insbesondere zugunsten der Entwicklungsländer zu agieren; Europa habe, so betonten die Außenminister, „eine politische Sendung".[126]

Die Themen, die auf den EPZ-Treffen in den 1970er Jahren diskutiert wurden, umfassten den Konflikt im Nahen Osten, die Konferenz für Sicherheit und Zusammenarbeit in Europa (KSZE), das Verhältnis zu den USA, die Entwicklungen im Mittelmeerraum (u.a. Zypernkrise, politischer Umsturz in Portugal) und in Asien (u.a. die Beziehungen zu Vietnam, der Bürgerkrieg in Pakistan, der Beitritt Chinas zu den Vereinten Nationen) sowie die Konflikte im südlichen Afrika. Als erfolgreich bzw. als Höhepunkt der EPZ in den 1970er Jahren gilt die Zusammenarbeit der Neun im Rahmen der KSZE, da es ihnen gelang, sich auf eine gemeinsame Position bei diesen zwischen 35 europäischen und amerikanischen Staaten geführten Verhandlungen über Maßnahmen zum Abbau der Spannungen zwischen dem westlichen und östlichen Lager zu einigen. So konnten sie Einfluss auf den Verlauf der Konferenz sowie die Formulierung der KSZE-Schlussakte im August 1975 in Helsinki nehmen. Schwieriger gestaltete sich die Aufgabe, eine gemeinsame Position zu erzielen bei Themen wie dem Nahost-Konflikt, der Südafrika-Politik und den Beziehungen zu den USA.

Europäische Identität und Spannungen mit den USA

Die ersten Schritte der Neun in Richtung einer abgestimmten Außenpolitik, vor allem in Bezug auf den Nahen Osten, trugen erheblich zur Verschärfung bestehender europäisch-amerikanischer Spannungen bei, die seit einiger Zeit im sicherheits- und handelspolitischen Bereich aufgetreten waren. Auf die Zusammenarbeit der Neun im Rahmen der EPZ reagierten die USA mit der Forderung nach einer neuen „Atlantik-Charta", welche die transatlantischen Beziehungen auf eine neue Grundlage stellen und die amerikanische Führungsrolle im atlantischen Raum sichern sollte. In seiner Rede vom 23. April 1973, in welcher der amerikanische Sicherheitsberater und künftige Außenminister Henry A. Kissinger die Ausarbeitung der neuen „Atlantik-Charta" ankündigte und das Jahr 1973 zum „Jahr Europas" erklärte, unterschied er zwischen den globalen Interessen und Verpflichtungen der USA und den nur regionalen Interessen der Europäer.

Trotz ihrer divergierenden Auffassungen in Bezug auf das künftige Verhältnis zu den USA einigten sich die Neun auf die Ausarbeitung gemeinsamer Positionsentwürfe, die den Vorstellungen Kissingers die eigene Auffassung von der eigenständigen Rolle und Verantwortung Westeuropas gegenüber der übrigen Welt entgegensetzten. Auf ihrem Gipfeltreffen in Kopenhagen am 14. und 15. Dezember 1973 verabschiedeten die Staats- bzw. Regierungschefs das „Dokument über die europäische Identität". Sie unterstrichen darin in Reaktion auf die Äußerungen Kissingers die „weltpolitischen Verpflichtungen" Europas sowie ihren Wunsch „in der Weltpolitik eine aktive Rolle

[zu] spielen", erklärten aber zugleich, dass sich die Einigung Europas gegen niemanden richte und auch keinerlei Machtstreben entspringe. Zudem betonten sie, dass die bestehenden engen Bande zwischen den USA und dem Europa der Neun gewahrt bleiben müssten, dies aber nicht der Entschlossenheit der Neun widerspreche, als eigenständiges, unverwechselbares Ganzes aufzutreten.[127] Mit dieser Erklärung sahen sowohl Frankreich, das auf eine stärkere Abgrenzung von den USA setzte, als auch die anderen Mitgliedstaaten wie Großbritannien und Deutschland, die eine Festigung des atlantischen Bündnisses wünschten, ihre Positionen vertreten.

Das transatlantische Verhältnis verbesserte sich durch diese Erklärung keineswegs, vielmehr gelangte es Ende des Jahres an einen neuen Tiefpunkt, verursacht insbesondere durch politische Divergenzen in der Nahost-Frage. Bereits am 6. November hatten die Neun in ihrer Nahost-Erklärung einen eher pro-arabischen als pro-israelischen Standpunkt, wie ihn die USA einnahmen, vertreten. Als sie im März 1974 ihre Absicht kundtaten, einen europäisch-arabischen Dialog zu eröffnen, führte dies zu heftigen Reaktionen seitens der USA, die den Europäern vorwarfen, sie nicht konsultiert zu haben und die amerikanische Außenpolitik zu blockieren. Die USA forderten, frühzeitig konsultiert zu werden, bevor die Europäer Entscheidungen im Rahmen der EPZ trafen. Der Konflikt wurde schließlich bei einem informellen Treffen der europäischen Außenminister auf Schloss Gymnich am 20./21. April 1974 beigelegt. Mit dem sogenannten „Gymnich-Agreement" wurde ein Kompromiss gefunden, der eine Einbeziehung der USA in die EPZ-Beratungen unter bestimmten Voraussetzungen erlaubte. Gemäß dem Gymnich-Agreement konnten verbündete oder befreundete Drittstaaten vor einer Entscheidungsfindung der Neun konsultiert werden, wenn ein Mitgliedstaat dies wünschte und die anderen damit einverstanden waren. Die Krise war damit erst einmal entschärft, und die Neun hatten zugleich ihre eigenständige außenpolitische Rolle betont. Solche informellen Treffen, in denen die Minister im kleinen Kreis absolut vertraulich politische Themen besprachen, fanden ab 1974 wiederholt zusätzlich zu den regulären vierteljährlichen Zusammenkünften der neun Außenminister statt.

Die Zusammenarbeit der europäischen Staaten im Rahmen der EPZ während der 1970er Jahre fand ihren Niederschlag im Wesentlichen in der Abfassung gemeinsamer Erklärungen zu den einzelnen außenpolitischen Themen; bis Mitte 1978 hatten die Neun insgesamt über 90 offizielle Erklärungen verfasst.[128] Die nur auf eine lockere intergouvernmentale Zusammenarbeit der Mitglieder ausgerichtete EPZ ermöglichte nicht die Gestaltung einer gemeinsamen europäischen Außenpolitik, aber sie trug dazu bei, den Konsultationsmechanismus zu vertiefen und die außenpolitischen Positionen der Mitglieder vermehrt untereinander abzustimmen und teilweise zu harmonisieren.

Literatur

Europäische Politische Zusammenarbeit (EPZ) auf dem Weg zu einer Gemeinsamen Außen- und Sicherheitspolitik. Dokumentation, hg. vom Auswärtigen Amt, 9. überarb. Aufl., Bonn 1992.

HILL, Christopher (Hg.): *National Foreign Policies and European Political Cooperation*, London 1983.

IFESTOS, Panayiotis: *European Political Cooperation. Towards a Framework of Supranational Diplomacy?*, Aldershot 1987.

JÜRGENS, Thomas: *Die gemeinsame Europäische Außen- und Sicherheitspolitik*, Köln 1994

NUTTALL, Simon J.: *European Political Co-operation*, Oxford 1992.

RUMMEL, Reinhardt/WESSELS, Wolfgang (Hg.): *Die Europäische Politische Zusammenarbeit. Leistungsvermögen und Struktur der EPZ*, Bonn 1978.

SCHOUTHEETE, Philippe de: *La Coopération Politique Européenne*, 2. Aufl., Brüssel 1986.

5.3 Das Projekt einer Wirtschafts- und Währungsunion

Nach dem Zusammenbruch des auf dem Abkommen von Bretton Woods (1944) beruhenden Weltwährungssystems fester Wechselkurse Anfang der 1970er Jahre gerieten die Zahlungsbilanzen zwischen den EG-Mitgliedstaaten in Ungleichgewicht. Die teils unkoordinierten währungspolitischen Maßnahmen einzelner Staaten zum Ausgleich ihrer Zahlungsbilanzen stellten eine Bedrohung für den Gemeinsamen Markt dar – vor allem für das Preissystem im Rahmen der GAP. Vor diesem Hintergrund nahmen die EG-Mitgliedstaaten das Projekt der Errichtung einer Wirtschafts- und Währungsunion in Angriff. Erste konkrete Schritte erfolgten mit der Vereinbarung fester Bandbreiten für die Wechselkurse der europäischen Währungen; ein Durchbruch gelang schließlich mit der Errichtung des Europäischen Währungssystems (EWS).

Der Werner-Plan

Auf der Gipfelkonferenz in Den Haag im Dezember 1969 hatten die Staats- bzw. Regierungschefs der Mitgliedstaaten der Europäischen Gemeinschaften den Rat der Wirtschafts- und Finanzminister (sog. „Ecofin-Rat") beauftragt, zur Stärkung der Stabilität und des Wachstums im Gemeinsamen Markt im Laufe des Jahres 1970 einen Stufenplan für die Errichtung einer Wirtschafts- und Währungsunion auszuarbeiten. Hierzu beschloss der Ministerrat am 6./7. März 1970, eine Arbeitsgruppe unter der Leitung des luxemburgischen Ministerpräsidenten und Finanzministers Pierre Werner einzusetzen, die am 8. Oktober 1970 ihren abschließenden Bericht vorlegte („Werner-Plan").

Wirtschafts- und Währungsunion (WWU): Eine **Wirtschaftsunion** ist eine Weiterentwicklung eines „Gemeinsamen Marktes", in der die Mitglieder Teile ihrer jeweiligen Wirtschaftspolitiken harmonisieren. Der Grad an Harmonisierung kann von einem regelmäßigen Informationsaustausch bis hin zur Schaffung gemeinsamer supranationaler Institutionen mit eigenen Kompetenzen im Bereich der Wirtschaftspolitik (z.B. Handels-, Wettbewerbs- und Konjunkturpolitik) und bei der Setzung von Wirtschaftsrecht reichen. In einer **Währungsunion** werden (zusätzlich) die währungspolitischen Funktionen (z.B. Geldemission) von einer zentralen Währungsbehörde (z.B. Zentralbank) wahrgenommen, in der Regel existiert nur noch eine allen Mitgliedern der Währungsunion gemeinsame Währung. Eine unabhängige Währungspolitik einzelner Mitglieder ist in einer Währungsunion nicht mehr möglich.

Im Werner-Plan wurde betont, dass noch im Laufe des Jahrzehnts die Wirtschafts- und Währungsunion erreicht werden könne, sofern der politische Wille der Mitgliedstaaten dafür vorhanden sei. Als Voraussetzungen für das Funktionieren einer solchen Währungsunion wurden die vollständige und irreversible Konvertibilität der Währungen ohne Wechselkursschwankungen sowie die völlige Liberalisierung des Kapitalverkehrs genannt. Aus psychologischen und politischen Gründen sollte anstelle der Beibehaltung nationaler Geldzeichen eine einheitliche Währung eingeführt werden, um die Unwiderruflichkeit des Prozesses zu demonstrieren. Auf institutioneller Ebene war es laut Werner-Plan ferner für den Zusammenhalt der Wirtschafts- und

Währungsunion erforderlich, Zuständigkeiten von der nationalen Ebene auf die Gemeinschaftsebene zu übertragen und die jeweiligen wirtschaftspolitischen Instrumentarien zu harmonisieren: Leitlinien der Konjunkturpolitik, Entscheidungen auf dem Gebiet der Währungspolitik, die Haushaltspolitik, die Steuerharmonisierung, die Kapitalmarktpolitik, die Struktur- und Regionalpolitik sowie eine systematische und regelmäßige Konsultation der Sozialpartner. An institutionellen Reformen erforderte die Wirtschafts- und Währungsunion demnach die Schaffung oder die Umformung einer Reihe von Gemeinschaftsorganen, denen Befugnisse übertragen werden müssten, die bisher von den nationalen Instanzen ausgeübt wurden. Diese Übertragung von Befugnissen war laut Werner-Plan ein Vorgang von grundlegender politischer Bedeutung, der eine progressive Entwicklung der politischen Zusammenarbeit voraussetzte. Gemäß dem Werner-Plan erscheint somit die Wirtschafts- und Währungsunion „als ein Ferment für die Entwicklung der politischen Union, ohne die sie auf die Dauer nicht bestehen kann.“[129]

Die gemeinsame Wirtschafts- und Währungsunion sollte dem Werner-Plan zufolge über zwei Stufen erreicht werden: die erste Stufe sollte am 1. Januar 1971 beginnen und drei Jahre dauern. Als eine der wesentlichen Aufgaben während dieser ersten Stufe wurde die verstärkte Koordinierung der nationalen Wirtschaftspolitiken betrachtet. Unter anderem sollten die erforderlichen Änderungen der Gründungsverträge vorbereitet, mit der Koordinierung bzw. Harmonisierung der nationalen Haushalts- und Steuerpolitiken sowie mit der Integration der Geld- und Kapitalmärkte begonnen werden. Auch sollten Vorbereitungen für eine gemeinsame Struktur- und Regionalpolitik getroffen werden. In dieser ersten Phase sollte der Ministerrat noch das zentrale wirtschaftspolitische Entscheidungsorgan sein. In der zweiten Stufe sollten die in Angriff genommenen Maßnahmen zur Koordinierung und Harmonisierung in zunehmend verbindlicheren Formen fortgeführt und weitere Befugnisse von der nationalen auf die Gemeinschaftsebene übertragen werden. Für die Endstufe war dann die Schaffung zweier Gemeinschaftsorgane vorgesehen: ein wirtschaftspolitisches Entscheidungsgremium, das einem europäischen Parlament verantwortlich sein müsse, und ein gemeinschaftliches Zentralbanksystem. Auf Einzelheiten der späteren Stufen und einen genauen Zeitplan wollte sich die Arbeitsgruppe im Werner-Plan noch nicht festlegen; hierüber sollte am Ende der ersten Stufe entschieden werden.

Das Scheitern einer Wirtschafts- und Währungsunion

Der Werner-Plan wurde dem Rat auf seiner Sitzung am 26./27. Oktober 1970 unterbreitet. Eine Einigung über den Plan konnte im Folgenden jedoch wegen unterschiedlicher Auffassungen der Regierungen hinsichtlich seiner institutionellen und politischen Auswirkungen noch nicht erzielt werden. Trotz eines grundsätzlichen Interesses des französischen Staatspräsidenten Pompidou an einer währungspolitischen Vertiefung des Integrationsprozesses war vor allem die französische Regierung zunächst nicht bereit, entsprechende nationale Kompetenzen auf die supranationale europäische Ebene zu übertragen und beharrte auf dem Prinzip der Einstimmigkeit bei Beschlüssen des Rates auch in der letzten Stufe der Währungsunion. Gemäß seiner generellen europapolitischen Zielsetzungen war Pompidou bestrebt, den Einfluss der französischen Regierung sowohl auf die französische Volkswirtschaft als auch auf die Entwicklung der Gemeinschaften zu wahren.

Die französische Regierung vertrat in dieser Frage eine andere Position als etwa die deutsche und die niederländische Regierung. Insbesondere wandte sie sich gegen die von der Bundesregierung eingeforderte Verbindung zwischen der Währungsunion und einer gleichzeitigen Wirtschaftsunion. Im Grundsatz reichten die verschiedenen wirtschaftspolitischen Positionen der Mitgliedstaaten von der in erster Linie seitens der Bundesrepublik und der Niederlande – aber auch von Italien – vertretenen „ökonomistischen" Position, die in der Angleichung der nationalen Wirtschafts- und Finanzpolitiken die Voraussetzung für eine gemeinsame Wirtschafts- und Währungspolitik sah (sog. „Krönungstheorie"), bis zur von Frankreich und Belgien favorisierten monetaristischen „Lokomotivtheorie", gemäß der sich durch die Festschreibung der Wechselkurse ein Anpassungsdruck auf den Wirtschaftssektor ergeben sollte, eine währungspolitische Zusammenarbeit also vor der Harmonisierung der nationalen Wirtschafts- und Finanzpolitiken möglich erschien.

Anlässlich der Ratstagung am 8./9. Februar 1971 wurde ein Kompromiss zwischen der französischen und der bundesdeutschen Haltung geschlossen. Die beiden Regierungen einigten sich darauf, anders als noch im Werner-Plan vorgesehen, die Frage neuer Gemeinschaftsorgane bzw. neuer Gemeinschaftsbefugnisse zurückzustellen und zunächst lediglich Maßnahmen zur Realisierung der ersten Stufe des Werner-Plans zu ergreifen. Somit konnte der Rat am 22. März 1971 eine Entschließung verabschieden, in der die Mitgliedstaaten ihren politischen Willen bekundeten, im Laufe der nächsten zehn Jahre nach einem rückwirkend ab dem 1. Januar 1971 beginnenden Stufenplan eine Wirtschafts- und Währungsunion zu schaffen. Im Einzelnen wurden für die erste Stufe der Wirtschafts- und Währungsunion (bis 31. Dezember 1973) Maßnahmen für eine verstärkte Koordinierung der nationalen Wirtschaftspolitiken, für die Koordinierung bzw. Harmonisierung der Haushalts-, Steuer-, Währungs- und Kreditpolitiken und eine verstärkte Zusammenarbeit der Zentralbanken der Mitgliedstaaten zur Verringerung der Bandbreiten der Wechselkurse zwischen den nationalen Währungen in der Gemeinschaft beschlossen. Für die Kompetenzverteilung zwischen den Gemeinschaftsorganen und den Mitgliedstaaten sowie für den organisatorischen Aufbau der Wirtschafts- und Währungsunion wurden in der Entschließung des Rates gemäß der deutsch-französischen Vereinbarung nur ganz allgemeine Grundsätze festgelegt. Vor dem Ablauf der ersten Stufe schließlich sollten diejenigen Maßnahmen festgelegt werden, die nach dem Übergang zur zweiten Stufe zur vollständigen Verwirklichung der Wirtschafts- und Währungsunion führen sollten.

In den folgenden Jahren wurden jedoch kaum Fortschritte in der Frage der Wirtschafts- und Währungsunion erzielt. Auf der Gipfelkonferenz am 19./20. Oktober 1972 in Paris bekundeten die sechs bisherigen und drei neuen Mitgliedstaaten zwar ihre Entschlossenheit, die Gemeinschaft durch Schaffung einer Wirtschafts- und Währungsunion bis spätestens zum 31. Dezember 1980 zu stärken. Die divergierenden nationalen Maßnahmen der Mitgliedstaaten zur Bewältigung der Krise des internationalen Währungssystems 1971 (Dollarkrise) verhinderten jedoch signifikante Fortschritte auf dem Wege zu einer Wirtschafts- und Währungsunion. So wurde etwa das vom Rat am 8./9. Februar bzw. 22. März 1971 beschlossene System fester Wechselkurse zwischen den Währungen der Mitgliedstaaten noch vor dessen Einführung durch einige Mitgliedstaaten faktisch konterkariert, die ihre Wechselkurse freigegeben hatten.

Auch in den folgenden Monaten blieben Versuche, die währungspolitische Koordinierung bzw. Harmonisierung in Hinblick auf das Ziel einer angestrebten Währungsunion voranzutreiben, weitgehend erfolglos. Es gelang lediglich eine Vereinbarung der Mitgliedstaaten der Gemeinschaften am 21. März 1972, wonach die Wechselkurse der europäischen Währungen zum US-Dollar in engeren Bandbreiten schwanken sollten, als auf internationaler Ebene im Rahmen des Internationalen Währungsfonds im Dezember 1971 vereinbart wor-

„Europäische Währungsschlange" im „Tunnel"

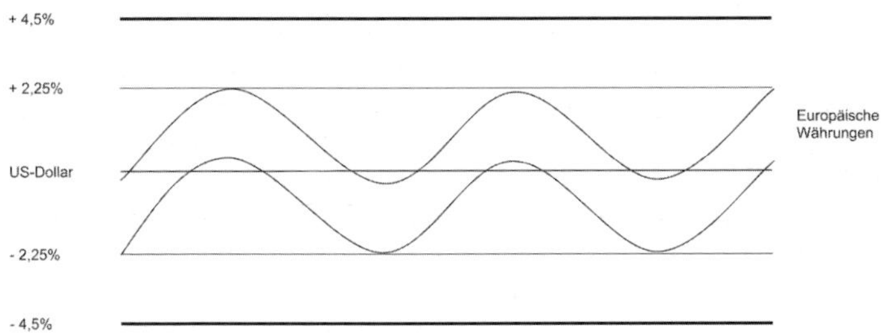

den war. International waren Bandbreiten von 4,5% vorgesehen, die europäischen Währungen sollten gewissermaßen in einem „Tunnel" innerhalb dieser Bandbreiten lediglich um 2,25% schwanken dürfen (sog. „Europäische Währungsschlange"). Dies sollte durch ein Interventionssystem der Zentralbanken gewährleistet werden. Die neuen Mitgliedstaaten der Gemeinschaften erklärten ebenfalls ihren Willen, sich zu beteiligen. Das System war jedoch von Anfang an Währungsspekulationen an den Finanzmärkten ausgesetzt und bewährte sich nicht, zumal einige Mitgliedstaaten aus der Währungsschlange ausscherten.

Einen weiteren Rückschlag erfuhren die Bemühungen um eine Wirtschafts- und Währungsunion durch die Auswirkungen der Ölkrise von 1973. Durch die Verknappung – und damit drastische Verteuerung – des auf dem Weltmarkt angebotenen Rohöls kam es zu einer verschärften Wirtschaftsrezession mit weltweiter Inflation, Zahlungsbilanzdefiziten und Arbeitslosigkeit. Auch hier wurden in den Mitgliedstaaten der Gemeinschaften primär nationale Strategien der Krisenbewältigung entwickelt, teilweise wurde gar der schon erreichte freie Warenverkehr innerhalb der Gemeinschaften eingeschränkt, um die Zahlungsbilanzen zu entlasten. Ende 1973 musste der Rat mitteilen, dass für den Übergang zur zweiten Stufe der Wirtschafts- und Währungsunion alle Voraussetzungen fehlten. Verschiedene Versuche, die wirtschafts- und währungspolitische Zusammenarbeit der Mitgliedstaaten voranzutreiben, blieben auch in den folgenden Jahren weitgehend erfolglos, so dass das Ziel einer Wirtschafts- und Währungsunion fürs erste in weite Ferne rückte.

Das Europäische Währungssystem (EWS)

Nach dem Scheitern des Werner-Plans für eine Wirtschafts- und Währungsunion blieb die Notwendigkeit einer Harmonisierung bzw. Koordinierung vor allem der Währungspolitiken der Mitgliedstaaten bestehen; nicht zuletzt deswegen, weil die Schwankungen der Wechselkurse zwischen den Gemeinschaftswährungen den innergemeinschaftlichen Handel und vor allem die GAP beeinträchtigten. Das System der gemeinsamen Agrarpreise führte im Zusammenwirken mit den Wechselkursentwicklungen der einzelnen Währungen zu Einkommensverlusten der Landwirte in einigen Mitgliedstaaten. Nach Vorarbeiten des französischen Staatspräsidenten Valéry Giscard d'Estaing und des deutschen Bundeskanzlers Helmut Schmidt – und angeregt durch eine Initiative des britischen Kommissionspräsidenten Roy Jenkins – trafen die Staats- bzw. Regierungschefs der Mitgliedstaaten auf der Tagung des Europäischen Rates (→ Kapitel B 5.4) am 8. April 1978 in Kopenhagen die Grundsatzentscheidung zur Schaffung eines „Europäischen Währungssystems" (EWS). Lediglich der britische Premierminister James Callaghan opponierte, ohne jedoch eine weitere Ausarbeitung des Vorhabens zu blockieren. Bei ihrer nächsten Zusammenkunft am 6. Juli 1978 in Bremen einigten sich die Staats- bzw. Regierungschefs auf das weitere Prozedere und einen Zeitplan. Am 4./5. Dezember 1978 schließlich konnte der Europäische Rat in Brüssel formell die Errichtung des EWS beschließen. Am 13. März 1979 trat das EWS rückwirkend zum 1. Januar 1979 in Aktion. Durch die Errichtung des EWS sollte ein höheres Maß an wirtschaftlicher Stabilität im Binnenmarkt der Gemeinschaften erreicht werden, insbesondere was die Wechselkurse und damit teilweise das Preisniveau einzelner Waren anbelangte. Durch die Verminderung von Wechselkursschwankungen zwischen den Währungen sollten der Waren-, Dienstleistungs- und Kapitalverkehr zwischen den Mitgliedstaaten erleichtert und kalkulierbar gemacht werden. Auch war intendiert, durch eine gemeinsame Währungspolitik dem Ziel einer gemeinsamen Wirtschafts- und Finanzpolitik näher zu kommen. Die britische Regierung lehnte eine Teilnahme Großbritanniens am EWS ab und ließ das britische Pfund auch weiterhin frei „floaten", d.h. den Wechselkurs frei schwanken.

Das EWS beruhte auf verschiedenen Grundelementen: einem Wechselkurs- und Interventionssystem der Zentralbanken der Mitgliedstaaten, Kredit- und Transaktionsmechanismen für den Zahlungsverkehr innerhalb des EWS-Raumes sowie einer abstrakten

Referenzwährung, der „European Currency Unit" (ECU). Die ECU war – anders als der Euro (→ Kapitel C 2) – kein in Metall oder Papier ausgeprägtes und in Umlauf gebrachtes Zahlungsmittel, sondern diente ausschließlich als Bezugs- und Rechnungseinheit im Wechselkurs- und Interventionssystem des EWS sowie bei der Abwicklung von Krediten und anderen Finanztransaktionen; auch der Haushalt der Europäischen Gemeinschaften wurde in ECU abgewickelt. Zur Berechnung des Wertes der ECU wurde ein nach der Wirtschaftskraft der Mitgliedstaaten gewichteter Durchschnittswert der neun nationalen Währungen ermittelt (also unter Einbeziehung auch des britischen Pfund), die einen sogenannten „Währungskorb" bildeten; mit ca. 33% hatte die Deutsche Mark den mit Abstand größten Anteil an diesem Währungskorb, der luxemburgische Franc mit 0,35% den kleinsten. Das Wechselkurs- und Interventionssystem des EWS diente dazu, Wechselkursschwankungen zwischen den Gemeinschaftswährungen innerhalb einer festgelegten und von den Notenbanken der Mitgliedstaaten kontrollierten Bandbreite halten zu können. Die vereinbarten Währungsparitäten konnten nur durch einen gemeinsamen Beschluss des Ministerrates geändert oder angepasst werden.

Europäisches Währungssystem (EWS): zum 1. Januar 1979 in Aktion getretenes System fester, aber flexibler Wechselkurse zwischen den Währungen der Mitgliedstaaten der Europäischen Gemeinschaften. Das EWS beruhte auf verschiedenen Grundelementen: einer abstrakten Referenzwährung, der sogenannten **„European Currency Unit" (ECU);** einem Wechselkurs- und Interventionssystem der Zentralbanken der Mitgliedstaaten; und verschiedenen Kredit- und Transaktionsmechanismen für den Zahlungsverkehr innerhalb des EWS-Raumes.

Trotz einiger Schwierigkeiten bei der Anwendung des EWS in den ersten Jahren nach seiner Inkraftsetzung, nicht zuletzt aufgrund erneuter nationaler Krisenreaktionsstrategien der Mitgliedstaaten in Reaktion auf die zweite Ölkrise von 1979, gilt das EWS als erfolgreich, da es letztlich zur Eindämmung der Inflation und zur Währungsstabilität sowie zu wirtschaftlichem Wachstum und zum Funktionieren des Gemeinsamen Marktes beigetragen hat. Langfristig war das EWS eine notwendige Voraussetzung für die Errichtung der Währungsunion zwischen den Mitgliedstaaten und die Einführung des

Euro als gemeinsamer Währung. Das EWS wurde bis zum 31. Dezember 1998 angewandt und dann durch die Festsetzung unwiderruflicher Wechselkurse für den Euro sowie durch einen neuen Wechselkursmechanismus zwischen Teilnehmerstaaten der Währungsunion und Nichtteilnehmern ersetzt. Neben Großbritannien (1979-1989 und wieder ab 1992) beteiligten sich noch weitere Mitgliedstaaten zeitweise oder permanent nicht am Wechselkurs- und Interventionssystem des EWS: Griechenland, Spanien und Portugal seit ihrem Beitritt 1981 bzw. 1986, Schweden 1995 und Italien 1992-1996.

Literatur

BUSSIÈRE, Éric/DUMOULIN, Michel/SCHIRMANN, Sylvain (Hg.): *Milieux économiques et intégration européenne au XXe siècle. La crise des années 1970. De la conférence de La Haye à la veille de la relance des années 1980*, Brüssel 2007.

DU BOIS, Pierre: *Histoire de l'Europe monétaire (1945-2005). Euro qui comme Ulysse*, Paris 2008.

GRIFFITHS, Richard T.: A Dismal Decade? European Integration in the 1970s, in: DINAN, Desmond (Hg.): *Origins and Evolution of the European Union*, Oxford 2006, S. 169-190.

GROS, Daniel/THYGESEN, Niels: *European Monetary Integration*, 2. Aufl., Harlow 1998.

KNIPPING, Franz/SCHÖNWALD, Matthias (Hg.): *Aufbruch zum Europa der zweiten Generation. Die europäische Einigung 1969-1984*, Trier 2004.

LUDLOW, Peter: *The Making of the European Monetary System. A Case Study of the Politics of the European Community*, London 1982.

MAGNUSSON, Lars/STRÅTH, Bo (Hg.): *From the Werner Plan to the EMU. In Search of a Political Economy for Europe*, Brüssel 2001.

VAN DER HARST, Jan (Hg.): *Beyond the Customs Union. The European Community's Quest for Deepening, Widening and Completion, 1969-1975*, Brüssel 2007.

5.4 Eine provisorische europäische Regierung: Der Europäische Rat

Einen entscheidenden Anteil am Zustandekommen des EWS hatte der „Europäische Rat“, der am 4./5. Dezember 1978 in Brüssel die

Errichtung des EWS formell beschlossen hatte. Der Europäische Rat ist grundsätzlich zu unterscheiden vom Europarat und auch vom Rat der Europäischen Gemeinschaften (Ministerrat). Der Europäische Rat wurde im Jahre 1974 geschaffen und stand rechtlich zunächst außerhalb der EG-Gründungsverträge, war also kein eigentliches Gemeinschaftsorgan.

Defizite in der Gemeinschaftsmethode

Die Errichtung des Europäischen Rates war eine Reaktion auf die Schwäche des Ministerrates der Gemeinschaften. Infolge des Festhaltens an der Praxis der Einstimmigkeit durch die Nichtanwendung der in Art. 148 des EWG-Vertrages eigentlich vorgesehenen Mehrheitsentscheidungen (→ Kapitel B 4.5) waren die Beschlussfassung im Ministerrat und damit die Gemeinschaftsentwicklung im Rahmen der bestehenden Verträge zunehmend erschwert worden. Hinzu kam, dass eine effiziente Arbeitsweise im Ministerrat nicht immer gewährleistet war. In diesem Zusammenhang ist zu beachten, dass der Ministerrat als originäres Gemeinschaftsorgan an sich nicht rein intergouvernemental arbeitet, sondern im Rahmen der Gemeinschaftsmethode. Angesichts der genannten Defizite hatte sich die zentrale Entscheidungs- und Handlungsebene der Gemeinschaften, insbesondere seit der Gipfelkonferenz in Den Haag 1969, immer mehr auf die Ebene der Staats- bzw. Regierungschefs und auf eine primär intergouvernementale Zusammenarbeit verlagert. Nur so schienen überhaupt noch Fortschritte in der europäischen Politik erreichbar zu sein.

Die verstärkte intergouvernementale Zusammenarbeit zwischen den Mitgliedstaaten auf höchster Ebene, wie sie sich in der Schaffung des Europäischen Rates manifestierte, kann also als eine Ergänzung für die Defizite der supranationalen Gemeinschaftsmethode gesehen werden oder aber als ein Versuch, diese Gemeinschaftsmethode zunehmend durch eine intergouvernementale Zusammenarbeit zu ersetzen, was der Intention vor allem der damaligen französischen Regierung entsprach. Während die Kommission und die Versammlung (Europäisches Parlament) die weitere Vertiefung der Gemeinschaften und die Übertragung weiterer Befugnisse auf die Gemeinschaftsorgane forderten, war es insbesondere die französische Regierung, die bestrebt war, dies zu verhindern und die Entscheidungsbefugnisse der nationalen Regierungen nicht weiter einzuschränken. Der französische Staatspräsident Pompidou wollte den Gemeinschaftsorganen allenfalls eine Beteiligung an den von den Staats- bzw. Regierungschefs der Mitgliedstaaten ausgehenden Initiativen zugestehen.

Die Schaffung eines Europäischen Rates der Staats- bzw. Regierungschefs der Mitgliedstaaten geht nicht zuletzt auf eine Initiative Jean Monnets zurück. Monnet, Anfang der 1950er Jahre ein vehementer Verfechter des Konzepts der Supranationalität, schlug 1973 dem britischen Premierminister Heath, dem französischen Staatspräsidenten Pompidou und dem deutschen Bundeskanzler Brandt angesichts der offenkundigen Probleme der Gemeinschaftsinstitutionen vor, dass sich die Staats- bzw. Regierungschefs der Mitgliedstaaten übergangsweise als „provisorische europäische Regierung" konstituieren sollten. Deren Aufgabe sollte es sein, die von den nationalen Ministern im Rat der Gemeinschaften zu betreibende Politik festzulegen und insbesondere die auf dem Gipfeltreffen der Staats- bzw. Regierungschefs am 19./20. Oktober 1972 in Paris beschlossene Umwandlung der Gemeinschaften in eine „Europäischen Union" mit einer „endgültigen" europäischen Regierung und einem direkt gewählten Parlament voranzutreiben. Hierzu sollten die Staats- bzw. Regierungschefs nach den Vorstellungen Monnets dreimal jährlich zusammenkommen.

Bildung des Europäischen Rates

Während der Vorschlag Monnets bei den Regierungen Frankreichs, der Bundesrepublik und Großbritanniens durchaus positiv aufgenommen wurde, blieben die Regierungen der Benelux-Staaten skeptisch. Diese befürchteten bei einer verstärkten intergouvernementalen Zusammenarbeit die Herausbildung einer Art „Direktorium" der drei größten Mitgliedstaaten der Gemeinschaften, dem die kleineren faktisch unterstellt sein würden. Erst dem neuen französischen Staatspräsidenten, Valéry Giscard d'Estaing, gelang mit Unterstützung des neuen deutschen Bundeskanzlers Helmut Schmidt der Durchbruch in die von Monnet vorgeschlagene Richtung. Trotz ihrer Befürchtungen waren die Benelux-Staaten bereit, die Errichtung eines Europäischen Rates mitzutragen, insbesondere angesichts der konkreten Aussicht auf die Einführung von Direktwahlen zum Europäischen Parlament (→ Kapitel B 5.5) und eine vertragsgemäße Anwendung von Mehrheitsentscheidungen im Ministerrat. Die auf Giscard d'Estaings Einladung am 9./10. Dezember 1974 in Paris zusammengekommenen Staats- bzw. Regierungschefs der Mitgliedstaaten vereinbarten zukünftige regelmäßige Zusammenkünfte, um „die Tätigkeiten der Gemeinschaften und die Arbeiten der Politischen Zusammenarbeit weiterzuentwickeln und ihren Gesamtzusammenhang zu gewährleisten."[130] Sie beschlossen, dreimal jährlich und so oft wie nötig mit den Außenministern der Mitgliedstaaten als Rat der Gemeinschaft und im Rahmen der EPZ zusammenzutreten. Dieser Rat gab sich den Namen „Europäischer Rat" und setzte sich aus den Staats- bzw. Regierungschefs der Mitgliedstaaten sowie dem Präsidenten der Kommission der Europäischen Gemeinschaften zusammen; unterstützt wurde er bei seiner Arbeit von den Außenministern der Mitgliedstaaten und einem Mitglied der Kommission der Europäischen Gemeinschaften. Seit seinem ersten Zusammentreffen am 10./11. März 1975 in Dublin trat er regelmäßig mindestens dreimal jährlich zusammen.

Mit dem Europäischen Rat war durch eine einfache Vereinbarung der Staats- bzw. Regierungschefs, sich regelmäßig auszutauschen und gegebenenfalls Entscheidungen zu treffen, eine Institution *außerhalb* des eigentlichen institutionellen Rahmens der Gemeinschaften geschaffen worden, denn im rechtlichen Sinne war der Europäische Rat zunächst kein Gemeinschaftsorgan. Faktisch jedoch konstituierte sich der Europäische Rat von Anfang an als das höchste Organ der Gemeinschaften und damit als die von Monnet angeregte „provisorische europäische Regierung". Gleichwohl unterschied sich dieser Ansatz von den Intentionen de Gaulles in den 1960er Jahren, die intergouvernementale Zusammenarbeit zu Lasten der bestehenden supranationalen Gemeinschaftsinstitutionen auszubauen. Der Europäische Rat sollte die Arbeit der bestehenden Gemeinschaftsinstitutionen eher ergänzen, ja befördern, indem er ein institutionalisiertes Forum für den Gedankenaustausch auf höchster Ebene bot und die Entscheidungen in den Fragen an sich zog, die auf der Ebene der bestehenden Gemeinschaftsorgane nicht abschließend geregelt werden konnten.

In der Folgezeit bestimmte der Europäische Rat die weitere Entwicklung der Europäischen Gemeinschaften maßgeblich; er zog alle grundsätzlichen Entscheidungen an sich und fungierte als eine Art intergouvernementale „europäische Regierung". Damit reduzierte sich faktisch (nicht rechtlich) die Bedeutung der eigentlichen Gemeinschaftsorgane, insbesondere des Ministerrates und der Kommission. Nicht nur befasste sich der Europäische Rat zunehmend auch mit eigentlich vom Ministerrat zu regelnden Detailfragen, sondern faktisch (wiederum nicht rechtlich) wurde auch das Initiativrecht der Kommission durch die herausragende Stellung des Europäischen Rates eingeschränkt. Da der Europäische Rat außerhalb des bestehenden institutionellen Rahmens der Gemeinschaften stand, unterlag sein

Handeln auch nicht der Kontrolle durch das Europäische Parlament oder den Europäischen Gerichtshof, was wiederum faktisch sogar deren Einfluss reduzierte. Wenngleich die Errichtung des Europäischen Rates die Bedeutung der bestehenden (supranationalen) Gemeinschaftsorgane also zunächst einschränkte, so ermöglichte sie doch auch Fortschritte in der europäischen Zusammenarbeit – so etwa bei der Errichtung des EWS –, die langfristig zu einer Vertiefung des Integrationsprozesses führten. Eines aber wurde deutlich im Verlauf der 1970er Jahre: Durch die Errichtung des Europäischen Rates hatte die Kommission als supranationale Antriebskraft des Integrationsprozesses nunmehr ein intergouvernementales Pendant.

Literatur

BULMER, Simon/WESSELS, Wolfgang: *The European Council. Decision-Making in European Politics*, Basingstoke 1989.

KNIPPING, Franz/SCHÖNWALD, Matthias (Hg.): *Aufbruch zum Europa der zweiten Generation. Die europäische Einigung 1969-1984*, Trier 2004.

WESSELS, Wolfgang: *Der Europäische Rat: Stabilisierung statt Integration? Geschichte, Entwicklung und Zukunft der EG-Gipfelkonferenzen*, Bonn 1980.

WESTLAKE, Martin: *The Council of the European Union*, London 1995.

5.5 Institutionelle Entwicklungen im Rahmen der Verträge

Auf der Gipfelkonferenz in Den Haag im Dezember 1969 hatten die Staats- bzw. Regierungschefs der Mitgliedstaaten der Europäischen Gemeinschaften beschlossen, den Gemeinsamen Markt zum 1. Januar 1970 zu vollenden, d.h. von der Übergangszeit in die Endphase der EWG einzutreten und die endgültigen Regelungen zur Finanzierung des Gemeinschaftshaushaltes festzulegen. Von einem solchen Beschluss hatte die französische Regierung ihre Zustimmung zur Aufnahme von Beitrittsverhandlungen mit Großbritannien abhängig gemacht. In Den Haag war vereinbart worden, die bisherigen Beiträge der Mitgliedstaaten gemäß Art. 201 des EWG-Vertrages schrittweise durch eigene Einnahmen zu ersetzen. Damit einhergehend sollten die Haushaltsbefugnisse der Versammlung (Europäisches Parlament) gestärkt und dessen direkte Wahl durch die Bürger in den Mitgliedstaaten der Gemeinschaften vom Ministerrat geprüft werden.

Insbesondere die niederländische und italienische Regierung hatten entsprechende Forderungen zur Schaffung einer demokratisch legitimierten Kontrollinstanz erhoben.

Die Frage der Eigenmittel der Gemeinschaften

Bis 1970 wurde die Tätigkeit der Gemeinschaften durch jeweils von den nationalen Parlamenten zu billigende Beitragszahlungen der Mitgliedstaaten finanziert; die Gemeinschaften verfügten somit noch nicht über eigene Einnahmen, sondern waren – mit Ausnahme der Umlage der EGKS, die jedoch nur einen Bruchteil des Gesamthaushaltes der Gemeinschaften ausmachte – von diesen Zahlungen der Mitgliedstaaten abhängig. Mit dem Übergang in die Endphase des Gemeinsamen Marktes sollten die Gemeinschaften dann über eigene Einnahmen verfügen. Die Kommission hatte sich in einer Mitteilung an den Rat vom 16. Juli 1969 dafür ausgesprochen, die Agrarabschöpfungen und die Zolleinnahmen aus dem Handel mit Drittstaaten schrittweise direkt dem Gemeinschaftshaushalt zukommen zu lassen; zugleich sollte das Europäische Parlament damit betraut werden, die Verwendung der Finanzmittel zu kontrollieren.

Auf der Zusammenkunft des Ministerrates vom 19. bis 22. Dezember 1969 konnten sich die Regierungsvertreter auf einen Zwei-Phasen-Plan einigen: In einer Interimsphase vom 1. Januar 1971 bis zum 31. Dezember 1974 sollten den Gemeinschaften die gesamten Abschöpfungen sowie schrittweise die Zölle zugewiesen werden. Da angenommen wurde, dass die den Gemeinschaften auf diese Art zufließenden Mittel nicht ausreichen würden, sollten zum Ausgleich des Haushalts der Gemeinschaften die Mitgliedstaaten in dieser Interimsphase noch zusätzliche Haushaltsbeiträge entrichten. Vom 1. Januar 1975 an sollte dann der gesamte Haushalt der Gemeinschaften aus eigenen Einnahmen finanziert werden. Da jedoch insbesondere infolge von zu erwartenden Zollsenkungen im internationalen Handel davon ausgegangen wurde, dass die Einnahmen aus den Abschöpfungen und den Zöllen auch in dieser auf die Interimsphase folgenden sogenannten „normalen Phase“ noch nicht zur Finanzierung des Gemeinschaftshaushalts ausreichen würden, vereinbarte der Rat auf Anregung des Europäischen Parlaments, den Gemeinschaften zusätzlich maximal ein Prozent aus dem nationalen Mehrwertsteueraufkommen der Mitgliedstaaten zukommen zu lassen. Der Rat verständigte sich dabei auf eine dreijährige Anpassungsphase, so dass die vollständige Finanzierung des Gemeinschaftshaushaltes aus Eigenmitteln erst 1978 erreicht sein würde. Am 21. April 1970 verabschiedete der Rat den Beschluss über die Ersetzung der Finanzbeiträge der Mitgliedstaaten durch eigene Mittel der Gemeinschaften, der nach der Ratifizierung durch die Mitgliedstaaten am 1. Januar 1971 in Kraft trat.

Seit 1971 flossen somit die Abschöpfungen direkt in den Gemeinschaftshaushalt, seit 1975 auch die Zölle; der Anteil am Mehrwertsteueraufkommen der Mitgliedstaaten kam wegen zuvor erforderlicher Anpassungsmaßnahmen in den Mitgliedstaaten erst seit 1979 direkt dem Gemeinschaftshaushalt zugute. Der Anteil der Abschöpfungen und Zölle an den Einnahmen der Gemeinschaften ging wie erwartet tatsächlich in den Folgejahren zurück. Entsprechend erhoben Ende der 1970er Jahre insbesondere die Kommission und das Europäische Parlament Forderungen nach einem höheren Anteil der Gemeinschaften am Mehrwertsteueraufkommen der Mitgliedstaaten. Eine Erhöhung des Anteils am Mehrwertsteueraufkommen von ursprünglich einem Prozent auf 1,4% erfolgte jedoch erst 1986. Im Jahre 1988 wurde dann infolge wachsender Ausgabenverpflichtungen der Gemeinschaft, hervorgerufen durch neue Gemeinschaftsaufgaben (z.B. Forschungs-, Technologie- und Umweltpolitik) und durch die Aufnahme neuer – strukturschwächerer – Mitgliedstaaten (Griechenland, Spanien, Portugal), eine neue, zusätzliche eigene Einnahmequelle für die Gemeinschaften eingeführt: eine nach der Wirtschaftskraft (Bruttosozialprodukt bzw. Bruttonationaleinkommen) bemessene Zuweisung seitens der Mitgliedstaaten.

Der Beschluss des Rates vom 21. April 1970 war ein wichtiger Schritt im europäischen Integrationsprozess, denn nun waren die Gemeinschaften unabhängig von Beiträgen der Mitgliedstaaten. Die Folge waren nicht nur ein höheres Maß an Unabhängigkeit der Gemeinschaften in Haushaltsfragen, sondern auch ein Zugewinn an Gestaltungsspielraum bei der Formulierung europäischer Politiken auf supranationaler Ebene.

Die Stärkung der Haushaltsbefugnisse des Parlaments

Die Frage der Eigenmittel der Gemeinschaften hatte auch die Frage nach der demokratischen Legitimation des Gemeinschaftshandelns aufgeworfen. Da die Gemeinschaften jetzt über eigene Einnahmen verfügten, mit denen sie ihre Politiken finanzierten, hatten die Parlamente der Mitgliedstaaten, die zuvor die nationalen Zuweisungen an die Gemeinschaften kontrollieren konnten, nicht mehr die Möglichkeit einer effektiven Kontrolle des Haushaltsgebarens der Gemeinschaften. Als Kontrollorgan kam nunmehr nur das Europäische Parlament in Betracht. Umso deutlicher trat zutage, dass das Europäische Parlament selbst bislang nur indirekt demokratisch legitimiert war, wurden seine Mitglieder doch bislang nicht direkt von den Bürgern der Mitgliedstaaten gewählt, sondern aus der Mitte der nationalen Parlamente entsandt.

Auf die grundsätzliche Stärkung der Haushaltsbefugnisse des Europäischen Parlamentes hatten sich die Staats- bzw. Regierungschefs auf der Haager Konferenz bereits verständigt. Doch bezüglich der konkreten Ausgestaltung dieser Absicht herrschte noch Uneinigkeit zwischen den Mitgliedstaaten. Die französische Regierung wollte wie schon in den 1960er Jahren eine Fortentwicklung der supranationalen Institutionen möglichst verhindern. Die niederländische und italienische Regierung hingegen plädierten für eine erhebliche Ausweitung der Kompetenzen des Parlaments. Nach langwierigen Diskussionen im Ministerrat einigten sich die nationalen Minister schließlich am 22. April 1970 auf einen Vertrag über eine entsprechende Änderung der Haushaltsvorschriften der Gemeinschaftsverträge.

Durch diesen Vertrag erhielt das Europäische Parlament die vollständige Entscheidungsbefugnis über sein eigenes Verwaltungsbudget. Darüber hinaus wurde darin das folgende Prozedere für die Aufstellung des Gemeinschaftshaushalts vereinbart: In einer Übergangszeit bis 1974 sollte der Rat der EG auf Grundlage eines Vorentwurfs der Kommission mit qualifizierter Mehrheit einen Haushaltsentwurf aufstellen. Das Parlament war befugt, an diesem Entwurf Änderungen vorzunehmen, die jedoch den Gesamtbetrag der Ausgaben nicht erhöhen durften. Der Rat konnte die Änderungen nur mit qualifizierter Mehrheit ablehnen. Ab 1975, nach dem Ende dieser Übergangszeit, das mit dem Zeitpunkt der Umstellung des Haushalts der Gemeinschaften auf die Finanzierung aus eigenen Einnahmen zusammenfiel, sollte dann zwischen sogenannten „obligatorischen" und „nicht-obligatorischen" Ausgaben unterschieden werden. Unter obligatorischen Ausgaben wurden solche Ausgaben gefasst, die sich direkt aus dem *acquis communautaire* ergaben; unter nicht-obligatorischen Ausgaben entsprechend solche, die sich nicht direkt aus diesen rechtlichen Verpflichtungen ergaben. Bei den obligatorischen Ausgaben hatte der Rat weiterhin die alleinige Entscheidungsbefugnis, d.h. er konnte die Änderungsvorschläge des Europäischen Parlaments annehmen oder auch ablehnen. Zu diesen Ausgaben gehörten insbesondere die Ausgaben für die GAP, die im Jahre 1970 ca. 95% des gesamten Gemeinschaftshaushalts ausmachten. Das Parlament hatte nur bei den nicht-obligatorischen Ausgaben die Entscheidungsbefugnis; diese Ausgaben betrafen überwiegend administrative Angelegenheiten und neue Gemeinschaftspolitiken und machten zu dieser Zeit etwa 4% des gesamten Gemeinschaftshaushalts aus.

Am 1. Januar 1971 traten die im April 1970 getroffenen Regelungen über die Eigenmittel und zur Änderung der Finanzvorschriften der Gemeinschaftsverträge nach Abschluss des Ratifizierungsverfahrens in den Mitgliedstaaten in Kraft. Auch nach Inkrafttreten dieser Regelungen behielt der Rat die Entscheidungsbefugnis über nahezu den gesamten Gemeinschaftshaushalt. Die Bedeutung der vereinbarten Ausweitung der Haushaltsbefugnisse des Parlaments lag also weniger im realen Umfang der Kompetenzausweitung als vielmehr im grundlegenden Systemwechsel im Haushaltsverfahren der Gemeinschaften. Langfristig ermöglichte die vereinbarte Beteiligung am Haushaltsverfahren eine Ausdehnung der Befugnisse des Parlaments.

Die Mitwirkungsmöglichkeiten des Europäischen Parlaments in Haushaltsfragen wurden in den folgenden Jahren stetig ausgeweitet, wenn auch in nach wie vor bescheidenem Rahmen: Seit 1975 wurde das Parlament an Rechtsetzungsakten mit größeren haushaltsmäßigen Auswirkungen beteiligt; auch konnte es den Entwurf des Gemeinschaftshaushalts insgesamt ablehnen und die Vorlage eines neuen verlangen. Darüber hinaus hatte das Parlament fortan auf Empfehlung des Rates über die Entlastung der Kommission in Angelegenheiten des Haushalts zu beschließen; und schließlich war bis 1975 auch der Anteil der nicht-obligatorischen Ausgaben – also der Ausgaben, bei denen das Parlament die Entscheidungsbefugnis hatte – am Gesamthaushalt der Gemeinschaften auf immerhin 13% angestiegen. Mit der Ausweitung der Haushaltsbefugnisse des Europäischen Parlaments wurde indes auch die Frage nach seiner direkten demokratischen Legitimation drängender.

Die Direktwahl des Europäischen Parlaments

Von der Direktwahl des Europäischen Parlaments erhofften sich deren Befürworter eine solche Stärkung der demokratischen Legitimation des Parlaments und die daraus resultierende Möglichkeit einer erweiterten Mitwirkung des Parlaments an den Entscheidungsprozessen der Gemeinschaften. Bislang waren die Mitglieder des Europäischen Parlaments bzw. der Versammlung der Europäischen Gemeinschaften – wie das Parlament bis zur Einheitlichen Europäischen Akte (→ Kapitel B 6.1) offiziell hieß, auch wenn die Bezeichnung „Europäisches Parlament" seit der konstituierenden Sitzung 1958 Verwendung fand – gemäß den Gründungsverträgen aus der Mitte der nationalen Parlamente „nach einem von jedem Mitgliedstaat bestimmten Verfahren" (z.B. Art. 138 EWG-Vertrag) ernannt worden. Bereits in den Gründungsverträgen der Gemeinschaften war indes festgelegt worden, die Grundlagen für eine allgemeine unmittelbare Wahl der Versammlung durch die Bürger in den Mitgliedstaaten zu schaffen.

Von Abgeordneten der Versammlung und aus den Verbänden der Europäischen Bewegung wurde wiederholt die Umsetzung dieser Bestimmungen eingefordert. Das Europäische Parlament selbst setzte im Dezember 1958 einen Ausschuss unter dem Vorsitz des belgischen Abgeordneten Fernand Dehousse ein und beauftragte ihn mit der Durchführung entsprechender Vorarbeiten. Am 17. Mai 1960 verabschiedete das Parlament den Entwurf für ein Abkommen zur Wahl des Europäischen Parlaments in allgemeiner und unmittelbarer Wahl bei nur wenigen Enthaltungen und ohne Gegenstimmen. In diesem Entwurf war ein allmählicher Übergang vom Prinzip der Entsendung zur Direktwahl der Abgeordneten vorgesehen. So sollten bis zum Ende der Übergangsphase des Gemeinsamen Marktes ein Drittel der Abgeordneten von den nationalen Parlamenten der Mitgliedstaaten entsandt, die anderen zwei Drittel aber direkt von den Bürgern gewählt werden. Erst danach sollte es zu einer Direktwahl aller Abgeordneten kommen. Der Entwurf wurde am 20. Mai 1960 zur Beschlussfassung an den Ministerrat weitergeleitet. Zu einem Beschluss des Ministerrates aber kam es zunächst nicht – auch und vor allem wegen des Widerstands der französischen Regierung.

Erst auf ihrer Gipfelkonferenz am 9./10. Dezember 1974 in Paris bekundeten die Staats- bzw. Regierungschefs die Absicht, dass das im Vertrag festgelegte Ziel allgemeiner Wahlen zum Europäischen Parlament so bald wie möglich verwirklicht werden und dass der Rat hierüber 1976 beschließen sollte. Am 12./13. Juli 1976 fasste der Europäische Rat in Brüssel dann weitere Beschlüsse zur Direktwahl: Nach langwierigen Diskussionen einigte man sich auf die Anzahl der Abgeordnetenmandate, die jedem Mitgliedstaat zukämen. Die Verteilung der Sitze auf die einzelnen Mitgliedstaaten erfolgte nicht strikt proportional zur Bevölkerungszahl, sondern bevorzugte die kleineren Staaten. Frankreich, die Bundesrepublik, Großbritannien und Italien sollten je 81 Abgeordnete stellen, die Niederlande 25, Belgien 24,

Dänemark 16, Irland 15 und Luxemburg sechs. Damit sollte das Europäische Parlament 410 Abgeordnete umfassen statt wie bisher 198. Bezüglich der Frage eines einheitlichen Wahlverfahrens in allen neun Mitgliedstaaten konnte keine Einigung erzielt werden, so dass es jedem Mitgliedstaat überlassen blieb, die Wahl zum Europäischen Parlament nach eigenem Wahlrecht durchzuführen.

Auf dieser Grundlage beschloss der Ministerrat am 20. September 1976 den „Akt zur Einführung allgemeiner unmittelbarer Wahlen der Abgeordneten der Versammlung“. Neben den Bestimmungen über die Anzahl der Abgeordnetenmandate pro Mitgliedstaat enthielt dieser Akt grundsätzliche Bestimmungen über die Dauer der Wahlperiode, die Wählbarkeit und die Unvereinbarkeiten bestimmter Ämter mit dem Abgeordnetenstatus, über die Grundzüge des Wahlrechts und die Durchführung der Wahlen; der Akt enthielt auch den Auftrag an das künftige Parlament, den Entwurf eines einheitlichen Wahlverfahrens auszuarbeiten. Nach der Ratifizierung des Aktes in allen Mitgliedstaaten im Laufe des Jahres 1977 beschloss der Rat der Europäischen Gemeinschaften am 8. April 1978, die erste Direktwahl zum Europäischen Parlament in allen Mitgliedstaaten vom 7. bis 10. Juni 1979 abzuhalten.

Im Vorfeld dieser ersten Direktwahl hatten sich die nationalen politischen Parteien auf europäischer Ebene enger zusammengeschlossen: 1974 war der „Bund der sozialdemokratischen Parteien der Europäischen Gemeinschaft“ gegründet worden; 1976 die „Europäische Volkspartei – Föderation der christlich-demokratischen Parteien der Europäischen Gemeinschaft“ (EVP) bzw. 1978 die „Europäische Demokratische Union“. Ebenfalls 1976 bildete sich als Zusammenschluss der liberalen Parteien die „Föderation Liberaler Parteien in der Europäischen Gemeinschaft“, seit 1977 unter dem Namen „Europäische Liberale Demokraten“ (ELD). Auch die Kommunisten und die Grünen bzw. alternativen Parteien arbeiteten auf europäischer Ebene zusammen, doch entwickelten sie damals noch keine ähnlich festen Zusammenschlüsse. Die Grundidee hinter diesen transnationalen Parteienverbindungen und den bereits zuvor bestehenden gemeinsamen Fraktionen im Europäischen Parlament war es, eine möglichst direkte Kommunikation zwischen der jeweiligen nationalen Ebene und der Gemeinschaftsebene herzustellen. In dieser zunehmenden transnationalen Vernetzung politischer Akteure liegt neben der Stärkung der demokratischen Legitimation die Hauptbedeutung der ersten Direktwahl zum Europäischen Parlament für den europäischen Integrationsprozess.

Trotz dieser transnationalen Parteienverbindungen auf europäischer Ebene wurde der Wahlkampf im Vorfeld der Direktwahl hauptsächlich im jeweils nationalen Rahmen auf der Grundlage innenpolitischer Interessenkalküle geführt. Das Europa-Thema wurde dabei eher instrumentalisiert; in Großbritannien und Frankreich hatte der Wahlkampf sogar explizit anti-europäische Tendenzen. Auch gelang es nur teilweise, die Wähler zu mobilisieren. Die Wahlbeteiligung bei der ersten Direktwahl zum Europäischen Parlament betrug 62,4% der Wahlberechtigten (ca. 75% in den sechs Gründungsstaaten der Europäischen Gemeinschaften). Abgesehen von Belgien und Luxemburg, wo Wahlpflicht herrschte, fiel die Beteiligung in Italien mit 85,5% am höchsten aus, am niedrigsten war sie in Großbritannien mit lediglich 32,4%.

Von den 410 Sitzen im Parlament entfielen auf die „Sozialistische Fraktion“ 112 Sitze, auf die „Fraktion der Europäischen Volkspartei (Christlich-demokratische Fraktion)“ 108, auf die von britischen und dänischen Konservativen gebildete „Fraktion der Europäischen Demokraten (Konservative Fraktion)“ 64, auf die Fraktion der französischen Gaullisten und der irischen Fianna Fáil („Fraktion der Europäischen Demokraten für den Fortschritt“) 22, auf die „Fraktion der Kommunisten und Nahestehenden“ 44, auf die „Liberale und Demokratische Fraktion“ 40 und auf unabhängige fraktionslose Kandidaten 20 Sitze.[131] Nur 125 der 410 gewählten Parlamentarier waren gleichzeitig Mitglieder eines nationalen Parlamentes; und die Anzahl derjenigen Parlamentarier mit einem solchen „Doppelmandat“ sollte sich bei den folgenden Europawahlen noch weiter verringern. Das deutet auf einen Bedeutungszuwachs des Europäischen Parlamentes hin, hatte indes auch zur Folge, dass die personelle Verbindung zwischen den nationalen Parlamenten der Mitgliedstaaten und dem Europäischen Parlament nicht mehr so eng war wie zu den Zeiten, als dessen Abgeordnete noch aus der Mitte der nationalen Parlamente entsandt worden waren.

Die erste Direktwahl zum Europäischen Parlament führte entgegen wiederholter Forderungen und auch entgegen der wiederholten Absichtsbekundungen des Ministerrates zu keiner unmittelbaren Übertragung neuer Befugnisse auf das Parlament. Nach wie vor musste sich das Europäische Parlament überwiegend auf Beratungs- und einige Kontrollfunktionen beschränken. Die umfassendsten Befugnisse des Parlaments blieben zunächst das Recht des Misstrauensvotums gegenüber der Kommission (gemäß Art. 144 EWG-Vertrag) und die Entscheidungsbefugnisse über die nicht-obligatorischen Ausgaben der Gemeinschaften. Erst die Einheitliche Europäische Akte und die Vertragsreformen seit den 1990er Jahren sollten eine deutliche Ausweitung der Befugnisse des Europäischen Parlaments begründen.

Literatur

KNIPPING, Franz/SCHÖNWALD, Matthias (Hg.): *Aufbruch zum Europa der zweiten Generation. Die europäische Einigung 1969-1984*, Trier 2004.

MITTAG, Jürgen (Hg.): *Politische Parteien und europäische Integration. Entwicklung und Perspektiven transnationaler Parteienkooperation in Europa*, Essen 2006.

SMITH, Julie: *Europe's Elected Parliament*, Sheffield 1999.

VAN DER HARST, Jan (Hg.): *Beyond the Customs Union. The European Community's Quest for Deepening, Widening and Completion, 1969-1975*, Brüssel 2007.

6 Von der EG der Neun zur EU der 27: Ein Ausblick

Die Institutionen und Entscheidungsverfahren der Europäischen Gemeinschaften waren in den 1950er Jahren durch die Verträge von Paris (EGKS) und Rom (EWG, EAG) geschaffen worden. In den beiden folgenden Jahrzehnten gab es verschiedene Bemühungen, aufbauend auf diesen Grundlagen, die Gemeinschaften zu vertiefen und zu erweitern. Eine erste umfassende Änderung und Ergänzung der Römischen Verträge erfolgte in den 1980er Jahren mit der Einheitlichen Europäischen Akte (EEA), eine zweite mit dem Vertrag von Maastricht, durch den die Europäische Union (EU) errichtet wurde. Die folgenden Verträge von Amsterdam und Nizza sowie der (gescheiterte) Verfassungsvertrag und der Vertrag von Lissabon hatten bzw. haben vorrangig zum Ziel, die Strukturen der Europäischen Union den Gegebenheiten einer bis zum Jahre 2007 auf 27 Mitglieder angewachsenen Union anzupassen.

6.1 Auf dem Weg zu Binnenmarkt und Union: Die Einheitliche Europäische Akte

In der ersten Hälfte der 1980er Jahre neigten angesichts sinkender Wachstumsraten, eines zunehmenden Handelsbilanzdefizits und steigender Inflationsraten in einer insgesamt schwachen weltwirtschaftlichen Konjunkturlage die Mitgliedstaaten der Gemeinschaften zu nationalen Alleingängen, um ihre jeweiligen Volkswirtschaften zu schützen. Die Situation in den Gemeinschaften wurde als problematisch empfunden. Die Einheitliche Europäische Akte trat an, mit der Verwirklichung des Binnenmarktes und der Straffung der Entscheidungsprozesse diesen Problemen zu begegnen.

Problemlagen und Reformbemühungen

Zu den hervorstechenden Problemen der Gemeinschaften zählten die durch Überproduktion (Butterberge; Milch- und Weinseen) und Kostenexplosion gekennzeichnete Gemeinsame Agrarpolitik, die britische Forderung nach einem Finanzausgleich sowie die durch das nach dem Luxemburger Kompromiss praktizierte Einstimmigkeitsverfahren hervorgerufene weitgehende Handlungsunfähigkeit der Gemeinschaften. Reformbedarf war also dringend gegeben; ebenso stand weiterhin das in den 1970er Jahren formulierte Ziel, die Gesamtheit der wirtschaftlichen und politischen Beziehungen der Mitgliedstaaten in eine Europäische Union umzuwandeln (→ Kapitel B 5.2) als Forderung im Raum.

Die bis Mitte der 1980er Jahre von verschiedenen Seiten vorgelegten Reformvorschläge (Genscher-Colombo-Initiative 1981; Verfassungsentwurf des EP 1984) wurden nicht umgesetzt, da sie den EG-Mitgliedstaaten jeweils zu weit gingen. Auf dem Treffen des Europäischen Rates in Fontainebleau am 25./26. Juni 1984 wurden lediglich erste Maßnahmen zur Bewältigung der Agrarkrise, u.a. durch die Aufhebung der unbegrenzten Absatzgarantie für einige Agrarprodukte, in Angriff genommen. Auch einigte man sich auf Ausgleichszahlungen für Großbritannien (die britischen Nettozahlungen sollten in Zukunft um 66% ermäßigt werden) und kam überein, die EG-Eigeneinnahmen auf einen Anteil von 1,4% der Mehrwertsteuerbemessungsgrundlage ab 1986 zu erhöhen.

Erst ab Mitte der 1980er Jahre erlebte der Integrationsprozess, vor dem Hintergrund einer sich wieder belebenden Weltwirtschaft, einen neuen Aufschwung, der sich in der Verabschiedung der Einheitlichen Europäischen Akte 1986 und der Vorbereitung für den Vertrag von Maastricht manifestierte. Aufgrund einer vom französischen Staatschef François Mitterrand ausgehenden Initiative wurden zwei Reform-Kommissionen eingesetzt, die sich mit den institutionellen Fragen sowie mit der Einbeziehung der Bürger in den Integrationsprozess („Europa der Bürger") befassten. Um der empfundenen mangelnden Europa-Begeisterung der Bürger entgegenzuwirken, sollte die unter Vorsitz des ehemaligen Europa-Abgeordneten Pietro Adonnino tagende Kommission verschiedene Maßnahmen, wie beispielsweise die Erleichterungen im Personen- und Güterverkehr, die gegenseitige Anerkennung von Diplomen und die Einführung von Symbolen für die Gemeinschaft, untersuchen; die vom ehemaligen irischen Außenminister James Dooge geleitete Kommission konzentrierte sich auf Lösungen für die institutionellen Probleme der Gemeinschaften und befasste sich mit der Vorbereitung für die Errichtung einer Politischen Union. Auf Grundlage der vorgelegten Berichte beider Kommissionen begann eine Regierungskonferenz im September 1985 mit den Arbeiten an den Reformen; am 2./3. Dezember 1985 verabschiedeten die Staats- bzw. Regierungschefs auf ihrem Gipfeltreffen in Luxemburg die sogenannte „Einheitliche Europäische

Akte“ (EEA). Nach Unterzeichnung durch die zwölf Mitgliedstaaten im Februar 1986 und dem Abschluss des Ratifizierungsverfahrens trat die EEA am 1. Juli 1987 in Kraft.

Regierungskonferenz: Zusammenkünfte der Regierungsvertreter der EG/EU-Mitgliedstaaten zur Änderung von Verträgen. Diese oft mehrmonatigen Verhandlungen, die der Annahme einer Vertragsänderung durch den Europäischen Rat vorausgehen, finden auf verschiedenen Ebenen (z.B. Beamte, Minister) statt. Art. N des EU-Vertrages (Vertrag von Maastricht) regelte erstmals Einzelheiten der Einberufung einer solchen Regierungskonferenz.

Inhalte und Ziele der EEA

Die EEA stellte eine wichtige Etappe auf dem Weg zur Europäischen Union dar, und sie war, neben dem einige Jahre später unterzeichneten Vertrag von Maastricht, die umfassendste und wichtigste Änderung und Ergänzung der bestehenden Gemeinschaftsverträge. Die EEA enthielt im Wesentlichen Bestimmungen zur Änderung und Ergänzung der Gründungsverträge, die sich fast ausschließlich auf den EWG-Vertrag bezogen, und Bestimmungen über die außenpolitische Zusammenarbeit. In der EEA wurden EG und EPZ zueinander in Beziehung gesetzt und wurde der Wille bekräftigt, die Gesamtheit der Beziehungen zwischen den Mitgliedstaaten in eine Europäische Union umzuwandeln. Aus der vertraglichen Verknüpfung von wirtschaftlicher und politischer Integration erklärt sich der Name *Einheitliche* Europäische Akte. Die EEA schuf keine neuen Institutionen, sondern bündelte vielmehr die bestehenden unter einem Dach und zielte auf eine größere Effizienz der Entscheidungsprozesse.

Hauptziel der EEA war die *Vollendung des Binnenmarktes* bis zum 31. Dezember 1992. Bei dem Binnenmarktprojekt („Europa 92“) handelte es sich im Grunde genommen um die Erfüllung der Ziele des EWG-Vertrages aus dem Jahre 1957: Errichtung eines Wirtschaftsraumes ohne Binnengrenzen, in dem der freie Verkehr von Waren, Dienstleistungen, Personen und Kapital gewährleistet ist. Mit der EEA wurden diese Ziele wieder aufgegriffen, präzisiert und mit einigen neuen Akzenten versehen. Dies war notwendig geworden, da die EG-Mitgliedstaaten bis Mitte der 1980er Jahre wieder zunehmend protektionistische Maßnahmen nutzten, um ihre einheimischen Wirtschaften zu schützen. Da die Binnenzölle abgeschafft waren, hatten die Staaten zu anderen Mitteln, wie Regelungen auf dem Gebiet des Verbraucher-, Gesundheits- und Umweltschutzes gegriffen, wodurch der Warenaustausch erheblich behindert wurde. Ein 1985 von der EG-Kommission unter ihrem neuen Präsidenten Jacques Delors erarbeitetes und vom Europäischen Rat angenommenes „Weißbuch zur Vollendung des Binnenmarktes" listete rund 300 Einzelmaßnahmen auf, deren Verwirklichung bis zum Zieldatum Ende 1992 alle noch bestehenden Beschränkungen aufheben und einen einheitlichen Binnenmarkt schaffen sollte.

Um die notwendigen Beschlüsse zur Verwirklichung des Binnenmarktes zu erleichtern, wurde im Ministerrat die Anwendung des qualifizierten Mehrheitsvotums erheblich ausgeweitet. In Bezug auf den Binnenmarkt sollte Einstimmigkeit nur für die Bereiche Steuerharmonisierung, Freizügigkeit sowie Rechte und Interessen der Arbeitnehmer gelten. Der Kommission wurden zudem verstärkte Befugnisse bei der Durchführung der Entscheidungen des Ministerrats zugestanden, und dem Europäischen Gerichtshof wurde zu dessen Entlastung ein zusätzliches „Gericht erster Instanz" beigefügt.

Die Vollendung des Binnenmarktes sollte sich in Zusammenarbeit mit dem Europäischen Parlament (EP), das im Vertrag jetzt auch so genannt wurde, vollziehen, weshalb die EEA für diesen Bereich ein geändertes Rechtsetzungsverfahren einführte. Durch das sogenannte „Verfahren der Zusammenarbeit" erhielt das EP mehr Einwirkungsmöglichkeiten auf Beschlüsse des Ministerrates. Das heißt: bei Entscheidungen, die im Ministerrat mit qualifizierter Mehrheit getroffen wurden, konnte das EP jetzt in einer „zweiten Lesung" Änderungsvorschläge einbringen. Falls die Kommission diese Änderungsvorschläge befürwortete, konnten sie vom Rat nur einstimmig zurückgewiesen werden. Entscheidungen über Außenzölle, Gemeinsame Agrarpolitik, Dienstleistungs- und Kapitalverkehr, Verkehrsrecht sowie alle vom Rat einstimmig zu treffenden Beschlüsse blieben allerdings von diesem Verfahren ausgeschlossen. Zugestanden wurde dem EP jetzt das Recht, bei Aufnahme neuer Mitglieder und beim Abschluss von Assoziationsverträgen mitzubestimmen.

Außerdem erweiterte die EEA die Kompetenzen der EWG durch die Aufnahme *neuer Tätigkeitsfelder*, wie die Förderung des wirtschaftlichen und sozialen Zusammenhaltes in der Gemeinschaft, die Umweltpolitik und die Forschungs- und Technologiepolitik.

Des Weiteren wurde durch die EEA der seit 1974 bestehende *Europäische Rat* in den Vertrag einbezogen. Er war aber weiterhin kein

Organ der EG, sondern stand außerhalb des institutionellen Rahmens der EG. Ebenso wurden die *EPZ* und das *EWS* erstmals vertraglich verankert. Die EPZ erfuhr im Rahmen der EEA zugleich einige Veränderungen: In Brüssel wurde jetzt ein ständiges Sekretariat der EPZ eingerichtet, um die Kohärenz der EPZ mit der Außenwirtschaftspolitik der EG zu sichern, und es wurde die volle Beteiligung der Kommission an der EPZ festgeschrieben; das EP sollte zudem durch regelmäßige Unterrichtung und die Berücksichtigung seiner Auffassungen an der EPZ beteiligt werden; neu war auch die Ausdehnung der EPZ auf den Bereich der äußeren Sicherheit.

Literatur

WEIDENFELD, Werner/WESSELS, Wolfgang (Hg.): *Wege zur Europäischen Union. Vom Vertrag zur Verfassung?*, Bonn 1986.

6.2 Die Gründung der EU: Der Vertrag von Maastricht

Die Arbeit am Binnenmarktprojekt hatte erneut die Vorteile einer verstärkten Integration, insbesondere im Bereich der Wirtschafts- und Währungspolitik, illustriert. Zugleich waren alle Mitgliedstaaten, darunter auch die Bundesrepublik, bestrebt, das größere wiedervereinigte Deutschland politisch und wirtschaftlich fester in die EG einzubinden, was ebenfalls die Bereitschaft zu einer Vertiefung der Integration förderte. Im Maastrichter Vertrag vereinbarten die Mitgliedstaaten entsprechend die Errichtung einer Wirtschafts- und Währungsunion (WWU) und die Gründung der Europäischen Union (EU).

Der Weg nach Maastricht

Die Errichtung einer Wirtschafts- und Währungsunion hatten die Mitgliedstaaten der EWG bereits Anfang der 1970er Jahre anvisiert, aber aufgrund unterschiedlicher konzeptioneller Vorstellungen nicht verwirklichen können. Insbesondere Frankreich unter Präsident Mitterrand strebte Ende der 1980er Jahre die Wiederaufnahme des früheren Werner-Plans an, um die geld- und währungspolitische Dominanz der deutschen Bundesbank in Westeuropa zu überwinden. In der Bundesrepublik stießen die Pläne für eine WWU auf Skepsis und Zurückhaltung, da eine Aufgabe der auf Preisstabilität ausgerichteten, erfolgreichen deutschen Währung zugunsten einer europäischen Währung nicht im deutschen Interesse lag. Die Bundesregierung unter Helmut Kohl verfolgte vielmehr das Projekt der Schaffung einer Politischen Union, erklärte aber ihre grundsätzliche Bereitschaft, den Gedanken der Währungsunion weiterzuverfolgen. Ein vom Kommissionspräsidenten Delors erarbeiteter Bericht zur Verwirklichung einer Wirtschafts- und Währungsunion in drei Stufen wurde auf dem Gipfel des Europäischen Rates in Madrid am 26./27. Juni 1989 als Grundlage für das weitere Vorgehen angenommen; der Beginn der ersten Stufe wurde auf den 1. Juli 1990 festgesetzt und die Einberufung einer Regierungskonferenz nach Beginn der ersten Stufe zur Beratung über die weiteren Schritte beschlossen.

Der politische Umbruch in Mittel- und Osteuropa sowie die sich abzeichnende Wiedervereinigung der beiden deutschen Staaten beschleunigten den bereits in Gang gekommenen Prozess zur Verwirklichung einer Wirtschafts- und Währungsunion und gaben auch dem Projekt zur Bildung einer Politischen Union weiteren Auftrieb. Sowohl den Partnern der Bundesrepublik als auch der deutschen Bundesregierung selbst war daran gelegen, die Wiedervereinigung Deutschlands in einen europäischen Rahmen einzubetten und keinen Zweifel an der europäischen Bindung der neuen Bundesrepublik aufkommen zu lassen. Auf dem Treffen in Dublin am 25./26. Juni 1990 beschloss der Europäische Rat die Einsetzung einer weiteren Regierungskonferenz zur Schaffung einer Politischen Union. Beide Regierungskonferenzen (WWU und Politische Union) sollten ihre Arbeiten so rechtzeitig abschließen, dass ein Vertrag vor der Vollendung des Binnenmarktes in Kraft treten konnte. Nach schwierigen Verhandlungen in den Regierungskonferenzen gelang es auf dem Maastrichter Gipfel des Europäischen Rates am 9./10. Dezember 1991, die Ergebnisse der beiden Regierungskonferenzen zur WWU und zur Politischen Union zu einem Vertrag zusammenzuführen. Zudem wurde der 1. Januar 1999 als spätester Termin für den Eintritt in die dritte Stufe der WWU mit der Festlegung unwiderruflicher fester Wechselkurse, der Vergemeinschaftung der Währungspolitik und der Einführung einer europäischen Währung festgesetzt. Großbritannien und Dänemark hatten dem Stufenplan nur unter der Voraussetzung zugestimmt, dass sie vor dem Eintritt in die dritte Stufe erneut über eine Teilnahme entscheiden konnten. Da die britische Regierung auch nicht bereit war, eine gemeinsame europäische Sozialpolitik mitzutragen, wurde beschlossen, dem Vertrag ein „Abkommen über die Sozialpolitik" anzuhängen, das dann lediglich elf Staaten unterzeichneten.

Gründung der EU

Der „Vertrag über die Europäische Union" wurde am 10. Dezember 1991 von den Staats- bzw. Regierungschefs der EG paraphiert und am 7. Februar 1992 in Maastricht von den Außen- und Finanzministern unterzeichnet (Maastrichter Vertrag); am 1. November 1993 trat er in Kraft. Durch den Maastrichter Vertrag wurde von den EG-Mitgliedstaaten die „Europäische Union" (EU) gegründet. Bei dem Vertrag handelte es sich aber nicht um eine Gründungsurkunde im eigentlichen Sinne, sondern nur um einen sogenannten „Mantelvertrag", der die bisherigen Verträge über die Europäischen Gemeinschaften sowie die Einheitliche Europäische Akte änderte und ergänzte.

Der Maastrichter Vertrag basierte auf einem von der luxemburgischen Ratspräsidentschaft am 17. April 1991 vorgelegten Entwurf, welcher die bestehenden Gemeinschaften und die neuen Bereiche einer Politischen Union zusammenführte, und zwar bildlich gesprochen in Form von drei Säulen, die mit unterschiedlichen Aufgabenfeldern und Entscheidungsverfahren versehen und lediglich durch das gemeinsame Dach einer Europäischen Union verbunden waren (Drei-Säulen-Modell/Tempelkonstruktion):

Die *erste Säule* umfasste die auf den bisherigen Gemeinschaftsverträgen basierenden Europäischen Gemeinschaften sowie die künftige WWU und die neu eingeführte Unionsbürgerschaft. Eine Reihe weiterer Kompetenzen wurde der bisherigen EWG zugefügt: Bestimmungen über die Industriepolitik, über die allgemeine und berufliche Bildung und Jugend, die Kultur, das Gesundheitswesen, den Verbraucherschutz, Bestimmungen über die sogenannten transeuropäischen Netze und die Entwicklungszusammenarbeit. Aufgrund dieser Ausweitungen über den ökonomischen Bereich hinaus wurde der EWG-Vertrag in „Vertrag zur Gründung der Europäischen Gemeinschaft" (EG) umbenannt; zugleich aber wurde der Terminus EG auch für die drei Europäischen Gemeinschaften verwandt, so dass es jetzt eine EG im engeren (bisherige EWG) und weiteren Sinne (alle drei Gemeinschaften) gab. Durch den Vertrag erhielten auch die Gemeinschaftsorgane einige zusätzliche Kompetenzen; so wurde beispielsweise die Anwendung der qualifizierten Mehrheitsentscheidung im Ministerrat auf die neuen Gemeinschaftspolitiken ausgedehnt, und der Europä-

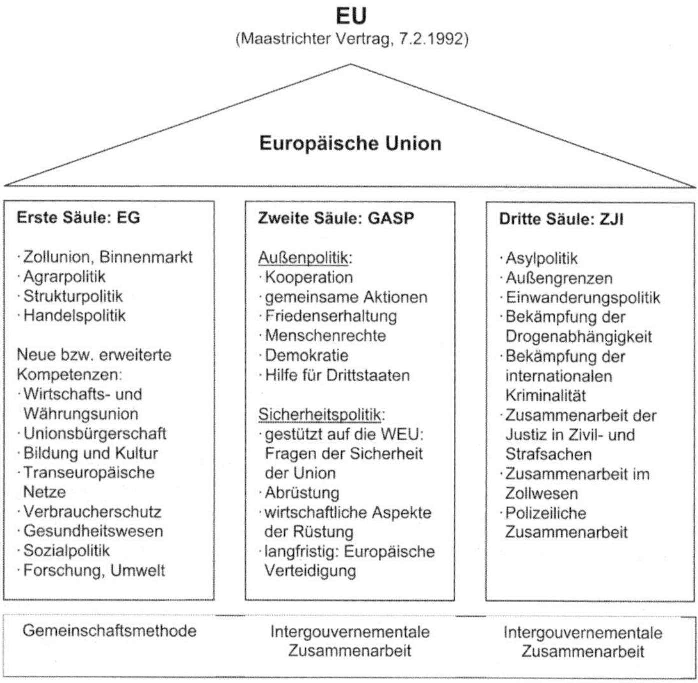

ische Gerichtshof erhielt die Befugnis, Zwangsgelder gegen einzelne Mitgliedstaaten bei Nichtbeachtung der Vertragsvorschriften zu verhängen. Gestärkt wurde vor allem das Europäische Parlament, u.a. durch verstärkte Kontrollbefugnisse gegenüber der Kommission, durch Ausdehnung des Zustimmungsrechts zu Entscheidungen des Ministerrates auf weitere Bereiche und das neu eingeführte „Mitentscheidungsverfahren“ in Bereichen mit qualifizierter Mehrheitsabstimmung. Beim Mitentscheidungsverfahren ist die Entscheidungsbefugnis gleichermaßen auf Ministerrat und EP verteilt. Kommt es zu keiner Einigung zwischen beiden, muss ein paritätisch besetzter Vermittlungsausschuss einberufen werden, der sich um einen Kompromiss bemüht. Kommt keine Einigung zustande, ist der vom Rat zur Entscheidung gestellte Vorschlag der Kommission endgültig abgelehnt. Durch das Mitentscheidungsverfahren wurde das Parlament in den vertraglich festgelegten Bereichen gleichberechtigt mit dem Rat zu einem legislativen Organ der Gemeinschaft.

Die *zweite Säule* umfasste die bisherige EPZ, die um den Bereich der Sicherheitspolitik erweitert wurde und die Bezeichnung „Gemeinsame Außen- und Sicherheitspolitik“ (GASP) erhielt. Den Bestimmungen über die Gemeinsame Sicherheitspolitik waren schwierige Verhandlungen vorausgegangen: Während Deutschland, Frankreich und Italien sich für eine eigenständige europäische Sicherheits- und Verteidigungsstruktur ausgesprochen und die volle Integration der WEU in die EU befürwortet hatten, waren beispielsweise Großbritannien, das der NATO im Verteidigungsbereich die absolute Priorität einräumte, sowie das neutrale Irland nur für eine enge Zusammenarbeit zwischen WEU und EU eingetreten. Als Kompromiss einigte man sich auf den Erhalt der WEU als selbstständige Organisation und die enge Zusammenarbeit zwischen EU und WEU. Laut Art. J.4(2) des EU-Vertrages sollte die EU die WEU „ersuchen“, die Entscheidungen und Aktionen der EU mit verteidigungspolitischen Bezügen auszuarbeiten und durchzuführen. Als längerfristiges Ziel wurde die Festlegung einer gemeinsamen Verteidigungspolitik, die zu gegebener Zeit zu einer gemeinsamen Verteidigung führen könnte, vereinbart.

Im Bereich der Außenpolitik wurde durch die GASP die Durchführung „gemeinsamer Aktionen“ in für die Mitgliedstaaten zentralen Bereichen eingeführt. Bei der Festlegung gemeinsamer Aktionen konnte der Rat einstimmig beschließen, dass Durchführungsbeschlüsse mit qualifizierter Mehrheit gefasst werden konnten. Ansonsten galt für den Bereich der Außenpolitik weiterhin die Einstimmigkeit. Die Europäische Kommission sollte an den Arbeiten der GASP laut Vertrag „in vollem Umfang“ (Art. J. 9) beteiligt werden, allerdings besaß sie in diesem Bereich nur ein eingeschränktes Initiativrecht; und das EP war lediglich zu informieren bzw. zu konsultieren. Für die Außenvertretung der Union war der für jeweils sechs Monate amtierende und turnusmäßig wechselnde Vorsitz des Ministerrates zuständig, der dabei von dem vorherigen und nachfolgenden Vorsitz im Ministerrat unterstützt werden sollte (sog. „Troika“).

Die *dritte Säule* enthielt einen neu hinzugefügten Regelungsbereich, die sogenannte „Zusammenarbeit in den Bereichen Justiz und Inneres“ (ZJI). Dazu zählten die Asyl- und Einwanderungspolitik, die Angleichung der Kontrollen an den Außengrenzen der Gemeinschaft, die Bekämpfung der Drogenabhängigkeit und der internationalen Kriminalität, die Zusammenarbeit der Justiz in Zivil- und Strafsachen, die Zusammenarbeit im Zollwesen, die polizeiliche Zusammenarbeit sowie der Aufbau eines Europäischen Polizeiamtes (Europol). Wie bei der GASP hatte auch in diesem Bereich der Ministerrat die zentrale Rolle inne, die Kommission besaß nur ein eingeschränktes Initiativrecht und das EP ein Konsultationsrecht.

Die drei Säulen des Vertrages unterlagen unterschiedlichen Entscheidungsverfahren: Während in der *ersten Säule* die Gemeinschaftsmethode angewandt wurde, beruhten die GASP sowie die Zusammenarbeit in den Bereichen Justiz und Inneres auf der intergouvernementalen Zusammenarbeit, d.h. die dort gefassten Beschlüsse erforderten Einstimmigkeit im Ministerrat. Die Kommission und das Europäische Parlament besaßen nur geringfügige Rechte in den Politikfeldern dieser beiden Säulen, der Gerichtshof der Gemeinschaften war nicht zuständig.

Im Maastrichter Vertrag wurde die Europäische Union als „eine neue Stufe bei der Verwirklichung einer immer engeren Union der Völker Europas“[132] charakterisiert. Der ursprüngliche Luxemburger Vertragsentwurf hatte von der schrittweisen Verwirklichung einer „Union mit föderaler Berufung“ gesprochen. Das sogenannte „f-word“ war wegen des heftigen Widerstandes der britischen Regierung, für die Föderalismus gleichbedeutend mit Brüsseler Zentralismus war, aus dem endgültigen Vertragsentwurf gestrichen worden. Dennoch enthielt das mit dem Maastrichter Vertrag geschaffene Gebilde föderale (im Sinne von bundesstaatlich) Elemente, was auch das deutsche Bundesverfassungsgericht in seinem sogenannten „Maastricht-Urteil“ vom 12. Oktober 1993 herausstellte. Da nach Auffassung des Bundesverfassungsgerichtes die Europäische Union sowohl Elemente eines Staatenbundes als auch eines Bundesstaates enthielt, somit ein Gebilde „sui generis“ sei, deklarierte es die EU als einen „Staatenverbund“.

Der Ratifizierungsprozess des Maastrichter Vertrages verlief nicht unproblematisch: So wurde etwa in der Bundesrepublik das Bundesverfassungsgericht angerufen, um die Konformität des Unionsvertrages mit dem Grundgesetz zu klären, in Frankreich ging ein Referendum nur knapp zugunsten des Vertrages aus, und in Dänemark sprach sich die Mehrheit der Bevölkerung in einer ersten Volksabstimmung gegen den Vertrag aus. Um den Vertrag für die Dänen akzeptabel zu machen, wurden dem Land Ausnahmeregelungen, sogenannte „opting-outs“, zugestanden, die sich u.a. auf die Unionsbürgerschaft und die Bereiche Justiz und Inneres bezogen. In einem zweiten Referendum am 18. Mai 1993 stimmten die Dänen dem Vertrag zu.

Literatur

LÄUFER, Thomas (Hg.): *Europäische Union, Europäische Gemeinschaft. Die Vertragstexte von Maastricht mit den deutschen Begleittexten*, 8. Aufl., Bonn 1998.

WEIDENFELD, Werner (Hg.): *Maastricht in der Analyse. Materialien zur Europäischen Union,* 2. Aufl., Gütersloh 1995.

6.3 Die Erweiterungen und ihre Probleme

Begonnen hatte der europäische Integrationsprozess nach dem Zweiten Weltkrieg mit einem Zusammenschluss von sechs westeuropäischen Staaten. Heute umfasst die Europäische Union 27 Mitglieder, und weitere Staaten sind an einem Beitritt interessiert. Sukzessive erweiterte die EG/EU seit den 1970er Jahren die Anzahl ihrer Mitglieder. Dies stellte die Gemeinschaften/die Union vor große Herausforderungen sowohl in finanziell-wirtschaftlicher Hinsicht als auch in Bezug auf die Funktionsfähigkeit ihrer Organe.

Erweiterungen 1973 bis 1995

Im Jahre 1973 fand die erste Erweiterung der Sechsergemeinschaft um die drei Staaten Großbritannien, Dänemark und Irland statt (→ Kapitel B 5.1). Dieser sogenannten „Norderweiterung" folgte in den 1980er Jahren die „Süderweiterung" durch die Aufnahme Griechenlands (1981), Spaniens und Portugals (1986). Die Aufnahme dieser drei südlichen Länder erfolgte vor allem, um die noch jungen Demokratien nach dem Sturz der dort herrschenden Diktaturen zu stärken. Wirtschaftlich stellte die Süderweiterung die bisherigen Mitgliedstaaten der EG vor erhebliche Herausforderungen, zum einen aufgrund der zu erwartenden umfangreichen Finanzbeihilfen für notwendige Strukturreformen in diesen wirtschaftlich rückständigen Ländern, zum anderen aufgrund des befürchteten Zustroms von Arbeitskräften und mediterranen Agrarprodukten in den Gemeinsamen Markt. Insbesondere Frankreich und Italien befürchteten, dass die griechischen, spanischen und portugiesischen Produkte ihren eigenen Konkurrenz machen würden. Längere Übergangszeiten von bis zu zehn Jahren wurden in den Beitrittsverhandlungen vereinbart, um die wirtschaftlichen Folgen der Süderweiterung abzufedern. Außerdem wurden die Strukturfonds der EG erheblich aufgestockt.

Nach dem Ende des Kalten Krieges war für die neutralen EFTA-Staaten der Weg in die Europäische Union frei geworden. Zwischen 1989 und 1992 stellten die drei EFTA-Staaten Österreich, Schweden und Finnland, die aufgrund ihrer Neutralität bislang nicht um Aufnahme in die Europäischen Gemeinschaften ersucht hatten, Beitrittsanträge. Am 1. Januar 1995 traten sie der durch den Maastrichter Vertrag gegründeten Europäischen Union bei, die sich damit auf 15 Mitgliedstaaten erweiterte. Beitrittsanträge hatten 1992 auch Norwegen und die Schweiz gestellt. Nach einem negativen Votum der Bevölkerung in einer Volksabstimmung am 6. Dezember 1992 verfolgte die Schweiz ihren Beitrittsantrag nicht weiter, zog ihn aber auch nicht zurück. Mit Norwegen wurden die Beitrittsverhandlungen 1994 erfolgreich abgeschlossen, allerdings sprach sich eine Mehrheit der norwegischen Bevölkerung in einer Volksabstimmung – wie bereits im Jahre 1972 – gegen einen Beitritt aus.

Von 15 auf 27 Mitglieder

Mit den politischen Umwälzungen in Mittel- und Osteuropa 1989/90 zeichneten sich die bislang umfassendsten Erweiterungen der EG/EU ab, die trotz der damit verbundenen politischen und wirtschaftlichen Herausforderungen für die EU aus politischen Gründen grundsätzlich befürwortet wurden. Zwischen 1991 und 1996 schlossen die EG/EU mit den zehn Staaten Polen, Ungarn (1991), Tschechische Republik, Slowakei, Rumänien, Bulgarien (1993), Estland, Lettland, Litauen (1995) und Slowenien (1996) Assoziierungsverträge ab, die eine spätere Beitrittsoption enthielten („Europa-Abkommen"). In Kopenhagen beschloss der Europäische Rat am 21. und 22. Juni 1993, dass die assoziierten Staaten, sobald sie in der Lage seien, ihren mit einer Mitgliedschaft verbundenen Verpflichtungen nachzukommen, Mitglieder der EU werden konnten. Zugleich legte er Kriterien für die Aufnahme von Beitrittsverhandlungen fest („Kopenhagener Kriterien"): 1. institutionelle Stabilität als Garantie für eine demokratische und rechtsstaatliche Ordnung sowie für die Wahrung der Menschenrechte und zum Schutz von Minderheiten, 2. eine funktionsfähige Marktwirtschaft sowie die Fähigkeit, dem Wettbewerbsdruck und den Marktkräften innerhalb der EU standzuhalten, und 3. die Übernahme des *acquis communautaire* sowie das Einverständnis mit den Zielen einer WWU und einer Politischen Union. Zudem wurde als ein Kriterium für die Erweiterung die Fähigkeit der EU zur Aufnahme weiterer Mitglieder festgelegt.

Zwischen 1994 und 1996 stellten diese oben genannten assoziierten zehn Staaten Beitrittsanträge; bereits 1987 hatte die seit 1964 mit den EG assoziierte Türkei einen Antrag auf Beitritt gestellt, 1990 waren Beitrittsgesuche von Zypern und Malta eingereicht worden. Nachdem die Kommission in ihrer „Agenda 2000" im Juli 1997 den sechs Staaten Ungarn, Polen, Estland, Tschechien, Slowenien und Zypern die weitgehende Erfüllung der Kopenhagener Kriterien bescheinigt hatte, beschloss der Europäische Rat am 12./13. Dezember 1997 die Aufnahme von Beitrittsverhandlungen mit diesen sechs Staaten; mit den übrigen Beitrittsbewerbern wurden im Rahmen von „Europa-Konferenzen" weitere Vorbereitungsgespräche geführt. In ihrem „Fortschrittsbericht" vom 13. Oktober 1999 bescheinigte die Kommission allen Bewerbern – mit Ausnahme der Türkei – die Erfüllung der politischen Beitrittskriterien. Der Europäische Rat beschloss daraufhin auf dem Gipfel von Helsinki am 10./11. Dezember 1999, auch die Staaten Malta, Lettland, Litauen, die Slowakei, Rumänien und Bulgarien zu Beitrittsverhandlungen einzuladen (sog. „Helsinki-Gruppe"). Der Türkei wurde aufgrund der unzureichenden politischen Qualifikationen lediglich der Status eines Beitrittskandidaten zugebilligt. Auf dem Brüsseler Gipfel am 24./25. Oktober 2002 erklärten die dort versammelten Staats- bzw. Regierungschefs, dass sie aufgrund der vorliegenden Kommissionsberichte für zehn Staaten die Kopenhagener Beitrittskriterien erfüllt sahen; Rumänien und Bulgarien hingegen erfüllten noch nicht die wirtschaftlichen Beitrittskriterien.

Nach Abschluss der Beitrittsverhandlungen, in denen die EU-Mitglieder auf langen Übergangsfristen beharrt hatten, um ihre eigenen Märkte insbesondere vor Arbeitsmigranten aus Osteuropa zu schützen, und Einigkeit über die finanziellen Folgeregelungen einer Erweiterung erzielt worden war, wurden am 16. April 2003 in Athen die Beitrittsverträge mit den zehn Staaten Estland, Lettland, Litauen, Malta, Polen, Slowakische Republik, Slowenien, Tschechische Republik, Ungarn und Zypern unterzeichnet. Nach Abschluss der Ratifizierungsverfahren in den alten und neuen Mitgliedsländern traten diese zehn Staaten am 1. Mai 2004 der EU bei; am 1. Januar 2007 wurden Rumänien und Bulgarien aufgenommen. Mit Kroatien und der Türkei sind im Oktober 2005 Beitrittsverhandlungen eröffnet worden, Mazedonien erhielt den Kandidatenstatus. Innerhalb der EU gibt es große Widerstände gegen eine Aufnahme der Türkei in die

Union. Dabei spielen vor allem kulturelle Erwägungen eine Rolle; die Zugehörigkeit der Türkei zu Europa wird in Frage gestellt und Befürchtungen vor einem Verlust der europäischen Identität durch die Aufnahme dieses Landes mit seiner großen muslimischen Bevölkerung werden geäußert.

Literatur

Clemens, Gabriele (Hg.): *Die Integration der mittel- und osteuropäischen Staaten in die Europäische Union*, Hamburg 1999.

Clemens, Gabriele (Hg.): *Die Türkei und Europa*, Hamburg 2007.

Kaiser, Wolfram/Elvert, Jürgen (Hg.): *European Union Enlargement. A Comparative History*, London 2004.

6.4 Von Amsterdam nach Lissabon: Die EU-Folgeverträge

Bereits im Maastrichter Vertrag war eine Vertragsrevision für 1996 vorgesehen, um die eingeführten Neuerungen einer Überprüfung zu unterziehen. Zudem erforderten die in Aussicht genommenen Erweiterungen der EU dringend eine Reform der Institutionen, um die einst für sechs Staaten geschaffenen Gemeinschaften auch bei 20 und mehr Mitgliedern funktionsfähig zu halten. Die Verträge von Amsterdam, Nizza, der Verfassungsvertrag sowie der Vertrag von Lissabon versuchten, die EU an diese Anforderungen anzupassen und die Union weiterzuentwickeln.

Verträge von Amsterdam und Nizza

Auf dem Gipfeltreffen in Amsterdam vom 16. bis 18. Juni 1997 verabschiedete der durch die Aufnahme von Österreich, Finnland und Schweden auf 15 Mitglieder erweiterte Europäische Rat den Vertrag von Amsterdam, der am 2. Oktober 1997 offiziell unterzeichnet wurde und am 1. Mai 1999 in Kraft trat.

Der *Amsterdamer Vertrag* veränderte und ergänzte die bisherigen Verträge in einigen Bereichen; allerdings wurde er seinem angestrebten Ziel, die EU durch die Reform der Entscheidungsstrukturen auf die Osterweiterung vorzubereiten, nicht gerecht. Aufgrund der Uneinigkeit, insbesondere zwischen den kleinen und großen EU-Mitgliedstaaten, in Bezug auf die angestrebte Verkleinerung der Kommission, die Stimmengewichtung und die Ausweitung der Mehrheitsentscheidungen im Rat, kam es in Amsterdam zu keiner Einigung, so dass diese Fragen vertagt werden mussten.

Die Aufgabe, diese sogenannten drei „left overs" (Überbleibsel) von Amsterdam zu regeln, blieb dann dem *Vertrag von Nizza* überlassen. Bereits im Vorfeld der Vertragsverhandlungen sowie auf dem Gipfeltreffen in Nizza vom 7. bis 11. Dezember 2000 prallten erneut die verschiedenen Interessen der Mitgliedstaaten heftig aufeinander, die um ihren jeweiligen Einfluss in den Gemeinschaftsorganen rangen. Im Ministerrat beispielsweise forderte Deutschland aufgrund seiner Bevölkerungsgröße eine höhere Stimmengewichtung, um so den eigenen Einfluss zu stärken, während Frankreich strikt auf einer Stimmengleichheit der vier großen Staaten in diesem Gremium beharrte; bei der angestrebten Verkleinerung der Kommission wiederum waren die kleineren Staaten nicht bereit, auf „ihren" Kommissar zu verzichten. Man einigte sich schließlich auf wenig zufriedenstellende Kompromisse bzw. vertagte erneut einige Probleme, um die Unterzeichnung des Vertrages zu ermöglichen. Der am 26. Februar 2001 unterzeichnete Vertrag von Nizza trat am 1. Februar 2003 in Kraft.

Verfassungsvertrag und Vertrag von Lissabon

Nach der Verabschiedung des Vertrages von Nizza wurden die Bemühungen um eine Weiterentwicklung der Union fortgesetzt („Post-Nizza-Prozess"). Dabei standen vor allem zwei Ziele im Vordergrund: erstens die Union effizienter, demokratischer, bürgernäher und transparenter zu machen und zweitens die Abgrenzung der Zuständigkeiten zwischen der Union und den Mitgliedstaaten eindeutig zu regeln. Auf dem Treffen in Laeken am 14./15. Dezember 2001 entschloss sich der Europäische Rat, einen Konvent einzuberufen, der sich mit der künftigen Entwicklung der Union befassen sollte. Der wenig erfolgreiche Verlauf der Konferenz von Nizza war mit ausschlaggebend dafür gewesen, dass man sich jetzt der Konventmethode statt diplomatischer Konferenzen (Treffen des Europäischen Rates/Regierungskonferenz) bediente, um die europäische Integration fortzuentwickeln. Der Konvent unter Vorsitz des ehemaligen französischen Staatspräsidenten Giscard d'Estaing, welcher am 28. Februar 2002 zum ersten Mal zusammentrat, setzte sich aus 15 Regierungsvertretern, 30 Vertretern der nationalen Parlamente, 16 Mitgliedern des Europäischen Parlaments und zwei Vertretern der Kommission zusammen; auch wurden die Beitrittskandidaten an den Beratungen beteiligt und nahmen Beobachter aus anderen europäischen Institutionen teil. Insgesamt waren 28 Staaten und 105 Personen am Konvent beteiligt. Allerdings stand am Anfang, d.h. vor den Konventsberatungen, ein Beschluss des Europäischen Rates; und auch am Ende der Beratungen sollte die Annahme des Verfassungsvertrages durch den Europäischen Rat stehen. Die zunächst vorgesehene Verabschiedung des Verfassungsvertrages auf dem Brüsseler Gipfel im Dezember 2003 scheiterte am Widerspruch Polens und Spaniens, die gegen die für sie im Vergleich zu Nizza nachteilige Regelung der Stimmengewichtung bei Mehrheitsentscheidungen im Ministerrat waren und erfolgreich auf Änderungen drangen.

Auf dem Brüsseler Gipfel vom 19./20. Juni 2004 wurde schließlich der „Vertrag über eine Verfassung für Europa" (VVE), auch „Verfassungsvertrag" genannt, von den Staats- bzw. Regierungschefs angenommen und am 29. Oktober 2004 in Rom unterzeichnet. Der Europäische Rat hat dabei weitgehend den Konventsentwurf übernommen.

Dieser von einigen Ländern bereits ratifizierte *Verfassungsvertrag* scheiterte in den französischen und niederländischen Referenden. Die Gründe für die ablehnende Haltung der Bevölkerung in den beiden EG-Gründungsstaaten waren vielfältig: innenpolitische Faktoren waren dafür ebenso verantwortlich wie die Skepsis gegenüber einer Entwicklung der europäischen Integration, deren Ziele und Auswirkungen nicht ganz absehbar schienen. So schürten die Bezeichnung „Verfassung" und die staatsähnlichen Attribute wie Flagge und Hymne für die EU die Furcht vor einem europäischen Superstaat und der Auflösung der Nationalstaaten. Die Vermischung der Verfassungsdebatte mit der Erweiterungsdebatte nährte zudem die Furcht vor ungezügelten Erweiterungen, insbesondere vor einer von vielen Franzosen abgelehnten Aufnahme der Türkei in die EU.

Nach einer längeren Reflexionsphase, in der vor allem die unterschiedlichen Positionen der einzelnen Staaten zum weiteren Vorgehen geklärt und miteinander in Einklang gebracht werden mussten, einigte sich schließlich der Europäische Rat auf seinem Gipfeltreffen in Brüssel am 21. Juni 2007 auf das Verhandlungsmandat für eine Regierungskonferenz zur Reform der Verträge. Die am 23. Juli 2007 unter portugiesischem Vorsitz begonnene Regierungskonferenz endete am 19. Oktober 2007 mit der Unterzeichnung des „Vertrages über die Europäische Union“ durch die Staats- bzw. Regierungschefs in Lissabon. Der *Vertrag von Lissabon*, auch als *Reformvertrag* bezeichnet, ist inhaltlich den Neuerungen des Verfassungsvertrages verpflichtet, d.h. er ist in seiner Substanz der Europäische Verfassungsvertrag geblieben. Die Änderungen gegenüber dem Verfassungsvertrag betreffen in erster Linie die staatsähnlichen Attribute, die Charta der Grundrechte und die Zuständigkeitsfragen. Bereits im Mandat für die Regierungskonferenz war festgelegt worden, dass der neue Vertrag keinen Verfassungscharakter haben dürfe. Entsprechend wurden der Name „Verfassung“ und die Artikel des Verfassungsvertrages zu den Symbolen der Union, wie Hymne, Flagge, Europatag, und Bezeichnungen wie „Europäisches Gesetz“ gestrichen.

Literatur

FISCHER, Klemens H.: *Der Vertrag von Lissabon. Text und Kommentar zum Europäischen Reformvertrag*, Baden-Baden 2008.

FISCHER, Klemens H.: *Der Vertrag von Nizza. Text und Kommentar*, 2. akt. Aufl., Baden-Baden 2003.

JOPP, Mathias/MATL, Saskia (Hg.): *Der Vertrag über eine Verfassung für Europa. Analysen zur Konstitutionalisierung der EU*, Baden-Baden 2005.

WEIDENFELD, Werner (Hg.): *Amsterdam in der Analyse. Strategien für Europa*, 2. Aufl., Gütersloh 1999.

WEIDENFELD, Werner (Hg.): *Die Europäische Verfassung in der Analyse*, 2. Aufl., Gütersloh 2005.

WEIDENFELD, Werner (Hg.): *Nizza in der Analyse. Strategien für Europa*, 2. Aufl., Gütersloh 2001.

6.5 Die Reformen des EU-Vertrages

Durch die Verträge von Amsterdam, Nizza, den Verfassungsvertrag und den Vertrag von Lissabon wurde die 1993 gegründete Europäische Union einer Reihe von Veränderungen unterworfen. Diese bezogen sich vor allem auf Entscheidungsverfahren in vorhandenen Politikfeldern, die Aufnahme neuer Politikfelder sowie die Kompetenzen und Zusammensetzung der Organe.

Säulenstruktur

Durch den *Vertrag von Amsterdam* wurde die in Maastricht vereinbarte Säulenstruktur grundsätzlich beibehalten. Allerdings wurde ein Teil der Bestimmungen aus der *dritten Säule* (Zusammenarbeit im Bereich Justiz und Inneres) in die *erste Säule* überführt und unterlag damit künftig der supranationalen Gemeinschaftsmethode. Dies bezog sich auf die Bereiche Visa-, Asyl-, Einwanderungspolitik sowie die justizielle Zusammenarbeit in Zivilsachen.

Das von den Benelux-Staaten, der Bundesrepublik und Frankreich außerhalb der Gemeinschaften ausgehandelte und am 14. Juni 1985 unterzeichnete *Schengener Abkommen* zum Abbau der Kontrollen im Personen- sowie im Straßengüterverkehr an den Binnengrenzen wurde mit dem Amsterdamer Vertrag in die EU integriert, zum Teil in die *erste* und teilweise in die *dritte Säule*. Bis Ende 2007 waren insgesamt 24 Staaten dem Schengener Abkommen beigetreten; nicht beigetreten sind bis heute Großbritannien und Irland; für Dänemark wurden Sonderregelungen vereinbart. Schrittweise sollte in der Union ein „Raum der Freiheit, der Sicherheit und des Rechts" errichtet werden.

Als neue Politikfelder wurden ein Kapitel über die Beschäftigungspolitik sowie Bestimmungen zur Gesundheits-, Umwelt- und Verbraucherschutzpolitik eingefügt. Zudem wurde das „Sozialprotokoll" des Maastrichter Vertrages nach erfolgter Zustimmung durch den britischen Premierminister Tony Blair in den EG-Vertrag integriert. Das im Maastrichter Vertrag verankerte Subsidiaritätsprinzip wurde im Vertrag von Amsterdam präzisiert, um zu einer klareren Abgrenzung der Kompetenzen zwischen der Union und den Mitgliedstaaten zu gelangen.

Ziel des 2001 eingesetzten Verfassungskonvents hingegen war es, die bisherige, durch den Vertrag von Maastricht etablierte Drei-Säulen-Struktur/Tempelkonstruktion aufzulösen, um so mehr Transparenz zu schaffen. Dem diente die Ersetzung des EU-Vertrags und des EG-Vertrags durch einen *einheitlichen* Vertrag und die grundsätzliche Verankerung einer einheitlichen Rechtsbasis; die EU erhielt nach dem *Verfassungsvertrag* eine einheitliche Rechtspersönlichkeit. Dennoch wurden durch den Verfassungsvertrag die relevanten Entscheidungsregeln der bisherigen Säulenstruktur festgeschrieben, d.h. es hat sich kein einheitliches Entscheidungsverfahren durchgängig etablieren können, das Nebeneinander von Supranationalität und Intergouvernementalität wurde fortgesetzt.

Aufgrund der insbesondere von der Bundesrepublik gewünschten Abgrenzung der Kompetenzen zwischen Union und Mitgliedstaaten unterschied der Verfassungsvertrag drei Arten von Zuständigkeiten: ausschließliche Zuständigkeiten der Union (z.B. Zollunion, Wettbewerbspolitik, Währungspolitik), geteilte Zuständigkeiten zwischen der Union und den Mitgliedstaaten (z.B. Binnenmarkt, Landwirtschaft, Raum der Freiheit, der Sicherheit und des Rechts) sowie Unterstützungs-, Koordinierungs- und Ergänzungsmaßnahmen (z.B. Industrie, Kultur, allgemeine Bildung, Jugend). Grundsätzlich sollten für die Ausübung der Zuständigkeiten in der Union die Prinzipien der Subsidiarität und der Verhältnismäßigkeit gelten. Zur Erreichung einer größeren Transparenz wurden zudem die bislang bestehenden über 30 verschiedenen Arten von Rechtsakten auf nur sechs reduziert.

Auch wenn mit dem *Vertrag von Lissabon* das dem Verfassungsvertrag zugrunde liegende Ziel aufgegeben wurde, alle bestehenden Verträge aufzuheben und durch einen einheitlichen Text mit der Bezeichnung „Verfassung" zu ersetzen, so nimmt er im Sinne des Verfassungsvertrages doch einige grundlegende Veränderungen an der bisherigen Struktur der vertraglichen Grundlagen vor: Der Reformvertrag hebt die Unterscheidung zwischen „Union" und „Gemeinschaft" (Säulen) auf, verschmilzt beide zu einer einzigen Organisation mit einheitlicher Rechtspersönlichkeit (Rechtspersönlichkeit der EG geht auf gesamte Union über) und einheitlichem Namen „Europäische Union", wobei die Europäische Atomgemeinschaft ausgeklammert ist. Die vertragliche Grundlage der Union bilden von nun an der „Vertrag über die Europäische Union" (EUV) sowie der „Vertrag über die Arbeitsweise der Europäischen Union" (AEUV), der den bestehenden „Vertrag zur Gründung der Europäischen Gemeinschaft" (EGV) ablöst. Die verschiedenen Entscheidungsverfahren für einzelne Politikfelder bleiben aber weiter bestehen. Einige Umstrukturierungen wurden vorgenommen. So wurde beispielsweise die „polizeiliche und justizielle Zusammenarbeit in Strafsachen" unter dem Titel „Raum der Freiheit, der Sicherheit und des Rechts" in den dritten Teil („Die internen Politiken und Maßnahmen der Union") des AEUV aufgenommen – die bisherige *dritte Säule* der Union ist damit aufgelöst. Die GASP bleibt im EUV; es wird betont, dass für die GASP „besondere Verfahren" gelten.

Übernommen vom Verfassungsvertrag hat der Vertrag von Lissabon den Kompetenzkatalog mit der Aufteilung in unterschiedliche Zuständigkeiten und die Verpflichtung auf das Subsidiaritätsprinzip. Der

Lissabonner Vertrag ist noch stärker als der Verfassungsvertrag darum bemüht, die Zuständigkeiten der Union zu begrenzen und das Risiko der Aushöhlung der nationalstaatlichen Souveränität der Mitgliedstaaten einzuschränken. Deutlich wird dies beispielsweise an der Verbannung der Vorrangklausel des Unionsrechts gegenüber nationalem Recht vom Vertragstext in eine Erklärung oder in der ausdrücklichen Erwähnung, dass „alle der Union nicht in den Verträgen übertragenen Zuständigkeiten“[133] bei den Mitgliedstaaten verbleiben. Sogar die mögliche Rückführung oder Verringerung von der Union bereits übertragenen Kompetenzen wird im Vertrag von Lissabon erwähnt.

Attribute von Staatlichkeit

Der *Verfassungsvertrag* hatte Elemente in die Union eingeführt, die traditionell mit dem Erscheinungsbild von Staaten in Verbindung gebracht werden: Dazu zählten die Bezeichnung „Verfassung“ für das Vertragswerk, die dem Vertrag vorangestellten „Werte der Union“ und die Aufnahme der von einem Konvent unter Leitung des ehemaligen deutschen Bundespräsidenten Roman Herzog ausgearbeiteten und in Nizza vom Europäischen Rat feierlich verabschiedeten „Charta der Grundrechte der Europäischen Union“ in den Vertrag.

Besonders deutlich drückte sich dieser Staatsbezug in den „Symbolen der Union“ aus. Der Verfassungsvertrag hatte die Flagge und die Hymne, welche seit 1986 von der EG verwendet werden, den Leitspruch „In Vielfalt geeint“, die Gemeinschaftswährung und den (Unions-)Feiertag am 9. Mai als Symbole der Union festgelegt. Diese Symbole hat der *Vertrag von Lissabon* nicht übernommen; auch die Charta der Grundrechte ist nicht mehr Teil des Vertragswerkes. Allerdings wird in Artikel 6, Abs. 1 EUV auf die Charta Bezug genommen und ihr „dieselbe Rechtsverbindlichkeit wie [den] Verträge[n]“ zugesprochen. Für die Anwendung der Charta sieht ein zusätzliches Protokoll eine Sonderregelung für Großbritannien und Polen vor („opting-out“).

Reform der Institutionen und Entscheidungsprozesse

Europäischer Rat

Im *Verfassungsvertrag* wurde der Europäische Rat erstmals als Organ der Union aufgeführt, seine Rolle als zentraler Entscheidungsträger und „konstitutioneller Architekt“[134] der Union wurde bestätigt, und ihm wurden zusätzliche Aufgaben (z.B. Benennung des Präsidenten der Europäischen Zentralbank, Wahl des hauptamtlichen Präsidenten und des Außenministers der Union) übertragen. Vorgesehen wurde das Amt eines „Präsidenten des Europäischen Rates“, der von den Regierungschefs für die Dauer von zweieinhalb Jahren gewählt werden sollte, um der EU ein „Gesicht“ und eine „Stimme“ zu verleihen. Der Präsident des Europäischen Rates sollte, unbeschadet der Zuständigkeit des Außenministers auch die Außenvertretung der Union in Angelegenheiten der Gemeinsamen Außen- und Sicherheitspolitik wahrnehmen. Diese Regelungen aus dem Verfassungsvertrag hat der *Vertrag von Lissabon* übernommen.

Ministerrat

In Bezug auf die Stimmengewichtung und Entscheidungsverfahren im Ministerrat sah der *Vertrag von Nizza* folgende Regelungen vor: Ab 1. Januar 2005 sollte der Stimmenanteil der vier großen Staaten Deutschland, Frankreich, Großbritannien und Italien von bislang 10 auf 29 Stimmen angehoben werden; ein recht hohes Stimmengewicht erhielten auch Spanien und das künftige Mitglied Polen, nämlich jeweils 27 Stimmen. Die Stimmengewichtung für die anderen Staaten schwankte zwischen 3 Stimmen für Malta und 13 Stimmen für die Niederlande (insgesamt 321 Stimmen). Eine qualifizierte Mehrheitsentscheidung kam dann zustande, wenn – je nach Stand der Beitritte – 71,3 bis 73,4 Prozent der gewichteten Stimmen (bei 25 Staaten: 232 Stimmen) sowie eine Mehrheit der Mitgliedstaaten zustimmten. Zudem sah der Vertrag von Nizza vor, dass auf Antrag eines Ratsmitgliedes geprüft werden musste, ob die qualifizierte Mehrheit mindestens 62 Prozent der Gesamtbevölkerung der Union repräsentierte (sog. dreifache Mehrheit). Letzteres war vor allem ein deutscher Wunsch gewesen, um das deutsche Gewicht in der Union zu stärken. Bei Beschlüssen, die nicht auf Vorschlag der Kommission zu fassen waren, war zusätzlich die Zustimmung von zwei Dritteln der Mitgliedstaaten erforderlich.

Im *Verfassungsvertrag* wurde eine neue, einfachere Regelung für die qualifizierte Mehrheitsentscheidung ausgearbeitet, um auch die Handlungsfähigkeit einer Union mit 25 oder mehr Mitgliedstaaten zu erhalten. Statt der bisherigen Gewichtung der Stimmen sollte jetzt jeder Staat über eine Stimme verfügen. Eine qualifizierte Mehrheit musste nach dem Verfassungsentwurf einer Mehrheit der Mitgliedstaaten (55% der Mitgliedstaaten) und der Vertretung von 65% der Bevölkerung der

Union entsprechen. Diese Regelung löste die dreifache Mehrheit von Nizza ab. Zusätzlich wurde eine Sperrminorität von mindestens vier Staaten festgelegt, damit die drei großen Staaten Deutschland, Frankreich und Großbritannien allein keine Entscheidung verhindern konnten. Auf Druck Polens und Spaniens, die lange auf der für sie günstigeren Stimmengewichtung von Nizza bestanden hatten, wurde ein aufschiebendes Veto gegen Entscheidungen vorgesehen.

Der *Vertrag von Lissabon* hat diese Regelung im Prinzip übernommen; jedoch wurde nach harten Auseinandersetzungen beschlossen, die Einführung der doppelten Mehrheit bis zum 1. November 2014 zu verzögern; bis dahin gelten die Bestimmungen des Vertrages von Nizza. Für einen Übergangszeitraum vom 1. November 2014 bis zum 31. März 2017 wird zudem die Möglichkeit eingeräumt („Protokoll über die Übergangsbestimmungen"), auf Antrag eines Mitgliedstaates weiterhin auf die Regelung von Nizza zurückzugreifen. Vor allem auf Drängen der polnischen Regierung ist dem Vertrag von Lissabon eine Erklärung beigefügt worden, welche die bereits im Verfassungsvertrag verankerte Möglichkeit eines „suspensiven Vetos" vorsieht („Kompromiss von Ioannina"). Demnach können Mitglieder des Rates für die Übergangszeit (2014-2017) den Rat zu weitergehenden Verhandlungen auffordern, falls sie mindestens drei Viertel der Bevölkerung oder mindestens drei Viertel der Anzahl der Mitgliedstaaten vertreten, die für die Bildung einer Sperrminorität erforderlich sind. Der Rat wird verpflichtet alles zu tun, um innerhalb einer angemessenen Zeit eine zufriedenstellende Lösung zu finden.

Im *Vertrag von Nizza* konnte man sich nicht auf eine deutliche Ausweitung der Politikfelder, in denen der Rat mit Mehrheit entscheiden sollte, einigen; Mehrheitsentscheidungen wurden u.a. für die Einwanderungspolitik und für Entscheidungen über die Strukturfonds der EU festgelegt. Viele Politikbereiche, wie beispielsweise die GASP, blieben weiterhin der Einstimmigkeitsregel unterworfen. Der *Verfassungsvertrag* hingegen hat das Beschlussverfahren mit qualifizierter Mehrheit auf eine Reihe weiterer Bereiche ausgedehnt (von 24 auf 156 Artikel). Zugleich bestätigte er auch die traditionellen Einstimmigkeitsvorbehalte bei besonders sensiblen Politikfeldern wie beispielsweise der Außen- und Sicherheitspolitik (GASP). Der *Vertrag von Lissabon* hat diese Ausdehnung der qualifizierten Mehrheitsentscheidungen einschließlich der vorgesehenen „Notbremsen" übernommen. Im Bereich der Innen- und Justizpolitik stellt jetzt das qualifizierte Mehrheitsverfahren den Regelfall dar. Zugleich aber werden für zentrale Bereiche der Innen- und Justizpolitik auch Vetomöglichkeiten eingeräumt. Sieht ein Mitgliedstaat beispielsweise durch den Entwurf einer Richtlinie „grundlegende Aspekte“ seiner Strafrechtsordnung bedroht, kann er die Suspendierung des Mehrheitsverfahrens und die Überweisung an den Europäischen Rat verlangen, der einstimmig entscheidet.

Übernommen vom *Verfassungsvertrag* hat der *Vertrag von Lissabon* auch die vom Konvent eingeführte sogenannte „Team-Präsidentschaft“. Um eine größere Kontinuität in der Arbeit des Rates, für dessen Vorsitz das Rotationsprinzip grundsätzlich beibehalten wurde, herzustellen, wurde vorgesehen, dass eine Gruppe von jeweils drei Mitgliedstaaten eine „Team-Präsidentschaft“ für einen Zeitraum von 18 Monaten wahrnimmt. Diese Regelung gilt nicht für den Rat „Auswärtige Angelegenheiten“, dessen Vorsitz vom Hohen Vertreter der Union für die Außen- und Sicherheitspolitik eingenommen wird.

Kommission

In *Amsterdam* konnte man sich nicht auf eine Verkleinerung der zu dieser Zeit aus 20 Kommissaren bestehenden Kommission einigen. Gestärkt aber wurde die Rolle des vom Europäischen Rat ernannten Kommissionspräsidenten, der künftig vom Parlament bestätigt werden musste. Er sollte in Zukunft an der Auswahl der Kommissare beteiligt werden und diesen gegenüber eine Art Leitlinienkompetenz ausüben. Im *Vertrag von Nizza* einigte man sich schließlich darauf, dass ab dem 1. Januar 2005 jeder Mitgliedstaat nur noch einen Kommissar stellen sollte, d.h. die großen Länder mussten auf „ihren“ zweiten Kommissar verzichten. Erst ab der Aufnahme des 27. Mitgliedes in die EU sollte die Anzahl der Kommissare unter der Zahl der Mitgliedstaaten liegen; genaueres wurde nicht geregelt, vielmehr wurde das Problem der endgültigen Größe der Kommission erst einmal vertagt.

Der Vertrag von Nizza stärkte weiter die Stellung des Kommissionspräsidenten, der künftig einzelne Kommissare zum Rücktritt zwingen, Vizepräsidenten ernennen und ihnen gewisse Leitungs- und Koordinierungsaufgaben übertragen konnte.

Der *Verfassungsvertrag* stärkte insgesamt die Zuständigkeiten und die Handlungsfähigkeit der Kommission. In Bezug auf ihre Zusammensetzung hatte der Verfassungskonvent vorgeschlagen, dass es vom Jahre 2009 an 15 stimmberechtigte Europäische Kommissare geben sollte sowie zusätzliche Kommissare ohne Stimmrecht, so dass alle Mitgliedstaaten einen Kommissar nach Brüssel schicken konnten. Vorgesehen war eine Rotation der Mitgliedstaaten bei der Entsendung eines stimmberechtigten Kommissars. Auf der anschließenden Regierungskonferenz setzten die kleinen Staaten jedoch zunächst das Prinzip „ein Land, ein Kommissar“ durch. Von 2014 an sollte jedoch schließlich die Zahl der Kommissare auf zwei Drittel der Mitglieder verringert werden. Gestärkt wurde auch erneut die Rolle des Kommissionspräsidenten. Während in den EG-Gründungsverträgen das Kollegialprinzip innerhalb der Kommission in den Mittelpunkt gestellt worden war, rückte der Verfassungsvertrag die Aufgaben und Rechte des Präsidenten innerhalb der Kommission weiter hervor, die bis hin zur Möglichkeit reichten, einzelne Kommissare zu entlassen. Der *Vertrag von Lissabon* hat diese Regelungen für die Kommission übernommen, so dass ab 1. November 2014 die Kommission einschließlich ihres Präsidenten und des Hohen Vertreters der Union für die Außen- und Sicherheitspolitik (zugleich einer der Vizepräsidenten) aus einer Anzahl von Mitgliedern bestehen wird, die zwei Dritteln der Zahl der Mitgliedstaaten entspricht, sofern nicht der Europäische Rat einstimmig eine Änderung dieser Anzahl beschließt. Die Kommissionsmitglieder werden nach einem vom Europäischen Rat einstimmig festgelegten Rotationssystem unter Berücksichtigung demographischer und geographischer Aspekte ausgewählt.

Europäisches Parlament

Durch den *Vertrag von Amsterdam* wurde das Mitentscheidungsverfahren des Europäischen Parlaments auf fast alle Politikfelder, in denen der Rat mit qualifizierter Mehrheit entschied, ausgedehnt (mit Ausnahme von Agrar- und Wettbewerbspolitik); die Zustimmung des EP zur Ernennung des Kommissionspräsidenten wurde festgelegt und die Höchstzahl der Abgeordneten im EP auf 700 festgesetzt. Die Zusammenarbeit zwischen dem EP und den nationalen Parlamenten sollte verstärkt werden. Der *Vertrag von Nizza* hat die Höchstzahl der Abgeordneten des Europäischen Parlaments für 27 Mitgliedstaaten auf 732 festgelegt; eine weitere Ausdehnung des Mitentscheidungsverfahrens erfolgte im Vertrag von Nizza nur in Ansätzen.

Das Europäische Parlament wurde, auch von Mitgliedern des EP selbst, als großer Gewinner des *Verfassungsvertrags* angesehen. So wurde das Mitentscheidungsverfahren, das EP und Rat gleiche Beteiligungsmöglichkeiten einräumt, auf weitere Bereiche ausgedehnt und zum normalen Gesetzgebungsverfahren deklariert, und dem EP wurden größere Haushaltsbefugnisse eingeräumt. Bei seinem Vorschlag für den Kommissionspräsidenten sollte der Europäische Rat jetzt die Ergebnisse der Wahlen zum Europäischen Parlament berücksichtigen; anschließend musste das EP den Kommissionspräsidenten wählen. Die Höchstzahl der Sitze im EP wurde auf 750 festgelegt und die Sitzverteilung zwischen den Mitgliedstaaten neu geregelt (mindestens 6, höchstens 96 Sitze pro Mitgliedstaat). Zudem sollten die nationalen Parlamente stärker in die EU einbezogen werden. Im Rahmen des sogenannten „Frühwarnmechanismus" sollten die nationalen Parlamente wegen einer eventuellen Missachtung des Subsidiaritätsprinzips Stellungnahmen gegen Gesetzesinitiativen der Kommission abgeben können. Die Kommission musste dann die Vorschläge erneut überprüfen, allerdings nur wenn die Anzahl der Stellungnahmen mindestens ein Drittel der den nationalen Parlamenten zugewiesenen Stimmen (2 Stimmen je Parlament, in Zweikammersystemen je 1 Stimme pro Kammer) erreichte.

Der *Vertrag von Lissabon* hat diese Regelungen im Großen und Ganzen übernommen, im Vergleich zum Verfassungsvertrag allerdings die Mitwirkungsrechte der nationalen Parlamente noch weiter ausgebaut.

GASP und ESVP/GSVP

Durch den *Amsterdamer Vertrag* wurde das Instrumentarium der mit dem Maastrichter Vertrag geschaffenen GASP verfeinert, u.a. durch die Einführung des neuen Elements der „gemeinsamen Strategie" und die Einrichtung einer Strategieplanungs- und Frühwarneinheit zur Vorbereitung von GASP-Beschlüssen. Neu geschaffen wurde das Amt eines „Hohen Vertreters für die Gemeinsame Außen- und Sicherheitspolitik", welcher die gemeinsame Außenpolitik der EU nach außen hin sichtbar machen sollte. Dieses Amt wurde dem Generalsekretär des Rates übertragen.

Im Bereich der Sicherheitspolitik wurden mit dem Vertrag von Amsterdam die Bemühungen um eine Integration der WEU in die gemeinsame Sicherheitspolitik verstärkt. Eine engere Verbindung zwischen GASP und WEU wurde durch die Übernahme der sogenannten „Petersberg-Aufgaben" der WEU (Petersberg-Erklärung 1992), die humanitäre Aufgaben und Rettungseinsätze sowie friedenserhaltende und -schaffende Maßnahmen beinhalteten, in die GASP hergestellt. Bereits 1993 hatte die WEU den Sitz des WEU-Rates und des Generalsekretariats von London nach Brüssel verlegt. Griechenland war 1995 der WEU als Vollmitglied beigetreten, die neutralen EU-Staaten Irland, Österreich, Finnland und Schweden hatten ebenso wie Dänemark den Status eines WEU-Beobachters eingenommen. Aufgrund der weiterhin bestehenden Differenzen zwischen den Mitgliedstaaten über das Verhältnis EU-WEU kam es auch durch den Amsterdamer Vertrag nicht zur Integration der WEU in die EU, sondern es wurde, wie auch im *Maastrichter Vertrag*, erklärt, dass sie die Union bei der Ausarbeitung und Durchführung der verteidigungspolitischen Aspekte der EU unterstützt. Im Unterschied zu Maastricht sollte die EU nunmehr aber nicht mehr die WEU „ersuchen", verteidigungspolitische Entscheidungen und Aktionen der EU auszuarbeiten und durchzuführen, sondern die EU nahm laut Vertrag die WEU „in Anspruch". Der Europäische Rat erhielt zudem eine allgemeine Leitlinienkompetenz gegenüber der WEU, und ihm wurde die Möglichkeit einer Integration der WEU in die EU eröffnet.

Angesichts des Versagens der EU gegenüber der Krise in Jugoslawien und aufgrund einer Abkehr der britischen Regierung von ihrer bisherigen Position einer Trennung von WEU und EU erlebte die gemeinsame Sicherheitspolitik ab 1998 eine neue Dynamik und kam eine gemeinsame „Europäische Sicherheits- und Verteidigungspolitik" (ESVP) in Gang. Auf dem bilateralen Gipfeltreffen in Saint-Malo am 4. Dezember 1998 erklärten der französische Staatspräsident Jacques Chirac und Tony Blair, der EU eine autonome militärische Handlungsfähigkeit verschaffen zu wollen. Auf den folgenden EU-Gipfeltreffen in Köln (Juni 1999) und Helsinki (Dezember 1999) wurde das Projekt einer gemeinsamen Verteidigungspolitik vorangetrieben und als Planziel der Aufbau einer europäischen Interventionskapazität sowie die Schaffung entsprechender sicherheitspolitischer und militärischer Gremien der EU formuliert. Ab 1998 integrierte die EU sukzessive die militärischen Strukturen der WEU in die GASP, die WEU wurde zwar nicht aufgelöst, aber entkernt. Der *Vertrag von Nizza* bestätigte die in Köln und Helsinki getroffenen Vereinbarungen.

Im *Verfassungsvertrag* wurde die gesamte Außenpolitik der Union unter einem einzigen Titel „Auswärtiges Handeln" zusammengefasst, der sowohl Bereiche wie die Gemeinsame Handelspolitik und die Entwicklungszusammenarbeit als auch die Gemeinsame Außen- und Sicherheitspolitik (GASP) umfasste. Zudem enthielt dieser Titel erstmals einen eigenen Abschnitt zur „*Gemeinsamen* Sicherheits- und Verteidigungspolitik" (GSVP) als integraler Bestandteil der GASP. Darin waren verschiedene Neuerungen vorgesehen, wie die Errichtung einer Europäischen Verteidigungsagentur für Forschung und Rüstung, die Anwendung der verstärkten Zusammenarbeit in GASP und GSVP (Flexibilisierung), die Durchführung von militärischen und zivilen Missionen und eine Beistandsverpflichtung im Falle eines bewaffneten Angriffs auf einen EU-Mitgliedstaat. Eine Solidaritätsklausel verpflichtete die Mitgliedstaaten, sich im Falle eines terroristischen Angriffs, einer Natur- oder sonstigen Katastrophe gegenseitig Hilfe zu leisten.

Die Einstimmigkeit im Ministerrat blieb im GASP-Bereich weiterhin die Regel. Neu geschaffen wurde durch den Verfassungsvertrag das Amt eines europäischen Außenministers („Außenminister der Union"), welcher vom Europäischen Rat mit Zustimmung des Kommissionspräsidenten für die Dauer von fünf Jahren gewählt wurde und einen sogenannten „Doppelhut" trug, d.h. er sollte den Vorsitz im Ministerrat für Auswärtige Angelegenheiten der Union übernehmen, war somit für GASP und GSVP zuständig, und zugleich Vizepräsident der Europäischen Kommission sein. Von einer Verbindung der beiden bisher getrennten Positionen eines „Hohen Vertreters für die GASP" und des für die Außenpolitik zuständigen Kommissars versprach man sich eine größere Kohärenz in der Außenpolitik der EU. Dem Außenminister der Union sollte zusätzlich ein Europäischer Auswärtiger Dienst unterstehen, der die außenpolitischen Bürokratien des Rates und der Kommission in einer einheitlichen Struktur zusammenfassen sollte.

Der *Vertrag von Lissabon* übernahm die im Verfassungsvertrag vereinbarten Regelungen zur GASP und zur GSVP. Er verzichtete allerdings auf die Bezeichnung „Außenminister der Union" und benannte diese Position um in „Hoher Vertreter der Union für Außen- und Sicherheitspolitik", ohne dass sich an der Funktionszuschreibung etwas änderte. Auch ihm soll in Zukunft ein Europäischer Auswärtiger Dienst unterstehen.

Flexibilisierung/Verstärkte Zusammenarbeit

Eine mit dem *Amsterdamer Vertrag* neu eingeführte Flexibilitätsklausel eröffnete die Möglichkeit einer „verstärkten Zusammenarbeit" zwischen einzelnen Mitgliedstaaten. Dadurch sollte vermieden werden, dass einige „integrationsunwillige" Staaten ein Voranschreiten im Integrationsprozess blockierten bzw. sollte „integrationsfreudigen" Staaten ein schnelleres Voranschreiten in einigen Bereichen ermöglicht werden. Insbesondere aufgrund britischer Bedenken wurde diese Möglichkeit einer verstärkten Zusammenarbeit auf Politikfelder der *ersten* und *dritten Säule* beschränkt, sie galt somit nicht für die GASP. Zudem wurde die verstärkte Zusammenarbeit einer Reihe von Einschränkungen unterworfen. Durch den *Vertrag von Nizza* wurden die Möglichkeiten einer verstärkten Zusammenarbeit erleichtert und in begrenztem Maß auch auf die GASP ausgedehnt. Der *Verfassungsvertrag* nahm einige Modifizierungen an der Flexibilitätsklausel vor und dehnte sie auch auf den Sicherheits- und Verteidigungsbereich aus. Neu eingeführt wurde zudem die Möglichkeit eines „freiwilligen Austritts aus der Union". Der *Vertrag von Lissabon* hat diese Flexibilitätsklauseln übernommen.

Der Vertrag von Lissabon, der sich derzeit im Ratifizierungsprozess befindet, muss seine Bewährungsprobe erst noch bestehen. Ob er tatsächlich, wie es in der Präambel des Vertrages heißt, den mit den Verträgen von Amsterdam und Nizza eingeleiteten Prozess *abschließt* und ob, wie der Europäische Rat kürzlich formulierte, der Union damit ein stabiler und *dauerhafter* institutioneller Rahmen gegeben wurde, der in absehbarer Zeit keine Änderungen erfahren wird, bleibt abzuwarten.

Literatur

Fischer, Klemens H.: *Der Vertrag von Lissabon. Text und Kommentar zum Europäischen Reformvertrag*, Baden-Baden 2008.

Fischer, Klemens H.: *Der Vertrag von Nizza. Text und Kommentar*, 2. akt. Aufl., Baden-Baden 2003.

Jopp, Mathias/Matl, Saskia (Hg.): *Der Vertrag über eine Verfassung für Europa. Analysen zur Konstitutionalisierung der EU*, Baden-Baden 2005.

Weidenfeld, Werner (Hg.): *Amsterdam in der Analyse. Strategien für Europa*, 2. Aufl., Gütersloh 1999.

Weidenfeld, Werner (Hg.): *Die Europäische Verfassung in der Analyse*, 2. Aufl., Gütersloh 2005.

Weidenfeld, Werner (Hg.): *Nizza in der Analyse. Strategien für Europa*, 2. Aufl., Gütersloh 2001.

C Dimensionen des europäischen Integrationsprozesses

1 Die politische Integration

Unter der Bezeichnung „politische Integration“ ist die Vergemeinschaftung von bzw. die Zusammenarbeit europäischer Staaten in *allen* Politikfeldern zu verstehen. Die politische Integration umfasst somit ebenso die Integration auf dem wirtschaftspolitischen Sektor wie auch beispielsweise in den Bereichen Außen- und Verteidigungspolitik, Kultur- und Innenpolitik; sie bezeichnet im Gegensatz zur sektoralen Integration eine umfassende Gesamtintegration. In diesem Sinne wurde der Begriff „politisch“ auch von den sechs EGKS-Staaten im Zusammenhang mit der Bildung einer „Europäischen *Politischen* Gemeinschaft“ (EPG) und der 1970 begründeten „Europäischen *Politischen* Zusammenarbeit“ (EPZ) verstanden; beide Entwürfe zielten auf gemeinsame Politiken, die schrittweise über einzelne Sektoren hinaus sich letztlich auf alle Bereiche erstrecken sollten. In der Literatur wird allerdings mitunter eine unzutreffende Verengung des Begriffs „politisch“ auf die Bereiche Außen- und Verteidigungspolitik vorgenommen.

Vom Europarat bis zu den Fouchet-Plänen

Die Schaffung einer umfassenden oder politischen Integration Europas lag als Ziel allen nach dem Zweiten Weltkrieg vollzogenen europäischen Einigungsschritten zugrunde. Der 1949 von zehn Staaten gegründete Europarat hatte, mit Ausnahme des Verteidigungssektors, einen Zusammenschluss der europäischen Staaten auf allen Gebieten angestrebt. Aufgrund seiner Begrenzung auf eine strikt intergouvernementale Zusammenarbeit zwischen den beteiligten Staaten bot er allerdings keine Möglichkeit, sich zu einer machtvollen europäischen Organisation zu entwickeln. Stattdessen beschritten sechs Staaten mit der Gründung der Europäischen Gemeinschaft für Kohle und Stahl (EGKS) zunächst auf einem begrenzten wirtschaftlichen Sektor den Weg supranationaler Zusammenarbeit. Die auf wirtschaftlichem Gebiet erfolgten ersten Einigungsschritte der Sechs im Rahmen von EGKS, EWG und Euratom waren allerdings nicht Selbstzweck, sondern wurden stets als Wegbereiter der politischen Integration Europas verstanden. In seiner Erklärung vom 9. Mai 1950, auf welche die Gründung der EGKS zurückging, hatte der französische Außenminister Robert Schuman die Zusammenlegung der Kohle- und Stahlproduktion in den beteiligten Ländern als die erste Etappe einer europäischen Föderation bezeichnet. Europa lasse sich nicht, so hatte Schuman erläutert, „mit einem Schlage herstellen“[135], vielmehr müsse man zunächst in einem begrenzten Gebiet zur Tat schreiten. Ebenso hieß es in der Präambel des EWG-Vertrages vom 25. März 1957, dass die sechs Mitgliedstaaten mit der Gründung einer Wirtschaftsgemeinschaft ihren Willen bekunden „die Grundlagen für einen immer engeren Zusammenschluß der europäischen Völker zu schaffen“.[136]

Dem Streben der EG/EU-Mitgliedstaaten nach einer politischen Einigung Europas lagen mehrere Motive zugrunde: Erstens stieß die sektorale Integration, wie auch die „Gründerväter“ der EGKS bald erkannten, rasch an Grenzen und machte die Vergemeinschaftung weiterer Sektoren notwendig; zweitens spielte der Wunsch nach einer umfassenden Einbeziehung der Bundesrepublik in ein geeintes Europa, über die Integration auf den Wirtschaftsektoren hinaus, eine Rolle; ebenso drittens das Interesse, die Machtposition Europas in der Welt zu stärken, entweder an der Seite der USA als Bollwerk gegen den Kommunismus oder auch als eigenständige dritte Kraft in Abgrenzung zu den USA und der Sowjetunion.

Die EG/EU-Mitgliedstaaten verfolgten dabei teilweise unterschiedliche Ziele bezüglich der endgültigen Struktur des geeinten Europas, der sogenannten *Finalität* Europas, sowie der *Integrationsmethoden*. Diese reichten von dem Wunsch nach einer intergouvernementalen Zusammenarbeit souveräner Nationalstaaten über eine begrenzte Anwendung der Gemeinschaftsmethode bis hin zur Schaffung eines europäischen Bundesstaates, basierend auf einer Weiterentwicklung der supranationalen Gemeinschaften und der Ausarbeitung einer europäischen Verfassung. Unterschiede zeigten sich neben der Frage der Organisationsstruktur und der gemeinschaftlich zu regelnden *Politikfelder* auch in Bezug auf das *Verhältnis eines geeinten Europas zu den USA* („atlantisches oder europäisches Europa“) sowie den Kreis der *Teilnehmer* an einer politischen Einigung Europas (z.B. „Kerneuropa“; „Avantgarde“).

Einen ersten umfassenden Vertragsentwurf zur politischen Einigung Europas legten die Sechs 1953 mit der von der Ad-hoc-Versammlung im Auftrage der Regierungen ausgearbeiteten „Satzung der Europäischen Gemeinschaft“, der sogenannten „Europäischen Politischen Gemeinschaft“ (EPG), vor. Die Verhandlungen um die Bildung einer „Europäischen Verteidigungsgemeinschaft“ (EVG) hatten die Notwendigkeit vor Augen geführt, ein politisches Dach bzw. eine politische Autorität über der Verteidigungsgemeinschaft zu errichten, da den beteiligten Akteuren eine gemeinsame Verteidigungspolitik ohne gemeinsame Außenpolitik kaum möglich erschien.

Der Satzungsentwurf für die EPG bündelte zum einen die in den Verträgen zur EGKS und EVG vorgesehenen Kompetenzen dieser beiden supranationalen Gemeinschaften, schrieb zum anderen darüber hinaus der Gemeinschaft auch neue Zuständigkeiten im Bereich von Außen- und Wirtschaftspolitik zu. Entscheidungen in diesen beiden Bereichen sollten allerdings zunächst in die Zuständigkeit des Ministerrates (und nicht des für die supranationalen Gemeinschaften zuständigen Exekutivrates) fallen und bedurften der Einstimmigkeit; ebenso oblag die Zuweisung neuer Kompetenzen bzw. die Einbeziehung weiterer Politikfelder in die Europäische Politische Gemeinschaft dem Rat der nationalen Minister. Der Satzungsentwurf für die EPG enthielt sowohl supranationale als auch intergouvernementale Elemente; er sah die Bildung einer gemeinsamen „Regierung" sowie eines gemeinsamen Parlamentes vor und enthielt das Potential, sich zu einer umfassenden Politischen Gemeinschaft mit Kompetenzen in weiteren Politikfeldern weiterzuentwickeln. Die Frage nach der Finalität der EPG blieb offen; der in Artikel 38 des EVG-Vertrages enthaltene Auftrag zur Errichtung einer endgültigen Organisation Europas hatte als Option sowohl die Entwicklung hin zu einem bundesstaatlichen als auch zu einem staatenbündischen Gemeinwesen genannt. Die EPG sollte zunächst nur die sechs EVG-Mitgliedstaaten umfassen; der Beitritt zu dieser Gemeinschaft stand aber den Mitgliedstaaten des Europarates und jedem anderen europäischen Staat offen, der die Aufrechterhaltung der in Artikel 3 des Satzungsentwurfs bezeichneten Menschenrechte und Grundfreiheiten garantierte. Durch Assoziierungsabkommen sollte eine enge Anbindung der Staaten des Europarates an die EPG gewährleistet werden, auch sollte die EPG eng mit allen in der OEEC und in der NATO organisierten Staaten zusammenarbeiten.

Dieser erste Vertragsentwurf zur Bildung einer Europäischen Politischen Gemeinschaft, der den Regierungen der Sechs zur weiteren Behandlung vorgelegt wurde, scheiterte an der Uneinigkeit der sechs EGKS-Mitgliedstaaten über die weitere Entwicklung europäischer Zusammenarbeit. Insbesondere auf französischer Seite gab es große Widerstände gegen die Abgabe von Kompetenzen in den Kernbereichen staatlicher Souveränität an eine übergeordnete europäische Gemeinschaft sowie die Ausdehnung der Zusammenarbeit auf weitere Politikfelder; aber auch die anderen Fünf reagierten skeptisch auf den von der Versammlung vorgelegten Satzungsentwurf, der die Stellung des Rates der nationalen Minister zugunsten des Europäischen Parlaments beschnitt.

Nachdem mit dem Scheitern der EPG deutlich geworden war, dass umfassende Vertragsentwürfe zur Bildung eines geeinten Europas keine Chance auf Realisierung besaßen, setzte eine Reihe von Politikern auf das neofunktionalistische Konzept, wie es der Politikwissenschaftler Ernst B. Haas in den 1950er Jahren entwickelt hatte. Demnach würde die zur Bewältigung einiger Aufgaben notwendige (unpolitische) technische Zusammenarbeit in einzelnen Bereichen über Staatsgrenzen hinaus zwangsläufig die Zusammenarbeit in anderen angrenzenden technischen Bereichen nach sich ziehen und letztlich im Sinne eines „spill-over“ auch die politischen Bereiche umfassen. Aus dem wirtschaftspolitisch geeinten Europa der EGKS und der EWG würde sich aufgrund dieser „inhärent expansive[n] Logik“[137] schrittweise das politisch geeinte Europa entwickeln. Das Auftreten de Gaulles allerdings und dessen Weigerung, die supranationale Zusammenarbeit in den Europäischen Gemeinschaften zur Grundlage der Weiterentwicklung hin zur politischen Einigung zu machen, stellte das neofunktionalistische Konzept in Frage. Haas selbst sah sich gezwungen, im Laufe der 1960er Jahre sein Konzept des automatischen „spill-over“ zu modifizieren und um den Faktor des politischen Wollens bzw. der nationalstaatlichen Souveränitätsvorbehalte zu erweitern (Haas: „De Gaulle has proved us wrong“[138]).

Im Oktober 1961 legte General de Gaulle mit dem Fouchet-Plan einen umfassenden Entwurf zur Gestaltung der Beziehungen zwischen den EG-Mitgliedstaaten vor. Der Fouchet-Plan I sah die Bildung einer unauflöslichen Europäischen Politischen Union (EPU) vor, die eine Zusammenarbeit der sechs europäischen Staaten in der Außen- und Verteidigungspolitik sowie auf dem Gebiet der Wissenschaft und Kultur beinhaltete. Die Zusammenarbeit auf dem Gebiet der Wirtschaft, die de Gaulle zuvor in seiner Pressekonferenz erwähnt hatte, fand wohl aus taktischen Erwägungen heraus keine Aufnahme in den Fouchet-Plan I; erst im zweiten von Frankreich vorgelegten Fouchet-Plan wurde auch die Wirtschaft in den Gegenstandsbereich europäischer Zusammenarbeit wieder einbezogen. De Gaulles Vorstellungen einer politischen Einigung Europas wurden von den fünf Partnern Frankreichs kritisiert, da diese andere Ziele in Bezug auf die künftige Gestalt des geeinten Europas verfolgten. De Gaulle strebte die Bildung eines von den USA unabhängigen *Europe européenne* an, das auf intergouvernementaler Zusammenarbeit beruhen und die wesentlichen Entscheidungsbefugnisse in den Händen der nationalstaatlichen Regierungen konzentrieren sollte. Supranationale Einrichtungen sollten nach seinen Vorstellungen lediglich ausführende Funktionen besitzen, nicht aber das politische Handeln bestimmen. Das politische Europa sollte deshalb nicht aus der Weiterentwicklung der supranationalen Gemeinschaften entstehen, sondern aus der intergouvernementalen Zusammenarbeit der Staaten. Zudem wollte de Gaulle die politische Einigung auf die Mitgliedstaaten der EG begrenzen und lehnte die Einbeziehung Großbritanniens ab. Der Gegenentwurf der Fünf zum Fouchet-Plan II machte deren anders geartete Einigungsvorstellungen deutlich. Sie wollten die supranationalen Gemeinschaften zum Ausgangspunkt der weiteren Entwicklung machen; d.h. aufbauend auf den bestehenden supranationalen Gemeinschaften sollten allmählich weitere Politikfelder nach der Gemeinschaftsmethode integriert werden. Sie forderten im Gegensatz zu de Gaulle eine Stärkung der supranationalen Organe und sahen das geeinte Europa an der Seite der USA im atlantischen Bündnis verankert. Alle fünf Partner Frankreichs befürworteten eine Einbeziehung Großbritanniens und der anderen Beitrittskandidaten in die Gespräche über die Politische Union. Während die Bundesrepublik, Italien und Luxemburg gemäß einem mit Frankreich gefundenen Kompromiss allerdings bereit waren, die Beitrittskandidaten bis zu ihrem Beitritt zu den EG lediglich über die Konsultationen zwischen den Sechs zu informieren, beharrten die Niederlande und Belgien schließlich auf der unmittelbaren Einbeziehung Großbritanniens in die Beratungen über die Politische Union.

Wenngleich die Fouchet-Pläne an den unterschiedlichen Vorstellungen der Sechs über die weitere Integration scheiterten, so blieben sie doch richtungweisend für alle zukünftigen Überlegungen zur politischen Einigung. Das zeigte sich bereits in den 1960er Jahren an den von belgischer, deutscher und italienischer Seite ausgehenden Europainitiativen, die ebenfalls an den differierenden Einigungsvorstellungen scheiterten.

Von der EPZ bis zum Vertrag von Lissabon

Mit der Haager Gipfelkonferenz des Jahres 1969 wurde ein erneuter Anlauf zur politischen Einigung Europas unternommen. Die 1970 aufgenommene „Europäische Politische Zusammenarbeit“ (EPZ) zwischen den sechs EG-Staaten sah zwar die Ausdehnung der Zusammenarbeit auf jeden möglichen Politikbereich vor, beschränkte sich aber faktisch auf Konsultationen und Abstimmungen der Regierungen in Fragen der Außenpolitik. Die Zusammenarbeit in der EPZ war intergouvernemental strukturiert und erfolgte außerhalb der Europäischen Gemeinschaften. Die Teilnahme an der EPZ setzte auf französischen Wunsch hin gleichwohl die EG-Mitgliedschaft voraus. Erst nach dem erfolgreichen Abschluss der Beitrittsverhandlungen konnten daher die zukünftigen Mitglieder auch an den EPZ-Gesprächen teilnehmen.

Getrennt von den supranationalen Europäischen Gemeinschaften beschritten die EG-Mitgliedstaaten mit der EPZ den Weg intergouvernementaler Zusammenarbeit auf dem Gebiet der Außenpolitik. Die Frage nach der umfassenden Integration der EG-Mitgliedstaaten blieb somit in den 1970er und 1980er Jahren weiterhin im Raum stehen. Verbal bekundeten die Staats- bzw. Regierungschefs mehrfach ihre Absicht, die Gesamtheit der Beziehungen zwischen den EG-Staaten in eine Europäische Union umzuwandeln. Jedoch gingen ihnen konkrete Vorschläge, wie der Tindemans-Bericht (1975), die Colombo-Genscher-Initiative (1981) oder die vom Europäischen Parlament in den 1980er Jahren vorgelegten Verfassungsentwürfe, jeweils zu weit, da sie zu sehr in die Kernbereiche staatlicher Souveränität eingriffen. Hingegen gelang eine Politik der kleinen Schritte: Im Rahmen der „Einheitlichen Europäischen Akte“ (EEA) wurden die supranationalen Europäischen Gemeinschaften und die intergouvernementale EPZ enger zusammengefasst. Bereits zuvor waren durch die Errichtung des Europäischen Rates (1974) sowie durch Verbesserungen der EPZ-Verfahren EG und EPZ enger miteinander verzahnt worden.

Erst im Vorfeld des Maastrichter Vertrages und beschleunigt durch die politischen Umwälzungen in Mittel- und Osteuropa wurde das Ziel der Errichtung einer Europäischen Union fest ins Auge gefasst. Eine 1990 eingesetzte Regierungskonferenz arbeitete Vorschläge zur Bildung einer Politischen Union Europas aus, deren Ergebnis der in Maastricht 1991 unterzeichnete und am 1. November 1993 in Kraft getretene EU-Vertrag war. Mit dem Maastrichter Vertrag wurden die Europäischen Gemeinschaften (EG) und die Gemeinsame Außen- und Sicherheitspolitik (GASP) sowie die Zusammenarbeit in den Bereichen Justiz und Inneres (ZJI) unter dem einheitlichen Dach der EU zusammengefasst. Wenngleich damit auf der einen Seite das seit langem angestrebte Ziel erreicht wurde, die Gesamtheit der Beziehungen zwischen den EG-Staaten in eine Europäische Union umzuwandeln, so blieben andererseits in diesem sogenannten „Drei-Säulen-Modell" (auch Tempelkonstruktion genannt) der EU die einzelnen Politikfelder unterschiedlichen Entscheidungsverfahren unterworfen. Während die *erste Säule* (EG) auf dem Prinzip der Supranationalität, das heißt der Anwendung der Gemeinschaftsmethode, beruhte, waren die *zweite* (GASP) und *dritte Säule* (ZJI) intergouvernemental strukturiert. Entscheidungen in diesen beiden Bereichen waren in der Regel der Einstimmigkeit unterworfen; die Europäische Kommission und das Europäische Parlament besaßen nur geringfügige Mitwirkungsrechte und der Europäische Gerichtshof war in diesen beiden Bereichen nicht zuständig. Der 2005 gescheiterte Verfassungsvertrag zielte u.a. darauf, diese gewachsene aber rechtlich unübersichtliche Tempelkonstruktion durch die Schaffung einer durchgängigen einheitlichen Rechtsbasis abzulösen, ohne dass die einzelnen unterschiedlichen Entscheidungsregeln für einige Politikfelder, wie beispielsweise die GASP, aufgehoben wurden.

Die Frage, die auch nach Maastricht und den Folgeverträgen von Amsterdam und Nizza offen blieb, war die nach der Finalität des Integrationsprozesses bzw. der endgültigen Struktur des politischen Europas. Unterschiedliche Vorstellungen über die Finalität des Einigungsprozesses und die Integrationsmethoden, wie sie bereits in Zusammenhang mit den Fouchet-Plänen deutlich geworden waren, prägten auch in den folgenden Jahren bzw. prägen bis heute die Diskussionen um den Fortgang der europäischen Einigung. Als Kernprobleme kristallisierten sich dabei heraus: die Rolle der Nationalstaaten in einem geeinten Europa, die Kompetenzverteilung zwischen der EU und den Mitgliedstaaten, d.h. die Zuordnung der einzelnen Politikfelder zu den verschiedenen Ebenen, die Integrationsmethode und der Teilnehmerkreis.

Die im Jahre 2000 durch die Rede des deutschen Außenministers Joschka Fischer an der Humboldt-Universität angestoßene Debatte um die Finalität der europäischen Einigung verdeutlichte diese Divergenzen zwischen den einzelnen Staaten und zeigte zugleich Kontinuitätslinien in der diesbezüglichen Haltung einiger Staaten von den 1950er Jahren bis zur Gegenwart auf. Wie bereits de Gaulle in den 1960er Jahren, so hoben auch die französischen Debattenbeiträge von Jacques Chirac und Lionel Jospin die zentrale Rolle der Nationalstaaten im Integrationsprozess, repräsentiert durch den Europäischen Rat, hervor. In Bezug auf die von Fischer vorgeschlagene Verfassung als Grundlage für eine künftige „Europäische Föderation" äußerten sich die Vertreter Frankreichs sehr zurückhaltend. Demgegenüber enthielt der Beitrag des belgischen Premierministers Guy Verhofstadt ein klares Bekenntnis zu einem europäischen Bundesstaat sowie zu einer europäischen Verfassung und plädierte für eine Stärkung der supranationalen Organe. Fischers eigene Überlegungen zur weiteren Entwicklung der europäischen Einigung und zum Ausbau der europäischen Institutionen waren, wie die deutsche Position in den 1960er Jahren, nicht ganz eindeutig; als Fernziel formulierte der deutsche Außenminister zwar die Bildung einer Europäischen Föderation beruhend auf einem Verfassungsvertrag, zugleich aber hob auch er die bedeutende Rolle der Nationalstaaten in einer Europäischen Föderation hervor.

Gemeinsam war einer Reihe von Debattenbeiträgen die Forderung nach einer „Pioniergruppe“ (Chirac), einem „Gravitationszentrum“ (Fischer), einer “Avantgarde“ (Fischer, Delors), die bei der Weiterentwicklung der politischen Einigung Europas voranschreiten sollte. Die Vorstellung, dass eine kleine Gruppe einigungswilliger Mitgliedstaaten bei der Vertiefung der Integration vorangehen sollte, war nicht neu. Bereits im Zusammenhang mit der Weiterentwicklung des Europarates war 1950 der Gedanke eines zu schließenden „Bundespaktes“ einiger Staaten aufgeworfen worden; im Anschluss an die gescheiterten Fouchet-Pläne wurde eine Politische Union zwischen Frankreich, Deutschland und Italien erwogen; ein 1994 von den deutschen Politikern Karl Lamers und Wolfgang Schäuble vorgelegtes Papier forderte die Bildung eines „Kerneuropas“, und im Vertrag von Amsterdam wurde mit der sogenannten „Flexibilitätsklausel“ eine verstärkte Zusammenarbeit zwischen einigen Staaten innerhalb der Europäischen Union ermöglicht.

Auf dem Gipfel der Staats- bzw. Regierungschefs in Laeken im Dezember 2001 wurde die Einsetzung eines Verfassungskonvents beschlossen, um mit Blick auf die bevorstehende Erweiterung der EU um die mittel- und osteuropäischen Staaten Vorschläge zur künftigen Gestaltung der EU auszuarbeiten. Ähnlich wie seinerzeit die zur Ausarbeitung eines Satzungsentwurfs für die EPG gebildete Ad-hoc-Versammlung sollte ein Konvent einen Verfassungsentwurf erarbeiten und den Regierungen zur Beschlussfassung vorlegen. Dem Konvent wurde aufgetragen, insbesondere Fragen der Kompetenzverteilung zwischen der EU-Ebene und den Nationalstaaten sowie der Zuständigkeiten und Beziehungen zwischen den einzelnen europäischen Institutionen zu klären und insgesamt eine größeren Effizienz, Kohärenz, Transparenz und stärkere Demokratisierung der Union herzustellen. Die Debatten im Konvent, in der folgenden Regierungskonferenz wie auch die im Zusammenhang mit dem Ratifizierungsprozess aufgetretenen Konflikte machten allerdings deutlich, dass die Finalität Europas sowie der Weg zur politischen Einigung weiterhin umstritten waren. Insbesondere der Vorschlag, die Beziehungen der Staaten untereinander in Form einer Verfassung festzuschreiben, somit dem Gebilde EU Attribute einer Staatlichkeit zu verleihen, stießen bei einigen Staaten auf Ablehnung. Befürchtet wurde die Bildung eines europäischen Superstaates. Dementsprechend verzichtete der nach dem Scheitern des Verfassungsvertrages ausgearbeitete und am 13. Dezember 2007 unterzeichnete Vertrag von Lissabon auf das Wort „Verfassung" und wählte stattdessen die Bezeichnung „Reformvertrag", ohne jedoch die grundsätzliche inhaltliche Orientierung am Verfassungsvertrag aufzugeben. Allerdings wurden die Symbole von Staatlichkeit, wie Flagge und Hymne, nicht in den Reformvertrag aufgenommen.

Der Vertrag von Lissabon (Reformvertrag) ist der vorläufige Schlusspunkt in dieser Diskussion um die Finalität des europäischen Integrationsprozesses. Wenngleich der Europäische Rat auch davon ausgeht, dass die Union mit diesem Vertragswerk einen stabilen und dauerhaften institutionellen Rahmen erhalten habe, und er „in absehbarer Zukunft keine weiteren Änderungen"[139] erwartet, so wird die Frage nach der Finalität des Integrationsprozesses, die auch dieses von zahlreichen Kompromissen gekennzeichnete Vertragswerk nicht beantwortet hat, vermutlich aber weiterhin die Diskussion in der inzwischen auf 27 Staaten erweiterten EU bestimmen.

Literatur

BERTHOLD, Christof: *Die Europäische Politische Gemeinschaft (EPG) 1953 und die Europäische Union (EU) 2001. Eine rechtsvergleichende Betrachtung*, Frankfurt am Main 2003.

BODENHEIMER, Susanne J.: *Political Union. A Microcosm of European Politics 1960-1966*, Leyden 1967.

KRAMER, Esther: *Europäisches oder atlantisches Europa? Kontinuität und Wandel in den Verhandlungen über eine politische Union 1958-1970*, Baden-Baden 2003.

LOTH, Wilfried: *Entwürfe einer Europäischen Verfassung. Eine historische Bilanz*, Berlin 2002.

MARHOLD, Hartmut (Hg.): *Die neue Europadebatte. Leitbilder für das Europa der Zukunft*, Bonn 2001.

2 Die wirtschaftliche Integration

Die wirtschaftliche Einigung Europas war *ein* wesentliches Ziel der europäischen Einigungsbewegung und der von den europäischen Staaten ausgehenden Einigungsbemühungen nach dem Zweiten Weltkrieg; wirtschaftliche Interessen der Nationalstaaten spielten neben politischen Interessen eine wichtige Rolle für den Integrationsprozess. Unter „wirtschaftlicher Integration" versteht man sowohl die Verflechtungen, die durch grenzüberschreitende wirtschaftliche Aktivitäten von Individuen und Unternehmen in Europa entstehen, als auch die wirtschaftspolitische Integration, d.h. die Vergemeinschaftung bzw. die Koordination des Handelns der Mitgliedstaaten im Politikfeld Wirtschaft. Für die wirtschaftspolitische Integration kam – nach ersten Schritten in der OEEC und der EGKS – der EWG die zentrale Rolle zu: In ihr bemühten sich erstens die Mitgliedstaaten, einen gemeinsamen Markt für Waren, Dienstleistungen, Arbeit und Kapital zu errichten, zweitens wurden in Teilbereichen der Wirtschaftspolitik supranationale Politiken geschaffen und nationale Politiken intergouvernemental koordiniert. Tatsächlich ist seit den 1950er Jahren eine deutlich zunehmende Integration der Märkte festzustellen, die sich in der Zunahme des wirtschaftlichen Austauschs sowie der Verflechtungen zwischen den Mitgliedstaaten und der zunehmenden Konvergenz ihrer Volkswirtschaften zeigt. Der erreichte hohe wirtschaftliche Integrationsstand ist nicht zuletzt auf die wirtschaftspolitischen Integrationsbemühungen der EG bzw. EU zurückzuführen.

Wirtschaftliche Interessen und europäische Integration

Die wirtschaftliche Integration der europäischen Staaten war ein zentraler Bestandteil der meisten seit dem Ersten Weltkrieg formulierten europäischen Einigungspläne. Bereits in diesen Plänen sollte die wirtschaftliche Integration sowohl wirtschaftlichen Zielen dienen, wie z.B. den Wohlstand der Bevölkerung mehren oder die internationale Konkurrenzfähigkeit der europäischen Wirtschaft verbessern, als auch politische Ziele verfolgen, z.B. künftige Konflikte zwischen europäischen Staaten vermeiden und Europas Machtposition in der Welt stärken. Der Begründer der Paneuropa-Union, Coudenhove-Kalergi, warnte beispielsweise, dass die wirtschaftliche Zersplitterung Europas zu Machtverlust, Verarmung, Verelendung und einer massiven Auswanderung von Europäern in die dank ihres großen Marktes prosperierenden USA führen würde. Er forderte daher die Bildung eines paneuropäischen Zollvereins, von dem alle Völker und Stände Europas gleichermaßen profitieren würden. Auch Aristide Briand betonte bei der Vorstellung seines Einigungsplans 1929/30, dass eine europäische Föderation wirtschaftlich notwendig sei, um den politischen, wirtschaftlichen und sozialen Frieden in Europa zu sichern und die Europäer vor der wirtschaftlichen Übermacht der USA zu schützen. In den 1920er Jahren entstanden auch mehrere Vereinigungen, welche sich explizit für die Schaffung eines europäischen Wirtschaftsraumes einsetzten.

Diese Forderungen nach Beseitigung der innereuropäischen Zollgrenzen und Schaffung eines großen europäischen Wirtschaftsraumes, mitunter auch in Verbindung mit einer gemeinsamen Wirtschaftspolitik oder einer gemeinsamen Währung, wurden in den Schriften der Widerstandsbewegungen wie auch in den Programmen der nach dem Zweiten Weltkrieg sich herausbildenden Europagruppen wieder aufgenommen. Diese Vorschläge basierten auf der volkswirtschaftlichen Grundüberlegung, dass größere Märkte die Produktivität und den Wohlstand steigern. Da ein größerer Markt mehr Verbraucher und Anbieter umfasst, sorgt er für mehr Wettbewerb und ermöglicht Anbietern, Regionen oder Ländern in einer effizienteren Arbeitsteilung ihre komparativen Kostenvorteile zu nutzen, d.h. sich auf die Produktion der Güter und Dienstleistungen zu spezialisieren, für die sie relativ gesehen am besten geeignet sind. Gleichzeitig bietet die Nachfrage auf einem größeren Markt den Anbietern stärkere Anreize zu Forschung und Entwicklung sowie zur rationalisierten Massenproduktion, was die Produktionskosten sowie die Verbraucherpreise senkt und die Konkurrenzfähigkeit auf dem Weltmarkt erhöht. So ergibt sich in der Theorie durch einen größeren Markt ein größeres und günstigeres Angebot von Waren und Dienstleistungen und größerer Wohlstand.

Alle im Rahmen der europäischen Integration nach dem Zweiten Weltkrieg gegründeten Organisationen verfolgten nicht nur politische, sondern auch wirtschaftliche Ziele, selbst wenn ihre Schwerpunkte wie beim Brüsseler Pakt oder beim Europarat auf militärischem bzw. politischem Gebiet lagen. So wurde die OEEC von den europäischen Staaten gerade zu dem Zweck gegründet, intergouvernemental die Durchführung des Marshallplans und den wirtschaftlichen Wiederaufbau Europas zu organisieren; auch im Brüsseler Pakt und der Satzung des Europarats vereinbarten die Mitgliedstaaten, ihr Vorgehen auf wirtschaftlichem Gebiet zu koordinieren, um den Lebensstandard der Bevölkerung zu heben. Das Ziel, die wirtschaftliche Entwicklung und den Wohlstand Europas zu erhöhen, fand sich ebenso in den Gründungsverträgen der auf wirtschaftlichem Gebiet tätigen supranationalen Gemeinschaften EGKS, EWG und EAG. Beispielsweise hob der EWG-Vertrag die Aufgabe hervor, „eine harmonische Entwicklung des Wirtschaftslebens innerhalb der Gemeinschaft, eine beständige und ausgewogene Wirtschaftsausweitung, eine größere Stabilität, eine beschleunigte Hebung der Lebenshaltung und engere Beziehungen zwischen den Staaten zu fördern“ (Art. 2).

Für die Haltung einer Regierung zur europäischen Integration und ihre Europapolitik sind wirtschaftliche Interessen von großer Bedeutung. Beispielsweise erklärt sich die französische Position bei den Verhandlungen zum EWG-Vertrag, auf einer Zollunion, der Einbeziehung von Agrargütern sowie der Entwicklungshilfe für ehemalige Kolonien zu bestehen, auch aus der spezifischen wirtschaftlichen Situation der ehemaligen Kolonialmacht, deren Landwirtschaft Überschüsse produzierte und die ihre Industrie als wenig wettbewerbsfähig empfand. Auch bei der Entscheidung der US-Regierung über den Marshallplan spielten die wirtschaftlichen Interessen, in (West-)Europa Absatzmärkte für die amerikanische Industrie zu schaffen und die liberale kapitalistische Wirtschaftsordnung zu stützen, eine gewichtige Rolle. Während Alan S. Milward zu Recht herausstellt, dass nationalstaatliche Regierungen mit der europäischen Integration handfeste nationale Interessen verfolgen, die oft auch wirtschaftlicher Natur sind, versucht Andrew Moravcsik, den Verlauf der europäischen Integration nahezu ausschließlich auf die wirtschaftlichen Interessen der Nationalstaaten zurückzuführen.[140] Ein solcher Ansatz befriedigt nicht, da Regierungen durchaus auch eigene wirtschaftliche Interessen dem politischen Interesse an der Integration untergeordnet haben. So wählte z.B. die Bundesregierung die weniger liberale Zollunion der Sechs mit ihrer Einbeziehung des Agrarbereichs statt der für die exportorientierte deutsche Wirtschaft wirtschaftlich attraktiveren industriellen Freihandelszone im Rahmen der OEEC, um die supranationale EWG zu erhalten; Großbritannien stellte trotz massiver wirtschaftlicher Nachteile, wie z.B. durch die GAP und die hohen Zahlungsbilanzbelastungen, aus politischen Gründen die Beitrittsanträge zur EWG, und nicht zuletzt nahmen die USA zur Unterstützung der Integration Westeuropas die Handelsdiskriminierungen durch die EWG in Kauf.

Die erfolgreichen Integrationsbemühungen der EG im Politikfeld Wirtschaft haben sicherlich dazu beigetragen, dass die Öffentlichkeit die europäische Integration vor allem mit der Integration der Märkte und der Wirtschaftspolitik verbindet. Dies ist jedoch ein Zerrbild, das historisch weder den Motiven der Akteure noch den mit den EG verfolgten politischen Zielen und erreichten Leistungen gerecht wird. Dieser Vorwurf ist auch der von John Gillingham vertretenen Position zu machen, der europäische Integrationsprozess sei „fundamentally economic in character“ und solle statt des politischen Ziels eines „superstate“ vielmehr das wirtschaftliche Ziel einer Freisetzung der Marktkräfte in einem größeren Wirtschaftsraum verfolgen.[141] Eine Reduzierung der europäischen Integration auf die wirtschaftliche Integration sowie der zugrundeliegenden Motive auf wirtschaftliche Interessen berücksichtigt weder hinreichend den politischen Charakter der Einigung Europas, noch vermag sie den Integrationsprozess zu erklären.

Die wirtschaftspolitische Integration

Die im Laufe des 19. Jahrhunderts entstandenen Verflechtungen durch Handel, Arbeitsmigration und Investitionen zwischen europäischen Staaten wurden in der ersten Hälfte des 20. Jahrhunderts durch die Weltkriege zerrissen; in der Zwischenkriegszeit gelang es angesichts protektionistischer nationaler Wirtschaftspolitiken nicht, durch multilaterale wirtschaftspolitische Integration den bereits im 19. Jahrhundert erlangten Integrationsstand wiederherzustellen.

Wirtschaftspolitische Integration: 1. Wirtschaftspolitische Integration der Märkte, d.h. Regierungen bauen Barrieren zwischen Staaten ab, z.B. Aufhebung von Zöllen. Diese Politik bezeichnet man auch als „negative Integration", da bei ihr der Verzicht auf bestehende nationale Regelungen im Vordergrund steht. 2. Integration der Wirtschaftspolitiken, d.h. Regierungen schaffen eine gemeinsame Politik in einem Bereich der Wirtschaft (z.B. europäische Normen für Produkte, GAP, Geldpolitik der EZB) oder koordinieren ihre nationalen Politiken (z.B. Abstimmung der Konjunkturpolitik). Dieses wird als „positive Integration" bezeichnet, da die bestehenden nationalen Regulierungen durch eine europäische ersetzt werden.

Für die Zeit nach dem Zweiten Weltkrieg gingen hoffnungsvolle Zeichen von der Vereinbarung einer Zollunion der Benelux-Staaten (1944) aus, die zum 1. Januar 1948 realisiert wurde. Im größeren Rahmen gelang eine multilaterale wirtschaftspolitische Integration erst in der intergouvernementalen OEEC. Die europäischen Währungen waren zunächst nicht konvertibel, d.h. nicht in unbegrenzter Menge zu tauschen. Da in einigen bilateralen Handelsbeziehungen sich trotz der Einräumung von Kreditlinien, d.h. in einem festgelegten Rahmen auf Abruf bereitstehende Kredite, die Überschüsse und Defizite auch über längere Zeiträume nicht ausglichen und die Defizitländer nicht über Dollar- und Goldreserven zum Ausgleich der Defizite verfügten, beschränkten sie ihre Importe, was die Entwicklung des innereuropäischen Handels stark beeinträchtigte. Zur Lösung dieses Problems gründeten die OEEC-Staaten 1950 die Europäische Zahlungsunion (EZU). So mussten die Mitgliedstaaten ihre Handelsdefizite und -überschüsse nicht mehr bilateral, sondern konnten sie flexibel mit der EZU ausgleichen, so dass z.B. Großbritannien in der EZU ein Defizit im Handel mit Belgien durch einen Überschuss im Handel mit Frankreich verrechnen konnte. Zusätzlich räumte die EZU den Defizitstaaten Kreditlinien ein. Da die Teilnahme an der EZU darüber hinaus mit einer Verpflichtung zur Reduzierung von quantitativen Handelsbeschränkungen zwischen den Mitgliedstaaten verbunden war, wurden diese bis 1957 nahezu vollständig abgebaut. Mit dem System der EZU belebte die OEEC den innereuropäischen Handel und bereitete erfolgreich die Rückkehr der europäischen Währungen zur freien Konvertibilität im Jahr 1958 vor. Darüber hinausgehende Vorschläge zur Integration in den 1950er Jahren, wie z.B. die Errichtung einer Europäischen Agrarunion, der britische Vorschlag einer Freihandelszone der OEEC-Staaten oder der französische, aus der OEEC eine supranationale Organisation mit Kompetenzen im Wirtschaftsbereich zu machen, fanden nicht die notwendige Zustimmung aller Mitgliedstaaten.

Die 1952 errichtete supranationale EGKS sah nur auf *einem* Sektor der europäischen Wirtschaft die Integration vor: Im Rahmen der EGKS wurden ein gemeinsamer Markt für Kohle, Erze, Schrott und Stahlprodukte etabliert, die Außenzölle für diese Produkte harmonisiert, die Freizügigkeit von Facharbeitern im Montanbereich ermöglicht und gemeinsame Regeln für Interventionen geschaffen, welche die wettbewerbsverzerrenden Praktiken der Mitgliedstaaten beseitigen sollten. Auch finanzierte die EGKS Forschungs- und Rationalisierungsprogramme. Die Bemühungen der Hohen Behörde, die Rahmenbedingungen für eine europäische Montanindustrie zu gestalten und deren Arbeitsteilung über Grenzen hinweg zu fördern, stießen sich jedoch häufig an der Politik der Mitgliedstaaten, die mit nationalen Mitteln ihre jeweilige Montanindustrie zu fördern suchten. Die EAG verfolgte wie die EGKS im Montanbereich ähnliche Ziele auf dem begrenzten Sektor der zivilen Kernindustrie.

Die EWG zielte hingegen in *allen* Sektoren der Wirtschaft auf eine Integration der Märkte und der Wirtschaftspolitik: Bis 1970 sollte im Gemeinsamen Markt der freie Verkehr von Waren, Dienstleistungen, Personen und Kapital verwirklicht werden; auch sollte eine gemeinsame Agrarpolitik, Verkehrspolitik und Wettbewerbspolitik erarbeitet werden sowie eine Koordinierung der Konjunktur-, Wirtschafts- und Währungspolitik erfolgen. Damit ging die EWG über die sektorale Integration der EGKS und EAG ebenso hinaus wie über die Integration der EFTA, in der lediglich die Zölle und Kontingente für den Handel mit Industrieprodukten abgeschafft wurden. Die EWG wurde daher schnell zur wichtigsten Institution für die wirtschaftspolitische Integration Europas.

Die *wirtschaftspolitische Integration der Märkte* (negative Integration) erfolgte in der EWG unterschiedlich schnell und mit unterschiedlichem Erfolg. Bereits zum 1. Juli 1968 wurde in der EWG die Zollunion verwirklicht. Nicht-tarifäre Handelshindernisse, wie z.B. nationale technische Normen für Produkte, blieben allerdings bestehen. Die Mitgliedstaaten schufen in den 1970er und 1980er Jahren sogar neue Hindernisse durch neue nationale Normen für den Umwelt- und Verbraucherschutz, mitunter auch für den Schutz der nationalen Anbieter vor europäischer Konkurrenz. Für den freien Verkehr von Dienstleistungen bestanden durch unterschiedliche Sicherheits- und Qualifikationsvorschriften sowie die protektionistische Praxis bei öffentlichen Ausschreibungen weiterhin Hindernisse für Anbieter aus anderen EWG-Staaten. Die Freizügigkeit von Arbeitnehmern und die grundsätzliche Gleichstellung von Arbeitsmigranten mit Inländern beim Zugang zu den Sozialsystemen wurde zwar bis 1968 hergestellt, jedoch stand die fehlende Anerkennung von Qualifikationsnachweisen und Berufsabschlüssen der Entwicklung eines europäischen Arbeitsmarktes entgegen. Ebenso hemmten Barrieren die Ausübung freier Berufe und den Zugang zum Öffentlichen Dienst. Schließlich bremsten zahlreiche nationalstaatliche Kontrollen und Beschränkungen den freien Fluss der Kapitalströme zwischen den Volkswirtschaften der EWG.

Ein Teil dieser vertragswidrig bestehenden Barrieren wurde vom Europäischen Gerichtshof (EuGH) beseitigt. So hatte der EuGH im

Cassis-de-Dijon-Urteil (1979) gegen die Bundesrepublik entschieden, dass in einem Mitgliedstaat rechtmäßig hergestellte und in den Handel gebrachte Erzeugnisse grundsätzlich auch in den anderen Mitgliedstaaten gehandelt werden durften. Auch das Binnenmarktprojekt und die Einheitliche Europäische Akte von 1986 zielten auf die weitere Integration der Märkte. Neben der Harmonisierung nationaler Normen durch Richtlinien, welche die Nationalstaaten allerdings nur langsam und zum Teil umsetzten, folgte man dabei dem vom EuGH vorgegebenen Prinzip der gegenseitigen Anerkennung, was die Schaffung des Binnenmarktes zu beschleunigen versprach. Das Binnenmarktprojekt ermöglichte tatsächlich erhebliche Fortschritte, insbesondere für den Warenverkehr; auch der freie Kapitalverkehr wurde 1990 umgesetzt. Dennoch sind noch immer nicht alle Barrieren beseitigt, so dass die Durchsetzung der Integration aller Märkte eine nach wie vor bestehende Aufgabe der EU ist.

Bei den *gemeinsamen Politiken der EWG im Wirtschaftsbereich* (positive Integration) ist als erste vergemeinschaftete Politik die GAP hervorzuheben, die trotz ihrer Nachteile (→ Kapitel B 4.2) eine besondere Leistung für die Integration darstellte. Sie schuf mit europäischen Marktordnungen einen gemeinsamen Agrarmarkt und vereinheitlichte die Qualitätsbestimmungen für Agrarprodukte, die Verwaltungs- und Subventionspraxis. Probleme traten allerdings bereits ab Ende der 1960er Jahre infolge von Währungsturbulenzen und der durch die Subventionspraxis induzierten Überproduktion auf, welche man mit den GAP-Reformen seit Mitte der 1980er Jahre zu begrenzen suchte. Auch in der Außenhandelspolitik erfolgte eine weitgehende Integration, so dass bei internationalen Verhandlungen, z.B. im GATT, die EWG die Interessen der Mitgliedstaaten vertrat. Für die Wettbewerbspolitik wurden wichtige Grundsteine gelegt. Der Einsatz der Kommission für mehr Wettbewerb wurde allerdings teilweise durch die Beschränkung ihrer Kompetenz auf Wettbewerbsverletzungen, die den Handel zwischen Mitgliedstaaten betrafen, durch ihr Zögern vor der Konfrontation mit den Mitgliedstaaten über deren Subventionspraxis und durch die Differenzen der Mitgliedstaaten über die Notwendigkeit einer europäischen Industriepolitik gehemmt. Bei der gemeinsamen Verkehrspolitik kam es erst in den späten 1980er Jahren zu wesentlichen Fortschritten, nachdem das EP den Rat erfolgreich wegen Untätigkeit vor dem EuGH verklagt hatte. Die Mobilitäts- und Transportbedürfnisse des Binnenmarktes förderten in den 1990er Jahren die Durchsetzung der Dienstleistungsfreiheit für Reeder, Transport- und Fluggesellschaften sowie den Ausbau transeuropäischer Verkehrsnetze.

Über den Vertrag hinausgehend wurde eine europäische Regional- und Strukturpolitik entwickelt. Seit Gründung der EWG förderten der Europäische Sozialfonds Studien und Qualifikationsmaßnahmen für Arbeiter und der EAGFL Strukturverbesserungen im ländlichen Raum, später kam für die Fischereiwirtschaft das Finanzinstrument für die Ausrichtung der Fischerei (FIAF) hinzu. Nach der ersten EWG-Erweiterung beteiligte sich die EWG an der Finanzierung von regionalen Infrastrukturprojekten und Investitionsbeihilfen in wirtschaftlich benachteiligten Regionen der Mitgliedstaaten. Das geringe Volumen des dafür aufgelegten Europäischen Fonds für regionale Entwicklung, von dem zunächst vor allem Irland profitierte, wurde nach den Erweiterungen um Griechenland, Spanien und Portugal in den 1980er Jahren erheblich aufgestockt, zumal in der EEA die wirtschaftliche Kohäsion als Ziel der EWG bekräftigt worden war. Mit dem Vertrag von Maastricht wurde zusätzlich ein Kohäsionsfonds geschaffen, der Umwelt- und Verkehrsprojekte in Mitgliedstaaten fördert, deren Wirtschaftsleistung weniger als 90% des EU-Durchschnitts beträgt. Da die Wirtschaftsleistung der seit 2004 beigetretenen Mitgliedstaaten deutlich unter dem Durchschnitt der alten EU lag, legte die EU zeitweilig spezielle Fonds zur Strukturförderung in diesen Staaten auf. Nach wie vor stellen jedoch wirtschaftliche Disparitäten die Strukturpolitik der EU der 27 vor erhebliche Herausforderungen.

Für die *Konjunktur-, Wirtschafts- und Währungspolitik* sah der EWG-Vertrag keine gemeinsame Politik, sondern eine Koordinierung der nationalen Politiken vor. Doch dazu kam es im ersten Jahrzehnt der EWG nicht, da die wirtschafts- und währungspolitischen Vorstellungen der Mitgliedstaaten stark differierten. Beispielsweise vertrat die Bundesrepublik ein eher marktwirtschaftliches Ordnungskonzept, während Frankreich auf Wirtschaftsplanung und Italien auf staatliche Konzerne setzte. Währungspolitisch versprach der etablierte Golddevisenstandard mit der festen Anbindung an den US-Dollar und dessen garantierter Konvertibilität in Gold zunächst für stabile Wechselkurse zu sorgen, so dass eine europäische Koordination der Währungspolitik nicht zwingend schien. Entsprechend gelang es bei den 1968/69 auftretenden Währungsturbulenzen den EWG-Mitgliedstaaten nicht, ihre Reaktionen abzustimmen; gleichermaßen beschränkten sie sich wegen deutscher Bedenken gegen Kommissionsvorschläge für eine Wirtschaftsplanung auf nicht-bindende Empfehlungen des Ministerrats für eine mittelfristige Wirtschaftsplanung. Trotz der Bedeutung stabiler Wechselkurse für das Funktionieren des

Gemeinsamen Marktes und trotz der Beschlüsse der Haager Gipfelkonferenz 1969 für eine Wirtschafts- und Währungsunion ließen grundlegende wirtschaftspolitische Differenzen der Mitgliedstaaten, insbesondere zwischen der Bundesrepublik und Frankreich über eine Harmonisierung der Wirtschaftspolitiken *vor* einer Währungsunion, eine WWU nicht realisierbar erscheinen.

Die Aufkündigung des Golddevisenstandards durch die USA zwang die EWG-Mitgliedstaaten zum Handeln. Ihr erster Versuch, die Schwankungen der europäischen Währungen mit der „Währungsschlange" (1972) durch Interventionsvereinbarungen in begrenzten Bandbreiten zu halten, zeigte sich den Herausforderungen der Wirtschaftskrisen der 1970er Jahre nicht gewachsen, auf welche die Mitgliedstaaten bevorzugt mit nationalen Antworten reagierten. Das 1979 etablierte Europäische Währungssystem verfügte über einen Wechselkurs- und Interventionsmechanismus, der die Kurse innerhalb einer Bandbreite von +/- 2,25% stabil halten sollte und ggf. eine Anpassung durch Auf- bzw. Abwertung einzelner Währungen vorsah. Wegen der in den Mitgliedstaaten unterschiedlichen Wirtschaftsentwicklung und divergierenden Inflationsraten kam es bis 1987 häufig zu kostspieligen Anpassungen. Eine zunehmende Orientierung der Mitgliedstaaten an der auf Geldwertstabilität orientierten Geldpolitik der Deutschen Bundesbank führte schließlich auch zu größerer Wechselkursstabilität, räumte der Bundesbank aber gleichzeitig eine dominante Rolle im EWS und damit auch für die Wirtschaftspolitik aller EWG-Staaten ein. Partner der Bundesrepublik, insbesondere Frankreich und Italien, kritisierten die Macht der Bundesbank und sahen ihre Geldpolitik als zu restriktiv, wachstumshemmend und zu wenig an europäischen Bedürfnissen ausgerichtet an.

Diese Kritik an der deutschen Geldpolitik zusammen mit der Erwartung einer höheren Stabilität, einer höheren Preistransparenz und der Belebung des Handels sowie der Arbeitsteilung in Europa waren zentrale Argumente für den erneuten Anlauf zur Wirtschafts- und Währungsunion im Vertrag von Maastricht. Darin war vorgesehen, bis 1999 eine gemeinsame Währung zu schaffen und die nationalen Kompetenzen für die Geld- und Währungspolitik an eine Europäische Zentralbank (EZB) zu übertragen, die nach dem Modell der Bundesbank ihre Geld- und Währungspolitik politisch unabhängig von den Regierungen auf das Ziel der Geldwertstabilität ausrichten sollte. Die Voraussetzung für die Teilnahme eines Mitgliedstaates an der WWU war – neben dem politischen Willen – die Erfüllung wirtschaftlicher „Konvergenzkriterien": So durfte die Inflationsrate nicht mehr als 1,5

Prozentpunkte und der langfristige Leitzins nicht mehr als 2 Prozentpunkte über denjenigen der drei Mitgliedstaaten mit den niedrigsten Werten liegen; die staatliche Gesamtverschuldung musste weniger als 60% des BSP und das aktuelle Haushaltsdefizit weniger als 3% des BSP betragen; zusätzlich musste der Wechselkurs der nationalen Währung für zwei Jahre innerhalb der 2,25%-Bandbreite des EWS geblieben sein.

Um die WWU zu verwirklichen, stimmten die Mitgliedstaaten der EU ihre Wirtschafts- und Haushaltspolitik auf die Erreichung der Konvergenzkriterien ab, passten ihre Zentralbanksysteme an und schafften sämtliche Beschränkungen für den Kapitalverkehr innerhalb der EU ab. Nach dem Scheitern des ersten dänischen Maastricht-Referendums erschütterten in den Jahren 1992/93 Finanzspekulationen neuen Ausmaßes das EWS, in deren Folge Großbritannien und Italien das EWS verlassen und einige Staaten ihre Währung massiv abwerten mussten. Auch die Schwankungsbreite für den Wechselkursmechanismus musste stark erhöht werden. Dennoch hielten die EU-Staaten an ihrer Politik fest, da die Spekulationskrise die Schwäche der nationalen Zentralbanken gegenüber den liberalisierten Finanzmärkten und damit die Notwendigkeit einer starken WWU als Gegengewicht illustriert hatte. Am 31. Dezember 1998 wurden die Wechselkurse zwischen den Währungen der Benelux-Staaten, der Bundesrepublik, Frankreichs und Italiens sowie Irlands, Griechenlands, Spaniens, Portugals, Österreichs und Finnlands unwiderruflich festgelegt, zum 1. Januar 1999 der Euro als Buch- und Verrechnungswährung eingeführt und die Kompetenz für die Geld- und Währungspolitik an die EZB in Frankfurt übertragen. Damit war die Europäische Währungsunion verwirklicht. Seit Januar 2002 wurde der Euro auch als ausgeprägte Währung in Scheinen und Münzen in den Teilnehmerstaaten (Euro-Zone) in Umlauf gebracht. Die Euro-Zone erweiterte sich seitdem um Slowenien (2007), Zypern und Malta (2008). Der Zusammenschluss zu einer Währungsunion ist eine beispiellose wirtschaftspolitische Integrationsleistung, da die Mitgliedstaaten ihre nationalen Kompetenzen in der Geld- und Währungspolitik auf die supranationale EZB übertrugen und damit auch erhebliche Teile ihrer wirtschaftspolitischen Steuerungsmöglichkeiten. Auch ihrer Haushaltspolitik erlegt der „Stabilitäts- und Wachstumspakt" gewisse Grenzen auf. Dennoch ist auch heute die Wirtschaftspolitik noch weitgehend eine Domäne der Mitgliedstaaten geblieben. Das zeigte sich z.B., als gegen die haushaltspolitischen Verstöße der Bundesrepublik und Frankreich 2005 die Sanktionen der Kommission nicht zur Anwendung kamen, sondern die Mitgliedstaaten den Stabilitäts- und Wachstumspakt reformierten.

Integration der Märkte

Die Integration eines umfassenden europäischen Wirtschaftsraumes in Europa hat seit den 1950er Jahren erhebliche Fortschritte gemacht. Infolge der Erweiterungen der EG/EU von ursprünglich sechs auf 27 Mitgliedstaaten im Jahre 2007 hat sich der Binnenmarkt stark vergrößert. Die Zahl der Verbraucher in diesem Markt stieg von ca. 165 Millionen im Jahre 1958 auf ca. 495 Millionen im Jahre 2007. Der durch die europäische Integration geschaffene Markt ist genau genommen sogar noch größer. Nach dem Beitritt Großbritanniens, Dänemarks und Irlands zur EWG im Jahre 1973 wurde zwischen der EWG und den verbliebenen EFTA-Mitgliedstaaten eine Freihandelszone errichtet, die zum 1. Januar 1994 in den EWR umgewandelt wurde. Im EWR gelten – mit einigen Sonderregeln – die Bestimmungen der EU zur Freizügigkeit von Waren, Dienstleistungen, Personen und Kapital. Der EWR umfasste im Jahre 2007 über 500 Millionen Verbraucher und damit deutlich mehr Verbraucher als der US-amerikanische Markt, sogar mehr als das Nordamerikanische Freihandelsabkommen (NAFTA).[142] Eines der Ziele der europäischen Einigungsbewegung im 20. Jahrhundert, einen den USA vergleichbar großen Markt in Europa zu schaffen, ist damit mehr als erreicht worden.

Die Integration eines Wirtschaftsraumes lässt sich vor allem am Grad der Verflechtung der einzelnen Märkte bemessen, d.h. am Austausch von Waren, Dienstleistungen, Arbeit und Kapital innerhalb dieses Wirtschaftsraumes. Ein weiteres Anzeichen integrierter Märkte kann in einer weitgehenden Konvergenz der wirtschaftlichen Grunddaten, der Preise und des Lebensstandards gesehen werden. In der Tendenz hat die europäische Integration durch die Ausweitung des Wirtschaftsraumes zu einem höheren Grad an Verflechtung der beteiligten Volkswirtschaften geführt. Wirtschaftshistoriker wie Gerold Ambrosius gehen davon aus, dass insbesondere in der Phase des Abbaus der Zölle zwischen den Mitgliedstaaten sowohl in der EG als auch in der EFTA der Handel innerhalb dieser Wirtschaftsräume stärker zugenommen hat, als er dies ohne EG bzw. EFTA getan hätte. Dabei hat die europäische Integration zunächst die desintegrativen Tendenzen in Form eines Rückgangs der internationalen Handelsverflechtung infolge des Ersten Weltkrieges, während der 1930er Jahre sowie infolge des Zweiten Weltkrieges wieder rückgängig gemacht.

Mit einer kurzzeitigen Unterbrechung während der wirtschaftlichen Krise der 1970er Jahre stieg der *Warenaustausch* insbesondere im Handel zwischen den EG-/EU-Mitgliedstaaten stark an, wobei zu berücksichtigen ist, dass die Zunahme des innergemeinschaftlichen Handels seit den 1970er Jahren vor allem auf die Erweiterungen der EG/EU zurückzuführen ist. Innerhalb der EFTA stieg der Warenaustausch anfangs ebenfalls deutlich an, wenn auch nicht in gleichem Ausmaß wie innerhalb der EG, ging allerdings seit dem Austritt Großbritanniens und Dänemarks deutlich zurück. So stieg der Anteil der Exporte innerhalb der EWG an den gesamten Exporten der Mitgliedstaaten von 29,5% im Jahre 1950 auf 48,9% im Jahre 1970; der Anteil der Exporte innerhalb der EFTA an den gesamten Exporten der EFTA-Staaten stieg im gleichen Zeitraum von 20,5% auf 27,7%. Bis 1980 stieg der Anteil der Exporte innerhalb der zwischenzeitlich auf neun Mitglieder erweiterten EWG an den gesamten Exporten der Mitgliedstaaten dann noch einmal auf 53,5% an; in der EFTA ging der Anteil der Exporte innerhalb der EFTA an den gesamten Exporten der verbliebenen vier EFTA-Staaten bis 1980 auf 14,7% zurück.[143]

Insgesamt überwog der handelsschaffende Effekt der europäischen Integration den handelsumlenkenden – mit Ausnahme jedoch der landwirtschaftlichen Erzeugnisse, bei denen die hohen Außenzölle vor allem einen handelsumlenkenden Effekt hatten. Inwiefern die Zunahme des Handelsvolumens auch tatsächlich sogenannte Wohlfahrtseffekte in den betroffenen europäischen Staaten hervorgerufen hat, ist abschließend kaum zu beurteilen. Auch hinsichtlich der Auswirkungen der europäischen Integration auf die wirtschaftlichen Wachstumsraten der Mitgliedstaaten und das Einkommensniveau lassen sich kaum verlässliche Angaben machen.

Ein weiterer Indikator für den Grad an Integration der Warenmärkte innerhalb eines Wirtschaftsraumes ist die Preiskonvergenz. Innerhalb der EG glichen sich die Preise im Verlauf des Integrationsprozesses in höherem Maße an, als dies bezogen auf Westeuropa insgesamt der Fall war. In den ursprünglichen sechs EWG-Mitgliedstaaten erreichten im Verlauf der Jahrzehnte insbesondere die Preise für Nahrungsmittel ein hohes Maß an Konvergenz. Wirtschaftshistoriker gehen davon aus, dass der institutionelle Integrationsprozess zumindest dazu beigetragen hat. Inwiefern die feststellbare Preiskonvergenz insgesamt ursächlich auf die Integration in EG/EU zurückgeführt werden kann, ist nicht eindeutig zu beurteilen.

Auch bei den *Dienstleistungen* in Europa ist das Integrationsniveau höher als im internationalen Vergleich. Ausgehend von einem niedrigen

Niveau hat sich der grenzüberschreitende Handel mit Dienstleistungen seit den 1950er Jahren stark ausgeweitet. So hatte sich der Handel mit Dienstleistungen zwischen 1960 und 1985 in den Mitgliedstaaten der EG in etwa vervierfacht, machte Mitte der 1980er Jahre indes noch nur ca. die Hälfte des Handelsvolumens mit Waren aus.[144] Als Gründe für das im Vergleich mit den Warenmärkten niedrigere Integrationsniveau der Dienstleistungsmärkte sind vor allem technische Hindernisse, nichttarifäre Handelsbarrieren – wie etwa bestimmte Qualifikationsanforderungen oder technische Auflagen – und andere staatliche Regulierungen zu nennen. Auch die Preise für Dienstleistungen glichen sich zunächst kaum an. Insgesamt nahm jedoch der Handel mit Dienstleistungen innerhalb der EG/EU seit deren Gründung kontinuierlich zu.

Die Integration der *Arbeitsmärkte* innerhalb der EG und der EFTA war zunächst gering. Zwar nahm die Migration von Arbeitskräften innerhalb dieser beiden Wirtschaftsräume seit ihrer Gründung zu, dasselbe gilt jedoch – sogar in höherem Maße – für die Zuwanderung von Arbeitskräften aus Drittländern. Beispielsweise betrug der Anteil ausländischer Arbeitskräfte an der Gesamtbeschäftigung innerhalb der EG im Jahre 1965 3,5%, wobei jedoch nur 1,5% auf die Binnenmigration von Arbeitskräften zwischen den Mitgliedstaaten entfielen; für das Jahr 1980 lagen die entsprechenden Zahlen bei 4,2% bzw. 1,3%.[145] Die Wanderungsbewegungen von Arbeitskräften beruhten lange Zeit vor allem auf bilateralen Regierungsabkommen zwischen den Nachfrager- und den Anbieterstaaten und nicht auf der Integration innerhalb der EG bzw. der EFTA. Seit der wirtschaftlichen Krise in den 1970er Jahren sank die Zahl der ausländischen Arbeitskräfte dann ohnehin deutlich ab. Auch arbeiteten seitdem eher höher qualifizierte Arbeitskräfte in anderen europäischen Ländern, nicht mehr primär gering qualifizierte Arbeitskräfte wie noch in den Jahrzehnten zuvor. Diese Entwicklung lässt sich vor allem innerhalb der EG beobachten, wenngleich diese Form der Arbeitsmigration bis in die Zeit der 1970er Jahre durch die partielle Nichtanerkennung von Bildungs- und Berufsabschlüssen und andere staatliche Hindernisse beeinträchtigt blieb. Das Lohnniveau der Arbeitskräfte in Europa hat sich seit den 1950er Jahren etwas angeglichen, was vor allem auf allgemeine sozioökonomische Aufholprozesse in den weniger entwickelten Staaten zurückgeführt wird und nicht allein auf die europäische Integration in der EG bzw. EFTA. Nicht zuletzt verhinderte die unterschiedliche Besteuerung ein höheres Maß an Lohn-Konvergenz.

Die *Kapitalmärkte* brauchten lange, um sich von den desintegrativen Tendenzen der Zwischenkriegszeit zu erholen. Auch wenn die

Direktinvestitionen zwischen den Mitgliedstaaten der EG/EU und Drittstaaten durchweg umfangreicher waren, stiegen seit den 1950er Jahren die Direktinvestitionen europäischer Unternehmen in anderen Mitgliedstaaten der EG/EU deutlich an. Infolge dieser Investitionen verminderten sich insbesondere seit den 1970er Jahren die sozioökonomischen Unterschiede zwischen den europäischen Staaten. Ebenso ist hierbei zu berücksichtigen, dass traditionelle Handelsbeziehungen zwischen den Mitgliedstaaten der EG/EU durch Investitionen vor Ort substituiert wurden, d.h. viele Waren wurden nicht mehr in andere europäische Staaten exportiert, sondern dort produziert, wo sie nachgefragt wurden. Die europäischen Aktienmärkte blieben bis in die 1980er Jahre nur schwach integriert, internationale Transaktionen waren die Ausnahme. Der internationale Handel mit Krediten und Anleihen wiederum nahm seit den 1960er Jahren deutlich zu, wobei es sich hier um internationale Entwicklungen handelt und nicht um eine primär europäische Integration der Kapitalmärkte.

Insgesamt haben sich im Zeitraum zwischen der Gründung der EWG und der ersten Erweiterung der Gemeinschaften die Wachstumsraten des Sozialprodukts, das Sozialprodukt pro Kopf und der Lebensstandard hinsichtlich Einkommen und Konsumverhalten in den Mitgliedstaaten zunehmend angeglichen, eine Entwicklung, die auch im Vergleich mit anderen westeuropäischen Ländern festzustellen ist. Mit jeder Erweiterung der EG/EU haben die innergemeinschaftlichen Unterschiede dann zunächst wieder zugenommen. Es bleibt festzuhalten, dass sich aus wirtschaftshistorischer Sicht Integrationsprozesse der Waren-, Dienstleistungs-, Arbeits- und Kapitalmärkte vor allem im gesamt- bzw. westeuropäischen Rahmen vollzogen haben und nicht primär auf eine Integration der Märkte innerhalb der EG und/oder EFTA beschränkt waren. Die EG/EU haben die allgemeinen wirtschaftlichen Aufholprozesse insbesondere in den ursprünglich weniger entwickelten Beitrittsstaaten der ersten Erweiterungsrunden, namentlich Irland, Griechenland, Portugal und Spanien, aber auch Finnland, indes unterstützend begleitet.

Literatur

AMBROSIUS, Gerold: *Wirtschaftsraum Europa. Vom Ende der Nationalökonomien,* Frankfurt am Main 1996.

EICHENGREEN, Barry: *The European Economy since 1945. Coordinated Capitalism and beyond,* Princeton 2007.

Kösters, Wim/Beckmann, Rainer/Hebler, Martin: Elemente der ökonomischen Integrationstheorie, in: Loth, Wilfried/Wessels, Wolfgang (Hg.): *Theorien europäischer Integration*, Opladen 2001, S. 35-86.

Molle, Willem: *The Economics of European Integration. Theory, Practice, Policy,* Aldershot 1990.

3 Die gesellschaftliche und kulturelle Integration

Die Integration Europas ist mehr als ein auf gegenseitigem Nutzen und Interessen der beteiligten Staaten und Institutionen gegründetes politisches und wirtschaftliches Einigungswerk. Bereits die Vorstellung von Europa als einem „Ganzen" beruht auf der Überzeugung, trotz aller Differenzen in einem Raum gemeinsam erlebter Geschichte, geteilter Erfahrungen und gegenseitiger Beeinflussung der materiellen Lebens- und der ideellen Vorstellungswelten zu leben (→ Kapitel A 1.1). Auch die Vorstellungen davon, was Europa ist bzw. sein soll, waren stets maßgeblich von kulturellen und gesellschaftlichen Erwägungen beeinflusst. Entsprechend waren die europäischen Institutionen Europarat und EG/EU im gesellschaftlichen und kulturellen Bereich tätig, um – vergleichbar mit der einenden Funktion der Kultur und des Bildungswesens bei der Entstehung der europäischen Nationalstaaten – bestehende oder empfundene Gegensätze zwischen den europäischen Nationen zu beseitigen, den gesellschaftlichen Austausch anzuregen und so zur Einigung Europas beizutragen. Teils beeinflusst von den Politiken der europäischen Institutionen, teils bereits vor deren Gründung und unabhängig von diesen sind gesellschaftliche und kulturelle Integrationstendenzen in Europa erkennbar.

Die Sozial-, Kultur- und Bildungspolitiken des Europarates

Die Tätigkeit auf sozialem und kulturellem Gebiet gehörte von Anfang an zu den zentralen Aufgaben des Europarates. Laut Satzung des Europarates (1949) soll dieser zum Schutz und zur Förderung der Ideale und Grundsätze beitragen, die das gemeinsame Erbe seiner Mitglieder bilden, und den wirtschaftlichen und sozialen Fortschritt seiner Mitglieder fördern. Diese Aufgabe sollte nicht zuletzt „durch gemeinschaftliches Vorgehen auf wirtschaftlichem, sozialem, kulturellem und wissenschaftlichem Gebiet"[146] erfüllt werden. In verschiedenen Konventionen hat sich der Europarat seit seiner Gründung unter anderem mit Fragen der sozialen Menschenrechte, der Bewahrung des kulturellen Erbes, der gegenseitigen Anerkennung von Qualifikationen und Bildungsabschlüssen und der Abstimmung der nationalen Bildungspolitiken in den Mitgliedstaaten befasst.

Besonders hervorzuheben in gesellschaftlicher und kultureller Hinsicht sind die Europäische Sozialcharta und die Europäische Kulturkonvention, die als Bezugspunkte und Grundlage der weiteren Arbeit des Europarates auf diesen Gebieten fungierten. Die Europäische Sozialcharta vom 18. Oktober 1961 ergänzte die Europäische Menschenrechtskonvention um grundlegende soziale Grundrechte wie das Recht auf Arbeit und das Recht auf gerechte sowie sichere Arbeitsbedingungen. In der Charta waren lediglich soziale Mindeststandards festgelegt; auch blieb es den Mitgliedstaaten überlassen, ob sie die Europäische Sozialcharta als Ganzes oder nur einzelne Bestimmungen annahmen. Als völkerrechtlicher Vertrag begründete die Charta zudem keinen direkten Rechtsanspruch der Bürger auf ihre Anwendung, sondern verpflichtete die Signatarstaaten lediglich völkerrechtlich zur Beachtung der Bestimmungen. In der bereits am 19. Dezember 1954 vom Europarat verabschiedeten Europäischen Kulturkonvention verpflichteten sich die Unterzeichnerstaaten (der Europäischen Kulturkonvention konnten mit Zustimmung des Ministerkomitees auch Nichtmitgliedstaaten beitreten) zur Zusammenarbeit in den Bereichen Kultur und Bildung. Insbesondere sollten die gegenseitigen Kenntnisse der Sprache, Geschichte und Kultur gefördert werden, beispielsweise durch den Austausch von Personen und Gegenständen von kulturellem Wert.

Ebenso wie die Sozialpolitik des Europarates vor allem appellativen Charakter hatte, lag die Bedeutung der kultur- und bildungspolitischen Tätigkeit des Europarates vor allem darin, dass er den Mitgliedstaaten ein Forum bot, sich über kultur- und bildungspolitische Themen auszutauschen. Grundlegendes Ziel der Tätigkeit des Europarates auf diesem Gebiet war ganz allgemein die Stärkung eines europäischen Bewusstseins, vor allem durch die Ausrichtung von Kursen und Konferenzen, und im besonderen durch die Förderung des Schüler- und Studentenaustauschs sowie die gegenseitige Anerkennung von Bildungsabschlüssen.

Anfänge einer europäischen Sozial-, Kultur- und Bildungspolitik der EG/EU

Das Wirken der EG/EU in diesen Politikbereichen erfolgte zum einen indirekt durch die Ausübung der Befugnisse hinsichtlich der Gegebenheiten und Erfordernisse des Gemeinsamen Marktes, zum anderen direkt auf der Grundlage eigener, wenngleich beschränkter Befugnisse im Rahmen ihrer Sozial-, Kultur- und Bildungspolitiken. Die zunehmende Ausgestaltung dieser Politiken erfolgte vor allem seit den 1990er Jahren; gleichwohl reichen ihre Ursprünge in die Anfangsjahrzehnte der EG zurück.

Laut Präambel des Vertrages über die Gründung der EGKS (1951) sollte die EGKS zur Hebung des Lebensstandards in den Mitgliedstaaten beitragen. In der Präambel des Vertrages zur Gründung der EWG (1957) bekundeten die Vertragsparteien ihre Entschlossenheit, durch gemeinsames Handeln den sozialen Fortschritt ihrer Länder zu sichern und „die stetige Besserung der Lebens- und Beschäftigungsbedingungen ihrer Völker als wesentliches Ziel anzustreben“[147]. Obwohl der EGKS-Vertrag auch ganz konkrete Bestimmungen darüber enthielt, wie die Gemeinschaft Einfluss auf die Wiederbeschäftigung freigewordener Arbeitskräfte und auf die Verbesserung der Lebens- und Arbeitsbedingungen der in den Kohle- und Stahlindustrien Beschäftigten nehmen konnte, war ausdrücklich festgeschrieben worden, dass die in den einzelnen Mitgliedstaaten angewandten Formen der Festsetzung von Löhnen und Sozialleistungen in der Kohle- und Stahlindustrie durch die Anwendung des EGKS-Vertrages nicht grundlegend berührt werden sollten. Im EWG-Vertrag war eine enge Zusammenarbeit zwischen den Mitgliedstaaten in sozialen Fragen vorgesehen, insbesondere hinsichtlich der Beschäftigung, des Arbeitsrechts und der Arbeitsbedingungen, der beruflichen Aus- und Fortbildung, der sozialen Sicherheit, des Gesundheitsschutzes und der Koalitionsfreiheit von Arbeitgebern und Arbeitnehmern. Darüber hinaus war die Errichtung eines Europäischen Sozialfonds festgeschrieben. Der im Mai 1960 errichtete (und im Jahre 1971 reformierte) Europäische Sozialfonds sollte die Beschäftigungsmöglichkeiten der Arbeitnehmer verbessern und zur Hebung ihres Lebensstandards beitragen, etwa durch die Förderung der Mobilität von Arbeitskräften oder auch durch die finanzielle Beteiligung der Gemeinschaft an Umschulungsmaßnahmen. Die finanzielle Ausstattung des Europäischen Sozialfonds war jedoch eher gering, so dass auch seine Auswirkungen marginal blieben.

Diese insgesamt rudimentären Befugnisse der Gemeinschaften auf sozialpolitischem Gebiet sollten zum einen die Errichtung eines funktionierenden Gemeinsamen Marktes gewährleisten; zum anderen sollten sie die sozialen Auswirkungen integrationsbedingter wirtschaftlicher Umstrukturierungen abmildern und so die Akzeptanz der Integration bei den Bürgern sichern. Trotz der genannten Bestimmungen und Instrumente blieb die Sozialpolitik in den Folgejahren vor allem eine nationale Domäne. Die Hohe Behörde der EGKS förderte vor allem Studien zur Verbesserung der Arbeitsbedingungen ebenso wie den Arbeiterwohnungsbau und beteiligte sich an der Finanzierung von Berufsbildungskursen für die von den Umstrukturierungsmaßnahmen in der Eisen- und Stahlindustrie betroffenen Arbeitskräfte. Auch die Kommission der EWG wurde auf sozialpolitischem Gebiet bis Anfang der 1970er Jahre vor allem durch Studien, Konsultationen und Stellungnahmen tätig. Lediglich die Umsetzung der Bestimmungen zur Freizügigkeit von Arbeitskräften innerhalb der Gemeinschaft trug zu einer engeren Koordinierung der nationalen Sozialpolitiken bei, um Wettbewerbsverzerrungen zu vermeiden.

Anfang der 1970er Jahre wurden Versuche unternommen, die sozialpolitischen Kompetenzen der EG weiterzuentwickeln. So bekundeten die Staats- bzw. Regierungschefs der Mitgliedstaaten im Jahre 1972 auf ihrem Gipfel in Paris, dass einem Vorgehen im sozialpolitischen Bereich die gleiche Bedeutung zukomme wie der Verwirklichung der Wirtschafts- und Währungsunion und beauftragten die Organe der Gemeinschaften, ein sozialpolitisches Aktionsprogramm auszuarbeiten. Ein solches Aktionsprogramm beschloss der Rat der EG dann im Januar 1974. In diesem Aktionsprogramm wurden drei Hauptziele formuliert: 1. Vollbeschäftigung bzw. ein hoher Beschäftigungsstand; 2. Verbesserung und Angleichung der Lebens- und Arbeitsbedingungen; 3. Einbeziehung der Sozialpartner in die wirtschafts- und sozialpolitischen Entscheidungen der Gemeinschaften. In der Folgezeit wurden auf Grundlage dieses Aktionsprogramms zahlreiche Richtlinien zur Gleichbehandlung von Männern und Frauen sowie zum arbeitsrechtlichen Schutz von Arbeitnehmern verabschiedet. Die Entwicklung einer europäischen Sozialpolitik wurde jedoch durch die wirtschaftliche Krise der 1970er Jahre konterkariert. Hinzu kamen bis Mitte der 1980er Jahre britische Widerstände gegen eine europäische Sozialpolitik. So blockierte die Regierung in London jegliche Initiativen der Kommission zur Festsetzung von Mindeststandards für befristete und Teilzeit-Beschäftigungsverhältnisse.

Erst mit der Ergänzung der Gemeinschaftsbefugnisse auf sozialpolitischem Gebiet durch die Einheitliche Europäische Akte konnte diese Phase der Stagnation beendet werden. Der Europäische Rat beschloss im Dezember 1989 die „Gemeinschaftscharta der sozialen Grundrechte der Arbeitnehmer“; und mit dem Vertrag von Maastricht wurden die sozialpolitischen Zuständigkeiten der Gemeinschaft noch einmal erweitert. Obgleich die Mitgliedstaaten auch nach den Vertragsergänzungen durch die Einheitliche Europäische Akte und den Vertrag von Maastricht die meisten sozialpolitischen Kompetenzen behielten, unterzeichnete Großbritannien weder die Gemeinschaftscharta der sozialen Grundrechte noch das dem Vertrag von Maastricht beigefügte Protokoll zur Sozialpolitik. Dies geschah erst 1998 unter der Labour-Regierung von Premierminister Tony Blair.

Abgesehen von den bereits genannten Befugnissen der Gemeinschaften im Bereich der beruflichen Bildung erhielt die EU erst mit den Verträgen von Maastricht und Amsterdam weitere Zuständigkeiten im Bereich der Kultur und des Bildungswesens. So sollte sie auf kulturellem Gebiet die Zusammenarbeit zwischen den Mitgliedstaaten fördern und deren Tätigkeit bei der Verbreitung der Kultur und Geschichte der europäischen Völker, bei der Erhaltung des europäischen kulturellen Erbes, beim Kulturaustausch und hinsichtlich der Kunst und Literatur unterstützen. Hierbei war auch die Zusammenarbeit mit dem Europarat ausdrücklich vorgesehen. Zuvor waren die Gemeinschaften auf diesem Gebiet lediglich koordinierend oder aber im Rahmen der Binnenmarktregelungen tätig, zum Beispiel um im Bereich der beruflichen Bildung die Anerkennung von Abschlüssen zu gewährleisten.

Seit den 1960er Jahren bemühten sich die Gemeinschaften in Ergänzung zu den Politiken und Maßnahmen in den Mitgliedstaaten im Bereich der Bildungspolitik darum, den regelmäßigen Erfahrungsaustausch innerhalb der Gemeinschaften zu institutionalisieren. Auf Initiative der Kommission beschloss der Rat der EG im Jahre 1963 die Aufstellung allgemeiner Grundsätze für die Durchführung einer gemeinsamen Politik der Berufsausbildung. Doch abgesehen von allgemeinen Interessensbekundungen, wie sie die Staats- bzw. Regierungschefs auf ihrem Gipfel in Den Haag im Jahre 1969 abgaben, dauerte es bis zum November 1971, ehe erstmals die für das Bildungswesen zuständigen Minister der EG-Mitgliedstaaten im Rat zusammenkamen, um vor dem Hintergrund der gesellschaftlichen und wirtschaftlichen Veränderungen in Europa (Studentenbewegung, Entwicklung des Dienstleistungssektors) über Möglichkeiten einer engeren Kooperation im Bildungsbereich auf Gemeinschaftsebene zu beraten. Anlässlich der zweiten Zusammenkunft der Bildungsminister im Rat der EG im Juni 1974 verpflichteten sich die Regierungen der Mitgliedstaaten auf Maßnahmen zur Erleichterung des Zugangs der Bürger zu Bildungsangeboten innerhalb der EG. Des Weiteren sollten der Informationsaustausch zwischen den nationalen Bildungssystemen verbessert und die gegenseitige Anerkennung von Abschlüssen sowie der Austausch von Dozenten, Studenten und Wissenschaftlern erleichtert werden. Ein erstes konkretes Aktionsprogramm im Bildungsbereich zur Verwirklichung dieser Ziele wurde im Jahre 1976 beschlossen.

Die EG/EU haben sich zudem bereits seit den frühen 1950er Jahren um die Entwicklung einer europäischen Öffentlichkeitsarbeit bemüht und versucht, die Grundlagen für eine europäische Identität der Bürger Europas zu schaffen. Die unter anderem mittels des Einsatzes von Presseberichten, Plakaten und Filmen durchgeführte Öffentlichkeitsarbeit diente vor allem der Verbreitung von Informationen über die Grundlagen des institutionellen europäischen Einigungsprozesses und die Funktionsweise der europäischen Institutionen, sollte dadurch zugleich aber auch für den europäischen Integrationsprozess als solchen werben, die Tätigkeit der geschaffenen supranationalen Institutionen legitimieren und in Hinblick auf die Herstellung einer europäischen Öffentlichkeit das Zusammenwachsen der europäischen Gesellschaften forcieren. Inwiefern sich die informationspolitische Tätigkeit der EG/EU tatsächlich auf gesellschaftliche und kulturelle Integrationstendenzen ausgewirkt hat, ist nicht abschließend zu beurteilen.

Gesellschaftliche und kulturelle Integrationstendenzen in Europa

Die Anfänge europäischer Sozial-, Kultur- und Bildungspolitiken müssen im Gesamtzusammenhang der allgemeinen gesellschaftlichen und kulturellen Integrationstendenzen in Europa gesehen werden. In den vergangenen Jahren hat sich die geschichtswissenschaftliche Forschung zunehmend mit transnationalen gesellschaftlichen und kulturellen Verflechtungen und Transferprozessen seit dem ausgehenden 19. Jahrhundert, mit Fragen nach der Entstehung einer europäischen Gesellschaft, einer europäischen Öffentlichkeit oder auch einer europäischen Identität befasst. Insgesamt lässt sich trotz zwischenzeitlicher Desintegrationstendenzen in der ersten Hälfte des 20. Jahrhunderts eine deutliche Zunahme der gesellschaftlichen und kulturellen Austauschbeziehungen zwischen den europäischen Nationalstaaten und eine Abmilderung der gesellschaftlichen Unterschiede innerhalb Europas, zumindest Westeuropas, feststellen.

Bedingt durch den allgemeinen wirtschaftlichen Aufschwung, aber auch durch Auswirkungen des politischen und wirtschaftlichen Zusammenschlusses Europas, vor allem in den EG bzw. der EU, kam es seit den 1950er Jahren in Westeuropa zu einer allmählichen Angleichung des Lebensstandards, des Konsumverhaltens und der Lebensstile zwischen den Mitgliedstaaten. Dabei ist hervorzuheben, dass es sich eher um innereuropäische Angleichungsprozesse als um eine gemeinsam vollzogene „Amerikanisierung" der Konsum- und Lebensstile handelte. Der innereuropäische Konsumgüteraustausch überwog die entsprechenden Importe aus den USA deutlich; Produkte aus anderen europäischen Ländern wurden überall verfügbar und konsumiert. Auch die nationalen Systeme der sozialen Sicherung und der Bildung in Westeuropa entwickelten sich – trotz nach wie vor bestehender Unterschiede – in ähnlicher Richtung und glichen sich in zentralen Leistungsmerkmalen einander an, etwa was die sozialen Leistungskataloge oder den Anteil der Abiturienten und Studierenden an den jeweiligen Altersgruppen anbelangt. Auch ohne eine umfassende Harmonisierung oder gar gemeinsame Politiken auf diesen Gebieten bewirkte die politische und wirtschaftliche Integration eine Zunahme des transnationalen Dialogs und Austauschs und förderte so die Bereitschaft in den einzelnen Mitgliedstaaten, die Erfahrungen der jeweils anderen in die eigene Politikgestaltung in diesen Bereichen einfließen zu lassen. Eine gewichtige Rolle hierbei spielten auch die transnationalen europäischen Parteiennetzwerke.

Ein weiteres Phänomen gesellschaftlichen und kulturellen Austauschs in Europa drückt sich in der wachsenden Anzahl derer aus, die das europäische Ausland aus eigener Anschauung kennengelernt haben. Arbeitsmigranten, Beschäftigte bei den europäischen Institutionen, aber auch Touristen haben seit den 1950er Jahren, wiederum vor allem in Westeuropa, dazu beigetragen, die europäischen Gesellschaften enger miteinander zu verbinden. So nahm die Anzahl der jungen Europäer, die im europäischen Ausland studierten, ebenso zu wie die Anzahl der im europäischen Ausland arbeitenden Berufstätigen in allen Berufsgruppen. Besonders bemerkenswert ist die Zunahme des innereuropäischen Reiseverkehrs. So betrug beispielsweise die Anzahl der Hotelgäste aus anderen europäischen Staaten in Westdeutschland im Jahre 1950 ca. 800.000, im Jahre 1989 waren es bereits ca. 15 Millionen.[148] Fremdsprachenkenntnisse nahmen ebenfalls zu, besonders bei den Jüngeren, von denen sich die meisten in zumindest einer europäischen Fremdsprache verständigen konnten.

Fraglich ist indes, inwiefern diese Annäherungsprozesse geeignet sind, eine europäische Öffentlichkeit entstehen zu lassen oder ein ausreichendes Fundament für eine europäische Identität zu bilden. Diese Fragen haben durch die Entwicklung der EG/EU zu einem supranationalen Machtzentrum in Hinblick auf dessen öffentliche Kontrolle und Legitimation noch an Bedeutung gewonnen. In der wissenschaftlichen Forschung ist umstritten, ob es nicht zuletzt angesichts des Mangels an europaweit über Fach- oder Teilöffentlichkeiten hinaus rezipierten Medien und angesichts der innereuropäischen Sprachenvielfalt so etwas wie eine europäische Öffentlichkeit gibt bzw. überhaupt geben kann.[149] Politische Debatten finden nach wie vor primär im nationalen Rahmen und unter nationalen Vorzeichen statt. Gleichwohl lässt sich sowohl eine gewisse „Europäisierung", im Sinne einer Angleichung von Inhalten und Wahrnehmungsmustern, der nationalen Berichterstattung über die EG/EU als auch eine zunehmende Verflechtung der nationalen Medien und Öffentlichkeiten feststellen. In den Anfangsjahren der europäischen Einigung war dies jedoch noch nicht der Fall. Zumindest seit dem Ende der 1960er Jahre lassen sich indes in Hinblick auf die Berichterstattung über einzelne Ereignisse oder krisenhafte Zuspitzungen im europäischen Integrationsprozess Anzeichen für eine europäische Öffentlichkeit feststellen.

Ebenso umstritten wie die Existenz einer europäischen Öffentlichkeit ist angesichts ihrer konzeptuellen Unbestimmtheit die Frage nach einer europäischen Identität. „Europäische Identität" kann sich sowohl auf den Aspekt der politischen Identifizierung der Bürger in Europa mit den EG/EU als auch auf eine kulturelle Identifizierung der Menschen mit Europa im Allgemeinen beziehen. Weitgehende Einigkeit herrscht in der Forschung darüber, dass die Nationalstaaten nach wie vor der primäre Bezugspunkt für die Identifizierung der Bürger in Europa sind. Während nationale Identifikationen auf einem starken kulturellen Fundament gründen – insbesondere einer gemeinsamen Sprache – und viele Bürger eine ausgeprägte emotionale, oftmals historisch begründete Bindung an ihr Herkunftsland haben, ist dies bei der Identifikation mit Europa als Ganzem schon in weitaus geringerem Maße der Fall. Zwar bezeichnen sich viele Menschen durchaus als „Europäer", jedoch fühlen sie sich in erster Linie als Angehörige ihrer jeweiligen Nation. Die Identifikation mit den EG/EU schließlich unterliegt bislang primär Nützlichkeitserwägungen und weist nahezu keine kulturelle Konnotation oder emotionale Bezüge auf. Eine darüber hinausgehende Identifikation der Bürger in den Mitgliedstaaten mit den EG/EU wurde in der Vergangenheit und wird noch immer von der überwiegenden Mehrheit der diesbezüglichen Untersuchungen bestritten.

Es ist an dieser Stelle zu betonen, dass sich auf Europa oder die EG/EU gerichtete Identifikationen empirisch nur schwer nachweisen lassen. In der Regel werden hierzu Meinungsumfragen verwendet, deren Aussagekraft jedoch variiert. Am ehesten lassen sich derartige Identifikationen am Beispiel eingegrenzter Personengruppen untersuchen. Hinsichtlich eines Zusammengehörigkeitsgefühls der in den europäischen Institutionen tätigen Funktionäre und Diplomaten lässt sich zeigen, dass diese Personengruppen durchaus so etwas wie einen europäischen Sozialisationsprozess durchlaufen, infolge dessen ihre nationalen Bezüge durch eine europäische bzw. EG/EU-Identifikation abgelöst oder zumindest überlagert werden. Derartige Entwicklungstendenzen lassen sich bereits für die 1950er Jahre feststellen. Zumindest die konkrete Arbeit in den bzw. für die europäischen Institutionen führen auf der Ebene der Entscheidungsträger somit zu einer Art von „europäischer Identität".

Literatur

BITSCH, Marie-Thérèse (Hg.): *Jalons pour une histoire du Conseil de l'Europe*, Actes du colloque de Strasbourg (8-10 juin 1995), Bern 1997.

BITSCH, Marie-Thérèse/LOTH, Wilfried/BARTHEL, Charles (Hg.): *Cultures politiques, opinions publiques et intégration européenne*, Brüssel 2007.

BITSCH, Marie-Thérèse/LOTH, Wilfried/POIDEVIN, Raymond (Hg.): *Institutions européennes et identités européennes*, Brüssel 1998.

KAELBLE, Hartmut: *Auf dem Weg zu einer europäischen Gesellschaft. Eine Sozialgeschichte Westeuropas 1880-1980*, München 1987.

KAELBLE, Hartmut: *Sozialgeschichte Europas. 1945 bis zur Gegenwart*, München 2007.

KAISER, Wolfram/STARIE, Peter (Hg.): *Transnational European Union. Towards a Common Political Space*, London 2005.

VAN DER HARST, Jan (Hg.): *Beyond the Customs Union. The European Community's Quest for Deepening, Widening and Completion, 1969-1975*, Brüssel 2007.

VARSORI, Antonio: Die Ursprünge der europäischen Sozialpolitik, in: DUMOULIN, Michel (Hg.): *Die Europäische Kommission 1958-1972. Geschichte und Erinnerungen einer Institution*, Luxemburg 2007, S. 459-474.

4 Motor Europas? Das deutsch-französische Verhältnis im Integrationsprozess

Das deutsch-französische Verhältnis war ein bedeutender Faktor für den Prozess der europäischen Integration, wobei eine Wechselwirkung zwischen dem bilateralen deutsch-französischen Verhältnis und der supranationalen europäischen Integration bestand: Lösungen für die schwierigen Probleme im deutsch-französischen Verhältnis zu finden war ein Hauptmotiv für die ersten Bemühungen um die europäische Integration; die deutsch-französische Annäherung war eines ihrer wichtigsten Ergebnisse. Die Erfolge und Fortschritte der EG beruhten auf einem Ausgleich der Interessen ihrer Mitgliedstaaten. Die deutsch-französische Zusammenarbeit in den EG ermöglichte häufig, über den Ausgleich der divergierenden französischen und deutschen Interessen für alle Mitglieder tragbare Kompromisse zu finden. Angesichts ihrer Differenzen bei nationalen Interessen und Europakonzeptionen, welche Fortschritte in der Integration auch oft erschwerten, scheint es allerdings mehr als fraglich, ob Frankreich und die Bundesrepublik zu Recht als „Motor" der Gemeinschaften bezeichnet werden können.

Anstoß zur Integration: Die Europäisierung deutsch-französischer Probleme

Das deutsch-französische Verhältnis war nach dem Zweiten Weltkrieg stark belastet, seine Gestaltung stellte die Regierungen in der Nachkriegszeit vor erhebliche Schwierigkeiten. Für Frankreich war nach den Erfahrungen der kriegerischen Auseinandersetzungen von 1870/71, 1914/18 und 1939/45 die Sicherheit vor erneuter deutscher Aggression sowie deutscher politischer oder wirtschaftlicher Dominanz ein zentrales Problem. In den Konzepten der Résistance war zu dessen Lösung vorgeschlagen worden, Deutschland als Partner in ein vereinigtes Europa einzubinden. Die Deutschlandpolitik der französischen Regierungen in der unmittelbaren Nachkriegszeit zielte jedoch zunächst weniger auf Integration. Vielmehr setzte sie darauf, die französische Position der Stärke zu erhalten und das bilaterale Verhältnis zu Deutschland so zu gestalten, dass es die Sicherheit Frankreichs gewährleisten und seinen wirtschaftlichen Wiederaufbau fördern würde. Wesentliche Elemente dieser Politik waren: die Zerstückelung des Reichs oder dann später die Verhinderung eines deutschen Zentralstaats, die Schaffung eines autonomen Saarlandes, das in einer Wirtschafts- und Währungsunion mit Frankreich verbunden war, und die Abtrennung oder dann später die internationale Kontrolle des Ruhrgebiets, um die deutsche Schwerindustrie zu kontrollieren und Frankreichs Zugang zu deutscher Steinkohle zu sichern. Diese französische Politik war allerdings nicht geeignet, die deutsch-französischen Beziehungen zu verbessern.

Auf deutscher Seite hegte man erhebliches Misstrauen gegenüber Frankreich und seiner Deutschlandpolitik. So wurde in der deutschen Öffentlichkeit mit Ausdrücken wie „Westrussen" für die Franzosen (Kurt Schumacher) und „Ausbeutungskolonie" für ihre Besatzungszone (Theodor Eschenburg) – zuweilen undifferenziert – die französische Besatzungsmacht für die im Vergleich zur britischen und amerikanischen Besatzungszone schlechtere Lage in ihrer Zone verantwortlich gemacht. Die französische Deutschlandpolitik wurde als besonders hart wahrgenommen, da Frankreich das Saarland abtrennte, seine Besatzungszone von den anderen Westzonen abgrenzte, ihren Anschluss an die britisch-amerikanische Bizone verweigerte, zentrale deutsche Verwaltungsstrukturen ablehnte, deutlich später politische Parteien zuließ und lange auf Demontagen, Produktionskontrollen und Kohlelieferungen bestand.

Nicht zuletzt wirkte möglicherweise nach drei Kriegen auf beiden Seiten auch das Bild einer deutsch-französischen „Erbfeindschaft" nach. Diesem konstruierten Geschichtsbild zufolge war Frankreich schon immer der natürliche Feind Deutschlands, seiner Einheit und seiner Werte, gegen den es sich zu behaupten galt. Dieses Bild wurde im Deutschen Kaiserreich propagiert, auch um durch die Abgrenzung zu Frankreich die Einheit des jungen Nationalstaats zu festigen. Historisch kann von einem traditionellen deutsch-französischen Gegensatz vor 1871 keine Rede sein. Erst die Art der Reichsgründung, mit ihrer Proklamation in Versailles und der deutschen Annexion Elsass-Lothringens, schuf auf französischer Seite anti-deutsche Ressentiments und einen deutsch-französischen Antagonismus, der die Beziehungen zwischen beiden Staaten in der Folgezeit vergiftete und ihre militärische Konfliktbereitschaft mit fatalen Folgen für ganz Europa erhöhte.

Ein wesentliches Problem der deutsch-französischen Beziehungen in der Nachkriegszeit war die Saarfrage. Frankreich hatte das Saarland 1946 aus seiner Besatzungszone ausgegliedert, ihm einen autonomen Status gegeben und es in den französischen Wirtschaftsraum eingegliedert. Die französischen Bemühungen 1949/50, das Saarland vor bzw. gleichzeitig mit der Bundesrepublik als assoziiertes Mitglied in den Europarat aufzunehmen, wurden in der Bundesrepublik als Zementierung der Abtrennung abgelehnt und verzögerten den gewünschten Beitritt der Bundesrepublik zum Europarat. Auch die am 3. März 1950 zwischen Frankreich und dem Saarland geschlossenen Saarverträge lösten in der Bundesrepublik erhebliche Verstimmungen und harsche Kritik aus, da sie die französische Entscheidungsbefugnis in Zoll- und Währungsfragen des Saarlandes und dessen Vertretung nach außen bestätigten und Frankreich für 50 Jahre den Abbau der Saarkohle übertrugen. SPD-Politiker sprachen von einer Annexion, und auch Adenauer kritisierte die französische Politik. Allerdings schlug der Bundeskanzler am 7. März 1950 in einem Interview auch die Bildung einer deutsch-französischen Union zur Lösung der bilateralen Probleme vor: Eine solche Union sei „die einzige Möglichkeit, um Einheit in Europa zu erreichen", durch sie würde „der Rivalitätsgedanke zwischen beiden Ländern verschwinden."[150] Der Vorschlag einer Union, die auch den Benelux-Staaten, Italien und Großbritannien offen stehen sollte, wurde nicht weiter verfolgt, aber Adenauer hatte deutlich gemacht, dass er trotz bzw. wegen der bilateralen Probleme zu einer deutsch-französischen Zusammenarbeit in einer europäischen Organisation bereit war.

Bereits vor 1950 hatte sich abgezeichnet, dass die französische Deutschlandpolitik zunehmend in eine Sackgasse geriet und Frankreich wegen fehlender Unterstützung der anderen Siegermächte nicht in der Lage sein würde, die deutsch-französischen Beziehungen dauerhaft im Sinne einer politischen und wirtschaftlichen Dominanz Frankreichs zu organisieren. Die französische Regierung war selbst auf die Unterstützung der anderen Westmächte, insbesondere der USA, angewiesen, so dass sie auch zunehmend auf den britisch-amerikanischen Kurs in der Deutschlandpolitik einschwenken musste. Das zeigte sich, als die französische Regierung 1947 der Einbeziehung der westlichen deutschen Besatzungszonen in den Marshallplan genauso zustimmen musste wie der Erhöhung der Produktion der deutschen Schwerindustrie und 1948 den Londoner Empfehlungen zur Schaffung eines westdeutschen Bundesstaates. Es erschien wahrscheinlich, dass der Wiederaufbau der deutschen Wirtschaft und die US-amerikanische Forderung, angesichts des beginnenden Kalten Krieges Westdeutschland zu stärken, den neuen westdeutschen Staat auf absehbare Zeit wirtschaftlich, politisch und militärisch wieder erstarken lassen würden.

Der Ausweg aus der Sackgasse der französischen Deutschlandpolitik und der Situation gegenseitigen Misstrauens gelang 1950 mit dem auf Ideen Jean Monnets zurückgehenden Schuman-Plan. Er war eine Neufokussierung der französischen Deutschlandpolitik, die nun über die supranationale europäische Integration die Probleme der deutsch-französischen Beziehungen zu lösen versuchte. Die Interessenlagen Frankreichs und der Bundesrepublik differierten nicht unerheblich, doch die supranationale Integration in der EGKS ermöglichte einen Interessenausgleich: Die französische Regierung verzichtete zugunsten der Integration auf Souveränität und gewann durch die Einbindung der Bundesrepublik an Sicherheit, die Teilhabe an der Kontrolle der rüstungswichtigen deutschen Schwerindustrie und den Zugang zur Ruhrkohle. Die zu dem Zeitpunkt noch nicht souveräne Bundesrepublik verzichtete auf Teile ihrer zukünftigen Souveränität und gewann durch die Integration in eine supranationale Gemeinschaft, in der alle Mitgliedstaaten auf Souveränität verzichteten, die internationale Anerkennung als gleichberechtigter Partner, eine feste Anbindung an Westeuropa sowie die Ablösung des Ruhrstatuts.

Die europäische Integration in der EGKS schuf erstens durch den Interessenausgleich die Voraussetzung für eine deutsch-französische Zusammenarbeit, zweitens machte sie durch die Verknüpfung der Interessen in der EGKS die deutsch-französische Zusammenarbeit zur Notwendigkeit, und drittens gab sie der deutsch-französischen Zusammenarbeit ein Ziel: die Integration Europas in einer Föderation. Schuman unterstrich diese zentrale Bedeutung des deutsch-französischen Verhältnisses für die europäische Integration bereits in seiner Regierungserklärung (Schuman-Plan): „Die Vereinigung der europäischen Nationen erfordert, daß der Jahrhunderte alte Gegensatz zwischen Frankreich und Deutschland ausgelöscht wird."[151]

Auch die folgenden französischen Vorschläge für die supranationale Integration verfolgten das Ziel, Probleme der Deutschlandpolitik zu lösen. So wie die EGKS den Wiederaufbau und die Produktion der rüstungswichtigen deutschen Schwerindustrie kontrollierte, sollte die EVG dafür sorgen, die Gefahren einer deutschen Wiederbewaffnung einzudämmen, und die EAG sollte das Risiko einer deutschen Kernindustrie für Frankreich begrenzen. Nach dem Scheitern der EVG erwuchs aus der Zusammenarbeit in der EGKS die Fortsetzung der Integration in EAG und EWG. Die Entbilateralisierung bzw. Europäisierung der deutsch-französischen Beziehungen in der EGKS hatte den Ausgangspunkt für die weitere supranationale Integration gesetzt.

Zur Lösung der Saarfrage gab es auch Pläne für eine Europäisierung, die jedoch scheiterten. Der Vorschlag des Europarates von 1953/54, das Saargebiet politisch zu einem europäischen Territorium im Rahmen der EPG zu machen und es wirtschaftlich gleichermaßen in einem gemeinsamen Markt mit Frankreich und der Bundesrepublik zu verbinden, fand nicht die Zustimmung der französischen Regierung. Eine stärker an französischen Interessen orientierte Europäisierung sah das von Frankreich und der Bundesrepublik ausgehandelte Saarstatut vor, von dessen Unterzeichnung Frankreich seine Zustimmung zu den Pariser Verträgen abhängig gemacht hatte. Nach dem Saarstatut vom 23. Oktober 1954 sollte das Saarland als Sitz der EGKS-Organe ein europäisches Territorium im Rahmen der WEU werden, dessen politische Vertretung nach außen ein vom Ministerrat der WEU bestimmter Kommissar wahrnehmen sollte. Wirtschaftlich sollte es Teil des französischen Währungs- und Zollgebiets bleiben, aber den Austausch mit der Bundesrepublik weiter entwickeln. Diesen Vorschlag lehnten allerdings in einem von Frankreich gewünschten Referendum zwei Drittel der saarländischen Bürger am 23. Oktober 1955 ab. Das daraufhin ausgehandelte bilaterale deutsch-französische Saarabkommen sorgte für einen Beitritt des Saarlandes zur Bundesrepublik zum 1. Januar 1957, wobei es wirtschaftlich noch für eine Übergangszeit von bis zu drei Jahren im französischen Wirtschaftsgebiet verbleiben sollte. Als Kompensation erhielt Frankreich den Ausbau von Mosel und Oberrhein zu Schifffahrtswegen sowie Bezugsrechte für saarländische Steinkohle. Es war gelungen, trotz der gescheiterten Europäisierung eine bilaterale Lösung für ein wesentliches Problem der deutsch-französischen Beziehungen zu finden.

Interessenausgleich und Wille zur deutsch-französischen Zusammenarbeit in den EG

Für das Gelingen der Integration war die Verständigung auf gemeinsame Europakonzeptionen und ein Ausgleich politischer und wirtschaftlicher Interessen der Mitgliedstaaten nötig, da abgesehen von ihrem gemeinsamen Interesse an einer Stärkung Europas ihre einzelstaatlichen Interessen nicht unerheblich divergierten, das galt insbesondere für die Interessen Frankreichs und der Bundesrepublik. So führten ihre unterschiedlichen Europakonzeptionen genauso wie ihre unterschiedlichen politischen und wirtschaftlichen Interessen häufig zu Konflikten, die den Integrationsprozess hemmten. Beispielsweise waren französische Regierungen, insbesondere seit der Präsidentschaft de Gaulles, sehr zurückhaltend, Souveränität an supranationale Institutionen abzugeben oder diese zu stärken, während die Bundesrepublik einen möglichst engen Zusammenschluss mit supranationalem Charakter förderte. Auch die außenpolitischen Vorstellungen, insbesondere was die Beziehungen zu den USA anging, unterschieden sich deutlich. Während Westdeutschland aufgrund seiner exponierten Lage keine Alternative zum Schutz durch die NATO sah, suchte Frankreich als Nuklearmacht eine größere Distanz Westeuropas zu den USA. Schließlich differierten auch die wirtschaftlichen Interessen nicht unerheblich. Während die Bundesrepublik mit einer wettbewerbsstarken Industrie auf eine liberale Handelspolitik drängte, bevorzugte Frankreich Protektion und staatliche Industriepolitik und brachte zudem gewichtige Agrarinteressen in die EWG ein.

Diese Differenzen zeigten sich bereits bei den Verhandlungen zu den Römischen Verträgen. Der französische Interessenschwerpunkt lag auf der EAG, um Unterstützung für die zivile und militärische französische Nuklearindustrie und Kontrolle über die im Aufbau befindliche deutsche Nuklearindustrie zu erhalten. Dafür war Frankreich bereit, als Zugeständnis an die exportorientierte Bundesrepublik einem Gemeinsamen Markt zuzustimmen, ohne den diese aus französischer Sicht die EAG nicht akzeptiert hätte. Die deutschen Fachminister hatten aus Sachgründen die nukleare Kooperation mit den USA gegenüber einer Zusammenarbeit im Kreise der Sechs und eine große industrielle Freihandelszone gegenüber einer Zollunion der Sechs bevorzugt. Für Adenauer jedoch war die Fortsetzung der europäischen Integration und der deutsch-französischen Zusammenarbeit von größerer politischer Bedeutung als wirtschaftliche Interessen. Daher setzte er die Fortsetzung der Integration unter Nutzung seiner Richtlinienkompetenz durch, was Erhard als „Integrationsbefehl" kritisierte. Auch bei den zentralen Aspekten der EWG-Vertragsverhandlungen repräsentierten die Bundesrepublik und Frankreich oft die gegenüberliegenden Enden des Interessenspektrums: Bei der Ausgestaltung des Außenzolls für die Zollunion forderte das protektionistische Frankreich zusammen mit Italien hohe, die Bundesrepublik mit den Niedrigzollländern Belgien und Niederlande niedrige Zollsätze. Bei der Sozialpolitik forderte Frankreich eine Harmonisierung auf dem hohen französischen Niveau, welche die Bundesrepublik aus Wettbewerbsgründen ablehnte. Bei der Frage der Landwirtschaft setzten sich Frankreich und die Niederlande für einen gemeinsamen Agrarmarkt und eine GAP ein, während die Bundesregierung als Gegner der GAP versuchte, deren vertragliche Festlegung zu vermeiden. Bei der Assoziierung von außereuropäischen Staaten drängten die (ehemaligen) Kolonialmächte Frankreich und Belgien auf Präferenzen und gemeinsame Entwicklungshilfe für ihre ehemaligen Kolonien, woran die Bundesrepublik und Italien kein Interesse hatten. Der in den Verhandlungen erzielte Ausgleich der deutsch-französischen Interessen, der sich u.a. in einer Zollunion mit Gemeinsamer Agrarpolitik widerspiegelte, war auch für die anderen Mitgliedstaaten eine tragbare Lösung. Dass es in den 1950er Jahren trotz solch divergierender Interessen gelang, Kompromisse zu finden und die Gemeinschaften zu errichten, welche die Basis für die Fortsetzung der Zusammenarbeit und des Ausgleichs legten, war eine konstruktive Leistung auch der beteiligten französischen und deutschen Politiker.

Ebenso traten in den Aufbaujahren der EWG in den 1960er Jahren immer wieder deutsch-französische Interessendifferenzen hervor. Bei der Implementierung der GAP und der Zollunion sowie der Außenhandelspolitik im Rahmen der Kennedy-Runde gelang es, in der EWG tragfähige deutsch-französische Kompromisse zu finden. Bei der Ausdehnung der europäischen Integration auf weitere Bereiche, wie z.B. die Außen- und Verteidigungspolitik, kam es jedoch nicht zu Fortschritten. In diesen Fragen war mit de Gaulle angesichts seines Führungsanspruchs und seiner Konzeption eines intergouvernementalen *Europe européenne* kein Interessenausgleich zu erreichen, auch da die Bundesregierung aus sicherheitspolitischen Erwägungen stets an der Einbindung in einer starken NATO festhalten musste. So standen sich Frankreich und die übrigen Partner bei diesen Fragen wie auch bei der Frage der Supranationalität der EWG und ihrer Erweiterung um Großbritannien gegenüber. Dabei bemühte sich die Bundesrepublik, abgesehen von ihrer harten Haltung während der Krise des „leeren Stuhls", zwischen den Positionen zu vermitteln und die Arbeit in der EWG nach Krisen mit einem Interessenausgleich in Form eines neuen Arbeitsprogramms fortzusetzen.

Der Regierungswechsel in Frankreich 1969 ermöglichte auf der Haager Gipfelkonferenz durch die Zusammenarbeit von Pompidou und Brandt einen erneuten Interessenausgleich, der zur Sicherung der GAP und zur Erweiterung der EG führte. Jedoch behinderten in den 1970er Jahren deutsch-französische Interessengegensätze die verabredete Vertiefung der Integration. So konnte sich die EPZ allein schon deshalb nicht über eine lockere intergouvernementale Zusammenarbeit hinaus entwickeln, da Frankreich und die Bundesrepublik unterschiedliche außenpolitische Vorstellungen, z.B. über das zukünftige

Verhältnis Europas zu den USA, sowie unterschiedliche institutionelle Vorstellungen über die Organisation der EPZ hatten. Gleichermaßen scheiterte der Versuch, mit dem Werner-Plan eine Währungsunion zu schaffen, auch weil die deutsche und französische Regierung sich nicht über etwaige wirtschaftliche Vorbedingungen und neue supranationale Institutionen für eine Währungsunion verständigen konnten. Auf der anderen Seite zeigte der Erfolg des EWS, eine Initiative Giscard d'Estaings und Schmidts, dass ein deutsch-französischer Kompromiss, der supranationale Kompetenzen in der Währungspolitik bei Verzicht auf vorherige Harmonisierung der Wirtschaftspolitik vorsah, auch für die anderen Mitgliedstaaten akzeptabel war.

Die europäische Integration erforderte immer wieder einen neuen Interessenausgleich ihrer Mitgliedstaaten. Der historisch bedingte Wille zur Zusammenarbeit und die großen politischen und wirtschaftlichen Vorteile der Integration sorgten dafür, dass trotz Interessenunterschiede und Krisen die Zusammenarbeit in den Gemeinschaften mit neuen Kompromissen fortgesetzt wurde. Während deutsch-französische Interessengegensätze die Integration hemmten, förderte die deutsch-französische Zusammenarbeit bei der Suche nach Kompromissen in den Organen der EG zweifelsohne die Integration. Gerade die großen Interessengegensätze zwischen der Bundesrepublik und Frankreich bieten eine Erklärung für die Tragfähigkeit deutsch-französischer Kompromisse innerhalb der EG, da der Ausgleich besonders stark divergierender Interessen auch die moderateren Positionen anderer Mitglieder einzuschließen vermochte.

Achsen und Motoren: Der deutsch-französische Einfluss in den EG

Die Bundesrepublik und Frankreich hoben sich in den EG der Sechs von den anderen Mitgliedstaaten durch die Größe ihrer Bevölkerung und ihrer Wirtschaftsleistung ab. Zudem verband die beiden Staaten ein besonderes Verhältnis, das auf der Vergangenheit der deutsch-französischen Beziehungen und dem Willen zur Zusammenarbeit beruhte. Die Zusammenarbeit der beiden Staaten wird in der Presse und der politikwissenschaftlichen Literatur oft als „Achse", „Initiator", „Motor" oder „Lokomotive" der europäischen Integration charakterisiert. Diese Metaphern suggerieren – je nach Autor –, dass die deutsch-französische Zusammenarbeit nicht nur für das Funktionieren der Gemeinschaft notwendig (gewesen) sei („linchpin", „Achsnagel“), sondern gar den Fortschritt und die Politiken in der EG bestimmt habe oder bestimme („dual hegemony“).[152] Die historische Forschung zum Integrationsprozess bestätigt diese Bilder nur teilweise. Zwar war deutsch-französische Zusammenarbeit bei der Suche nach einem Interessenausgleich in den EG angesichts besonders stark divergierender deutsch-französischer Interessen notwendig und nützlich, doch von einer gemeinsam ausgeübten, für die Integration nützlichen Führungsrolle oder Hegemonie kann angesichts ihrer fehlenden Einigkeit und ihres beschränkten Einflusses kaum gesprochen werden.

Betrachtet man die Initiativen zur Gründung der supranationalen Gemeinschaften, so wird deutlich, dass sie im strengen Sinne nicht von Frankreich und der Bundesrepublik gemeinsam initiiert wurden, auch wenn für die Realisierung aller Vorschläge auch die Zustimmung beider Staaten nötig war. So war die EGKS eine französische Initiative, wenngleich die Bundesregierung bereits vorab ihre Unterstützung des Schuman-Plans signalisiert hatte. Auch die gescheiterte EVG war eine französische Initiative, welche allerdings erst nach amerikanischer Intervention von der Bundesregierung unterstützt wurde. Mit der Ausarbeitung des Entwurfs für die EPG wurde ein italienischer Vorschlag aufgenommen. Die für die Integration bedeutende Idee zum Gemeinsamen Markt ging auf den niederländischen Außenminister Johan Willem Beyen zurück. Und obwohl die EAG auf den Vorstellungen Jean Monnets fußte, waren es die Regierungen der Benelux-Staaten und Spaak, die gemeinsam nach dem Scheitern der EVG die *relance européenne* initiierten, welche zur Gründung von EWG und EAG führte.

Noch weniger ist es möglich, von einer deutsch-französischen Hegemonie über die übrigen Mitgliedstaaten der EG zu sprechen. In den Gemeinschaften verhinderten Institutionengefüge sowie Verfahrensregeln, dass die zwei größten Mitgliedstaaten allein die Politik in den EG bestimmen konnten. Ohne die Zustimmung weiterer Mitgliedstaaten bzw. ohne einen entsprechenden Vorschlag der Hohen Behörde konnten sie im Rat der EGKS keine Entscheidungen in ihrem Sinne herbeiführen. Im Rat der EWG, in dem die meisten Entscheidungen ohnehin einstimmig getroffen wurden, und im Rat der EAG reichten die deutschen und französischen Stimmen dafür in keinem Fall aus. Lediglich beiden unliebsame Entscheidungen konnten die beiden größten Staaten gemeinsam verhindern, da sie im Rat der EWG bis zur Erweiterung auf 15 Mitgliedstaaten zum 1. Januar 1995 eine Sperrminorität bei Entscheidungen mit qualifizierter Mehrheit besaßen. Für Veränderungen bei den Institutionen und die Arbeit auf vom EWG-Vertrag nicht vorgesehenen Politikfeldern waren Vertragsänderungen bzw. intergouvernementale Absprachen notwendig, welche die Zustimmung jedes einzelnen Mitgliedstaats erforderten. Daher waren die Bundesrepublik oder Frankreich keineswegs in der Lage, ihren Partnern ihren Willen zu diktieren. Das zeigte sich beispielsweise, als es Anfang der 1960er Jahre nicht gelang, gegen die Opposition Belgiens und der Niederlande die von Frankreich und der Bundesrepublik gewünschte Europäische Politische Union zu realisieren. Darüber hinaus fehlte, wie oben dargestellt, der Bundesrepublik und Frankreich angesichts ihrer divergierenden Interessen und Europakonzeptionen ohnehin ein gemeinsames europapolitisches Programm, das sie hätten gemeinsam durchsetzen können.

Außerdem ist festzuhalten, dass Ansätze einer gemeinsamen Führungsrolle und verstärkter deutsch-französischer Zusammenarbeit durchaus auf Argwohn bei den EG-Partnern stießen und die Integration belasten konnten, was sich beim „Vertrag zwischen der Französischen Republik und der Bundesrepublik Deutschland über die deutsch-französische Zusammenarbeit" (Elysée-Vertrag) zeigte. Seine noch heute verbreitete Einschätzung als Höhepunkt der deutsch-französischen Aussöhnung und wichtiger Schritt für die europäische Integration ist angesichts der Erfolge der Aussöhnung durch die Zusammenarbeit in den EG in den 1950er Jahren und der ablehnenden Reaktion der europäischen Partner auf den Vertrag nicht haltbar: Nach dem Scheitern der Fouchet-Verhandlungen und deutsch-französischer Versuche, zusammen mit Italien eine Politische Union zu schließen, beschränkten sich Frankreich und die Bundesrepublik auf eine Zweier-Union. Am 22. Januar 1963 unterzeichneten de Gaulle und Adenauer im Pariser Elysée-Palast den deutsch-französischen Vertrag. Die Vertragsparteien vereinbarten darin die Stärkung der Zusammenarbeit in den Bereichen Auswärtige Angelegenheiten, Verteidigung und Jugend- und Kulturpolitik sowie regelmäßige Regierungskonsultationen. Dabei sollten sich die Regierungen „vor jeder Entscheidung", auch bei „Fragen der europäischen Gemeinschaften und der europäischen politischen Zusammenarbeit", konsultieren, „um soweit wie möglich zu einer gleichgerichteten Haltung zu gelangen."[153]

Im Grunde genommen waren diese Regelungen für die EG zwar nicht nützlich, aber harmlos. So mahnte Kommissionspräsident Hallstein lediglich, dass in der Praxis nicht Vorabsprachen die Entscheidungsfindung im Rat der EG behindern und Frankreich und die Bundesrepublik keinen „systematischen Abstimmungspool" bilden dürften, der Entscheidungen mit qualifizierter Mehrheit vereitele.[154] Die europäischen Partner sahen den Vertrag zu der Zeit jedoch stärker in einer Kontinuität mit dem gaullistischen Fouchet-Plan und der französischen Blockade des britischen EWG-Beitritts. Sie befürchteten, die Bundesrepublik habe sich der Position des intergouvernementalen *Europe européenne* de Gaulles angeschlossen. Die vereinbarte bilaterale deutsch-französische Zusammenarbeit weckte die Sorge, Frankreich und die Bundesrepublik könnten versuchen, die Zusammenarbeit *außerhalb der EG* zu verlagern und dadurch die kleineren Partner zu dominieren, was die Integration in den supranationalen Gemeinschaften bisher verhindert hatte. Entsprechend kritisierten beispielsweise die sozialistischen Parteien der EG-Versammlung, dass der deutsch-französische Vertrag keineswegs die deutsch-französische Aussöhnung oder die europäische Integration fördere: im „multilateralen Rahmen war die Aussöhnung der Völker bereits auf dem Wege des Vollzugs", dagegen „erschüttert dieser Vertrag das Vertrauen zwischen den Partnern der Europäischen Gemeinschaft. Er erweckt in den anderen Partnerstaaten den Verdacht, daß er den Willen zur Errichtung einer Hegemonie beinhaltet und infolgedessen zur Sprengung der europäischen Solidarität führen könnte."[155]

Die negativen Reaktionen der europäischen Partner und der USA sowie die Kritik in der Bundesrepublik führten dazu, dass der deutsch-französische Vertrag vom Bundestag nur mit einer vorangestellten Präambel ratifiziert wurde, welche ihn in den Dienst „einer engen Partnerschaft zwischen Europa und den Vereinigten Staaten von Amerika" sowie der „Einigung Europas auf dem durch die Schaffung der Europäischen Gemeinschaften begonnenen Wege unter Einbeziehung Großbritanniens" stellte.[156] Mit dieser Präambel betonte die Bundesrepublik – zum Leidwesen de Gaulles –, dass sie eine enge Zusammenarbeit mit Frankreich suchte, aber im Gegensatz zum französischen Präsidenten weiterhin an der supranationalen europäischen Integration als dem Rahmen dieser Zusammenarbeit festhielt.

Literatur

Bitsch, Marie-Thérèse (Hg.): *Le couple France-Allemagne et les institutions européenne. Une postérité pour le plan Schuman?*, Brüssel 2007.

Germond, Carine/Türk, Henning (Hg.): *A History of Franco-German Relations in Europe. From „Hereditary Enemies" to Partners*, New York 2008.

LAPPENKÜPER, Ulrich: *Die deutsch französischen Beziehungen 1949-1963*, 2 Bde., München 2001.
MENUDIER, Henri (Hg.): *Le couple franco-allemand en Europe*, Paris 1993.
PICHT, Robert/WESSELS, Wolfgang (Hg.): *Motor für Europa? Deutsch-französischer Bilateralismus und europäische Integration*, Bonn 1990.
ZIEBURA, Gilbert: *Die deutsch-französischen Beziehungen seit 1945. Mythen und Realitäten,* überarb. und akt. Neuaufl., Stuttgart 1997.

5 Geburtshelfer Europas? Die USA im europäischen Integrationsprozess

Für die Entwicklung der europäischen Einigung in der Nachkriegszeit spielten nicht nur die beteiligten europäischen Staaten, sondern auch die USA eine wichtige Rolle. Der amerikanische Einfluss resultierte dabei im Wesentlichen aus der überragenden wirtschaftlichen und militärischen Macht der USA, auf deren Schutz die Staaten Westeuropas im Kalten Krieg angesichts der sowjetischen Bedrohung stets angewiesen waren. Ihren eigenen politischen und wirtschaftlichen Interessen folgend befürworteten die USA nach dem Beginn des Kalten Krieges die Einigung Westeuropas. Zur Förderung der Integration sowie zur Wahrung eigener Interessen griffen sie wiederholt in den Integrationsprozess ein. In der historischen Forschung besteht Einigkeit darüber, dass die Unterstützung des europäischen Integrationsprozesses durch die USA zu den Konstanten amerikanischer Außenpolitik seit Ende des Zweiten Weltkriegs zählt, wenngleich es seit den 1960er Jahren auch immer wieder zu Konflikten über handels- und sicherheitspolitische Fragen zwischen den USA und den Europäern kam und sich die Intensität der Unterstützung abschwächte. Unterschiedlich bewertet hingegen wird die Bedeutung des US-amerikanischen Einflusses für den Integrationsprozess, so dass die USA in der Literatur entweder wahlweise als Initiator, Geburtshelfer oder Förderer der europäischen Einigung charakterisiert werden oder aber ihnen jeglicher Einfluss auf die Gestaltung des europäischen Integrationsprozesses abgesprochen wird.

Ziele amerikanischer Europapolitik

Die Errichtung der Vereinigten Staaten von Europa war, wie John Gillingham darlegt, „not a traditional American aim“,[157] vielmehr ein Resultat des Scheiterns anderer Möglichkeiten, wie die Schaffung einer globalen Nachkriegsordnung in Zusammenarbeit mit der Sowjetunion. Der amerikanische Präsident Roosevelt war während des Krieges davon überzeugt, dass in Zukunft allein die sogenannten „four policemen“ USA, Sowjetunion, China und Großbritannien für die Ordnung der Nachkriegswelt zuständig sein sollten, während alle anderen Staaten abrüsten würden. Sein Außenminister Hull strebte die Bildung einer weltumfassenden Friedensorganisation unter Einbeziehung aller Staaten an. Eine Organisation der europäischen Staaten als eigenständiger Block war weder in Roosevelts noch in Hulls Vorstellungen vorgesehen. Hull sah in der Bildung regionaler Organisationen den Ansatzpunkt möglicher zukünftiger Konflikte; Roosevelt wollte nicht zuletzt mit Rücksicht auf die angestrebte Kooperation mit der Sowjetunion in der Nachkriegszeit keinen europäischen Block zulassen. Die noch Anfang der 1940er Jahre in den USA von verschiedenen privaten und halbstaatlichen Organisationen sowie auch innerhalb des State Department erwogenen Pläne für einen europäischen Zusammenschluss wurden daher ab Spätsommer 1943 nicht weiter verfolgt; das mit solchen Plänen befasste Komitee im State Department wurde aufgelöst.

Ein Wandel dieser amerikanischen Europapolitik setzte erst im Zuge des aufkommenden Kalten Krieges ein. Eine Einigung der Staaten Westeuropas wurde unter dem amerikanischen Präsidenten Truman als Möglichkeit der Abwehr des sowjetischen Expansionsstrebens angesehen. Im Zuge der amerikanischen „Containment-Politik“, die in der Truman-Doktrin des Jahres 1947 ihren Ausdruck fand, wuchs der europäischen Einigung die Rolle eines „abwehrenden Blocks“ zu.

Umstritten ist allerdings in der Forschung, ob die Lancierung des Marshallplans im Jahre 1947, welcher die Forderung nach einer Einigung der europäischen Staaten enthielt, primär auf das Motiv der Zurückdrängung des sowjetischen Einflusses zurückzuführen ist oder ob der Marshallplan nicht eher dem Wunsch der USA nach Sicherung des weltweiten Freihandelssystems, dem Aufbau des europäischen Marktes als Handelspartner und Absatzmarkt für US-amerikanische Produkte sowie dem Wiederaufbau und der Eingliederung Westdeutschlands in die westliche Welt diente. Ungeachtet der Frage, welches dieser Motive primär dem Marshallplan zugrunde lag, bleibt festzuhalten, dass die mit dem Marshallplan einsetzende amerikanische Unterstützung der europäischen Integration keineswegs altruistischen Motiven entsprang, sondern vielmehr einem wohlverstandenen Eigeninteresse der USA diente bzw. als Investition in die eigene Zukunft verstanden wurde.

Die USA verfolgten mit der Förderung und Unterstützung des europäischen Integrationsprozesses mehrere, eng miteinander verbundene Ziele: 1. die dauerhafte Bewahrung des europäischen Friedens durch eine Veränderung der europäischen Strukturen, die Einbindung Westdeutschlands in ein geeintes Europa und die Zurückdrängung des sowjetischen Expansionsstrebens (sog. „double containment“); 2. die Durchsetzung amerikanischer Wirtschaftsinteressen mittels einer „open door policy“ und dem Wiederaufbau der europäischen Volkswirtschaften sowie deren Einbeziehung in ein weltweites Freihandelssystem. Dabei kamen dem Wiederaufbau Westdeutschlands und der Einbindung der westdeutschen Wirtschaft in die Weltwirtschaft eine zentrale Rolle zu; 3. die Entlastung der USA durch das sogenannte „burden sharing“ in der Weltpolitik durch einen starken europäischen Partner. Insbesondere spielte dabei der Wunsch nach einer Minderung der Lasten der Sicherheitspolitik für die USA eine Rolle. Als ein weiteres, ideelles Motiv für die amerikanische Unterstützung des Integrationsprozesses ist das Bestreben zu nennen, in Europa eine Form des Zusammenschlusses zu fördern, die dem als erfolgreich angesehenen eigenen Modell entsprach.

Diese genannten Ziele bestimmten mit unterschiedlicher Schwerpunktsetzung die Haltung der USA gegenüber der europäischen Integration seit den ausgehenden 1940er Jahren. So lassen beispielsweise die Verhandlungen der Amerikaner mit den europäischen Staaten im Rahmen der CEEC (Paris) 1947/48 das deutliche Interesse der USA an der Herstellung eines effizienten und leistungsstarken gemeinsamen europäischen Marktes unter Einbeziehung Westdeutschlands erkennen. Die Aufforderung des amerikanischen Außenministers Acheson an Frankreich, die Initiative für eine europäische Einigung zu ergreifen, zielte vor allem darauf ab, die 1949 entstandene Bundesrepublik fest in den Westen einzubinden. Zugleich machten die amerikanischen Reaktionen auf Schumans Initiative zur Bildung einer europäischen Kohle- und Stahlgemeinschaft deutlich, dass die USA bestrebt waren, ein europäisches Kohle- und Stahlkartell und damit mögliche Nachteile für die amerikanische Wirtschaft und Gefahren für die Handelsliberalisierung zu verhindern. Auch der Unterstützung von EWG und Euratom durch die USA lagen der Wunsch nach fester Einbindung Deutschlands in den Westen, Herstellung eines großen, von Zollschranken befreiten Marktes und Schaffung eines mächtigen Europas als Bollwerk gegen den Kommunismus zugrunde. Demgegenüber wurde die mögliche Gefahr der Entstehung eines mächtigen Wirtschaftsblocks in Europa mit negativen Auswirkungen für den amerikanischen Außenhandel als zweitrangig eingestuft. Selbst Anfang der 1970er Jahre, als im Zusammenhang mit einem EG-Beitritt Großbritanniens die Stimmen in den USA lauter wurden, die vor möglichen negativen Auswirkungen des erweiterten Europas auf die amerikanische Wirtschaft warnten, entschied Nixon sich, weiterhin den Beitritt Großbritanniens zur EG zu unterstützen, um ein starkes, geeintes Europa zu schaffen.

Wenngleich die Förderung und Unterstützung der europäischen Integration ein konstantes Ziel der amerikanischen Außenpolitik war, so zeigten sich die USA flexibel in Bezug auf die konkrete Ausgestaltung europäischer Strukturen und die bevorzugten Partner bei der Durchsetzung ihrer Ziele. Mitunter werden in der Literatur mehrere Alternativen oder Phasen amerikanischer Politik für die Einigung Europas unterschieden, die sich pragmatisch an die Gegebenheiten in Europa anpassten. Wie bereits die Verhandlungen um die OEEC oder die Einflussnahme auf die Struktur der EGKS deutlich machten, präferierten die USA ein supranationales Europa, von dem sie sich größtmögliche Effizienz und eine feste Einbindung Westdeutschlands versprachen. Als bei den Verhandlungen um die OEEC dieses Ziel mit dem anderen Ziel der Einbeziehung möglichst vieler Staaten in das European Recovery Program in Konflikt geriet, entschieden sie sich für Letzteres und verzichteten darauf, weiter auf die Durchsetzung supranationaler Strukturen zu drängen. Die USA strebten einen möglichst großen Teilnehmerkreis westeuropäischer Staaten an einem geeinten Europa an; ihr bevorzugter europäischer Partner bei der Verwirklichung der europäischen Integration war zunächst Großbritannien. Wenngleich auch das State Department sich Ende der 1940er Jahre notgedrungen der Einsicht fügen musste, dass ein starkes, geeintes Europa zunächst nur ohne britische Beteiligung zustande kommen würde, hielten die USA am Ziel einer britischen Beteiligung an der Organisation Europas fest. Sie unterstützten daher in den 1960er Jahren die britischen Beitrittsgesuche zu den Europäischen Gemeinschaften.

Nachdem Großbritannien sich der Teilnahme an einem supranationalen Europa verweigert hatte, setzten die USA ab 1949 auf Frankreich als Initiator oder Motor der europäischen Einigung. Dabei sahen sie sich immer wieder vor die Aufgabe gestellt, einen Ausgleich zwischen den sich widersprechenden französischen Interessen nach Sicherheit vor und Dominanz gegenüber Deutschland einerseits und den deutschen Interessen nach Souveränität und Gleichberechtigung andererseits herzustellen. Der Wandel der amerikanischen Europapolitik zu einer Unterstützung der EVG seit 1951 beispielsweise resultierte allein aus der Notwendigkeit, die gegensätzlichen Interessen beider Staaten in Einklang zu bringen, ebenso dienten die amerikanischen Eingriffe bei den Verhandlungen um die EGKS und Euratom dem Ziel, die französischen und deutschen Interessen miteinander zu vereinbaren. Die Bundesrepublik gewann als wichtiger europäischer Partner der USA zunehmend an Bedeutung. Bereits 1954 in Zusammenhang mit der Einbindung der Bundesrepublik in die EVG hatte Eisenhower gegenüber Churchill geäußert: „we could not afford to lose Germany even though we were to lose France“[158]. Die Herausforderung der amerikanischen Europapolitik durch die de Gaullesche Europakonzeption eines *Europe européenne* in den 1960er Jahren führte dazu, dass die USA verstärkt auf die Bundesrepublik Deutschland als Partner für die Verfolgung ihrer Ziele setzten.

Amerikanische Eingriffe in den Integrationsprozess

Die Unterstützung der USA für das Zustandekommen einer machtvollen europäischen Organisation erfolgte auf unterschiedliche Weise; sie reichte von der Aufforderung zur Ergreifung von Initiativen, über indirekte Einflussnahme auf die Politik bzw. Politiker beteiligter Staaten bis hin zur Ausübung von direktem Druck auf die einzelnen Partner.

Bei der Verkündung des Marshallplans hatte der amerikanische Außenminister die enge Zusammenarbeit der europäischen Staaten zur Bedingung für die Gewährung finanzieller Unterstützung durch die USA gemacht, ohne genau darzulegen, auf welche Weise diese Zusammenarbeit erfolgen sollte. Im Verlaufe der Verhandlungen um die OEEC drängte der amerikanische Unterstaatssekretär für Wirtschaftsfragen im State Department, Clayton, die Europäer mehrfach, Schritte zur Handelsliberalisierung zu unternehmen und eine supranationale europäische Organisation zu gründen. Auch drohte er mit der Verweigerung der in Aussicht gestellten Hilfsgelder durch den amerikanischen Kongress, falls die Europäer keine definitiven Schritte zur Zusammenarbeit unternehmen würden. Weiteren Druck übten die USA allerdings nicht aus, um zu vermeiden, dass einige Staaten, wie z.B. Großbritannien, aus dem Teilnehmerkreis ausscheren würden. Damit wäre das Ziel in Gefahr geraten, die europäischen Wirtschaften wieder aufzurichten.

Bevor Schuman am 9. Mai 1950 seinen Plan zur Bildung einer Kohle- und Stahlgemeinschaft verkündete, hatten die USA die französische Regierung, u.a. über den amerikanischen Botschafter David Bruce in Paris, mehrfach und mit Nachdruck aufgefordert, die Initiative für die Einbindung Westdeutschlands in ein supranationales Europa zu ergreifen. Während der Verhandlungen um die Bildung der EGKS griffen sie im Hintergrund wiederholt in die Verhandlungen ein, um die Supranationalität der geplanten Gemeinschaft sicherzustellen und die Entstehung eines für die USA nachteiligen Kohle- und Stahlkartells zu verhindern: Durch verschiedene Gespräche, so zwischen dem amerikanischen Hochkommissar John McCloy und hohen französischen Beamten oder zwischen Bruce und Monnet, wurden die amerikanischen Vorstellungen den Europäern mitgeteilt, auch wurden die Entwürfe für den endgültigen EGKS-Vertragstext mehrfach nach Washington telegraphiert und dort detailliert kommentiert. Direkten Druck übten die USA schließlich auf die durch die anstehende deutsche Wiederbewaffnung selbstbewusster gewordene, aber noch unter Besatzungsstatut stehende Bundesrepublik aus, indem sie ihr unmissverständlich klarmachten, dass es ohne eine deutsche Unterschrift unter den Schuman-Plan auch keinen Generalvertrag, der das Besatzungsstatut aufheben sollte, geben würde. Adenauer hatte unter anderem als Bedingung für die Unterzeichnung des Schuman-Plans die volle militärische Integration der Bundesrepublik gefordert. Ebenso verließen sie die informelle Ebene und griffen direkt ein, als am deutschen Widerstand gegen die Entflechtung von Kartellen die gesamten Schuman-Plan-Verhandlungen zu scheitern drohten.

Ähnlich verhielten sich die USA bei den Verhandlungen um die EVG. Als die Verteidigungsgemeinschaft, die sie seit 1951 vorbehaltlos unterstützten, an Frankreich zu scheitern drohte, übten die USA Druck auf Frankreich aus. Sie drohten damit, bei Nichtratifizierung des EVG-Vertrages die Bundesrepublik vorzeitig in die Souveränität zu entlassen oder die Frage der deutschen Verteidigung ohne Frankreich zu regeln bzw. die gesamte bisherige amerikanische Europapolitik einer kritischen Prüfung zu unterziehen.

Das Scheitern der EVG bedeutete auch ein Scheitern der amerikanischen Europapolitik. Das State Department zog daraus die Konsequenz, künftig die europäische Integration eher durch indirekte Ermutigung als durch offenen Druck zu unterstützen. Dementsprechend hielten sich die USA bei den Verhandlungen um EWG und Euratom im Hintergrund. Als die Europäische Atomgemeinschaft an der ablehnenden Haltung der Bundesrepublik zu scheitern drohte, gaben sie ihre zwischenzeitlich geübte öffentliche Zurückhaltung auf und machten dem deutschen Minister Strauß klar, dass die Bundesrepublik nur als Mitglied einer Europäischen Atomgemeinschaft in Zukunft angereichertes Uran aus den USA erhalten würde.

Eine Einflussnahme auf den europäischen Integrationsprozess wurde in den folgenden Jahren angesichts des wachsenden Selbstbewusstseins der europäischen Staaten sowie der verstärkt auftretenden handelspolitischen Differenzen zwischen den USA und der EWG zunehmend schwieriger und konnte sich, wie beispielsweise in Zusammenhang mit dem britischen Beitrittsgesuch, eher kontraproduktiv auswirken. Um langfristig den wirtschaftlichen und politischen Herausforderungen der Gemeinschaftsentwicklung zu begegnen sowie der Europapolitik de Gaulles entgegenzuwirken, legte der amerikanische Präsident Kennedy 1962 mit dem „Grand Design of Atlantic Partnership" ein Konzept zur künftigen Gestaltung der amerikanisch-europäischen Beziehungen vor. Dieses Konzept verfolgte mehrere Ziele: den EWG-Beitritt Großbritanniens, die Förderung des transatlantischen Handels und insbesondere der amerikanischen Exporte durch Verminderung von Zollschranken, eine stärkere Beteiligung der Europäer an den westlichen Verteidigungslasten und die Kanalisierung der europäischen Nuklearambitionen und -programme in einer multilateralen, amerikanisch kontrollierten Atomstreitmacht, der sogenannten MLF (Multilateral Nuclear Force). De Gaulle erteilte diesem Konzept Anfang 1963 allerdings eine klare Absage, wodurch die Grenzen des diplomatischen Einflusses der USA auf die Entwicklung Europas deutlich erkennbar wurden. Kennedy zog aus dem Scheitern des „Grand Design" den Schluss, in Zukunft die weitere Unterstützung für den europäischen Integrationsprozess höchst sensibel und indirekt über die fünf europäischen Partner Frankreichs zu betreiben, wobei der Bundesrepublik eine besondere Rolle zugeschrieben wurde. Kennedys gescheitertes Konzept machte die Ambivalenz der amerikanischen Politik deutlich: auf der einen Seite wurden die Europäer zunehmend als Partner betrachtet, die durch Einheit zur Stärke gelangen sollten, auf der anderen Seite beanspruchten die USA weiterhin den Führungsanspruch in dieser Partnerschaft, insbesondere im Rahmen der NATO. Ein Jahrzehnt später, 1973, proklamierte Kissinger das „Year of Europe". Eine neue „Atlantik-Charta" sollte die amerikanisch-europäischen Beziehungen auf eine neue Grundlage stellen und zugleich den amerikanischen Einfluss in Europa sichern. Die Europäer lehnten diese „hegemoniale Partnerschaft"[159] ab und entwarfen ihr Konzept der europäischen Identität in Abgrenzung zu den USA. Dem amerikanischen Einfluss konnten die Europäer sich aber auch in der Folgezeit nicht entziehen; aufgrund der sicherheitspolitischen Abhängigkeit wurden sie nicht zu eigenständigen Akteuren.

Eine Bilanz: Rolle der USA

Eine eindeutige Antwort auf die Frage zu geben, ob die amerikanische Europapolitik erfolgreich war, ist nicht einfach und hängt von der jeweiligen Perspektive ab. Misst man die amerikanische Europapolitik an den oben genannten Zielen: Friedenssicherung durch Einbindung der Bundesrepublik in den Westen und Eindämmung des Kommunismus, Schaffung eines großen europäischen Marktes als Handelspartner und Absatzmarkt für die USA und Stärkung Europas als Partner in der Weltpolitik und Weltwirtschaft, so ist die amerikanische Europapolitik durchaus als erfolgreich zu bewerten. Es bleibt allerdings die Frage bestehen, inwieweit diese Ergebnisse auf den amerikanischen Einfluss zurückzuführen sind und nicht auf europäischer Eigeninitiative beruhen.

Erfolg hatten die USA bei ihrem Einwirken auf die unter Besatzungsstatut stehende Bundesrepublik, z.B. bei der Entflechtung von Kartellen (Schuman-Plan), bei Euratom; ebenso bei der Verbesserung des EVG-Konzeptes durch vermittelnde Gespräche mit Frankreich und der Bundesrepublik wie auch generell bei ihrem Streben, die Bundesrepublik gleichberechtigt in die Gemeinschaft europäischer Staaten einzubeziehen. Auch gelang es ihnen, die Schaffung einer gemeinsamen, permanenten Organisation der Marshallplanländer (OEEC) durchzusetzen, den supranationalen Charakter der EGKS zu wahren und beispielsweise durch die Gewährung einer 100 Millionen-Dollar-Anleihe den erfolgreichen Start der EGKS zu sichern.

Auf der anderen Seite konnten die USA eine Reihe ihrer Forderungen in Bezug auf die Organisation Europas nicht durchsetzen; sie scheiterten mit ihren Zielvorstellungen mehrfach an den anders gearteten Interessen und Vorbehalten der europäischen Staaten. So entwickelte sich die OEEC, anders als von den USA intendiert, zu einer intergouvernementalen Organisation; Großbritannien konnten sie zunächst nicht dazu bewegen, an einer supranationalen europäischen Organisation teilzunehmen. Die Briten entschlossen sich zu dem von den USA gewünschten EG-Beitritt erst, als ihre Lage dies für sie notwendig erscheinen ließ. Ebenso folgte Frankreich der amerikanischen Aufforderung, die Initiative zu einer Einbindung Deutschlands in eine supranationale Organisation zu ergreifen, erst in dem Moment, als es selbst die Schaffung einer supranationalen Organisation als notwendige Alternative zur bislang verfolgten Deutschlandpolitik ansah. Gegen den französischen Willen ließ sich der Beitritt Großbritanniens zu den EG in den 1960er Jahren nicht durchsetzen. Frankreich stimmte der Aufnahme Großbritanniens in die Gemeinschaften erst zu, als Frankreich dies für vorteilhaft ansah. Ebenso scheiterte Kennedys „Grand Design of Atlantic Partnership“ an de Gaulles Vorstellungen eines von den USA unabhängigen *Europe européenne*. Und bereits in den 1950er Jahren war im Zusammenhang mit der EVG klar geworden, dass trotz massiven Drucks von Seiten der USA auf Frankreich die Europäische Verteidigungsgemeinschaft gegen den französischen Willen nicht durchzusetzen war. Es lässt sich somit festhalten, dass der Einfluss der USA auf den europäischen Integrationsprozess nur dann wirkungsmächtig wurde, wenn die amerikanischen und europäischen Vorstellungen grundsätzlich konvergierten; gegen vitale Interessen der europäischen Staaten ließ sich die amerikanische Politik nicht durchsetzen.

Eine eindeutige Schlussfolgerung in Bezug auf die Bedeutung des US-amerikanischen Einflusses für die europäische Integration lässt sich somit nicht ziehen. Auch in der Forschung ist die Rolle der USA im europäischen Integrationsprozess unterschiedlich bewertet worden. Die Autoren Gillingham, Lundestad, Mélandri, Schwabe und van der Beugel beispielsweise schreiben der USA eine maßgebliche Rolle als Initiator und Förderer der europäischen Integration zu; Beate Neuss bezeichnet sie als die „Geburtshelfer Europas".[160] Im Gegensatz dazu vertreten Milward und jüngst Trachtenberg die Auffassung, dass die europäische Einigung sich gerade gegen die amerikanischen Intentionen und Zielvorstellungen entwickelt habe. Milward sieht in den Europäischen Gemeinschaften einen Gegenentwurf zum amerikanischen Integrationskonzept, die europäische Integration sei im Wesentlichen eine „Western European solution to a Western European problem"[161] gewesen; Trachtenberg spricht von einem „counterweight to American power within the Western alliance"[162]. Auch nach Auffassung von Lipgens, der in seinen Arbeiten die Initiative für den europäischen Integrationsprozess den weitsichtigen Ideen europäischer Intellektueller und Politiker zuschreibt, konnten die USA allenfalls bestimmte Formen der Realisierung des Einigungsprozesses begünstigen, keinesfalls kam ihnen jedoch die Rolle des Initiators zu.[163]

Bei der Bewertung des Einflusses amerikanischer Politik auf die europäische Integration ist zwischen den einzelnen Phasen der Nachkriegsentwicklung zu differenzieren. In den 1940er und beginnenden 1950er Jahre, als die europäischen Staaten sich noch von den Folgen des Krieges erholen mussten, sie mit dem Wiederaufbau ihrer Volkswirtschaften und staatlichen Organisationen beschäftigt waren und die Bundesrepublik noch unter Besatzungsstatut stand, besaßen die USA größere Einwirkungsmöglichkeiten auf die Gestaltung der europäischen Nachkriegsordnung als in den folgenden Jahrzehnten. Schwabe datiert den Rückgang des amerikanischen Einflusses auf den europäischen Integrationsprozess bereits auf das Scheitern der EVG im Jahre 1954 und sieht die folgenden Integrationsschritte als „result of European initiatives, Dutch and French in particular, rather than American nudges."[164] Beate Neuss geht davon aus, dass die Rolle der Vereinigten Staaten als Impulsgeber und Geburtshelfer der Integration seit den 1960er Jahren beendet war und Frankreich und Deutschland zu weiteren Katalysatoren der europäischen Einigung wurden.[165] Das Streben der europäischen Staaten nach wirtschaftlicher und politischer Unabhängigkeit von den USA bzw. die ökonomisch-politischen Herausforderungen durch die USA wurden jetzt, so argumentiert Link, zunehmend zum „externen Impuls für die Versuche, den Integrationsprozeß weiterzutreiben."[166] Demgegenüber betonen Lundestad („United States as the ultimate arbiter in Europe"[167]) und Gillingham den weiterhin wirksamen, wenngleich eher indirekten Einfluss der USA auf Europa über die 1960er Jahre hinaus: „Although, diplomatically, the American role in European integration decreased after the 1950s, the same is not true in other fields such as science and technology, business organization, or for that matter popular culture."[168]

Literatur

CONZE, Eckart: *Die gaullistische Herausforderung. Die deutsch-französischen Beziehungen in der amerikanischen Europapolitik 1958-1963*, München 1995.

HELLER, Francis H./GILLINGHAM, John R. (Hg.): *The United States and the Integration of Europe. Legacies of the Postwar Era*, New York 1996.

LUNDESTAD, Geir: *„Empire" by Integration. The United States and European Integration, 1945-1997*, Oxford 1998.

NEUSS, Beate: *Geburtshelfer Europas? Die Rolle der Vereinigten Staaten im europäischen Integrationsprozeß 1945-1958*, Baden-Baden 2000.

TRACHTENBERG, Marc (Hg.): *Between Empire and Alliance. America and Europe during the Cold War*, Lanham 2003.

WINAND, Pascaline: *Eisenhower, Kennedy, and the United States of Europe*, Houndmills 1993.

6 Theorien der europäischen Integration

Theorien der europäischen Integration sollen dazu beitragen, den Integrationsprozess und/oder die Funktionsweise des europäischen politischen Systems über den jeweiligen Einzelfall hinaus beschreiben und erklären, mitunter auch normativ beurteilen zu können. Einflussreiche Theorien stammen aus den Nachbarwissenschaften der Geschichtswissenschaft. Historiker haben sich vornehmlich daran interessiert gezeigt, durch die (Re-)Konstruktion von Vergangenem den jeweiligen Einzelfall in seiner spezifischen Besonderheit zu erklären. Dagegen sind Theorien über den Einzelfall hinausweisende, verallgemeinernde Aussagen, welche die Wirklichkeit in abstrakt-strukturellen Begriffen fassen sollen. Gleichwohl sind auch Historiker bei ihrer wissenschaftlichen Arbeit auf Theorien angewiesen, etwa um ihr Erkenntnisinteresse wissenschaftlich zu begründen bzw. zu kontextualisieren und um den Gang ihrer Untersuchung zu strukturieren. Im Übrigen liefern die von Historikern herausgearbeiteten empirischen Befunde die Grundlage für die Weiterentwicklung vorhandener Theorien bzw. für die Entwicklung neuer Ansätze zur Erklärung der europäischen Integration.

Konkret sollen Integrationstheorien Antworten geben zum einen auf die Fragen nach den Ursachen des Integrationsprozesses, nach seinen Entwicklungstendenzen, nach seinen maßgeblichen Akteuren und nach seinem Ziel (Finalität); zum anderen nach der Funktionsweise der hervorgebrachten Institutionen und deren Zusammenwirken mit anderen Akteuren und Akteursebenen. Manche Theorien beschränken ihre Aussagen auf einen der genannten Gegenstandsbereiche, andere wiederum umfassen – explizit oder implizit – beide. So treffen beispielsweise Theorien, die sich im Wesentlichen auf die Funktionsweise des europäischen politischen Systems konzentrieren, durchaus auch Aussagen zur Entwicklung des Integrationsprozesses.

Viele Theorien der europäischen Integration beanspruchen überhaupt nicht, europäische Integration abschließend und umfassend zu erklären. Einige Ansätze, die dies dennoch versuchen, verlieren mitunter nahezu ihren Theoriecharakter und beschreiben angesichts einer immer stärkeren Ausdifferenzierung im Grunde nur noch den jeweiligen Einzelfall.[169] Die verschiedenen Theorien konkurrieren also nicht durchweg um die Deutungshoheit, sondern beanspruchen häufig nur, einen bestimmten Teil des Integrationsgeschehens fassen zu können. Sie verhalten sich demnach eher komplementär zueinander. Auch ist zu erkennen, dass sich die Theorien der europäischen Integration aufgrund der historischen Entwicklung ihres Erklärungsgegenstandes, zumeist der EG/EU, in vielen Punkten einander annähern. Antje Wiener und Thomas Diez sprechen daher auch von den verschiedenen Theorieansätzen als Steinen in einem stets unvollendeten Mosaik.[170]

Föderalistische Ansätze

Bereits am Ende des Zweiten Weltkrieges waren Theorieansätze entwickelt worden, welche die europäische Integration ursächlich auf den Einfluss der europäischen Föderalisten und deren Vorstellungen von einem geeinten Europa („Idee Europa") zurückführten. Aus föderalistischer Perspektive hatte sich das Prinzip der Nationalstaaten in Europa überlebt, da es für zwei Weltkriege verantwortlich gemacht wurde. Das oberste Ziel lautete daher Friedenssicherung zwischen den Völkern Europas. Dies sollte durch die Überwindung des nationalstaatlichen Systems in Europa gelingen.

Charakteristisch für den Föderalismus ist die Etablierung einer gegliederten politischen oder gesellschaftlichen Struktur. Demnach verbinden sich einzelne Glieder zu einem Ganzen, einer föderalen bundesstaatlichen oder auch staatenbündischen Ordnung, wobei die einzelnen Glieder auf ihrer Ebene je eigene Zuständigkeiten behalten und eben nicht wie in einem zentralen Einheitsstaat vollends in einem übergeordneten Ganzen aufgehen. Der Föderalismus geht also von einem Zusammenwirken aller Glieder aus mit dem Ziel, die Herstellung einer Einheit mit der Wahrung der Vielfalt seiner Glieder in Einklang zu bringen.

Ältere föderalistische Ansätze argumentierten normativ, d.h. sie fungierten gleichsam als politische Handlungsempfehlungen, indem sie eine bestimmte Art und Weise der Integration postulierten, nämlich die Integration Europas durch einen verfassungsgebenden Akt. Durch diesen verfassungsgebenden Akt sollte ein föderales europäisches politisches System geschaffen werden, in dem alle beteiligten politischen Ebenen über eigene Zuständigkeitsbereiche verfügen würden. Als treibende Kräfte für eine solche Föderalisierung Europas galt vor allem der politische Wille föderalistisch handelnder Akteure. Ein solches politisches Programm vertrat beispielsweise Altiero Spinelli. Das Grundprinzip des Föderalismus wird mitunter mit der Formel „function follows form" beschrieben: Die funktionelle Ausgestaltung des politischen Systems soll sich also nach dessen in einem verfassungsgebenden Akt etablierter Form richten.

Die meisten dieser föderalistischen Ansätze treffen klare Aussagen über die Finalität des Integrationsprozesses: eine Art europäischer Bundesstaat bzw. Staatenbund, oder aber auch die „Vereinigten Staaten von Europa" – wenngleich diesen Konzepten eine große Bandbreite bezüglich ihrer konkreten Ausgestaltung zu eigen ist. Insbesondere die älteren föderalistischen Ansätze geben indes kaum Aufschluss über die Ursachen und den Verlauf des Integrationsprozesses, wie er sich nach dem Zweiten Weltkrieg in Westeuropa vollzog. Auch angesichts der normativ-programmatischen Ausrichtung vieler föderalistischer Ansätze ist bezweifelt worden, so beispielsweise von Ernst B. Haas, einem der Mitbegründer der neofunktionalistischen Integrationstheorie, dass es sich bei diesen föderalistischen Ansätzen überhaupt um Theorien im engeren Sinne handelt.

(Neo-)Funktionalistische Ansätze

Auch funktionalistische Ansätze zur regionalen Integration wurden bereits seit dem Ende des Zweiten Weltkrieges entwickelt. Grundlage war der klassische Funktionalismus von David Mitrany.[171] Ebenso wie die föderalistischen Ansätze argumentierten auch die Funktionalisten anfangs normativ. Demnach sollte sich europäische Integration durch die schrittweise Ausweitung transnationaler Kooperationsmechanismen vollziehen.

Der Neo-Funktionalismus war eine Weiterentwicklung des klassischen Funktionalismus; einflussreichster Vertreter der neo-funktionalistischen Theorie war Ernst B. Haas.[172] Der Neo-Funktionalismus verstand sich im Gegensatz zum klassischen Funktionalismus als empirisch-analytisch und führte die fortschreitende europäische Integration auf das funktionale „Übergreifen" (engl. „spill-over") von einem vergemeinschafteten Teilbereich auf einen weiteren Teilbereich zurück. Am Anfang des Integrationsprozesses stand demnach die sachlich gebotene Notwendigkeit, einen begrenzten, primär technischen Teilbereich des politischen Systems zu vergemeinschaften, um gemeinschaftlich solche Aufgaben wahrzunehmen, die nationalstaatlich nicht mehr angemessen zu bewältigen waren. Durch „spill-over"-Effekte würden ausgehend von diesem bereits vergemeinschafteten Teilbereich nach und nach alle Politikbereiche, letztlich auch die zum Kernbereich staatlicher Souveränität gehörenden Politikbereiche wie die Außen- und Verteidigungspolitik, in den Integrationsprozess einbezogen werden. Der Neo-Funktionalismus geht also von Sachzwängen aus, denen nationale Regierungen unterliegen, um in einer funktional in zunehmendem Maße interdependenten Welt die anstehenden Probleme bewältigen zu können.

Das Grundprinzip des Neofunktionalismus wird auch häufig mit der Formel „form follows function“ beschrieben, wonach sich also die Form des gemeinschaftlichen politischen Systems nach der Funktion richtet, die es erfüllen soll – im Gegensatz zum bereits erwähnten, föderalistischen Ansätzen zugeschriebenen „function follows form“-Prinzip. Maßgeblichen Anteil an der Entwicklung der Integration haben nach der neofunktionalistischen Theorie die geschaffenen Gemeinschaftsinstitutionen selbst sowie transnational agierende technisch-bürokratische Eliten, die durch ihre Tätigkeit gewissermaßen gemeinschaftlich bzw. europäisch sozialisiert werden, wodurch ihre zuvor ausschließlich nationalen Bindungen um eine europäische Orientierung ergänzt werden. Ein Hauptaugenmerk des Neofunktionalismus liegt auf solchen und ähnlichen, ursprünglich nicht gezielt angestrebten prozesshaften Entwicklungen, die sich im Zuge der entfalteten Integrationsdynamik des funktionalen Übergreifens auf weitere politische Teilbereiche („spill-over“) vollziehen.

Bis in die 1960er Jahre hinein war der neofunktionalistische Ansatz dominierend unter den Theorien zur europäischen Integration. In Anbetracht der erzielten Fortschritte auf dem Weg von der EGKS zur EWG schien der Neofunktionalismus geeignet, die Sachzwänge für die Mitgliedstaaten und die Integrationsdynamik in dieser Zeit zu erklären. Gleichwohl stieß der Neo-Funktionalismus in den 1960er Jahren an seine Grenzen, als der Integrationsprozess ins Stocken geriet und das funktionalistische „spill-over“ ausblieb, weil sich insbesondere die französische Regierung in ihrer Europapolitik den postulierten Sachzwängen entzog. Ernst B. Haas selbst musste einräumen: „De Gaulle has proved us wrong.“[173]

Intergouvernementalistische Ansätze

In den 1960er Jahren entstanden intergouvernementalistische Ansätze, die sich auf das nationalstaatliche Regierungshandeln und nationale Interessen als Movens der europäischen Integration konzentrieren. Der vor dem Hintergrund der Europapolitik de Gaulles und ihrer Auswirkungen auf den europäischen Integrationsprozess entwickelte Intergouvernementalismus sollte insbesondere erklären, was der Neofunktionalismus zunächst nicht erklären konnte: warum Fortschritte in Hinblick auf eine politische Integration ausblieben, obwohl wesentliche politische Teilbereiche bereits vergemeinschaftet waren.

Dem Intergouvernementalismus zufolge bestimmen die nationalen Regierungen den Verlauf des Integrationsprozesses, haben nationale politische Traditionen Einfluss auf das Regierungshandeln. Europäische Integration ist dem intergouvernementalistischen Verständnis nach eben nicht, wie der Neo-Funktionalismus postulierte, in erster Linie von supranationalen und transnationalen Akteuren oder Integrationsdynamiken abhängig. Die Kernbereiche nationaler Staatlichkeit wie Außen- und Verteidigungspolitik unterliegen gerade keinen „spill-over"-Effekten; diese beschränken sich auf die eher technischen Teilbereiche der Politik.

Im Fokus des Intergouvernementalismus, wie er vor allem von Stanley Hoffmann entwickelt wurde,[174] stehen die Kooperation zwischen Staaten und intergouvernementale Aushandlungsprozesse. Im europäischen Integrationsprozess sind sie es, welche die grundlegenden Entscheidungen treffen und die Übertragung von Befugnissen auf die Gemeinschaftsebene kontrollieren und damit den Verlauf der Integration bestimmen. Demgegenüber gelten die supranationalen Gemeinschaftsinstitutionen als nachrangig für die Erklärung des Integrationsprozesses. In der intergouvernementalistischen Argumentation erweitert der Integrationsprozess die Handlungsmöglichkeiten für die Mitgliedstaaten, weswegen es zu Integrationsbestrebungen kommt. Integrationsprozesse kommen deswegen in Gang, weil dies im Interesse der Nationalstaaten liegt. Im Ergebnis werden die Nationalstaaten durch die europäische Integration sogar gestärkt; ähnlich argumentiert – wenn auch nicht mit einem originär theoretischen Anspruch – auch der Historiker Alan S. Milward, wenn er vom „European rescue of the nation-state" spricht (→ Kapitel A 1.2).

Intergouvernementalistische Ansätze vermögen vor allem die Integrationsschritte zu erklären, die durch Gipfeltreffen der Staats- bzw. Regierungschefs der Mitgliedstaaten oder durch Regierungskonferenzen zustande kommen, wie die ursprünglichen Gemeinschaftsgründungen oder die späteren Reformen und Weiterentwicklungen der Gründungsverträge, zum Beispiel die Gemeinsame Außen- und Sicherheitspolitik (GASP). Fragen der Finalität des Integrationsprozesses werden von intergouvernementalistischen Ansätzen weitestgehend ausgeblendet.

Weiterentwicklungen der Integrationstheorien

Bis in die 1980er Jahre, und teilweise auch bis in die Gegenwart hinein, blieben die vorgestellten Ansätze die Hauptbezugspunkte der integrationstheoretischen Debatten. Die offenkundigen Schwächen aller Theorien, den europäischen Integrationsprozess umfassend zu erklären, und der erneute Integrationsschub seit der Einheitlichen Europäischen Akte (EEA) haben dann die Theorieentwicklung erneut angefacht. Dabei wurden die bestehenden „Großtheorien" weiterentwickelt und den Entwicklungen im Integrationsprozess angepasst.

Bereits in den 1960er Jahren waren die *föderalistischen Theorieansätze* weiterentwickelt worden, als deutlich geworden war, dass ein geeintes Europa nicht durch einen einmaligen verfassungsgebenden Akt am Anfang des Integrationsprozesses entstehen würde. Als Reaktion hierauf wurden von föderalistischen Autoren der Prozesscharakter des Föderalismus hervorgehoben und die maßgebliche Rolle föderalistisch handelnder politischer Akteure relativiert.[175] Demnach bewirkt die transnationale Verflechtung der europäischen Gesellschaften, von Verbänden und Entscheidungseliten eine allmähliche Föderalisierung in Europa dergestalt, dass verschiedene an politischen Entscheidungsprozessen beteiligte Akteure auf unterschiedlichen politischen Ebenen gemeinsame Verabredungen zur Lösung bestimmter gemeinsamer Probleme treffen, gemeinsame Politiken entwickeln und in ihren jeweiligen Kompetenzbereichen deren Umsetzung betreiben. Im Ergebnis entsteht so ein föderal integriertes Regierungssystem.

Eine Weiterentwicklung des Neo-Funktionalismus erfolgte durch den *Supranationalismus*, der vor allem die Akteursinteressen der supranationalen Gemeinschaftsinstitutionen und transnationalen Interessengruppen als Movens der europäischen Integration betont.[176] Ausgehend von transnationalen Austauschprozessen entsteht demnach supranationales Regieren. Das Vorhandensein supranationaler Regelungen wiederum initiiert weitere transnationale Interaktionen. Der Supranationalismus unterscheidet sich vom Neo-Funktionalismus vor allem dadurch, dass er „spill-over"-Effekte nur dann für möglich erachtet, wenn gleichfalls die Interessen der am Integrationsprozess beteiligten Akteure konvergieren. Auch Ernst B. Haas und andere Vertreter des Neo-Funktionalismus haben ihre Ansätze weiter ausdifferenziert. So hat Haas seinen Ansatz des „spill-over" um einschränkende Faktoren ergänzt, wie den Einfluss einzelner Entscheidungsträger und internationaler Rahmenbedingungen auf Integrationsprozesse. Des Weiteren wurden von neofunktionalistischen Autoren Kategorien wie „spill-back" und „spill-around" in die Theoriediskussion eingeführt, um Rückschritte und Stagnation im Integrationsprozess erklären zu können.[177]

Eine Weiterentwicklung des Intergouvernementalismus ist der *Liberale Intergouvernementalismus*, wie er insbesondere von Andrew Moravcsik vertreten wird.[178] Intergouvernementalismus und Liberaler Intergouvernementalismus gehen beide von der Annahme aus, dass sich Integrationsfortschritte nur dann vollziehen, wenn die Interessen der beteiligten Nationalstaaten in ausreichendem Maße konvergieren. Der Liberale Intergouvernementalismus berücksichtigt gemäß den liberalen Ansätzen in den Internationalen Beziehungen nun besonders die innerstaatlichen Aushandlungs- und Interessenbildungsprozesse in den Mitgliedstaaten und betont dabei die Bedeutung von ökonomischen Faktoren für die Formulierung nationaler Interessen. Die zentralen Akteure sind zunächst somit nicht die Nationalstaaten, sondern politische und gesellschaftliche Akteure innerhalb dieser Staaten mit einem Interesse an zwischenstaatlicher Kooperation. Deren Interessen werden zu staatlichen Präferenzen, die dann in zwischenstaatlichen Verhandlungen auf die staatlichen Präferenzen anderer Staaten treffen und in intergouvernementalen Aushandlungsprozessen verhandelt werden.

Ein vermittelnder Ansatz an der Schnittstelle von Theorien zur Entwicklung des Integrationsprozesses und Theorien zur Funktionsweise ist die von Wolfgang Wessels entwickelte sogenannte „Fusionsthese“, welche die administrativ-staatliche Logik als Movens für die Entwicklung des EG-/EU-Systems hervorhebt.[179] Demnach reagieren die nationalstaatlichen Regierungen und Verwaltungen zur Legitimitäts- und Effizienzsicherung auf wachsende innerstaatliche Ansprüche an die Wohlfahrts- und Dienstleistungsstaaten, die auf nationalstaatlicher Ebene nicht mehr erfüllt werden können, mit einer Verflechtung staatlicher Handlungsinstrumente auf europäischer Ebene. Hierbei kommt ein Fusionsprozess mehrerer Ebenen zum Tragen, entsteht ein „fusionierter Föderalstaat“. Eine solche Verflechtung bzw. Fusion dient einerseits also der Effizienzsteigerung; andererseits jedoch soll sie den beteiligten Regierungen ein ausreichendes Maß an Kontrolle über die Entscheidungen erhalten, da die Akteure auf allen Ebenen bestimmte Beteiligungs- und Handlungsinstrumente behalten. Wessels berücksichtigt auch Eigendynamiken, die sich in einem solcherart fusionierten Mehrebenensystem ergeben. Dieses Modell ist sowohl mit intergouvernementalen Formen der Kooperation als auch mit einer supranationalen Integration der Handlungsinstrumente vereinbar bzw. mit einer Verknüpfung von beidem.

Theorien zur Funktionsweise der EG/EU

Vor allem seit den 1990er Jahren wurden zunehmend theoretische Ansätze entwickelt, die sich mit der Beschaffenheit und Funktionsweise des EG/EU-Systems, vor allem also mit den Formen europäischen Regierens auseinandersetzen: zu nennen wäre hier beispielsweise der „multi-level governance"-Ansatz (dt. „Regieren im Mehrebenensystem"). Der „multi-level governance"-Ansatz versteht die EG/EU als ein nicht-hierarchisch organisiertes politisches Mehrebenensystem, in dem die Kompetenzen auf die verschiedenen involvierten Ebenen – supranationale, mitgliedstaatliche, regionale und kommunale – verteilt sind. Diese Ebenen sind daher in einer Mehrebenenstruktur miteinander in einer Art und Weise verflochten, dass in vielen Politikfeldern keine dieser Ebenen unabhängig von den anderen agieren kann. Das Hauptinteresse dieser Ansätze gilt den Entscheidungsprozessen in den EG/EU, sie machen weder Aussagen über die Entstehung der EG/EU noch über die Finalität der europäischen Integration.[180]

Die Entscheidungsprozesse in den EG/EU stehen ebenfalls im Fokus von netzwerktheoretischen Ansätzen und Politikfeld-Analysen („policy"-Analysen). „Policy-Netzwerk-Analysen" betonen wie die Mehrebenenansätze den nicht-hierarchischen Charakter des Regierens im EG/EU-Kontext und stellen das Zusammenwirken der verschiedenen beteiligten Akteure – von den nationalen Regierungen bis zu Expertengruppen – in einzelnen Politikfeldern in den Mittelpunkt der Betrachtung.[181] Neo-institutionalistische Ansätze wie der Historische Institutionalismus erklären die Funktionsweise des EG-/EU-Systems aus dem Zusammenspiel von formellen Institutionen, wie etwa dem Ministerrat oder der Kommission, und informellen „Institutionen" wie handlungsleitenden Verhaltensmustern. Dabei betont der Historische Institutionalismus den geschichtlichen Entwicklungsprozess dieser Institutionen. Einmal entstanden entwickeln sie eine Art Eigenleben und beeinflussen die weiteren Entwicklungen auf Gemeinschaftsebene, die dadurch „pfadabhängig" (engl. „path-dependent") sind und eben nicht mehr nur auf die Intentionen einzelner Akteure, wie etwa der Regierungen der Mitgliedstaaten, zurückgeführt werden können.[182]

Doch ungeachtet aller Weiterentwicklungen und Ausdifferenzierungen der Theorien zur europäischen Integration und aller Versuche, vermittelnde Positionen zwischen den einzelnen Ansätzen zu entwickeln, scheint angesichts der ebenfalls zunehmenden Ausdifferenzierung des Integrationsprozesses bis auf weiteres keine Theorie allein in der Lage zu sein, den Integrationsprozess in seiner Gesamtheit befriedigend zu fassen.

Literatur

BIELING, Hans-Jürgen/LERCH, Marika (Hg.): *Theorien der europäischen Integration*, Wiesbaden 2005.

KOHLER-KOCH, Beate/CONZELMANN, Thomas/KNODT, Michèle: *Europäische Integration – Europäisches Regieren*, Wiesbaden 2004.

LOTH, Wilfried/WESSELS, Wolfgang (Hg.): *Theorien europäischer Integration*, Opladen 2001.

ROSAMOND, Ben: *Theories of European Integration*, Basingstoke 2000.

WIENER, Antje/DIEZ, Thomas: *European Integration Theory*, Oxford 2004.

Anmerkungen

[1] Herodot: Historíai, 4,45; hier zitiert nach Herodot: *Historien*, Griechisch-deutsch, hg. von Josef Feix, 7. Aufl., Düsseldorf 2006, S. 535.

[2] Wolfgang Schmale: *Geschichte Europas*, Wien 2001, S. 14.

[3] Paul Valéry: Die Krise des Geistes. Zweiter Brief, in: Ders.: *Werke*, Frankfurter Ausgabe in 7 Bänden, hg. von Jürgen Schmidt-Radefeldt, Bd. 7: *Zur Zeitgeschichte und Politik*, Frankfurt am Main 1995, S. 33-38, S. 34.

[4] Ferdinand Seibt: *Die Begründung Europas. Ein Zwischenbericht über die letzten tausend Jahre*, Frankfurt am Main 2004, S. 51.

[5] Schmale S. 56.

[6] Achim Landwehr: Die unmögliche Definition Europas. Zu einem Artikel in „Zedlers Universal Lexicon" (1734), in: *Themenportal Europäische Geschichte* (2007), URL: http://www.europa.clio-online.de/2007/Article=250 [letzter Zugriff 1.4.2008].

[7] Das gilt etwa für Ernst B. Haas: *The Uniting of Europe. Political, Social, and Economic Forces, 1950-1957*, Stanford 1958.

[8] Konrad Jarausch: Zeitgeschichte zwischen Nation und Europa. Eine transnationale Herausforderung, in: *Aus Politik und Zeitgeschichte* 39 (2004), S. 3-10, S. 4.

[9] Jacques Le Goff: Europa bauen, in: Josep Fontana: *Europa im Spiegel. Eine kritische Revision der europäischen Geschichte*, München 1995, S. 6.

[10] Siehe zum Ergebnis des Projekts Jean-Baptiste Duroselle: *Europe. A History of Its Peoples*, London 1990 (dt. *Europa. Eine Geschichte seiner Völker*, Gütersloh 1990) und Jacques Montaville et al.: *Histoire de l'Europe*, Paris 1992.

[11] Siehe die Übersicht in Jan van der Harst (Hg.): *Beyond the Customs Union. The European Community's Quest for Deepening, Widening and Completion, 1969-1975*, Brüssel 2007.

[12] Gilbert Trausch (Hg.): *Le rôle et la place des petits pays en Europe au XXe Siècle*, Baden-Baden 2005; Marie-Thérèse Bitsch/Gérard Bossuat (Hg.): *L'Europe unie et l'Afrique. De l'idée d'Eurafrique à la convention de Lomé I*, Brüssel 2005; Antonio Varsori (Hg.): *Inside the European Community. Actors and Policies in the European Integration, 1957-1972*, Baden-Baden 2006.

[13] Walter Lipgens: *Europa-Föderationspläne der Widerstandsbewegungen 1940-1945. Eine Dokumentation*, München 1968.

[14] Ders.: *Die Anfänge der europäischen Einigungspolitik 1945-1950. Erster Teil: 1945-1947*, Stuttgart 1977.

[15] Ders.: *45 Jahre Ringen um die Europäische Verfassung. Dokumente 1939-1984: Von den Schriften der Widerstandsbewegung bis zum Vertragsentwurf des Europäischen Parlaments*, Bonn 1986.

[16] Alan S. MILWARD: *The European Rescue of the Nation-State*, 2. Aufl., London 2000, S. 15.

[17] Walter LIPGENS (Hg.): *Documents on the History of European Integration*, Vol. 1: *Continental Plans for European Union 1939-1945*; Vol. 2: *Plans for European Union in Great Britain and in Exile 1939-1945*; DERS./ Wilfried LOTH (Hg.): Vol. 3: *The Struggle for European Union by Political Parties and Pressure Groups in Western European Countries 1945-1950*; Vol. 4: *Transnational Organizations of Political Parties and Pressure Groups in the Struggle for European Union 1945-1950*, Berlin 1985-1991.

[18] Siehe etwa Guido MÜLLER: *Europäische Gesellschaftsbeziehungen nach dem Ersten Weltkrieg. Das Deutsch-Französische Studienkomitee und der Europäische Kulturbund*, München 2005; Vanessa CONZE: *Das Europa der Deutschen. Ideen von Europa in Deutschland zwischen Reichstradition und Westorientierung (1920-1970)*, München 2005; Anita ZIEGERHOFER-PRETTENTHALER: *Botschafter Europas. Richard Nikolaus Coudenhove-Kalergi und die Paneuropa-Bewegung in den zwanziger und dreißiger Jahren*, Wien 2004.

[19] Rolf Hellmut FOERSTER (Hg.): *Die Idee Europa 1300-1946. Quellen zur Geschichte der politischen Einigung*, München 1963; DERS.: *Europa – Geschichte einer politischen Idee. Mit einer Bibliographie von 182 Einigungsplänen aus den Jahren 1306-1945*, München 1967.

[20] Heinz GOLLWITZER: *Europabild und Europagedanke. Beiträge zur deutschen Geistesgeschichte des 18. und 19. Jahrhunderts*, München 1951 (2., neubearb. Aufl., München 1964).

[21] Derek HEATER: *The Idea of European Unity*, Leicester 1992.

[22] Zu nennen sind beispielsweise Edmond JOUVE: *Le Général de Gaulle et la construction de l'Europe (1940-1966)*, 2 Bde., Paris 1967; Gilbert TRAUSCH: *Joseph Bech. Un homme de son siècle*, Luxemburg 1978; Raymond POIDEVIN: *Robert Schuman. Homme d'état, 1886-1963*, Paris 1986; Hans-Peter SCHWARZ: *Adenauer*, Bd. 2: *Der Staatsmann, 1952-1967*, Stuttgart 1991; Eric ROUSSEL: *Jean Monnet 1888-1979*, Paris 1996; Michel DUMOULIN: *Spaak*, Brüssel 1999.

[23] Beispielsweise Ludolf HERBST: *Option für den Westen. Vom Marshallplan bis zum deutsch-französischen Vertrag*, München 1989 (2., durchgesehene Aufl., München 1996); Gérard BOSSUAT: *La France, l'aide américaine et la construction européenne, 1944-1954*, 2 Bde., Paris 1992; John W. YOUNG: *Britain, France and the Unity of Europe 1945-1951*, Leicester 1984; Pierre MÉLANDRI: *Les États-Unis face à l'unification de l'Europe, 1945-1954*, Paris 1980.

[24] Hanns Jürgen KÜSTERS: *Die Gründung der Europäischen Wirtschaftsgemeinschaft*, Baden-Baden 1982.

[25] Alan S. MILWARD: *The European Rescue of the Nation-State*, 2. Aufl., London 2000; DERS.: *The Reconstruction of Western Europe 1945-1951*, London 1984; John GILLINGHAM: *Coal, Steel, and the Rebirth of Europe, 1945-1955. The Germans and French from Ruhr Conflict to Economic*

Community, Cambridge 1991; DERS.: *European Integration 1950-2003. Superstate or New Market Economy?*, Cambridge 2003.

26 Wilfried LOTH: *Der Weg nach Europa. Geschichte der europäischen Integration 1939-1957*, 3., durchgesehene Aufl., Göttingen 1996.

27 Gérard BOSSUAT (Hg.): *Inventer l'Europe. Histoire nouvelle des groupes d'influence et des acteurs de l'unité européenne*, Brüssel 2003; Michel DUMOULIN (Hg.): *Réseaux économiques et construction européenne/Economic Networks and European Integration*, Brüssel 2004; Antonio VARSORI (Hg.): *Inside the European Community. Actors and Policies in the European Integration, 1957-1972*, Baden-Baden 2006.

28 Dirk SPIERENBURG/Raymond POIDEVIN: *Histoire de la Haute Autorité de la Communauté Européenne du Charbon et de l'Acier. Une expérience supranationale*, Brüssel 1993.

29 Michel DUMOULIN (Hg.): *Die Europäische Kommission 1958-1972. Geschichte und Erinnerungen einer Institution*, Luxemburg 2007.

30 Laurence BADEL/Stanislas JEANNESSON/N.Piers LUDLOW (Hg.): *Les administrations nationales et la construction européenne. Une approche historique (1919-1975)*, Brüssel 2005; Wilfried LOTH (Hg.): *La gouvernance supranationale dans la construction européenne*, Brüssel 2005; N. Piers LUDLOW: *Dealing with Britain. The Six and the First UK Application to the EEC*, Cambridge 1997; Guido THIEMEYER: *Vom „Pool Vert" zur Europäischen Wirtschaftsgemeinschaft. Europäische Integration, Kalter Krieg und die Anfänge der gemeinsamen europäischen Agrarpolitik 1950-1957*, München 1999.

31 Vgl. hierzu N. Piers LUDLOW: *Dealing with Britain. The Six and the First UK Application to the EEC*, Cambridge 1997.

32 Rainer MARCOWITZ (Hg.): *Nationale Identität und transnationale Einflüsse. Amerikanisierung, Europäisierung und Globalisierung in Frankreich nach dem Zweiten Weltkrieg*, München 2007; Hartmut KAELBLE/Martin KIRSCH (Hg.): *Selbstverständnis und Gesellschaft der Europäer. Aspekte der sozialen und kulturellen Europäisierung im späten 19. und 20. Jahrhundert*, Frankfurt am Main 2008.

33 Jörg REQUATE/Martin SCHULZE WESSEL (Hg.): *Europäische Öffentlichkeit. Transnationale Kommunikation seit dem 18. Jahrhundert*, Frankfurt am Main 2002; Hartmut KAELBLE/Martin KIRSCH/Alexander SCHMIDT-GERNIG (Hg.): *Transnationale Öffentlichkeiten und Identitäten im 20. Jahrhundert*, Frankfurt am Main 2002.

34 Siehe etwa die Beiträge in den verschiedenen Bänden von Michel GRUNEWALD (Hg.): *Le discours européen dans les revues allemandes/Der Europadiskurs in den deutschen Zeitschriften*, 4 Bde.: 1871-1914, 1918-1933, 1933-1939, 1945-1955, Bern 1996-2001.

35 Wolfram KAISER/Peter STARIE (Hg.): *Transnational European Union. Towards a Common Political Space*, London 2005.

36 Ergebnisse dieses Forschungsverbunds sind dokumentiert in René GIRAULT/Gérard BOSSUAT (Hg.): *Les Europe des Européens*, Paris 1993; René GIRAULT (Hg.): *Identité et conscience européennes au XXe siècle*,

Paris 1994; Robert FRANK (Hg.): *Les identités européennes au XXe siècle. Diversités, convergences et solidarités*, Paris 2004.

37 Zusammenfassend Hartmut KAELBLE: *Sozialgeschichte Europas. 1945 bis zur Gegenwart*, München 2007; DERS.: *Auf dem Weg zu einer europäischen Gesellschaft. Eine Sozialgeschichte Westeuropas 1880-1980*, München 1987.

38 Wolfram KAISER/Peter STARIE (Hg.): *Transnational European Union. Towards a Common Political Space*, London 2005; Wolfram KAISER: *Christian Democracy and the Origins of European Union*, Cambridge 2007; Guido MÜLLER: *Europäische Gesellschaftsbeziehungen nach dem Ersten Weltkrieg. Das Deutsch-Französische Studienkomitee und der Europäische Kulturbund*, München 2005.

39 Siehe jüngst etwa Bernd BÜHLBÄCKER: *Europa im Aufbruch. Personal und Personalpolitik deutscher Parteien und Verbände in der Montanunion 1949-1958*, Essen 2007; Brigitte LEUCHT: Netzwerke als Träger grenzüberschreitenden Kulturtransfers. Transatlantische Politiknetzwerke bei der Schuman-Plan-Konferenz 1950/51, in: *Comparativ – Leipziger Beiträge zur Universalgeschichte und vergleichenden Gesellschaftsforschung* 16/4 (2006), S. 200-218; Katja SEIDEL: Gestalten statt verwalten: Der Beitrag von Europabeamten zur europäischen Integration, in: *Historische Mitteilungen (HMRG)* 18 (2005), S. 136-149.

40 Peter KRÜGER: *Das unberechenbare Europa. Epochen des Integrationsprozesses vom späten 18. Jahrhundert bis zur Europäischen Union*, Stuttgart 2006.

41 N. Piers LUDLOW (Hg.): *European Integration and the Cold War. Ostpolitik-Westpolitik, 1965-1973*, London 2007; Marc TRACHTENBERG (Hg.): *Between Empire and Alliance. America and Europe during the Cold War*, Lanham 2003.

42 Marie-Thérèse BITSCH/Gérard BOSSUAT (Hg.): *L'Europe unie et l'Afrique. De l'idée d'Eurafrique à la convention de Lomé I*, Brüssel 2005.

43 Siehe etwa die entsprechenden Beiträge in *Journal of European Integration History* 13/2 (2007), und *Journal of European Integration History* 10/2 (2004).

44 Heinz DUCHHARDT/Małgorzata MORAWIEC/Wolfgang SCHMALE/Winfried SCHULZE (Hg.): *Europa-Historiker. Ein biographisches Handbuch*, 3 Bde., Göttingen 2006/2007.

45 Rolf Hellmut FOERSTER: *Europa. Geschichte einer politischen Idee. Mit einer Bibliographie von 182 Einigungsplänen aus den Jahren 1306 bis 1945*, München 1967.

46 Walter LIPGENS: *Die Anfänge der europäischen Einigungspolitik 1945-1950, Erster Teil: 1945-1947*, Stuttgart 1977, S. 36.

47 Richard N. Graf COUDENHOVE-KALERGI: Das Paneuropäische Manifest (1923), in: Rolf Hellmut FOERSTER (Hg.): *Die Idee Europa 1300-1946. Quellen zur Geschichte der politischen Einigung,* München 1963, S. 226-236, S. 228.

[48] Zitiert nach Walter LIPGENS: Europäische Einigungsidee 1923-1930 und Briands Europaplan im Urteil der deutschen Akten, in: *Historische Zeitschrift* 203 (1966), S. 46-89 und S. 316-363, S. 341.

[49] Europa-Union: Leitsätze für ein neues Europa, 4. Februar 1940, in: Walter LIPGENS: *Europa-Föderationspläne der Widerstandsbewegungen 1940-1945. Eine Dokumentation*, München 1968, S. 345-351, S. 346.

[50] Ebd.

[51] Le Franc-tireur. Organe du Mouvement de Libération Nationale, Edition Sud Nr. 29, 1.3.1944, in: LIPGENS, *Europa-Föderationspläne*, S. 235-236, S. 236.

[52] Ebd.

[53] Das Manifest von Ventotene, Juli 1941, in: ebd. S. 36-44, S. 41.

[54] Ebd. S. 37.

[55] Mouvement de Libération Nationale (Region Lyon), Programm August 1944, in: ebd. S. 249-250, S. 250.

[56] Genfer Konferenz von Widerstandskämpfern, Deklaration II zugunsten europäischer Föderation, 20.5.1944, in: ebd. S. 393-398, S. 395.

[57] Zitiert nach Walter LIPGENS: *Die Anfänge der europäischen Einigungspolitik 1945-1950. Erster Teil: 1945-1947*, Stuttgart 1977, S. 265, Anm. 388.

[58] Hertensteiner Programm, September 1946, in: *Europa. Dokumente zur Frage der europäischen Einigung*, Erster Teilband, München 1962, S. 115-116, S. 116.

[59] Resolution „Motion de politique générale", April 1947, zitiert nach LIPGENS, *Die Anfänge der europäischen Einigungspolitik*, S. 382.

[60] Zu der angeführten Kontroverse siehe Wilfried LOTH: *Die Teilung der Welt. Geschichte des Kalten Krieges 1941-1955*, erweiterte Neuausgabe, 10. Aufl., München 2002, bes. S. 174 ff.; Hans-Jürgen SCHRÖDER (Hg.): *Marshallplan und westdeutscher Wiederaufstieg. Positionen – Kontroversen*, Stuttgart 1990.

[61] Memorandum by the Under Secretary of State for Economic Affairs, 27.5.1947, in: *Foreign Relations of the United States (FRUS) 1947,* Vol. III, Washington 1972, S. 230-232, S. 231.

[62] Siehe die Kontroverse zwischen John Gimbel und Manfred Knapp, abgedruckt in dem Sammelband von SCHRÖDER.

[63] Gerd HARDACH: *Der Marshall-Plan. Auslandshilfe und Wiederaufbau in Westdeutschland 1948-1952*, München 1994, S. 243 f. In dieser Summe ist die im Rahmen des „Mutual Defense Assistance Program" gewährte Wirtschaftshilfe eingeschlossen.

[64] Memorandum of Conversation, by the First Secretary of Embassy in the United Kingdom (Peterson), 24. u. 25.6.1947, in: *FRUS 1947,* Vol. III, Washington 1972, S. 268-283, S. 271.

[65] Ernst H. VAN DER BEUGEL: *From Marshall Aid to Atlantic Partnership. European Integration as a Concern of American Foreign Policy*, Amsterdam 1966; Michael J. HOGAN: *The Marshall Plan. America, Britain, and the Reconstruction of Western Europe, 1947-1952*, Cambridge 1987

[Repr. 1995]; Hans-Jürgen SCHRÖDER: Die amerikanische Deutschlandpolitik und das Problem der westeuropäischen Integration 1947/48-1950, in: Raymond POIDEVIN (Hg.): *Histoire des débuts de la construction européenne (mars 1948-mai 1950)*, Brüssel 1986, S. 71-92; Klaus SCHWABE: Der Marshall-Plan und Europa, in: ebd. S. 47-69; DERS.: The United States and European Integration: 1947-1957, in: Clemens WURM (Hg.): *Western Europe and Germany. The Beginnings of European Integration 1945-1960*, Oxford 1996, S. 115-135.

66 Beate NEUSS: *Geburtshelfer Europas? Die Rolle der Vereinigten Staaten im europäischen Integrationsprozeß 1945-1958*, Baden-Baden 2000.

67 Alan S. MILWARD: *The Reconstruction of Western Europe, 1945-51*, London 1984.

68 Walter LIPGENS: Der Marshall-Plan und die Anfangsphase der westeuropäischen Integration. Sieben Thesen, in: Othmar Nikola HABERL/Lutz NIETHAMMER (Hg.): *Der Marshall-Plan und die europäische Linke*, Frankfurt am Main 1986, S. 443-463, S. 443.

69 Alan S. MILWARD: Was the Marshall Plan Necessary?, in: *Diplomatic History* 13 (1989), S. 231-253; Werner ABELSHAUSER: *Wirtschaft in Westdeutschland 1945-1948. Rekonstruktion und Wachstumsbedingungen in der amerikanischen und britischen Zone*, Stuttgart 1975; siehe auch die Beiträge in dem Sammelband von SCHRÖDER.

70 Siehe dazu u.a. John W. YOUNG: *Britain and European Unity, 1945-1999*, 2. Aufl., Houndmills 2000; DERS.: *Britain, France and the Unity of Europe 1945-1951*, Leicester 1984; Sean GREENWOOD: *Britain and European Cooperation since 1945*, Oxford 1992.

71 Satzung des Europarates vom 5. Mai 1949 mit Änderungen, in: *Europa. Dokumente zur Frage der europäischen Einigung*, Erster Teilband, München 1962, S. 367-379, S. 367.

72 Beratende Versammlung des Europarats (1. Sitzungsperiode) 1949, in: *Europa. Dokumente zur Frage der Europäischen Einigung*, Erster Teilband, München 1962, S. 381-386, S. 386.

73 The Secretary of State to the Embassy in France, Washington, 30.10.1949, in: *FRUS 1949,* Vol. III, Washington 1974, S. 622-625, S. 623.

74 Monnet-Memorandum vom 3. Mai 1950, in: *Europäische Gemeinschaft* 7 (1970), S. 31-32 (von Jean Monnet autorisierte deutsche Übersetzung des Memorandums, das zuerst abgedruckt wurde in: Le Monde, 9. Mai 1970, S. 6).

75 Erklärung der französischen Regierung über eine gemeinsame deutsch-französische Schwerindustrie vom 9. Mai 1950, in: *Europa. Dokumente zur Frage der europäischen Einigung*, Zweiter Teilband, München 1962, S. 680-682, S. 681 (Hervorhebung durch die Verf.).

76 Raymond POIDEVIN: Die europapolitischen Initiativen Frankreichs des Jahres 1950 – aus einer Zwangslage geboren?, in: Ludolf HERBST/Werner BÜHRER/Hanno SOWADE (Hg.): *Vom Marshallplan zur EWG. Die Eingliederung der Bundesrepublik in die westliche Welt*, München 1990, S. 257-262.

[77] Dietmar Hüser: *Frankreichs „doppelte Deutschlandpolitik". Dynamik aus der Defensive – Planen, Entscheiden, Umsetzen in gesellschaftlichen und wirtschaftlichen, innen- und außenpolitischen Krisenzeiten, 1944-1950,* Berlin 1996.

[78] Alan S. Milward: *The Reconstruction of Western Europe 1945-51*, London 1984.

[79] John Gillingham: *Coal, Steel, and the Rebirth of Europe,1945-1955. The Germans and French from Ruhr Conflict to Economic Community*, Cambridge 1991.

[80] Constantin Goschler/Christoph Buchheim/Werner Bührer: Der Schumanplan als Instrument französischer Stahlpolitik. Zur historischen Wirkung eines falschen Kalküls, in: *Vierteljahrshefte für Zeitgeschichte* 37 (1989), S. 171-206.

[81] Matthias Kipping: *Zwischen Kartellen und Konkurrenz. Der Schuman-Plan und die Ursprünge der europäischen Einigung 1944-1952*, Berlin 1996.

[82] Uwe Röndigs: *Globalisierung und europäische Integration. Der Strukturwandel des Energiesektors und die Politik der Montanunion, 1952-1962*, Baden-Baden 2000.

[83] Ulrich Lappenküper: Der Schuman-Plan. Mühsamer Durchbruch zur deutsch-französischen Verständigung, in: *Vierteljahrshefte für Zeitgeschichte* 42 (1994), S. 401-445; Andreas Wilkens (Hg.): *Le Plan Schuman dans l'histoire. Intérêts nationaux et projet européen*, Brüssel 2004.

[84] Edmund Dell: *The Schuman Plan and the British Abdication of Leadership in Europe*, Oxford 1995.

[85] Siehe u.a. Roger Bullen: The British Government and the Schuman Plan May 1950-March 1951, in: Klaus Schwabe (Hg.): *Die Anfänge des Schuman-Plans 1950/51*, Baden-Baden 1988, S. 199-210; Christopher Lord: *Absent at the Creation. Why Britain Did not Join in the Beginnings of the European Community*, Dartmouth 1996; Ders.: „With but not of": Britain and the Schuman Plan, a Reinterpretation, in: *Journal of European Integration History* 4 (1998), S. 23-46; Alan S. Milward: *The UK and the European Community,* Vol. I: *The Rise and Fall of a National Strategy 1945-1963*, London 2002; Monika Rosengarten: *Großbritannien und der Schuman-Plan: politische und wirtschaftliche Faktoren in der britischen Haltung zum Schuman-Plan und zur Europäischen Gemeinschaft für Kohle und Stahl 1950-1954*, Frankfurt am Main 1997; John W. Young: *Britain and European Unity 1945-1999*, 2. Aufl., Houndmills 2000.

[86] Artikel 38, EVG-Vertrag, in: *Europa. Dokumente zur Frage der Europäischen Einigung*, Zweiter Teilband, München 1962, S. 836-886, S. 849.

[87] Entwurf eines Vertrages über die Satzung der Europäischen Gemeinschaft, angenommen von der Ad-hoc-Versammlung in Straßburg am 10. März 1953, in: *Europa. Dokumente zur Frage der Europäischen Einigung*, Zweiter Teilband, München 1962, S. 947-982.

[88] Vertrag über die Gründung der Europäischen Wirtschaftsgemeinschaft vom 25. März 1957, in: *Europa. Dokumente zur Frage der Europäischen Einigung*, Dritter Teilband, München 1962, S. 1248-1327, S. 1248.

[89] Vertrag über die Gründung der Europäischen Atomgemeinschaft vom 25. März 1957, in: *Europa. Dokumente zur Frage der Europäischen Einigung*, Dritter Teilband, München 1962, S. 1153-1219, S. 1153.

[90] Pierre GERBET: *La construction de l'Europe*, 4. Aufl., Paris 2007, S. 175; Wilfried LOTH (Hg.): *Crises and Compromises. The European Project 1963-1969*, Baden-Baden 2001; Gerhard BRUNN: *Die Europäische Einigung von 1945 bis heute*, Stuttgart 2002, S. 160; siehe auch N. Piers LUDLOW: *The European Community and the Crises of the 1960s. Negotiating the Gaullist Challenge*, London 2006.

[91] Pierre GERBET: *La construction de l'Europe,* 4. Aufl., Paris 2007, S. 166.

[92] Zahlenangaben nach STATISTISCHES AMT DER EUROPÄISCHEN GEMEINSCHAFTEN (Hg.): *Statistische Grundzahlen für 15 europäische Länder mit einem Vergleich für die Vereinigten Staaten von Amerika und die UdSSR*, Luxemburg 1961, S. 99; STATISTISCHES AMT DER EUROPÄISCHEN GEMEINSCHAFTEN (Hg.): *Statistische Grundzahlen der Europäischen Gemeinschaft. Vergleich mit verschiedenen europäischen Ländern, Kanada, den Vereinigten Staaten von Amerika, Japan und der UdSSR,* Luxemburg 1970, S. 90.

[93] Zahlenangaben nach STATISTISCHES AMT DER EUROPÄISCHEN GEMEINSCHAFTEN (Hg.): *Statistische Grundzahlen für 15 europäische Länder mit einem Vergleich für die Vereinigten Staaten von Amerika und die UdSSR*, Luxemburg 1961, S. 13.

[94] Zahlenangaben nach Pierre GERBET: *La construction de l'Europe*, 4. Aufl., Paris 2007, S. 181 u. 183.

[95] Zahlenangaben nach STATISTISCHES AMT DER EUROPÄISCHEN GEMEINSCHAFTEN (Hg.): *Statistische Grundzahlen der Europäischen Gemeinschaft. Vergleich mit verschiedenen europäischen Ländern, Kanada, den Vereinigten Staaten von Amerika, Japan und der UdSSR,* Luxemburg 1970, S. 24.

[96] GERBET S. 178.

[97] Zahlenangaben nach Hans von der GROEBEN: *Aufbaujahre der Europäischen Gemeinschaft. Das Ringen um den Gemeinsamen Markt und die Politische Union (1958-1966),* Baden-Baden 1982, S. 100.

[98] Pressekonferenz von Staatspräsident de Gaulle in Paris am 5. September 1960, in: *Europa-Archiv* 21 (1960), S. D297-307, S. D304.

[99] Entwurf für einen Vertrag zur Gründung einer Europäischen Politischen Union, in: Heinrich SIEGLER (Hg.): *Europäische politische Einigung I: 1949-1968. Dokumentation von Vorschlägen und Stellungnahmen,* Bonn 1968, S. 114-117 (Siegler datiert den Entwurf auf September 1961). Die folgenden Zitate entstammen dieser Quelle.

[100] Zweiter französischer Entwurf eines Vertrages zur Gründung einer Politischen Union, 18.1.1962, in: ebd. S. 124-126. Die folgenden Zitate entstammen dieser Quelle.

[101] Gegenentwurf der Fünf zur Gründung einer EPU, Januar/Februar 1962, in: ebd. S. 128-132.

[102] Im Studienausschuß angenommener Vertragsentwurf, 15.3.1962, in: ebd. S. 133-148.

[103] Zitiert nach Daniel KOSTHORST: Die „unerwünschte Liaison". Thesen zur Vorgeschichte des deutsch-französischen Vertrages vom 22. Januar 1963, in: *Revue d'Allemagne et des pays de langue allemande* 29/2 (1997), S.177-194, S. 182.

[104] Ebd. S. 181.

[105] Pressekonferenz von Staatspräsident de Gaulle vom 15. Mai 1962 (Auszug über die Europa-Politik), in: *Europa-Archiv* 13 (1962), S. D329-D333, S. D333.

[106] Zahlenangaben nach STATISTISCHES AMT DER EUROPÄISCHEN GEMEINSCHAFTEN (Hg.): *Statistische Grundzahlen für 15 europäische Länder mit einem Vergleich für die Vereinigten Staaten von Amerika und die UdSSR*, Luxemburg 1961, S. 30.

[107] Conférénce de Presse, 14.1.1963, in: Charles DE GAULLE: *Discours et messages*, Bd. 4: *Pour l'effort, août 1962 – décembre 1965,* Paris 1970, S. 61-79, S. 69.

[108] N. Piers LUDLOW: *Dealing with Britain. The Six and the First UK Application to the EEC*, Cambridge 1997; Wolfram KAISER: *Großbritannien und die Europäische Wirtschaftsgemeinschaft 1955-1961. Von Messina nach Canossa,* Berlin 1996.

[109] Maurice VAÏSSE: *La grandeur. Politique étrangère du général de Gaulle 1958-1969*, Paris 1998, S. 209-224.

[110] Vereinbarung der sechs Mitgliedstaaten der EWG vom 29.01.1966, in: *Europa-Archiv* 21 (1966), S. D85-D86, S. D85.

[111] Robert O. KEOHANE/Stanley HOFFMANN: Institutional Change in Europe in the 1980s, in: DIES. (Hg.): *The New European Community. Decisionmaking and Institutional Change*, Boulder 1991, S. 1-39, S. 8.

[112] Richard T. GRIFFITHS: A Dismal Decade? European Integration in the 1970s, in: Desmond DINAN (Hg.): *Origins and Evolution of the European Union*, Oxford 2006, S. 169-190, S. 169.

[113] Jan VAN DER HARST: Introduction, in: DERS. (Hg.): *Beyond the Customs Union. The European Community's Quest for Deepening, Widening and Completion, 1969-1975*, Brüssel 2007, S. 1-17, S. 2.

[114] Gerhard BRUNN: *Die Europäische Einigung von 1945 bis heute*, Stuttgart 2002, S. 179.

[115] Franz KNIPPING: *Rom, 25. März 1957. Die Einigung Europas*, München 2004, S. 156; DERS./Matthias SCHÖNWALD (Hg.): *Aufbruch zum Europa der zweiten Generation. Die europäische Einigung 1969-1984*, Trier 2004.

[116] KNIPPING S. 156.

[117] Schlusskommuniqué der Konferenz der Staats- und Regierungschefs vom 1. und 2. Dezember 1969 im Haag, in: Heinrich SIEGLER (Hg.): *Europäische politische Einigung II: 1968-1973. Dokumentation von Vorschlägen und Stellungnahmen*, Bonn 1973, S. 84-86, S. 86.

[118] Bericht der Außenminister an die Staats- bzw. Regierungschefs über die Politische Zusammenarbeit (sog. Luxemburger Bericht), 27.10.1970, in: ebd. S. 132-136, S.134.

[119] Ebd. S. 135.

[120] Ebd. S. 133 f.

[121] Pariser Gipfelkonferenz der Neun am 19./20. Oktober 1972; Reden und Wortlaut der Schlußerklärung, in: SIEGLER II, S. 284-293, S. 287.

[122] Ebd. S. 292 f.

[123] Konferenz der Regierungschefs in Paris am 9. und 10. Dezember 1974, in: Heinrich SIEGLER: *Europäische politische Einigung III: 1973-1976. Dokumentation von Vorschlägen und Stellungnahmen*, Bonn 1977, S. 122-126, S. 123 (Hervorhebung durch Verf.).

[124] Bericht von Leo Tindemans „Die Europäische Union" an den Europäischen Rat, 29.12.1975, in: SIEGLER III, S. 211-238.

[125] Luxemburger Bericht, in: SIEGLER II, S. 133 (Hervorhebung durch Verf.).

[126] Ebd.

[127] Dokument über die europäische Identität vom 14./15.12.1973, in: SIEGLER III, S. 7-10, S. 8.

[128] Zahlenangaben nach Reinhardt RUMMEL/Wolfgang WESSELS (Hg.): *Die Europäische Politische Zusammenarbeit. Leistungsvermögen und Struktur der EPZ*, Bonn 1978, Anhang II, S. 344-350.

[129] Bericht einer vom Rat der Europäischen Gemeinschaften eingesetzten Arbeitsgruppe an Rat und Kommission über die stufenweise Verwirklichung der Wirtschafts- und Währungsunion in der Gemeinschaft vom 8. Oktober 1970 (Werner-Bericht), in: *Europa-Archiv* 25 (1970), S. D530-D546, S. D534.

[130] Kommuniqué über die Konferenz der Staats- bzw. Regierungschefs der Mitgliedstaaten der Europäischen Gemeinschaften in Paris am 9. und 10. Dezember 1974, in: *Europa-Archiv* 30 (1975), S. D41-D46, S. D41.

[131] Zahlenangaben nach *Bulletin der Europäischen Gemeinschaften* 12/6 (1979), S. 22 f.

[132] Vertrag über die Europäische Union (EU) vom 7. Februar 1992 in der Fassung vom 1. Januar 1995, Titel I: Gemeinsame Bestimmungen, Art. A, in: *Europäische Union/Europäische Gemeinschaft. Die Vertragstexte von Maastricht mit den deutschen Begleittexten*, bearb. und eingel. von Thomas Läufer, 6. Aufl. Bonn 1997, S. 19.

[133] Artikel 4, Abs. 1, EUV, in: Klemens H. FISCHER: *Der Vertrag von Lissabon. Text und Kommentar zum Europäischen Reformvertrag*, Baden-Baden 2008, S. 112.

[134] Wolfgang WESSELS: Europäischer Rat, in: Werner WEIDENFELD/Wolfgang WESSELS (Hg.): *Europa von A bis Z. Taschenbuch der europäischen Integration*, 10. Aufl., Berlin 2007, S. 207-211, S. 208.

[135] Erklärung der französischen Regierung über eine gemeinsame deutsch-französische Schwerindustrie vom 9. Mai 1950, in: *Europa. Dokumente zur Frage der europäischen Einigung*, Zweiter Teilband, München 1962, S. 680-682, S. 680.

[136] Vertrag über die Gründung der Europäischen Wirtschaftsgemeinschaft vom 25. März 1957, in: *Europa. Dokumente zur Frage der europäischen Einigung*, Dritter Teilband, München 1962, S. 1248-1327, S. 1248.

[137] Dieter WOLF: Neo-Funktionalismus, in: Hans-Jürgen BIELING/Marika LERCH (Hg.): *Theorien der europäischen Integration*, Wiesbaden 2005, S. 65-90, S. 72.

[138] Ernst B. HAAS: The Uniting of Europe and the Uniting of Latin America, in: *Journal of Common Market Studies* 5 (1966), S. 315-343, S. 327.

[139] Europäischer Rat (Brüssel): Schlussfolgerungen des Vorsitzes, 14.12.2007, zitiert nach: Andreas HOFMANN/Wolfgang WESSELS: Der Vertrag von Lissabon – eine tragfähige und abschließende Antwort auf konstitutionelle Grundfragen?, in: *integration* 31 (2008), S. 3-20, S. 4.

[140] Alan S. MILWARD: *The European Rescue of the Nation-State,* 2. Aufl., London 2000; Andrew MORAVCSIK: *The Choice for Europe. Social Purpose and State Power from Messina to Maastricht*, London 1999.

[141] John GILLINGHAM: *European Integration, 1950-2003. Superstate or New Market Economy?*, Cambridge 2003.

[142] Zahlenangaben nach STATISTISCHES AMT DER EUROPÄISCHEN GEMEINSCHAFTEN (Hg.): *Statistische Grundzahlen für zwölf europäische Länder. Mit einem Vergleich für die Vereinigten Staaten von Amerika und die Union der Sozialistischen Sowjetrepubliken*, Luxemburg 1958 ff.; http://epp.eurostat.ec.europa.eu/tgm/table.do?tab=table&init=1&plugin=1&language=de&pcode=caa10000 [letzter Zugriff 1.4.2008].

[143] Zahlenangaben nach Gerold AMBROSIUS: *Wirtschaftsraum Europa. Vom Ende der Nationalökonomien*, Frankfurt am Main 1996, S. 35.

[144] Zahlenangaben nach Willem MOLLE: *The Economics of European Integration. Theory, Practice, Policy*, Aldershot 1990, S. 327-329.

[145] Zahlenangaben nach AMBROSIUS S. 49.

[146] Art. 1 der Satzung des Europarates vom 5. Mai 1949 mit Änderungen, in: *Europa. Dokumente zur Frage der europäischen Einigung*, Erster Teilband, München 1962, S. 367-379, S. 367.

[147] Vertrag über die Gründung der Europäischen Wirtschaftsgemeinschaft vom 25. März 1957, in: *Europa. Dokumente zur Frage der Europäischen Einigung*, Dritter Teilband, München 1962, S. 1248-1327, S. 1249.

[148] Zahlenangaben nach Hartmut KAELBLE: Eine europäische Gesellschaft?, in: Gunnar Folke SCHUPPERT/Ingolf PERNICE/Ulrich HALTERN (Hg.): *Europawissenschaft*, Baden-Baden 2005, S. 306.

[149] Siehe dazu die Beiträge in Claudio FRANZIUS/Ulrich K. PREUSS (Hg.): *Europäische Öffentlichkeit*, Baden-Baden 2004.

[150] Artikel von Kingsbury Smith über das Interview mit Adenauer, 7.3.1950, in: BUNDESMINISTERIUM DES INNEREN (Hg.): *Dokumente zur Deutschlandpolitik*, Reihe 2, Bd. 3: *Unveröffentlichte Dokumente 1. Januar – 31. Dezember 1950*, München 1997, S. 81-82, S. 81.

[151] Erklärung der französischen Regierung über eine gemeinsame deutsch-französische Schwerindustrie vom 9. Mai 1950, in: *Europa. Dokumente*

zur Frage der europäischen Einigung, Zweiter Teilband, München 1962, S. 680-682, S. 680.

152 Julius W. FRIEND: *The Linchpin. French-German Relations*, 1950-1990, New York 1991; stark überzeichnend: Gisela HENRIKS/Annette MORGAN: *The Franco-German Axis in European Integration,* Cheltenham 2001; Thomas PEDERSEN: *Germany, France and the Integration of Europe. A Realist Interpretation,* London 1998.

153 Vertrag zwischen der Französischen Republik und der Bundesrepublik Deutschland über die deutsch-französische Zusammenarbeit, 22.1.1963, in: *Europa-Archiv* 18 (1963), S. D83-D86, S. D84 f.

154 Rede Hallsteins vor der Europäischen Versammlung, 27.3.1963, in: Heinrich SIEGLER (Hg.): *Europäische politische Einigung I: 1949-1968. Dokumentation von Vorschlägen und Stellungnahmen*, Bonn 1968, S. 215-217, S. 217.

155 Erklärung des Verbindungsbüros der sozialistischen Parteien der EG, 14.3.1963, in ebd. S. 213-214, S. 213.

156 Gesetz zu dem Vertrag vom 22. Januar 1963 zwischen der Bundesrepublik Deutschland und der Französischen Republik über die deutsch-französische Zusammenarbeit, 15.06.1963, in: *Europa-Archiv* 18 (1963), S. D347-D348, S. D347.

157 John R. GILLINGHAM: Introduction, in: Francis H. HELLER/John R. GILLINGHAM (Hg.): *The United States and the Integration of Europe. Legacies of the Postwar Era*, New York 1996, S. 5.

158 Memorandum of Conversation, 27.6.1954, in: *FRUS 1952-54,* Vol. V/1, Washington 1983, S. 985-987, S. 986.

159 Beate NEUSS: *Geburtshelfer Europas? Die Rolle der Vereinigten Staaten im europäischen Integrationsprozeß 1945-1958*, Baden-Baden 2000, S. 361.

160 John GILLINGHAM: *Coal, Steel and the Rebirth of Europe, 1945-1955. The Germans and French from Ruhr Conflict to Economic Community*, Cambridge 1991; Geir LUNDESTAD: *„Empire" by Integration. The United States and European Integration, 1945-1997*, Oxford 1998; Pierre MÉLANDRI: *Les États-Unis face à l'unification de l'Europe, 1945-1954*, Paris 1980; Klaus SCHWABE: Die Vereinigten Staaten und die Europäische Integration: Alternativen der amerikanischen Außenpolitik (1950-1955), in: Gilbert TRAUSCH (Hg.): *Die Europäische Integration vom Schuman-Plan bis zu den Verträgen von Rom. Pläne und Initiativen, Enttäuschungen und Misserfolge*, Baden-Baden 1993, S. 41-54; DERS.: „Ein Akt konstruktiver Staatskunst" – die USA und die Anfänge des Schuman-Plans, in: DERS. (Hg.): *Die Anfänge des Schuman-Plans 1950/51*, Baden-Baden 1988, S. 211-239; Ernst H. VAN DER BEUGEL: *From Marshall Aid to Atlantic Partnership. European Integration as a Concern of American Foreign Policy*, Amsterdam 1966.

161 Alan S. MILWARD: *The Reconstruction of Western Europe 1945-51*, London 1984, S. 502; DERS.: Entscheidungsphasen der Westintegration, in: Ludolf HERBST (Hg.): *Westdeutschland 1945-1955. Unterwerfung, Kontrolle, Integration*, München 1986, S. 231-245.

[162] Marc TRACHTENBERG (Hg.): *Between Empire and Alliance. America and Europe during the Cold War*, Lanham 2003, S. viii.

[163] Walter LIPGENS: Der Marshall-Plan und die Anfangsphase der westeuropäischen Integration. Sieben Thesen, in: Othmar Nikola HABERL/Lutz NIETHAMMER (Hg.): *Der Marshall-Plan und die europäische Linke*, Frankfurt am Main 1986, S. 443-463, S. 443.

[164] Klaus SCHWABE: The United States and European Integration: 1947-1957, in: Clemens WURM (Hg.): *Western Europe and Germany. The Beginnings of European Integration 1945-1960*, Oxford 1996, S. 115-135, S. 129.

[165] NEUSS S. 361.

[166] Werner LINK: Die Rolle der USA im westeuropäischen Integrationsprozeß, in: *Aus Politik und Zeitgeschichte* 22/14 (1972), S. 3-13, S. 8.

[167] LUNDESTAD S. 143.

[168] John R. GILLINGHAM: Introduction, in: HELLER/GILLINGHAM S. 14.

[169] Vgl. etwa Klaus BUSCH: Politikwissenschaftliche Integrationstheorien in Interaktion. Der synoptische Ansatz II, in: Wilfried LOTH/Wolfgang WESSELS (Hg.): *Theorien europäischer Integration*, Opladen 2001, S. 247-292, vor allem S. 263-292.

[170] Antje WIENER/Thomas DIEZ: *European Integration Theory*, Oxford 2004, S. 16.

[171] David MITRANY: *A Working Peace System. An Argument for the Functional Development of International Organization*, London 1943.

[172] Ernst B. HAAS: *The Uniting of Europe. Political, Social, and Economic Forces 1950-1957*, Stanford 1958.

[173] Ernst B. HAAS: The Uniting of Europe and the Uniting of Latin America, in: *Journal of Common Market Studies* 5 (1966), S. 315-343, S. 327.

[174] Siehe im Überblick Stanley HOFFMANN: *The European Sisyphus. Essays on Europe, 1964-1994*, Boulder 1995.

[175] Siehe hierzu Carl J. FRIEDRICH: Nationaler und internationaler Föderalismus in Theorie und Praxis, in: *Politische Vierteljahresschrift* 5 (1964), S. 154-187; siehe auch John PINDER: European Community and Nation-State. A Case for a Neo-Federalism?, in: *International Affairs* 62 (1986), S. 41-54.

[176] Beispielsweise Wayne SANDHOLTZ/Alec STONE SWEET (Hg.): *European Integration and Supranational Governance*, Oxford 1998.

[177] Siehe insbesondere Ernst B. HAAS: *The Uniting of Europe. Political, Social, and Economic Forces 1950-1957*, Stanford 1968, und Philippe SCHMITTER: A Revised Theory of Regional Integration, in: Leon N. LINDBERG/Stuart A. SCHEINGOLD (Hg.): *Regional Integration. Theory and Research*, Cambridge/Mass. 1971, S. 232-264.

[178] Andrew MORAVCSIK: *The Choice for Europe. Social Purpose and State Power from Messina to Maastricht*, London 1999.

[179] Wolfgang WESSELS: Staat und (westeuropäische) Integration. Die Fusionsthese, in: Michael KREILE (Hg.): *Die Integration Europas*, Opladen 1992, S. 36-61.

[180] Vgl. zum „Mehrebenensystem" die Beiträge in Markus JACHTENFUCHS/ Beate KOHLER-KOCH (Hg.): *Europäische Integration*, 2. Aufl., Opladen 2003.

[181] Siehe hierzu John PETERSON: Policy Networks, in: Antje WIENER/Thomas DIEZ: *European Integration Theory*, Oxford 2004, S. 117-135.

[182] Siehe etwa Paul PIERSON: The Path to European Integration. A Historical Institutionalist Analysis, in: *Comparative Political Studies* 29 (1996), S. 123-163; Simon BULMER: The Governance of the European Union. A New Institutionalist Approach, in: *Journal of Public Policy* 13 (1994), S. 351-380.

Personenregister

Sachregister